性的奇妙歷史

聖妓、英國雨衣與閃亮的尿液，
連性學大師都（可能）要跪著讀的情慾讀本

A Curious
History of

Dr. Kate Liste
凱特・李斯特——著

林楸燕——譯

獻給性勞動者的友人（他們！）

獻給 SWOP NSW

Contents

前言

「未表達的情緒永遠不會消亡。
它們只是被活埋，並將在未來以更加醜陋的方式湧現。」
——佛洛伊德

　　性是人人都會面對的事情；傑佛瑞·洛許（Geoffrey Rush）飾演的薩德侯爵（Marquis de Sade）說：「我們會進食、會睡覺、會排泄、會做愛，然後我們死去。」（We eat, we sleep, we shit, we fuck and we die.）[1] 慾望跨越文化、性別與階級的界限。如同那些曾被撞見做出見不得人事的人都會跟你說，慾望不合乎我們的「規範」（rules），更不合乎常理。當然，人類能做的事，遠多於進食、排泄和做愛——真正讓我們有別於野獸的東西，是智力。這就是問題所在。說人類過度思考與性有關的事情一點也不為過，甚至有些輕描淡寫了。

　　地球上所有生物皆有繁殖的慾望，然而人類獨特之處，在於使用非常複雜又多樣的方式，滿足我們的性慾。在《性犯罪與非正常性行為之鑑識與法醫面向》（*Forensic and Medico-legal Aspects of Sexual Crimes and Unusual Sexual Practices*，2008）一書中，安尼歐·阿奎瓦（Anil Aggrawal）教授列出五百四十七種不同的性癖

好，提及「如同過敏，性興奮可能由太陽底下任何東西引起，包括太陽本身」[2]。順帶一提，由太陽引起的性興奮稱作「太陽癖」（actirasty），如果你想知道的話。

人類也是唯一將性慾蒙上汙名、懲罰性慾，以及創造與性慾相關的羞恥感的生物。雖然所有動物都有求偶儀式，但牛羚不會因為表現出對乳膠的迷戀而需要接受治療。女王蜂一次可以跟四十隻雄蜂交配，然後身體滴著精液，夾著性俘虜斷裂的陰莖回到蜂巢，而不會有雄蜂說牠是蕩婦。公狒狒們可以整天開心的肛交，無須害怕會被送去同性戀矯正營。但人類因感知性慾，而引發羞恥感並感到恐懼，而打破「規範」的人則會受到嚴厲懲罰。

哥倫比亞小說家馬奎斯（Gabriel García Márquez）曾寫到「每個人有三種生活：公眾生活、私人生活與祕密生活。」[3]矛盾的是，祕密生活卻是我們最誠實的一面。我們強迫自己遮掩誠實的那一面，只因我們創造的社會系統無法讓祕密生活與公眾以及私人生活相容。為了控制祕密的自己，人類將性變成一種道德議題，並發展了複雜的社會結構規範我們的慾望。我們創造種種的分類，試圖控制性：同性戀的、異性戀的、一夫一妻制的、童貞的、雜交的等等。但性慾並無法明確的符合人制定的框架；性慾一旦越界，就是事情變得複雜的時候了。當我們試圖壓抑慾望時，它就變成潛藏於道德、倫理與行為準則等結構之下的問題。當性慾降臨時，人們仍會冒著撼動社會結構的風險體驗性高潮。

自從我們發現什麼該放在哪裡之後，性行為的動作就沒改變過了。自從人類脫離原始湯之後，我們將陰莖、舌頭和手指，放入嘴巴、陰道和肛門以追求性高潮。然而決定在文化上如何理解性與進行性行為的社會劇本卻改變了。例如根據色情網站 Pornhub 的統計，自二〇〇七年開站之後，「女同性戀」（lesbian）一直是該

網站最常被搜尋的詞彙。在荷蘭，二〇一八年在 Pornhub 上搜尋
「女同性戀」的次數，比二〇一六年時增加了 45%。[4] 因此，我們
可以說荷蘭人相當認同女同性戀。然而，荷蘭人並非一直以來都這
麼認同女女戀。一四〇〇年至一五五〇年間，荷蘭一共有十五名
女子被認定為「女性雞姦者」（female sodomites）而被活活燒死。[5]
沒有被處死的人則得接受嚴厲懲罰。一五一四年時，齊修特的梅爾
丁（Maertyne van Keyschote）與布魯日斯滕的珍（Jeanne van den
Steene of Bruges）因犯下「與數位年輕女孩進行可怕非自然的雞姦
罪」，而受到公開鞭刑，頭髮被燒光，並且被驅逐出城。[6] 五百年
後，這個認為將女同性戀扔入火堆是合理行為的民族，其後人最常
瀏覽的色情影片類別竟是「與數位年輕女孩進行非自然的雞姦行
為」。

　　二〇一八年，在 Pornhub 上搜尋「給女性的色情片」（porn for
women）的次數增加了 359%，同年度女性觀看女同性戀色情影片
的次數，比起男性觀看次數高了 197%。這情況會讓威廉・艾克頓
博士（Dr. William Acton，1813-1875）感到相當驚訝，因為他聲稱
「大部分的女性（替她們開心）並不怎麼為任何性慾感到困擾」。[7]
《週日快報》（*Sunday Express*）的編輯詹姆斯・道格拉斯（James
Douglas，1867-1940）對此事會有什麼意見，就不得而知了。一九
二八年，道格拉斯抨擊瑞克里芙・霍爾（Radclyffe Hall）的《寂寞
之井》（*The Well of Loneliness*），此小說為女同志小說的里程碑，他
寫道「這瘟疫正摧毀年輕一代。它正毀壞年輕的生命。它正玷汙年
輕人的心靈。」道格拉斯敦促社會大眾「清洗社會，除去這群瘋瘋
病患者帶來的瘋瘋瘟疫」。[8] 然而，九十年後的我們，帶著毫無損害
的瘋瘋心靈（leprous souls），與世界各地數百萬名女性觀看著這樣
的「瘟疫」（pestilence）自慰。我們能活在這樣的時代真是太棒了。

　　這是一本關於我們對性的態度如何在歷史中發生變化的書。這是對於性的蒐奇歷史，以及為了追求（與閃避）無比強大的性高潮，我們對自己與對他人做的事情。這不是對於歷史上所有文化的性怪癖、癖好和儀式的全面性研究，因為要做到這件事得寫一套百科全書。老實說，本書只是性史滄海中的一滴水，正在讀這本書的你們只是在性史滄海的淺灘戲水罷了，但我還是希望你們能在此書中愉悅的暢遊溼身。

　　我試著選擇能為當代議題提供寶貴歷史脈絡的主題，特別像是性別、性羞恥、美、語言以及慾望如何被規範等等。我選擇的也是我個人十分關心的主題，像是性工作歷史，與激起強烈情感的主題，像是墮胎，也有讓我哈哈大笑的主題，例如「屁股麵包」（cocklebread）、「自行車上的性高潮」。儘管人們本來就容易嘲笑古今中外人們相信的蠢事，而我的確也希望你們能笑看這一切，但更為重要的是，透過這些，我們能了解與前人的相似之處，然後質疑我們自身的看法。時至今日，性在世界各地仍是深具歧異性的議題，而在許多地方，性更是攸關生死的事情。這些態度將持續的改變──希望會變得更好。但是，我們得先知道問題從何而來，否則絕對無法見到性除去羞恥惡名的時代。

　　關於書寫本書時我所使用的語言，我想特別說明一下。這是一本揭露歷史上對性與性別態度的書籍。先人對於性別流動性的了解不多，而將性別理解為二元和生物學決定的。因此，本書中大部分的歷史資料將擁有陰部的人定義為女性，而擁有陰莖的則是男性。例如「cunt」（陰道）一詞的歷史篇章裡，「cunt」被當作女性生殖器。今日，我們知道有些女性有陰道，有些女性沒有，而有些男性有生殖器，而有些沒有。但是先人並沒有使用這樣的詞彙看待性別或生物學──他們視「cunt」為女性的生殖器。雖

然現代人可能會覺得受到冒犯，但如果我們要透澈了解異性戀常
規性（heteronormativity）以及男性特質（masculine）和女性特質
（feminine）二元論的建構如何主導今日的文化敘事，就必須先了解
性別認同（gender identity）與性形態學（sexual morphology）。

　　本書中所使用的俚語都是真實的歷史俚語，其後都附有該俚語
首次出現的時間。我的俚語歷史主要參考資料來自強納森・葛林
（Jonathon Green）的《俚語辭典》（*Dictionary of Slang*），如果你想
知道更多俚語資料，我大力推薦本書。

第1部
性與語言
SEX AND WORDS

從歷史角度來看，如果你追求慾望，你就是蕩婦；如果你有了婚外性行為，你就是蕩婦；如果你跨越界線並且威脅到「男性」，你就是蕩婦。因此，我們都是歷史上的蕩婦。

第 1 章

真可惜，
她是個蕩婦

蕩婦歷史之「Whore」

　　語言是爭取社會平等的重要戰場。語言學家丹尼爾・錢德勒（Daniel Chandler）說：「語言不僅記錄和標記我們的世界，它組成了我們的世界。」[1]語言是流動、可形塑的；語言不只是表達社會態度，而是驅動著它們。我們只需檢視描述有色人種的日常用語，就能了解語言的演進：用「half caste」（混血兒）來稱呼父母為不同種族的人，曾經是完全可以接受的事情，而「coloured」（有色人種）則是稱呼黑人的用語。從前這樣的詞彙並不被視為有貶抑、冒犯之意，僅為描述語，現在仍偶爾在用語中能聽到，幸好不頻繁。然而，在我們剖析這些用詞其所隱含的權力結構之後，才開始了解語言確實強化，並創造我們認知的事實。被稱作「half caste」（混血兒）的人，就定義而言，是「一半」的東西；他們是半成形、半製造、半人，而非完整的人。被稱作「coloured」（有色人種）的人被象徵性的上了色，意味著原有一個未被上色（或白色）的狀態；這強化了兩者的差異，並且巧妙的暗指種族階級。我們可能無法立刻意識到這些用語的含意，但稱呼他人為半成形只會強化種族態度；如同錢德勒所言，語言不只是記錄，更創造了我們認知的事實。

　　用來表達、描述個體或群體人性的語言處於不斷演進的過程，雖然政治正確經常招致鄙視，但如果我們用來描述邊緣化團體的語言只是強化了汙名，就不能也不會實現社會平等。語言深深影響那些圍繞在 LGBTQ 的權利、身體議題、年齡歧視，當然還有性別等爭論。

　　侮辱性詞彙的改造是立下規則的語言雷區，但我們都知道裡面存有規則。「fag」（娘砲）、「ho」（妓女）、「bitch」（婊子）等詞彙，在特定族群裡使用時是具有包容性、帶著情感的用語。身為一位異性戀的白人女子，我不能稱呼男同志為「queer」（酷兒），但我可以稱呼我的女性友人為「bitch」（婊子），而異性戀男子卻不能這樣做──儘管男同志可能可以這樣做（的確是雷區）。當那些受

取自一五三四年版路德聖經的〈巴比倫大淫婦〉（The whore of Babylon）。

到侮辱性詞彙汙名化的群體，改造、占有該用語時，這即是反抗行動，能將壓迫者的力量拿走，激起先前受壓迫群體的認同感，並將那雙政治不正確的手指向當權集團。當然有許多人提出質疑，這類詞彙不論用在何種情境裡都只會加強偏見，因為它們永遠無法擺脫歷史包袱；它們創造事實，而非記錄事實。「whore」一詞在某些性工作社群裡也正處於改造狀態（其他人則完全排拒它）。

　　老實說，我不該在 the Whores of Yore 的網站上使用「whore」一詞；這不是屬於我的詞彙，如果你並非性工作者，那麼這也不是你的詞彙。這是性工作者每天從想要貶低、羞辱她們的人口中聽到的侮辱性詞彙，而我並不欣賞這樣的情況。我使用「whore」指稱越軌性慾（transgressive sexuality），如同「slut」（蕩婦）或「slag」（賤女人），而非進行性交易的女性。我一直認為這個詞彙遠遠廣於以上的範疇。我聽到許多性工作者質疑我使用這個詞彙，有段時間我的確認真考慮改掉它。但這個詞彙的歷史相當重要，也是我想強調的部分。有關「whore」實際意指為何的爭議，是值得進行對話、辯論的。

　　德國劇作家畢希納（Georg Büchner，1813-1837）曾寫到：「自由與蕩婦是全球最具世界性的用語。」[2] 但是「蕩婦」（whore）一詞究竟是什麼意思？源自哪裡？到底要做什麼才會被冠上此稱號？為什麼聖女貞德（Joan of Arc）死時為處女，卻被稱為「法國蕩婦」（French Whore）？為什麼「童貞女王」（Virgin Queen）英國女王伊莉莎白一世（Elizabeth I），被敵對的天主教徒以「英國蕩婦」（English Whore）的稱號攻擊？法國革命稱瑪麗・安東尼是「奧地利蕩婦」（Austrian Whore）；安・博林（Anne Boleyn）是「大蕩婦」（Great Whore），而二〇一六年美國總統大選時，希拉蕊（Hillary Clinton）屢遭川普支持者攻擊，稱她是「蕩婦」（whore）。[3] 也許當

我們選擇使用 W 炸彈時，以為自己清楚知道這個詞的意涵，但是它在歷史與文化上有相當的複雜性。這個簡單的詞彙承載了一千多年以來，對女性性慾的汙名化，以試圖控制和羞辱女性。

這個詞非常古老，以至於其確切的起源已消失在時間的迷霧中，但它可追溯至古諾斯語（Old Norse）中的 hora（姦婦）。Hora 有數個衍生詞，例如丹麥語的 hore，瑞典語的 hora，荷蘭語的 hoer 與古高地德語的 huora。甚至可往回追溯至原始印歐語（印歐語系的共同始祖），whore 源自於字根 qār，意指「喜歡、渴望」。以 qār 為基礎，在其他語言中產生許多代表「情人」（lover）的詞彙，像是拉丁文的 carus、古愛爾蘭語的 cara 和古波斯語的 kama（意指「渴望」）。[4]「Whore」並非通用語；澳洲原住民、加拿大第一民族和夏威夷原住民就沒有意指「whore」的詞彙，甚至沒有意指賣淫的詞彙。

從十二世紀起，whore 是稱呼對性無法守貞之女子的侮辱性詞彙，但它並沒有特定指稱性工作者。喬巴姆的湯瑪斯（Thomas of Chobham）在十三世紀時對於 whore 下的定義是，任何在婚姻之外發生性行為的女子（所有剛剛得知自己符合十三世紀蕩婦定義的人，請舉手）。[5]莎士比亞在《奧賽羅》（Othello）、《哈姆雷特》（Hamlet）與《李爾王》（King Lear）等劇中提及「whore」近百次，但並非指稱進行性交易的人，而是淫亂的女子。英國劇作家約翰・韋伯斯特（John Webster）的《白惡魔》（The White Devil，1612）探討了關於行為不端女子的故事。劇中的紅衣主教蒙提瑟索（Monticelso）在難忘的一幕中曾如此定義蕩婦：

「需要我來向你說明何為蕩婦嗎？當然，讓我來；
我來說明她們的整體個性。她們起初是，

腐蝕食者的甜食；進入男人鼻腔中的

劇毒香水。她們是騙人的煉金術；

風平浪靜時的船難。這就是蕩婦！

寒冷的俄羅斯冬季，看起來如此貧瘠，

彷彿大自然已遺忘了春天。

她們是真實的地獄之火：

比起低地國需要付出的稅款還糟，

針對肉品、酒類、衣裳、睡眠的苛捐雜稅，

唉呀，甚至是男人的墮落地獄，他的罪孽。

她們是法律脆弱的漏洞，

能沒收不幸男子的全部財產

只因為漏掉了一個音節。這就是蕩婦！

她們是奉承的鐘，在婚禮上與在喪禮上，

全部只有一個曲調。你們這些富有蕩婦

懷著滿腹的敲詐勒索，

而連串咒罵後即空無一物。她們很糟糕，

比起絞刑架旁沒人收的死屍還糟糕，

醫師解剖屍體，以教導人們

不足之處為何。這就是蕩婦！

她就像犯罪的偽造錢幣，

她，要是誰沾染上了，就會帶來問題

給接收她的人。」[6]

　　蒙提瑟索並沒有承認，但引發這樣長篇嚷嚷的主因，是來自於對女性的恐懼，害怕她們能掌握權力控制男性；她們能「教導男性的不足之處。」這裡的蕩婦並不是性工作者，而是掌握權威控制男

性的女性，因此必須不計一切代價的羞辱她，使其保持沉默。

　　從歷史上看，「whore」往往被用來攻擊那些打亂現狀與伸張權力的人，並試圖再度掌握對她的性控制與支配。但與「prostitute」（娼妓）不同的是，whore 與職業並無關聯，而是與認知的道德狀態有關。這也是許多與性交易沒有關聯，但深具影響力的女性仍受到謾罵攻擊為「蕩婦」的原因；英國作家、哲學家與女權主義者瑪麗·沃斯通克拉夫特（Mary Wollstonecraft）、印度政治家普蘭·戴維（Phulan Devi），甚至是柴契爾夫人（Margaret Thatcher）都被貼上蕩婦的標籤。人們利用這個詞來羞辱、侮辱對方，而最終目的則是壓制對方，街上每位普通女性都有機會與領導世界的女性一樣被稱為是蕩婦，而且機率甚至更高。

　　「whore」在今天是極度令人不快、侮辱他人的用語，但是在近代早期，稱某人是蕩婦則被視為嚴重傷害人格的舉動，你可能會因誹謗他人而被告上法庭。[1] 到目前為止，這些女性被誹謗的案例裡，最常見的侮辱用語是「蕩婦」（whore），以及其他無數種的創意衍生詞，包括：「臭蕩婦」（stinking whore）、「有錢就能幹的蕩婦」（ticket-buying whore）、「酒鬼尿壺蕩婦」（drunken piss-pot whore）、「蕾絲襯裙蕩婦」（lace petticoat whore）與「公狗與母狗蕩婦」（dog and bitch whore）。

　　一六六四年時，安·布萊格宣稱安·納茲佛說她是「爛屁股蕩

---

[1] 參閱另三筆有關都鐸時期誹謗法庭案件的資料：DinahWinch, 'Sexual Slander and its Social Context in England c.1660–1700, with Special Reference to Cheshire and Sussex' (unpublished PhD thesis, The Queen's College, Oxford University, 1999); Bernard Capp, *When Gossips Meet: Women, Family, and Neighbourhood in Early Modern England* (Oxford Studies in Social History) (Oxford: Oxford University Press, 2003); and Rachael Jayne Thomas, ' "With Intent to Injure and Diffame" : Sexual Slander, Gender and the Church Courts of London and York, 1680–1700' (unpublished MA, University of York, 2015).

婦」（poxy-arsed whore）。[8] 可憐的伊莎貝爾‧亞斯雷於一六六七年抱怨鄰居，說她是個「蕩婦」，只要給「值一分錢的魚就能幹她」。[9]一六九五年時，倫敦的蘇珊‧湯恩指控珍‧亞當斯對她大喊：「快出來，你這個蕩婦，來學學我，快抓你的爛屁股。」[10] 一六九九年時，約克的伊莎貝爾‧史東對約翰‧紐伯提起訴訟，因對方稱她是「蕩婦、人人都可上的蕩婦……婊子、爛婊子。」[11] 而在一六六三年，羅伯特‧黑沃爾德因稱呼伊莉莎白‧楊是「臭婊子」與「爛蕩婦」，而被帶到柴郡法庭。他在法庭上聲稱他能夠證明伊莉莎白是個蕩婦，而她應該回家「清洗她外套上的髒汙」。[12]

　　為了證明誹謗案件，你必須有目睹侮辱事件發生的證人，透過品格證人以證明對方的指控不實，並且指出你的名譽因這樣的辱罵而受到損害。對於誹謗的懲罰範圍可以從罰款、命令對方公開道歉，一直到逐出教會（雖然很罕見）。其中一個懲罰案例發生在一六九一年，威廉‧哈利威爾被命令在教堂公開向彼得‧利道歉，因為他詆毀對方的品格：

　　我威廉‧哈利威爾忘記了對鄰居的愛與慈善的責任，對彼得‧利說了數次誹謗、破壞對方名譽，而且該受到指責的話語……我在此宣布拋棄、撤銷並收回之前說過的話，這些都是虛假誹謗與不實指控……我真心感到抱歉，我在此懺悔與承認我大大冤枉並傷害了他。[13]

　　「蕩婦」的指控特別有傷害力，因為這直接影響女性在婚姻市場上的價值。所以一六八五年時，湯瑪斯‧艾勒頓稱茱蒂絲‧葛蘭德琳是個來去「穀倉與穀倉間」，穿梭於「補鍋匠到小提琴手」的「蕩婦」，他所做的不只是辱罵對方，而是讓對方找不到丈夫。[14] 一

六五二年時，西希里・佩德里聲稱她被稱為「蕩婦」是因為對方意圖「阻礙她與優秀的人結婚」。[15] 這樣的指控甚至會影響生意。一六八七年，一位太平紳士（Justice of the Peace）決定稱呼旅店老闆的妻子為「蕩婦」是可以提起訴訟的，因為此行為已影響生意。[16]

有數個誹謗案子是由丈夫提出，因為他的妻子被稱是蕩婦。稱他人的妻子為蕩婦是極具傷害力的侮辱，因為這不只侮辱了妻子，同時也指責丈夫戴了綠帽，更是質疑他滿足妻子性需求的能力。例如在一六八五年，亞伯拉罕・畢佛遭指控，命令理查・溫內爾「回家去，你這個戴綠帽的男人，你會發現湯瑪斯・福克斯跟你太太在滾床單」。[17]

儘管男性遭到誹謗的案子比較少見，但這樣的案子通常也與性有關。一六八〇年，倫敦的伊莉莎白・艾伯恩遭到湯瑪斯・李察森控告，因為她說李察森的陰莖「滿是天花，爛掉了」。[18] 男性也會被抨擊是「嫖客」（whoremongers）、「戴綠帽者」（cuckolds）、「風流播種者」（bastard-getters）、「流氓」（rogues）和「愛妒忌的傻瓜蠢蛋」（jealous pated fool and ass）。[19] 男性通常控告那些稱他們為小偷、乞丐或酒鬼的人。例如一六九九年湯瑪斯・修伊森在約克被告，因為他稱湯瑪斯・丹尼爾是個「乞丐」（mumper）：「他是個乞丐，而且在村裡到處走動，挨家挨戶乞討」。[20]

到了十七世紀末，提交給宗教法庭的誹謗案子數量顯著下降。歷史學家對於案子數量下降的原因爭論不休。可能是隨著城市擴張與人口成長，法庭更關注犯罪事件，勝於女性謾罵彼此是「阻街妓女」（hedge whore）與「梅毒爛屁妓女」（poxy-arsed-whores）。也可能是文化轉變的緣故，越來越少人因謾罵彼此而一狀告到法官面前。到了一八一七年，英國法律規定：「稱已婚女性或單身女性為蕩婦，是無法提告的，因為外遇與通姦皆屬宗教範疇，而非世俗責

Google Ngram Viewer：「whore」一詞於西元一五○○年到二○○八年間在英國文學作品中出現的頻率。

罰的範圍」。[21]

　　如上方圖表所示，自十七世紀開始，「whore」一詞的使用頻率有明顯下降的趨勢。直至十七世紀末，「whore」仍然是法律術語，從一六七九年到一八○○年間，中央刑事法庭（Old Bailey）至少出現一百六十三件相關的案子。像是里克特・諾頓（Rictor Norton）等歷史學家研究「prostitute」（妓女）或「common prostitute」（普通妓女）取代「whore」成為販售性服務者的法律術語過程。[22] 我猜測「whore」在十七世紀末使用頻率急劇下降的原因，與它從法律術語轉變為純粹的辱罵用語有關。

　　今日，人們使用「whore」，大多還是取其辱罵、粗俗的意思。然而，就像「slut」一詞，「whore」一詞也處於改造的狀態，能用來直接挑戰此詞彙承載了數百年的羞辱。「whore」可能是誹謗用語，但它根植於對女性的獨立與性自主的恐懼。其意義從指稱勇於追求慾望的女性，演變成羞辱這種慾望的用語，顯示出文化態度對女性情慾的改變。我使用「whore」，不是為了罵人，而是用來認可所有擾動文化感知性，其擾動程度足以被稱為是蕩婦的人。我使

用它，是為了削弱其內含的羞辱。我使用它，是為了記得語言形塑我們看待彼此的方式，而這種方式持續進行著。從歷史角度來看，如果你追求慾望，你就是蕩婦；如果你有了婚外性行為，你就是蕩婦；如果你跨越界線並且威脅到「男性」，你就是蕩婦。因此，我們都是歷史上的蕩婦。

第 2 章

骯髒的名字
給骯髒的東西

「女陰」（Cunt）的歷史

　　我喜歡 cunt 這個字。我喜歡跟這個字相關的一切。不僅是它代表的外陰（vulva）、陰道（vagina）與外生殖器（pudendum）（這些是各種女陰精華，稍後會再提到），還有其實際口語和視覺展示 cunt 的符號。我喜歡它單一音節的結構。我非常喜愛它前三個字母（c u n）都是高腳杯子的形狀，它們一路滾動穿越這個字，直到結尾的爆破音 T 出現才停止。我愛 C 與 T 有力的咕嚕音，兩者中間夾著較柔軟的 UN 音，讓人能像從口中發射子彈一樣迸出這個字，或是為了戲劇效果，延長 un 的音，讓它們在口中滾動：cuuuuuuuuuuuunt!

　　我喜歡 cunt 因為它下流的剛剛好，且富有無窮的趣味，它就像是聽覺的驚嘆號，能讓對話當場停頓。美國作家華特·柯恩（Walter Kirn）稱 cunt 為「英語原子彈」，他說的完全正確[1]！我喜愛它的多種用途。在美國，它令人非常反感，而在蘇格蘭格拉斯哥，它可以是種親暱用語：「我愛你，你這可愛的小東西（cunt）」，是我們在格拉斯哥各地的幼兒園裡都能聽到的一句話。騙你的啦，但蘇格蘭人的確運用有許多令人眼花、巧妙的 cunt 用

語。歐文・威爾許（Irvine Welsh）在一九九三年出版的小說《猜火車》（*Trainspotting*）裡，一共使用了七百三十一個 cunt（雖然只有十九個 cunt 出現在電影版中）。

最棒的是，我愛這個詞擁有的力量。我對於 cunt 受尊崇的地位著迷不已，如同英國心理學家克莉絲汀・凱爾德威爾（Christina Caldwell）所說：「下流用語中最下流的詞彙」[2]。在英語中「最令人反感的」用語還有其他的競爭者；其中種族的蔑稱顯然具有影響力。以 N 為開頭的那個字因其歷史背景，是嚴重歧視的用語。它不只是個敘述的詞，它更貶低黑人，並為人類歷史上最糟糕的一些惡行辯護。它否決了黑人和白人在語言上的平等，造成數百萬人受到奴役與殘忍對待。我們能夠理解種族蔑稱令人極度反感的原因，但是 cunt 呢？有沒有人覺得很奇怪，英語中最令人反感的用語，竟然只是個代表外陰的字？這個字甚至被認為與源自最黑暗、最糟糕人類惡行的種族歧視用詞相同，帶有同等的冒犯？就我所知，cunt 並沒有造成種族滅絕，因此我們要問的是：「cunt 為什麼變得令人如此反感？ cunt 做錯了什麼事情？」

我們先來了解詞源學。Cunt 很古老。它非常古老，使得其確切起源已經迷失在交疊的時間之中，但詞源學家仍持續討論 cunt 到底源於何處。它至少已存在數千年之久，能被追溯至古諾斯語 *kunta* 與原始日耳曼語 *kunt*，但在此之前，cunt 這個詞實在難以捉摸。在中世紀時期，大多數的日耳曼語都有和 cunt 同源的詞；*kutte*、*kotze* 與 *kott* 都出現在德語中。瑞典語有 *kunta*；荷蘭語有 *conte*、*kut* 與 *kont*，而英語曾經有過 *cot*（我滿喜歡這個詞，也認為它終會復古流行）。❶ 這就是有爭議的地方：沒有人能確定 cunt 的真正意義為何。有些詞源學家認為 cunt 的字根源於原始印歐語「*gen ／ gon*」的發音，意指「創造，變成」。我們能在現代文字裡見到「gen」，

像是 gonads（性腺）、genital（生殖器）、genetics（遺傳學）和 gene（基因）。其他人的理論則是 cunt 源自於字根 gune，意指「女性」，出現於「gynaecology」（婦科）。[3]

　　讓大多數詞源學家著迷的是字根音「cu」。「Cu」與女性有關，形成如「cow」（母牛）和「queen」（女王）的基礎。[4]「Cu」與拉丁文 cunnus（外陰）有關聯，聽起來非常接近 cunt（雖然有些詞源學家聲稱兩者並無關聯），而它生成法語 con、西班牙語 coño、葡萄牙語 cona 和波斯語 kun（کون）。[5] 我最喜歡的 cunt 理論是「cu」也意味著擁有知識。Cunt 和「cunning」（狡猾的）很可能源自相同字根——「cunning」最初意指智慧或知識，而非狡猾，同時「can」與「ken」則變成「cognition」（認知）與其他衍生詞的字首。在今天的蘇格蘭，如果你「ken」（知道）某物，代表你了解它。中世紀時，「quaint」同時意指知識和女陰（後者比較常見）。這場激烈的爭論將持續著，但最重要的事實則是 cunt 的神祕難解。

　　以下是我們已知的：cunt 是英語中代表外陰或陰道最古老的詞彙（可能是歐洲最古老的詞）。唯一能與它競逐代表「女陰」（the boy in the boat，1930）的最古老詞彙是 yoni（意指外陰、起源或子宮）。英語 yoni 約在一八〇〇年從古梵文借字而來，如今各類新靈性團體希望藉著稱呼他們的「臀部」（duff，1880）為 yoni 用以迴避對 cunt 的恐懼，藉此進一步利用對於「瞎話」（flapdoodle，1653）

---

❶　'Oxford English Dictionary', Oed.Com, 2018 <http://www.oed.com/view/Entry/45874?redirectedFrom=cunt#eid> [Accessed 7 September 2018]. 其他提到 cunt 詞源的極佳資料包括 Mark Daniel, See You Next Tuesday (London: Timewell, 2008); Pete Silverton, *Filthy English* (London: Portobello Books, 2009); Jonathon Green, *Green's Dictionary of Slang* (London: Chambers, 2010); Melissa Mohr, *Holy Sh*T: A Brief History of Swearing* (Oxford: Oxford University Press, 2013); and Matthew Hunt, 'Cunt', *Matthewhunt.Com*, 2017 <http://www.matthewhunt.com/cunt/>[Accessed 3 September 2018].

的古老崇敬習慣。然而，諷刺的是 cunt 和 yoni 可能源自相同的原始印歐語字根。再者，相較於 vagina 或 vulva，cunt 帶有的女權意識比前面兩者深厚的多。

Vagina 一詞出現在十七世紀的醫學文獻中，其源自拉丁文 *vagina*，意思是護套或鞘。Vagina 是劍插入之處；這就是它全部的詞源功能——劍（陰莖）的劍鞘。它必須仰賴陰莖才有其意義與作用。我們也可以稱這個可憐的東西為「陰莖巷」（cock alley，1785）或「布丁袋」（pudding bag，1653）。當我們將 vagina 和 vulva 混淆時，就讓許多機靈的語言學家理所當然的扭曲諺語的意義：清楚來說，陰道（vagina）是連接輸卵管與外陰的肌肉壁，外陰（vulva）則是外部結構（包含陰阜、大陰脣、小陰脣、陰蒂、陰道前庭、女性前庭球與巴氏腺）。Vulva 可追溯至十四世紀晚期，源自拉丁文 *vulva*，意思是「子宮」——有些人認為它源自 *volvere*，意思是用來包覆。湯瑪斯・艾略特（Thomas Elyot）在其一五三八年的拉丁文字典裡，將 vulva 定義為「子宮或任何雌性動物的母親，亦稱作一種羅馬人食用以母豬肚做成的肉品，豬隻可能已生完或內有小豬」。[7] 所以，vulva 的意義得仰賴作為陰莖的容器而來——或是一塊來自懷孕的羅馬豬的問題肉品。

然而，cunt 的出現早於這些用語，且源自原始印歐語字根，意思是女性、知識、創造者或皇后，顯然比「我包覆陰莖」還更有力量。再者，cunt 是從裡到外完整的一體。因此談及 cunt 時，我們無須著墨於枝微末節。如 vulva 和 vagina 都是努力在語言上提供有別於 cunt 更神聖與醫療化的選項。如果這還無法說服你改變心意支持 cunt，一五〇〇年英國出版商溫欽・德・沃德（Wynkyn de Worde）將 vulva 定義為「翻成英語，即為 cunt」。[8] Cunt 不是俚語；cunt 是起源。因此，cunt 是所有代表「女陰」（the monosyllable，1780）的

28

教母——但隨之而來的問題是：cunt 一直都被視為冒犯用語嗎？

答案很簡單：不是。對於中世紀人來說，cunt 只是一個描述性的詞彙，也許有些粗鄙，但並非冒犯用語。Cunt 被收錄到沃德的字典，以及出現在醫療文獻中，由此可見這個詞的運用極為普遍。約翰·豪爾（John Hall）於十七世紀翻譯米蘭的蘭佛朗克（Lanfranc of Milan）的醫學作品《蘭佛朗克的小手術》（*Chirurgia Parua Lanfranc*）時，內容完全不避諱女陰，書裡描述「在女性身體裡，膀胱頸很短，而且緊連於陰道（cunt）」。[9]《牛津詞典》裡有關 cunt 最早的出處，可追溯至一二三〇年倫敦沙瑟克紅燈區的街道名——取得非常優美的名稱「Gropecuntelane」（摸屄街）。[10] 它的確名符其實：它是一條探索女性陰部的街道。中世紀英國的城市裡到處都有摸屄街（除了 Gropecuntelane，還有其他不同的名稱，例如 Grapcunt, Groppecuntelane, Gropcunt Lane 等）。凱斯·布里格斯（Keith Briggs）發現牛津、約克、布里斯托、北安普頓、韋爾斯、大雅茅斯、諾里奇、溫莎、斯特賓、瑞丁、薛爾西歐、葛琳斯比、新堡與班伯利都曾有摸屄街（Gropecuntlane）。可惜的是，這些街道現在都已改名，通常改為「葡萄街」（Grape Lane）或「樹叢街」（Grove Lane）。[11]

前面提到，蘇格蘭人可能用 cunts 稱呼朋友，而中世紀的人則用 cunts 稱呼孩童。根據記載，Cunt 曾出現在一些中世紀姓氏之中（雖然這些很有可能是假名）：有 Godwin Clawecune（1066）、Gunoka Countles（1219）、John Fillecunt（1246）與 Robert Clevecunt（1302）。倘若在摸屄街遇見 Gunoka Cuntles 小姐不令人興奮的話，還有一三二八年諾福克的納稅資料裡出現一位 Bele Wydecunthe 小姐的紀錄。[12] 當我們進行了以名字裡有 cunt 為題的搜索時，羅素·艾許（Russell Ash）在其幽默姓名的研究中發現，十九世紀英國有

在英國赫瑞福郡奇爾派克村教堂外一尊十二世紀的希拉納吉（sheela na gig），展示了誇張的外陰。

一個以 Cunt 為姓氏的家族：Fanny Cunt（出生於一八三九年），她的兒子 Richard "Dick" Cunt 與她的女兒 Ella Cunt 與 Violet Cunt。[13]

　　中世紀的文學作品裡同樣充斥著 cunts。《海丁的格言》（*The Proverbs of Hendyng*，約 1325 年）裡建議年輕女性：「聰明的給出你的陰部，婚後再提出（你的）要求。」（ʒeve þi cunte to cunni[n] g, and craue affetir wedding）[14] 十五世紀威爾斯詩人葳爾菲爾‧梅罕（Gwerful Mechain）曾如此建議其他的詩人，讚揚於「迎賓處擺動」，「美好亮白女陰上的簾子」。[15] 中世紀社會在性方面的開放程度遠超乎我們的想像，cunt 之所以沒有被認為是冒犯的詞彙，是因為性愛對中世紀人來說並非反感之事。當時的確不是性開放的烏托邦社會，但中世紀的人們也不像普遍錯誤觀念認為的，會穿著貞操

帶到處走。性是幽默和情慾的來源，且對婚姻生活來說非常重要；對性抱持著深切反感的態度，是在近代才出現的。

　　就歷史方面來看，最禁忌的用語從褻瀆上帝的詞彙，轉移到與身體功能相關的詞彙，現在則演進至與種族相關的用語。中世紀時期，會使人招致大麻煩的詞彙，是與褻瀆上帝有關的咒罵語。在十三世紀時，如果有人拉拉鍊時不小心夾到肉，那人可能會隨口咒罵「上帝的牙齒」（God's teeth）、「上帝的傷口」（God's wounds / Z' wounds）或「上帝的眼睛」（God's eyes）。相較之下，cunt 是描述性的用語，適用於各種場合。它既不委婉修飾，也不過度醫療化與滑稽怪誕。cunt 就是 cunt。

　　中世紀作家喬叟（Geoffrey Chaucer，1343-1200）曾以軍事無人機般的精準方式投下 C 炸彈。他在《坎特伯里故事集》（*The Canterbury Tales*）與《名人堂》（*The House of Fame*）裡使用的不是「cunt」而是「queynte」。儘管如此，讀者卻完全了解 queynte 指的是什麼──巴斯夫人（Wife of Bath）清楚提到：

> 你抱怨又嘆息，到底什麼讓你如此煩躁？
> 難道只是因為你想要獨占我的陰道（queynte）？[16]

　　喬叟最著名的女陰（cunt）笑話出現在〈磨坊主人的故事〉（The Miller's Tale），「queynte」在這裡有知識與女陰兩種意思（還記得 cunning 與 cunt 來自相同的字根嗎？）：

> 這位學生十分狡猾、聰明（queynte），
> 他私底下抓住她的陰部（queynte），
> 說著：「如果我無法做我想做的，

因為對你的愛，親愛的，我會死掉。」[17]

　　使用「quaint」當作 cunt 的同義字也見於其他各種類的作品
中。一五九八年，約翰・弗洛里奧（John Florio）在他的義大利文／
英文的字典裡將「quaint」當作「cunt」的同義字，並將 *potta* 定義
為「一個陰部（cunt）、一個陰戶（quaint）」，而 *pottuta* 則是「有
陰部、有陰部的、有陰戶的」。[18]「Quaint」的俏皮雙重意義出現於
安德魯・馬維爾（Andrew Marvell）的詩〈致羞怯小情人〉（To His
Coy Mistress）裡：

你的美將不復存在，
你的雲石墓穴亦不再聽見
我的繚繞歌聲：蟲兒將吞噬
你珍藏許久的貞操：
你的高尚貞操（quaint）化為塵土：
而我的慾望化為灰燼。[19]

　　也有人認為，莎士比亞在十四行情詩第二十首裡的「acquaint」
（熟知）是他在玩「quaint」與「cunt」的文字遊戲。如果說有誰知
道如何把 cunt 放在對的位置，並且產生喜劇效果，那個人就是莎士
比亞。《哈姆雷特》（*Hamlet*）中第三幕第二場裡，與本劇同名的英
雄問歐菲莉亞（Ophelia）：「小姐，我能躺在你的大腿上嗎？」歐
菲莉亞回答：「不行，大人。」哈姆雷特接著問：「難道你認為我
指的是鄉村之事（country matters）嗎？」[20]大衛・田納特（David
Tennant）扮演哈姆雷特時，他特地暫停在第一個音節上強調這一
點：「Count-ry matters」。《十二夜》（*Twelfth Night*）第二幕第五

場中，馬伏里歐（Malvolio）描述女爵的字跡：「這是她的 Cs、她的 Us 與她的 Ts：這就成了她的 Ps」──同時創造了「cunt」和「piss」的雙關語。[21] 雖然永恆不朽的詩人成了淫穢用語推手的事情，被小心翼翼的隱藏在文化表面之下，然而他的作品卻到處可見充滿性暗示與陽具的笑話。一八〇七年，受到驚嚇的湯瑪斯・包德勒（Thomas Bowdler）刪掉莎士比亞作品裡所有的粗俗笑話，出版了《家庭版莎士比亞》（*The Family Shakespeare*，裡面完全沒有 cunt）讓女性和孩童都能安心閱讀。《家庭版莎士比亞》所做的更動包含，《哈姆雷特》的歐菲莉亞並沒有自殺，而《亨利四世》（*Henry IV*）裡的道・提爾胥提（Doll Tearsheet，一位性工作者）則完全刪除，而《羅密歐與茱麗葉》（*Romeo and Juliet*）裡，莫古修（Mercutio）色情的「時鐘淫穢指針正插著正午」（the bawdy hand of the dial is now upon the prick of noon）被改成「時鐘的指針正朝向正午」（the hand of the dial is now upon the point of noon）。[22] 以上的情況讓英語新增了「bowdlerise」（刪改）一詞，意思是移除文本中不恰當的詞語。

　　與莎士比亞同時代的人們所創作的淫穢歌謠裡，能隨意使用 cunt，這些人並不覺得需要用雙關語掩飾 cunt。皮埃特羅・阿雷蒂諾（Pietro Aretino）的《六日談》（*Ragionamenti della Nanna e della Antonia*，1534-1536）告訴讀者，避免使用華麗的委婉用語，直接說出 cunt：「平鋪直敘的說，說幹、陰部（cunt）和陰莖；不然沒人懂你在說什麼」。[23] 蘇格蘭劇《菲羅托斯》（*Philotus*，1603）包含以下的台詞：「用你的手，抓住她的陰部（cunt）」。[24] 而《暗夜雜記》（*Mercurius Fumigosus*，1654）讚頌著「陰部與好伴侶」。[25] 然而，像是莎士比亞與馬維爾等知名作家，將 cunt 當作情色妙語，並將它偽裝於雙關語和粗俗滑稽的暗示裡，這代表莎士比亞的時代，cunt

已開始受到審查。

　　不意外的是，大約在這個時期，也首次出現禁止性猥褻素材的法律。在英國，威廉・蘭巴德（William Lambarde）於一五八〇年起草了第一部限制「宣傳淫穢不恰當情愛的書籍、宣傳手冊、小調、歌曲與其他作品」的國會法案。[26] 一六六二年的授權法案（The Licensing Act）則禁止出版任何「異端、煽動、分裂或冒犯的書籍，或宣傳手冊，其主張或堅持的意見學說違背基督教信仰」。[27] 語言是強大的社會控制工具：隨著性受到壓抑，與身體相關的用語則變成禁忌。畢竟，我們無法在享受性慾的同時，忽略那些用來談論性、思考或書寫情慾的用語，已被視為淫穢下流的事實。英國社會學家艾利斯・凱西摩爾（Ellis Cashmore）認為將 cunt 放逐到不檢點行為區，源於大規模的性審查和「端莊」興起：「規矩帶來禮儀，禮儀帶來禮貌，而禮貌帶來端莊，但 cunt 一詞〔則〕指稱身體圍住的部位，它們被隱藏起來了」。[28] 女性情慾受到特定的監督與懲罰，而 cunt 就是所有清教徒統治時期尋求壓抑的明顯代表。

　　到了十七世紀，cunt 已帶有驚世駭俗的元素，而羅徹斯特伯爵約翰・威爾默特（John Wilmot，Earl of Rochester 1647-1680）則是樂於接納脫離常軌 cunt 的作家。羅徹斯特是英國詩人，也是英王查理二世的朝臣。他是沉溺情色與性放縱的代表人物，全身散發著「幹你」的氣息。當克倫威爾的國會試圖壓抑性慾時，惡名昭彰的羅徹斯特則漫遊於清教徒統治時期實施性壓抑的浪潮上。傑佛瑞・休斯（Geoffrey Hughes）曾精確的描繪羅徹斯特是一位從「跨下高度看世界」的人。[29]

　　羅徹斯特的詩〈給縱慾者的建言〉（Advice to a Countmonger）開頭如下：

縱慾者，你應該要高興
關心包覆著你的女陰（cunt），
避掉邪惡塔斯侯（Tarsehole）❷的疾病，
痛風與肛門瘺管。30

　　他形容情人對他的吸引力：「她身體任何部位碰觸到我都能觸動我 / 她的手、她的腳、她的眼神都是陰部（cunt）」（1680）。他的戲劇《索多瑪》（Sodom，1684）裡出現「康特格雷莎女王」（Queen Cuntigratia）與她的仕女「康特庫拉」（Cunticula）。他的〈漫步於聖詹姆士公園〉（A Ramble in St. James's Park，1672）裡出現八次 cunt，因為他益發嫉妒情婦的其他情人。

當你淫穢的陰道（cunt）浸在城裡一半人的精液之中，
回家時噴出著液體，
而我少量的精液被隨後吸走
由飽足消化的淫水。
有時被吞噬殆盡
配著大量的黏液
這些是你貪婪的陰道（cunt）吸取
自挑夫的背部與門房的肌肉而來……31

　　我們可能會將羅徹斯特的作品解讀為讚揚情慾，但他將相當程度的憤怒與厭惡指向陰道與陰道的主人。在《索多瑪》中，他將 cunt 定義為「愛之共同的髒盆子」，並稱「擁有陰道的她必定是個

---

❷　編註：《聖經》中的罪惡之城蛾摩拉（Gomorrah）之王。

蕩婦」。他的詩充滿了對帶病、毛髮稀疏、會咬人、凶猛陰道的侮辱、怪誕的敘述。在〈漫步於聖詹姆士公園〉裡，他將自己渴望女性（與陰部）的厭惡，投射到其他男性的身上，藐視這些男子在尋找陰道時是「卑躬屈膝的」「懦夫」。

> 如此驕傲的婊子的確使得
> 卑微懦夫愛的一敗塗地，
> 這些人卑躬屈膝地尋找
> 因鹽腫脹的陰道飄出的鹹味。[32]

　　到了十七世紀，cunt 也被當作貶抑女性的代稱，特別是生理女性 —— 相當於現今稱女性為迷人的「妹妹」（pussy，1699）或「鮑魚」（clunge，2008）。一六六五年，英國作家山謬爾・派皮斯（Samuel Pepys）寫到有一種能「使鎮上所有的女性（cunts）都

取自一六〇八年《維納斯學校，即女性愉悅》（*The School of Venus, or the Ladies Delight*）之圖像。

追著他」的粉末，以及一首民謠（1675）警告「城市女子（Citty cunts）都是危險的娛樂」。[33]

　　到了十八世紀，cunt 已被視為下流、醜惡的用語。在《粗鄙語言的經典辭典》（*Classical Dictionary of the Vulgar Tongue*，1785）中，法蘭西斯・葛羅斯（Francis Grose）將 cunt 定義為「髒名字給髒東西」，因而以委婉語「the monosyllable」（意指女陰）取代。[34] 這樣的禮貌用語來自一位將「Mrs Fubb's Parlour」（法布太太的店）、「Buckinger's Boot」（布欽格的靴子）、「Scut」（短尾）與「Lobster Pot」（龍蝦網）列為「a woman's commodity」（女陰）的常見同義詞的男性。「Cunny」為 cunt 的變體，而「quim」（女性生殖器）到十八世紀時已成為常見用語。一七四八年，約翰・克雷蘭（John Cleland）的色情小說《芬妮・席爾》（*Fanny Hill*）中完全不見 cunt 的蹤影，他吹噓自己的書裡完全沒有使用任何的粗俗用語。倫敦性工作者年鑑《哈里斯的名單》（*Harris's List*，1757-95）也避免使用 cunt，其偏好以「mossy grot」（苔蘚洞穴）和「Venus mound」（維納斯之丘）取代。[35]

　　然而，有一位十八世紀作家使用 cunt 一詞，為的就是它所帶來的驚愕效果，他就是薩德侯爵（Marquis de Sade，1740-1814）。其中有「小陰道」（little cunts）、「自慰過的」（frigged）陰道、「開放的陰道」（open cunts）、「可愛的陰道」（pretty cunts）、「臭名遠播的」（infamous）陰道、「流血的」（bloodied）陰道、「幹過的」（fucked）、「舔過的」（licked）和「淘氣的」（rascal）陰道。如果你搖一搖薩德侯爵寫的任何一本書，陰道這個詞（a cunt）就會掉出來；薩德侯爵本身就是個陰道糖果包（cunt piñata）。他的《閨房哲學》（*La philosophie dans le Boudoir*，1795）收錄了像是以下的陰道瑰寶：

接下來，我會將陰莖插入她的肛門，你則將肛門朝向我，它將取代她擺在我鼻下的陰道，然後你將開始體驗到，她剛已體驗到的方式，她的頭在你的兩腿間；我會吸吮你的肛門，就像我剛才吸吮她的陰道，你會達到高潮流水，我也會達高潮射精，而同時我抱著這位迷人新手的可愛甜美的小軀體的手，則開始輕撫她的陰蒂，然後她也會因此神魂顛倒。[36]

　　薩德非常享受書寫最極端、最離經叛道的情色文學，而他一再使用 cunt，而非《芬妮‧席爾》裡可見的矯飾委婉用語，在在證明了 cunt 已被視為西方世界最冒犯的詞。

　　儘管以壓抑性慾聞名，情色文學仍流動於維多利亞時期拘守禮儀的表層，如同《魔鬼剋星2》（*Ghostbusters II*）裡的黏液流。Cunt 無庸置疑是淫穢之詞。正因如此，維多利亞時期的情色作品中充斥著 cunts 的蹤跡。色情小說，如羅莎‧庫特（Rosa Coote）的《好色的土耳其人》（*The Lustful Turk*，1828）、《情慾羅曼史》（*The Romance of Lust*，1873）和《少年鞭打者的早期經歷》（*Early Experiences of a Young Flagellant*，1876），伊頓納瑟斯（Etonesis）的《小偷貝拉絲小姐的鞭打體驗》（*Miss Bellasis Birched for Thieving*，1882），「查爾斯‧戴佛羅上校」（Captain Charles Devereaux）的《跳蚤的自傳》（*The Autobiography of a Flea*，1887）和《印度的維納斯》（Venus in India，1889）都是名副其實充滿 C 炸彈的大混戰。《珍珠》（*The Pearl*）是發行於倫敦的情色雜誌，發行年代為一八七九年到一八八〇年間，因為淫穢內容而停止出刊。大多數刊別皆收錄一系列的五行打油詩或「童謠」，內容充滿了對 cunt 的玩笑。

有位來自孟買的年輕人，

他用黏土做了陰道，

但其陰莖的熱度

讓陰道成了磚，

擦傷了他的包皮。

有位來自希欽的年輕女子，

她在廚房裡搔著她的陰道，

她的父親說：「蘿絲，我覺得一定是陰蝨害的」。

「爸，你說的沒錯，小東西（肛交者）正在搔癢」。[37]

　　十九世紀時，cunt 開始被當作常見的侮辱性用語。《牛津詞典》在一八六〇年時首次將 cunt 當作辱罵用語：「當他們抵達查爾斯頓時，他們必須，如同往常一般／四處尋找挑夫，並且找到了一個卑劣的人（took a Cunt）」。[38]

　　也許在二十世紀最重要的 cunt 時刻，是 D.H. 勞倫斯的《查泰萊夫人的情人》（*Lady Chatterley's Lover*，1928）遭到查禁與隨之而來的猥褻罪審判，這本小說裡共出現了十四次 cunt（和四十次 fuck）。英國作家、評論家傑拉德・古爾德（Gerald Gould）在一九三二年審閱編輯過的版本時，他提到「那些必須被刪除的段落，無疑是作者賦予最高的心理重要性的部分——因為實在太重要了，使得他願意面對嚴厲的批判、誤解與審查」。[39] 這本書不僅生動描繪了性交與女性的性愉悅，更利用性打破了階級藩籬，在當時造成了轟動。

　　性是人人必須面對的事情之一，儘管康絲坦斯・查泰萊夫人擁有頭銜、財富和特權，但她也有陰道：她是擁有性慾的生物。性

ASTRE DE LA VIE.

Cons et Vits du plaisir ô trésors précieux!
Soyez un nouvel astre, et qu'on vous place aux Cieux;
Phœbus vous y verra sans dépit, sans envie;
Il tient les feux du jour, et vous ceux de la vie....

In Cythery island.

取自一八二五年《祈求愛的頌歌》（*Invocation A L'amour*）。

慾和快感不了解階級系統。勞倫斯在書裡自始至終都使用 cunt 這個詞，因為它是唯一能表達康絲坦斯的渴望、原始性慾的詞，同時也顛覆了社會視女性為毫無性慾的妻子與母親的矯飾。勞倫斯使用 cunt 的方式相當驚人，但也出奇的溫柔、熱情；對勞倫斯而言，cunt 是真實美好的東西。小說裡其中一場關鍵場景即是梅勒斯（Mellors）教康絲坦斯 cunt 與 fuck 的區別：

> 「真是好陰道，嗯，不是嗎？世上最讚的陰道。當我喜歡時！當妳願意時！」

「什麼是陰道？」她問。

「難道妳不知道陰道？陰道！它就在妳身體下面；就是我進入妳身體的地方，也是妳感覺我進去妳身體的地方；它就是如此；就靠它了。」

「就是它了」她逗弄的說。「陰道！它就像是幹。」

「不不不！幹是做的這個動作。動物會幹。但陰道遠不止如此。它就是妳，妳了解吧：妳跟動物很不一樣，不是嗎？——即使是在幹妳？陰道！啊，就是妳美好之處，小姑娘！」[40]

陰道：「就是妳美好之處，小姑娘」——我想這是我聽過對於 cunt 最為動人的定義了。令人遺憾的是，儘管勞倫斯盡了最大的努力，以及法官也同意一部充滿 cunt 的作品確實具有藝術價值，但 cunt 依舊不被文明社會接納。詹姆斯・喬伊斯（James Joyce）在《尤里西斯》（*Ulysses*，1922）中使用了一次 cunt，並稱聖地為「世界的灰澀凹陷陰道」（the grey sunken cunt of the world）。[41]（雖然他在給妻子諾拉的信件裡自由的使用 cunt，並且愉悅的稱呼她為「愛幹的鳥」。）美國垮掉的一代詩人（Beat poets）喜愛 cunt 帶來的衝擊。在〈狂嚎〉（Howl，1956）中，金斯堡提及「終極陰道（ultimate cunt）的景象」。[42] 然而此處 cunt 的目的是令人驚嚇。

直到一九七一年，cunt 才成功進入主流電影界，在由傑克・尼克森（Jack Nicholson）與安・瑪格麗特（Ann-Margret）主演的《獵愛的人》（*Carnal Knowledge*）裡出現。由尼克森飾演的強納森・菲爾斯特對著芭比（安・瑪格麗特飾演）大喊：「這是最後通牒嗎？告訴我，你這個可惡淫蕩婊子養的雜種！」[43]《大法師》（*The Exorcist*，1973）裡出現二次「cunting」（淫蕩的），例如淫蕩女兒（cunting daughter）。電影中第三個 cunt，就是雷根跟醫生說，他的

手指絕對不可以碰到她的陰道，但在最後剪接時被刪去了。[44] 你注意到了嗎？電影裡唯一被刪去的 cunt，指的其實是真實的外陰部。在電影界大多數使用 cunt 的情境都是如此──cunt 更常被當作辱罵用語，而不是指稱陰道。

隨著二十世紀的過去，cunt 逐漸成為具強大威力的辱罵用語。《牛津詞典》直到七十年代才正式收錄 cunt。爾後《牛津詞典》於二〇一四年增列「cunty、cuntish、cunted 與 cunting」在 cunt 的詞條之下；「cunty」的定義是「非常令人反感的或不愉快的」；「cuntish」意指「令人反感的人或行為」；「cunted」意指酒醉的，「cunting」的意思是「非常多」。[45]cunt 無疑是十分多元化的詞彙（名詞、形容詞、動詞），而且不管怎麼變化都帶有驚人效果。二〇一六年，英國通訊管理局（Ofcom）將髒話按攻擊性排名，cunt 名列前茅。[46] 英國電影分級委員會（British Board of Film Classification）的指導方針則說明，頻繁使用 cunt 這個詞僅限於限制級（18+）電影。

女性主義者還無法確定 cunt 這個詞，究竟賦予了女性自主權抑或是貶低女性，因此兩者的關係仍不穩定。各種女性主義運動都嘗試奪回 cunt。

茱蒂・芝加哥（Judy Chicago）引領一九七〇年代的「陰道藝術」運動，並且創作了以「cunt」為題，用來打破對女性性慾的拘謹態度的藝術作品。茵加・馬西奧（Inga Muscio）於一九九八年進行的「陰道：獨立宣言」（*Cunt: A Declaration of Independence*）激勵了名為「陰道盛宴」（Cuntfest）的運動──「讚頌女性」。一九九六年，伊芙・恩斯勒（Eve Ensler）在 HERE 藝術中心首演了一部名為《陰道獨白》（*The Vagina Monologues*）的新戲。這齣戲以不同角色獨白為特色，她們談論著自我意識、性慾以及對於自己陰道的感

受。在二○○○年演出獨白時，恩斯勒為觀眾演唱讚嘆陰道之歌：

> 我喜歡那個詞
>
> 我怎麼說它都不夠
>
> 我不停的念著它
>
> 覺得在機場有點煩躁嗎？
>
> 只要說出陰道（cunt），每件事情都會好轉
>
> 「你剛才說了什麼？」
>
> 「我說陰道，沒錯，說了陰道、陰道、陰道、陰道。」
>
> 感受非常的好
>
> 試試吧。去做吧。去做吧。
>
> 陰道。
>
> 陰道。
>
> 陰道。
>
> 陰道。[47]

　　在這裡，恩斯勒鼓勵觀眾一起大喊「陰道」，感受陰道所迸發的力量。《陰道獨白》是女性主義戲劇的里程碑。雖然我很同意恩斯勒的看法，也覺得在瑞安航空的行李領取處大喊陰道，是非常有療癒效果的活動，然而我們期待透過恩斯勒的作品能加速大眾認同陰道的目標，卻沒有達成。也許我們已無法奪回 cunt 一詞，但它仍是深具力量的特別詞彙。

　　指稱女性陰部的詞彙通常帶有臨床的（vagina、vulva 和 pudendum 等）、天真的（tuppence、foof、fairy、minky、Mary、twinkle 等）、疏離的（down there、bits、special area 等）、極度色情的（pussy、fuck hold 等）、暴力的（axe wound、penis flytrap、 gash、growler 等），抑或是指不舒服的氣味、味道和外表（fish taco、bacon sandwich、badly stuffed kebab、bearded clam）。然而，Cunt 並不指稱以上的東西。Cunt 就是 cunt。指稱為外陰的詞彙，顯然一直試圖否定這個詞彙所描述的東西——你的陰部不是「閃閃亮亮」（twinkle），亦非「毛派」（fur pie）。可悲的是，正如審查 cunt 這個詞彙，女陰本身也受到文化審查，結果是我們唯一能接受的女陰，是經過拔毛、熱蠟除毛、如外科手術般的修剪、拋光、以有香味的清潔產品沖洗後，再蓋著閃亮的布料端上。陰道整形的手術服務正蓬勃發展，現在我們能切除陰唇、重建處女膜以及置入車用空氣清新劑（我開玩笑的）。我們無法應付 cunt 的直率，只能訴諸「下面的」（down there），這很令人意外嗎？Cunt 可能永遠無法離開不檢點行為區，但與其他的同義詞相比，它冒犯人的程度其實非常低。人們一方面為了避免冒犯，而堅持稱呼 cunt 為陰道（vagina）或外陰（vulva），另一方面值得注意的是，我們其實稱呼 cunt 為鞘（scabbard）——包覆陰莖之物（a cock holder）、香腸袋（a sausage pocket）。

　　Cunt 可能被歸類為冒犯用語，但它其實既古老又誠實。它也是原創詞；其他都是隨後附加而來的。

　　歡迎 # TeamCunt。

第2部
性與外陰
SEX AND VULVAS

文藝復興時期的解剖學家還強調陰蒂在性交與歡愉中
所扮演的角色。可隆坡寫道,他發現它「是女性性交
愉悅的主要之處;因此,如果你不只用陰莖摩擦它,
甚至用小指觸摸它,愉悅感會使它們的種子四處溢
流,甚至比風移動的還快。」。女士們,喜歡這兒吧。

第 3 章

找尋陰蒂

陰蒂的歷史

除非你是社交技巧發展比較遲緩的人，仍相信女性只是帶著乳房的子宮，應該將自己的活動限制在烘焙蛋糕和縫補襪子上，否則我想我們都同意女性主義已造成相當大的改變。現在的女性能夠投票、開銀行帳戶和用自己的母乳做乳酪蛋糕，而不會受到父權乳品霸主的調戲。毫無疑問的，女性已經成功向前邁進了。但女性主義仍在某一個領域裡遭遇挫折。全能的陰莖仍在該領域裡持續支配、主宰女陰，未受挑戰——這個領域就是性俚語。也許你能想到幾個關於陰蒂的俚語，但與陰莖、睪丸或精液相關的用語卻有數千個。當然，有許多與女陰相關的俗語，但它們很少點出陰蒂、子宮頸，抑或是具傳奇色彩的格雷芬貝格點（Gräfenberg spot）等各種藏在美妙禮物袋中的重要愉悅點，而只有「gash」（裂縫）、「pussy」（妹妹）和「clunge」（鮑魚）等。我甚至不確定子宮或卵巢是否有俚語（「baby-cave」（嬰兒穴）或「lady bauble」（仕女球）也許可行？）。「更衣室談話」事件❶更顯示出猥褻下流的性俚語只讚頌了

---

❶ 編註：美國前總統川普曾於競選期間被媒體爆出用極下流的言語談論調戲女性的心得。川普隨後在總統辯論中輕描淡寫的說，那些話不過是「更衣室裡的談話」（locker-room talk）。網路辭典 Urban Dictionary 對該詞條的定義為：男人們之間粗鄙、失禮、通常涉及性的交談，常發生在高中更衣室裡。

女陰為強壯的「陰莖」（rod，1591）所帶來的歡愉，而忽略了陰蒂所反映的真實情形——唯一的功能就是取悅擁有它的主人。在西方文化中，陰蒂受到忽略，是因為女性性快感向來次於男性快感。從字面上與隱喻層面來說，就是陰蒂從沒有受到足夠的關注。

　　以羅傑在一九九八年甫出版，便深受歡迎的粗俗語百科全書《下流語詞庫》（*Profanisaurus*）為例，此書收錄了超過兩千五百個俚語詞條，從「紫色頭的優格戰士」（purple headed yoghurt warrior，意指陰莖）到「對著獾咆哮」（growling at the badger，舔陰）等各種髒話。但整本書只有五個和陰蒂相關的俗語：「boy in the boat」（船上的男孩）、「bell」（鐘）、「button」（按鈕）、「fanny flange」（芬妮凸緣）和「sugared almond」（甜杏仁）。[1] 即便在最新修訂的《下流語詞庫》系列中，《粗俗語萬歲》（*Hail Sweary*，2013）聲稱新收錄「四千個粗俗用詞與咒罵」，然而令人沮喪的是，僅有五個詞條與陰蒂有關；「beanis」（大顆「豆子」，與陰莖相近）、「clock」（同前者，大陰蒂與陰莖的混合）和「panic button」（緊急按鈕）——於此詞條分別提到「wail switch」（痛快開關）和「clematis」（鐵線蓮）。這意味著陰蒂用語只占了所有收錄詞條總數的 0.15%。然而該書有不少和女陰相關的用語。事實上，《粗俗語萬歲》只有三十七個與陰莖或睪丸有關的俗語，卻有多達一百零四個與女陰相關的詞條。雖然這聽起來像是 #TeamCunt 的勝利，但這些用語中，大多數提及的內容皆帶有貶義，像是「不潔」、「蓬亂」或「髒亂」的女陰。對陰脣的稱呼相當多種：「doner meat」（旋轉烤肉）、「pig's ear」（豬耳朵）、「Biggles'scarf」（畢格斯的圍巾）。也有許多與陰毛相關的用語：「ZZ Mott」（嚇人毛髮）、「gruffalo」（毛獸）、「Terry Waite's allotment（泰瑞・懷特的園地）。與魚有關的典故則完全在意料之中：「fishmonger's dustbin」（魚販的垃圾桶）、「trout pocket」（鱒魚囊）、「haddock pasty」（黑線鱈餡餅）。[2] 還有許許多多的用語。儘管這本書對於女陰（the holiest of holies）相當著迷，但顯而易見的，它以陽具為中心，並優先關注女陰能提供的歡愉，而非女陰能感受到的歡愉。在這我看似只批評了《下流語詞庫》，但缺乏與陰蒂相關的口語詞彙卻是普遍可見的。忽略陰蒂愉悅則深植於性語言中。

　　本章聚焦在西方對於陰蒂的迷戀，以及醫生為了解並「修復」陰蒂，所付出的努力。女陰殘割（female genital mutilation，FGM）仍然是當今非洲、亞洲和中東地區的主要問題，然而值得關注的是，西方也曾參與此項野蠻行為的事實。古希臘的女陰殘割是西方最早描述陰蒂的紀錄，相傳這是在埃及進行的。❷ 現存最早的女陰殘割證據來自希臘歷史學、地理學家斯特拉波（Strabo，西元前 64-西元 24 年），他聲稱埃及人「養育孩子的方式是為男孩割包皮，而女孩則是進行割禮。」[3] 雖然幾位希臘作家聲稱埃及人實行女陰殘割，但從埃及人身上而來的資料卻少之又少，因此無法證實他們對陰蒂的看法——他們可能會割除陰蒂、也可能保留著它，抑或是將陰蒂打扮成蛋頭先生（Mr Potato Head），這點我們永遠無法得知。❸

　　蓋倫（Galen，129-216）可能是古希臘醫生中最具影響力的，他稱陰蒂為「仙女」（nymph），並認為其作用為保持子宮溫暖，就像是為「陰道」（chuff，1998）戴上陰蒂絨球帽。[4] 這對於希臘人來說完全合理，因為大家都知道女性為溼熱體質，而男性為乾冷體質。此想法也與蓋倫同時代的索蘭納斯（Soranus of Ephesus）

---

❷　希波克拉底與亞里斯多德等早期作家，皆花了不少篇幅描述女性的外陰，但我們不知道他們是否描述了陰蒂。Vincent Di Marino and Hubert Lepidi, *Anatomic Study of the Clitoris and the Bulbo-Clitoral Organ* (Cham: Springer International Publishing, 2014), p. 2.

所認同,他於西元一世紀在亞歷山卓行醫。索蘭納斯在其四冊婦產科論文中,相當精確的描述外陰的構造,並稱陰蒂為「仙女」(nymph)⋯⋯因為它藏在陰脣內,就像年輕新娘藏在面紗之下。[5] 索蘭納斯的論文提供了「特大號」陰蒂以及其所需「治療」的最早描述。請做好心理準備。

> 對於過大的陰蒂,希臘人稱之為「男性化」仙女〔陰蒂〕。他們認為擁有特大的男性化陰蒂,是發育異常的特徵。的確,有人認為它也會像男性一樣硬挺直立,好似在尋找頻繁的性交機會。治療的過程如下:女性以仰躺的姿勢,打開原本闔起來的雙腿,必須以鉗子夾住〔陰蒂〕,使它露出多餘的部分,接著用手術刀割除其頂端,並妥善照顧術後的傷口。[6]

索蘭納斯發表的論文顯然具有高度影響力,因為與此手術不同的治療方式,開始出現在古典時期的各種醫學論文中。❹西元六世

---

❸ 尋找「lullo-bump」(1995) 有關的埃及文獻參考特別困難。在 *Studies in Ancient Egyptian Anatomical Terminology* (1997) 中,James Walker 列出「šd」代表外陰,而「sp.ty šd」則代表陰脣(意指「外陰的兩片脣」)。他也將「hˑnn-k3t」列在解剖詞彙的表上,他暫譯為「陰蒂(?)」。(James H. Walker, *Studies in Ancient Egyptian Anatomical Terminology* (Wiltshire: Aris and Phillips, 1997), p. 272.) 埃及學家 Dimitri Meeks 引用「Hnn」,意指「陰莖」,而在此詞條下,他寫下「hˑnn-k3t」,亦暫譯為「陰蒂(?)」。(Dimitri Meeks, *Année Lexicographique* (Paris): Cybèle, 1998), p. 250.) 不確定性與問號是因為「hˑnn-k3t」也可以用於指稱陰莖的頭。(Erik Hornung, *[The Litany of Re.] Das Buch der Anbetung des Re Im Westen, Sonnenlitanei. Nach Den Versionen des Neuen Reiches Herausgegeben Von Erik Hornung* (Genève, 1975), p. 144, entry 483.) 很令人挫折,對吧?當然,這並不代表古埃及人不了解陰蒂,只是現存的證據無法證實這件事情。感謝 Sonja Greer,她在尋找古埃及文獻中的陰蒂提供了寶貴的協助。沒有她,我一定會迷失方向的。

❹ 有關於古代世界的女陰殘割的完整討論,請參閱 Mary Knight, 'Curing Cut or Ritual Mutilation? Some Remarks on the Practice of Female and Male Circumcision in Graeco-Roman Egypt', *Isis*, 92.2 (2001), pp. 317–38.

紀的拜占庭希臘醫生埃提特斯（Aëtitus of Amida）以索蘭納斯的論文為基礎，將「過大的」陰蒂描述為「畸形以及恥辱來源」。他所撰述的十六冊醫學百科全書裡，生動又詳細的描述這可怕的手術（以下內容恐造成不適，請小心閱讀）：

> 讓女孩坐在椅子上，而身材健碩的年輕男子站在女孩後方，將手臂放在女孩的大腿上。讓男子分開並固定女孩的雙腿與身體。醫生站在女孩前方，左手用寬口鉗子緊夾住陰蒂，將其往外拉，同時用右手，在鉗子上方的點下刀切除。在切除處後方，留下約鼻孔之間薄膜大小的長度，再切除多餘的部分；如同我先前所述，移除的部分剛好只有鉗子的大小。因為陰蒂是像皮膚的組織，能夠向外延伸拉得很長，因此不要割除太多，不然切割如此大的腫塊，切得過深可能造成尿道瘻管。術後，建議以紅酒或冷水處理傷口，以海綿擦拭乾淨，然後在傷口處撒上乳香粉末。將浸過醋的吸水性亞麻繃帶固定於傷口上，然後再將浸過醋的海綿置於繃帶之上。七天之後，將最細緻的爐甘石粉灑在上面，並用玫瑰花瓣或以烤過的黏土製成的爽身粉灑於其上。將烘烤後磨碎的棗核粉末灑在傷口上，效果會更好；〔該混合物〕也能治療生殖器上的瘡。[7]

「過大的」陰蒂被認為類似於迷你陰莖，是造成女同性戀與女性異常性衝動的原因。此信念主導著人們對它的文化態度一直到了二十世紀。在現代的醫學術語中，這種極其罕見的症狀被稱為「陰蒂肥厚」（clitoral hypertrophy）、「巨陰蒂」（macroclitoris）或「陰蒂肥大」（clitoromegaly）。陰蒂肥大這個詞出現在歷史醫療文獻的頻率，很容易讓人誤以為我們的母系祖先都有著讓驢子害羞的稟

賦。但顯然事實並非如此，這些迷戀陰蒂與無法控制的性慾，都與文化相關，而非關生物的本能。有鑒於從前人們著迷於割除冒犯人的陰蒂，也難怪這可憐的東西在歷史上一直試圖保持低調。儘管努力搜尋，但除了在古希臘與羅馬的醫學文獻中，幾乎沒有其他文獻提及「陰蒂」（jellyroll gumdrop，1919）。❺

　　「Clitoris」（陰蒂）一詞直到十六世紀才出現。古希臘人與羅馬人稱它為「小禿頭男」（little bald man，1997）、「仙女」（nymph）、「香桃木果實」（myrtle-berry）、「荊棘」（thorn）、「舌頭袋」（tongue-bag）或就只稱之為「袋子」（bag）。[8] 真可愛。但不只是這些稱讚。以口取悅陰蒂被視為是淫穢猥褻之舉。在古典

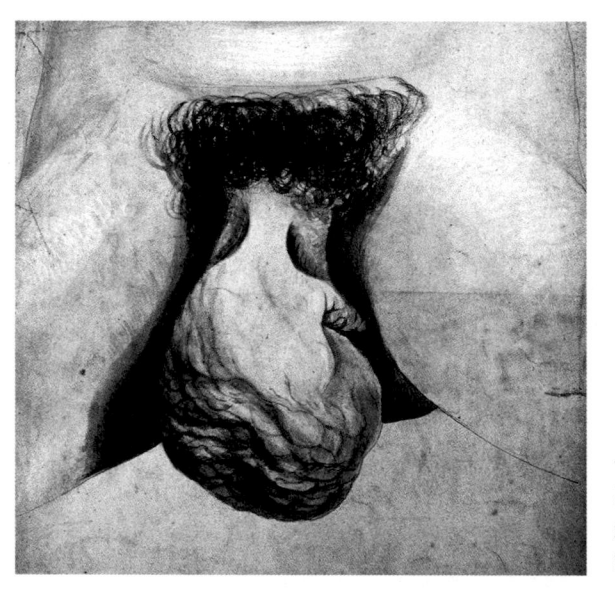

一八五七年，克里斯多福·D.·艾爾頓〈女性陰部顯示嚴重患病組織與肥厚陰蒂〉。

---

❺　即使是西元三世紀時成書的《印度愛經》（*Kama Sutra*）也沒有直接指稱陰蒂，而是以「陰阜」（mons veneris）稱之，但它仍是最早全方位探索女性高潮的文獻之一。然而，古梵文裡的確有一些稱呼陰蒂的詞彙：*yoni-lingam*（外陰─陰莖）、*bhagankura*（外陰的嫩芽）與我個人的最愛 *smara-chatra*（愛神的雨傘）。謝謝溫蒂·唐尼杰（Wendy Doniger）教授為我解釋了《印度愛經》裡用於外陰的原始古梵語。

文學中，提及舔陰通常是令人作嘔的，只有女同性戀或無法勃起的孱弱男子才會沉溺其中。正因如此，許多希臘咒罵用語都涉及譴責某人「舔陰」（dining at the Y，1963）。希臘劇作家亞里斯多芬（Aristophanes）為了凸顯角色的道德缺陷而多次提及舔陰。其筆下角色艾利佛德斯（Ariphrades）在幾部戲劇中以口交「發明者」的形象出現：「他沾沾自喜於惡行之中，不僅放縱更是全然糜爛沉湎，事實上他發明了一種全新的惡行，因為他用可鄙的歡愉汙染了他的舌頭。」[9]

西元七十九年龐貝（Pompeii）城郊浴場（Terme Suburbane）的羅馬壁畫。

羅馬人更勝一籌，真的認為陰蒂（landīca）一詞帶有猥褻之意，幾乎等同於現今認為 cunt 帶有下流之意。❻西賽羅（Cicero）將其稱為「禁忌用語」。[10] 它被認為非常下流，實際上只出現在街頭塗鴉中：「找尋 Fulvia 的陰蒂」（Fulviae landicam peto）和「Eulpa 有鬆垮又巨大的陰蒂」（Eupla laxa landicosa）。[11] 詩人與諷刺文作家馬修（Martial，41-104）嘲弄陰蒂為「駭人的瑕疵」與「突出物」。[12] 這些對大陰蒂的嚴厲批評可能令人感到沮喪，但正如英國作家梅莉莎・摩爾（Melissa Mohr）所說，「人們咒罵之物即其在意之事」，看來希臘人與羅馬人的確在意陰蒂與其刺激效果。[13] 但至少他們還會談論陰蒂，因為到中世紀時，這樣的談論就停止了。

如果說中世紀世界忘了陰蒂，這樣的說法並不公平——他們知道陰蒂的位置，（某種程度上）也了解它是什麼，但他們並沒有將希臘與羅馬時期婦科大人物對陰蒂討論的內容再向前推進。❼今日，科學研究資訊的更新速度非常快，因此當醫學院學生離開學校之際，他們所學的知識有一半都已經過時。[14] 然而，歐洲中世紀的醫生卻相信陳舊醫學，並在往後數百年持續頌揚婦科最偉大的學說。喬叟的《坎特伯里故事集》裡有一位朝聖者是醫生，我們知道他受過良好的教育，因為他研讀了……

> ……老埃斯庫拉皮烏斯的作品，
> 與德斯庫雷德斯，以及盧佛斯，

---

❻ 如需進一步閱讀古典世界中有關陰蒂當作猥褻用語的資料，請參考 Melissa Mohr, *Holy Sh*t: A Brief History of Swearing* (Corby: Oxford Academic Publishing Ltd, 2013)。

❼ 概述中世紀醫學對陰蒂的理解的資料，請參閱 Karma Lochrie, *Heterosyncrasies: Female Sexuality When Normal Wasn't* (Minneapolis: University of Minnesota Press, 2005), pp. 71–102。

老希波克拉底、哈里與蓋倫，

賽拉皮安、拉札資與艾文森，

艾弗羅斯、吉爾特伯斯與康士坦丁，

伯納德、蓋提斯登與約翰・達瑪森。[15]

　　這代表即使到了中世紀晚期，喬叟的醫生所閱讀的最新研究，已經有兩百多年的歷史了。想像一下，你的醫生邊讀著十八世紀的醫學手冊，一邊拿手術刀靠近你的模樣，你就知道上述的情境有多詭異了。因此，難怪中世紀對陰蒂的理解與古典世界一樣：那就是大陰蒂壞壞，而女同志喜歡。然而，在中世紀時期，也有出版翻譯具高度影響力的阿拉伯醫學新文獻。像是阿維森納（Avicenna，980-1037）和阿爾布卡西斯（Albucasis，936-1013）等阿拉伯醫生的著作，由克雷莫納的傑拉德（Gerard of Cremona，1114-1187）翻譯成拉丁文，並持續在西方世界流傳，直到十七世紀之際。

一九〇〇年，一名女子撫摸另一名用根莖植物當作假陰莖的女子。

　　中世紀的阿拉伯文獻對於巨大陰蒂仍感到煩躁不安，建議人們必須割除大陰蒂，以控制包括濫交與女同性戀等下流行為的出現。常被稱為「手術之父」的阿爾布卡西斯（Albucasis）寫道：

> 陰蒂的尺寸可能會超出自然規律，因而長成可怕畸形的樣子；在某些女性的身上，它會像男性的器官一樣勃起，達到性交的目的⋯⋯這你也應該割除。[16]

　　阿維森納（Avicenna）也表達過同樣的意見，他聲稱巨大陰蒂「出現於〔女性〕以進行與女性的性交，類似男性與女性的性交」。[17]但至少阿維森納承認陰蒂提供歡愉功能，並建議男性摩擦「肛門與外陰之間的地方。因為此處為歡愉中心。」[18]值得慶幸的是，阿維森納的著作在整個中世紀歐洲都極具影響力，而刺激「歡愉中心」的建議則可於之後的一些文獻中見到，像是薩利塞特的威廉（William of Saliceto）的《外科手術》（*Summa Conservationis et Curationis*，1285）與維拉諾瓦的阿諾德（Arnold of Villanova）的《健康之道》（*De Regimen Santitatis*，約 1311 年）之中。[19]

　　婦科領域在中世紀可能沒有顯著的發展，但將阿拉伯文獻翻成拉丁文則產生數個稱呼陰蒂的新用語。「Nymph」（仙女）、「myrtle」（香桃木）和「landica」（陰蒂）仍相當普遍，「tenigo」（陰莖脹大）和「virga」（竿）（兩者皆暗指勃起）則變成醫學術語。「bobrelle」（外陰的脣）出現在十五世紀的英國，聽起來很有趣，像是「bobble」（小毛球），可能意指直立的物品（上下「快速移動」）。[20]「Kekir」（脹大）是另一個與 bobrelle 一同出現在萊特的《盎格魯薩克遜與古英文詞典》（*Anglo-Saxon and Old English Vocabularies*）的用語，意同「tenigo」（或勃起）。[21]即使中世紀有

各種擺盪，但在現存的中世紀資料裡，陰蒂並沒有受到廣泛的討論。即使有，大多數的中世紀醫生只是重複更早的醫學觀點，並威脅要割除這可憐的東西。直到文藝復興時期，情況才開始有進展。

　　一五五九年，兩位解剖學家自豪的宣稱已「發現」陰蒂，這可能是人類史上男人說教行為中最厲害的例子吧！（請下緩慢鼓掌聲）。任職於義大利比薩大學的解剖學家雷爾多・可隆坡（Realdo Colombo，1515-1559），在《解剖學》（*De re Anatomica*）中宣稱是他發現「陰蒂」（quimberry，2008）的。❽ 在這場婦科之「尋找威力」遊戲中，獲得第二名的是那位輸卵管（Fallopian tube）名人，加布里瓦・法羅皮奧（Gabriele Falloppio，1523-1562）。法羅皮奧在一五六一年出版了《解剖觀察》（*Observations Anatomicae*），但他堅稱自己在一五五〇年時已成書。他聲稱他是第一位於陰蒂山插旗的人，「如果有人提及它，一定是從我或我的學生而來」。[22] 當然，這兩位先生都是在胡說八道，因為不僅醫生早已知道陰蒂的存在，女性也早就約略知道它的位置了。

　　可隆坡和法羅皮奧「發現」陰蒂，就像六十九年前哥倫布「發現」美洲時，對美洲原住民來說深感疑惑的情況一樣。但他們都為自己的發現感到非常驕傲！可隆坡以興奮口吻寫道：

> 由於沒有人察覺到這些過程以及它們的作用；如果可以命名我所發現之物，它應被稱作「維納斯之愛」或「維納斯之蜜」。我實在非常驚訝，由偉大藝術塑造如此美麗的它，能帶來這麼多的益

❽　如需進一步閱讀，請見 Mark D. Stringer and Ines Becker, 'Colombo and the Clitoris', *European Journal of Obstetrics & Gynaecology and Reproductive Biology*, 151.2 (2010), pp. 130–3 <https://doi.org/10.1016/j. ejogrb.2010.04.007>.

處，而這麼多的解剖學家甚至沒有發現〔它〕。[23]

法羅皮奧堅稱「它隱藏之深，我是第一位發現它的人」。[24] 平心而論，他們聲稱發現的新部位，其實點出了醫療資訊取得不易的事實，而非他們自身的驕傲。可隆坡和法羅皮奧的研究以廣泛的屍體解剖為基礎，他們最終確實為「維納斯之蜜」提供新的解剖資訊。的確，可隆坡認為偉大「陰蒂」（bean，1997）會產生一種他稱為「維納斯之液」（Amor Veneris）的女性精子，但至少他沒有試著割除它。他們都了解陰蒂是種器官，不僅是個被摩擦的甜蜜點，而這是全新的資訊。不僅如此，文藝復興時期的解剖學家還強調陰蒂在性交與歡愉中所扮演的角色。可隆坡寫道，他發現它「是女性性交愉悅的主要之處；因此，如果你不只用陰莖摩擦它，甚至用小指觸摸它，愉悅感會使它們的種子四處溢流，甚至比風移動的還快。」。[25] 女士們，喜歡這兒吧。

更令人困惑的是，一六七二年荷蘭解剖學家雷尼爾・德・格拉（Regnier De Graaf）在其巨作《論女性生殖器官》（*Treatise on the Generative Organs of Women*）中再次發現陰蒂，並在論文裡嚴厲譴責其他醫師忽略陰蒂的存在：「我們感到驚訝的是，有些解剖學家沒提到這個部分，好像它不存在這世界上一樣……我們目前解剖的每具大體上，都能明顯看到與觸摸到它的存在。」[26] 但重要的是德・格雷不再使用「tenigo」、「sweetness of Venus」、「bobrelle」和「nymph」等不知所云的用語，而在其書中全面使用「clitoris」稱呼陰蒂。此用語本身也是個詞源學的謎團，但最可能源自希臘語「kleiein」，意思是「關上」，這可能是指陰蒂被小陰脣覆蓋，或可能是更早的理論，認為陰蒂是保持子宮溫暖的門。第一個使用「clitoris」的紀錄，出現在海克亞・克魯克（Helkiah Crooke）撰寫

的人體解剖百科全書《人體微觀論》（*Mikrokosmographia*，1615）中，他於書中正確指出了陰蒂的位置、結構與其肌肉組成。[9] 從此書開始，「clitoris」的使用頻率開始上升。

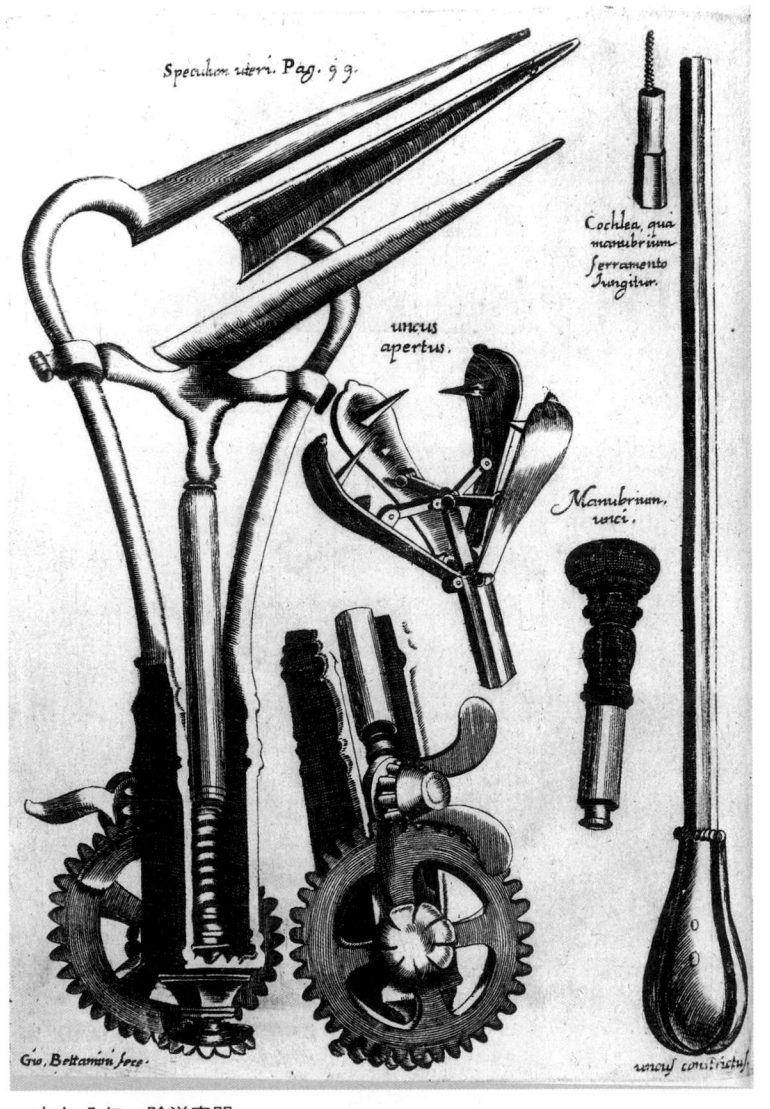

一六七八年，陰道窺器。

　　儘管十六世紀的醫學大躍進，但對女性乳房的喜愛和對肥大陰蒂的迷戀仍持續盛行。一六五三年，荷蘭解剖學家湯瑪斯·巴托林（Thomas Bartholin）稱陰蒂為「人類恥辱」（*contemptus viorum*），因為他認為過度使用陰蒂的女性會變成「女同志」（*confricatrices* / rubsters）。他甚至宣稱認識一位女子，因過度濫用她的「人類恥辱」，導致它長到了「鵝脖子」的長度。（重覆：鵝脖子。）巴托林寫道：

> 它的尺寸通常很小；它大部分都藏在仙女（小陰脣）的下面，略為凸出一些。對情慾初開的女子而言，會首次發現陰蒂的存在。在某些人身上，陰蒂可能大一些或小一點：在某些人身上，它像男性的陰莖般凸出，即年輕男子頻繁、持續握著並同時摩擦之，如例子所證。不過，它會變大如同鵝的脖子大小，正如皮雷特羅斯所說的那樣，都是異常駭人的。圖歐皮爾斯也有類似的例子，她的陰蒂長如男人的手指，寬如男孩的陰莖，這讓該女子想要與其他女性進行性交。但此部位會持續增長，阻礙男性的動作。因為在性交時，它會腫脹如同男性陰莖，且受到情慾刺激而直立。[27]

　　倘若巴托林所說是少數、古怪的意見就算了，但事實遠遠不是如此。尼古拉斯·維內特（Nicolas Venette）在其長期受到歡迎的

---

❾　自從以弗所的魯弗斯（Rufus of Ephesus，西元元年）在他的解剖著作中使用 κλειτορίς (clitoris) 和 κλειτοριάζειν (clitorising)，「clitoris」一詞的前身早在拉丁文與希臘文間廣為流傳。魯弗斯用「clitorising」當作動詞，意指刺激陰蒂。參考 Carolyn J. Gersh, 'Naming the Body: A Translation with Commentary and Interpretive Essays of Three Anatomical Works Attributed to Rufus of Ephesus' (unpublished PhD thesis, University of Michigan, 2012); Helkiah Crooke, *Microcosmographia* (London: Printed by William Iaggard, 1615), p. 129

性手冊《情慾之愛》（*Conjugal Love; or, the Pleasures of the Marriage Bed*，1686）裡提醒關於腫脹「到如此的巨大，因而阻止了男性陰莖進入的」陰蒂，以及「女子在婚前必須割除如此長、如此明顯的」小陰脣。[28] 在〈最著名傻子的如實紀錄〉（A Faithful Catalogue of Our Most Eminent Ninnies，1688）中，多塞特伯爵批評哈維女士是位好色成性的女同志，他說她的「陰蒂會在開放日變大」──這代表她的陰蒂大到可以當陰莖使用。[29]

甚至連女性也參與其中。珍・薛普（Jane Sharp）是位十七世紀助產士，她於一六七一年出版了一本有關懷孕和生產的劃世代著作：《助產士手冊》（*The Midwives Book*）。薛普在書中仔細剖析外陰以及陰蒂的功能。她寫到陰蒂「使女性充滿慾望，喜愛性交，如果沒有它，女性不會有慾望和愉悅，也無法受孕」。[30] 雖然這聽起來是「陰蒂」（love-nub，2008）獲得一勝，但薛普同時也警告有關「像男人陰莖一般的」巨大陰蒂。她繼續加入大量種族歧視，寫到印度和埃及的「放蕩女子」經常「像男性使用陰莖一般」使用她們的巨大陰蒂，但她從沒聽說有任何英國女子這樣做。[31] 她繼續說：

> 在某些國家，她們（陰蒂）長得太長，以至於外科醫生必須切除之，避免麻煩和羞恥，而這主要發生在埃及；割除她們時會流很多的血……有些船員提到曾見過黑人女性脫光全裸，而其陰蒂凸出。[32]

西方世界對有色人種女陰和性慾的著迷於此時開始，一直持續到今日。

我們不知道這些有關割除陰蒂的醫學「建言」是否有被採用，抑或是一般女性對此的看法為何，因為（不幸的）她們的意見已不

復存在。我們知道有些醫生對大陰蒂感到焦躁不安，但這樣的看法有多少進入一般大眾的認知中，則不得而知。

不過，我們可能有大量近代具爭議性的證據，能用來檢視與肥大陰蒂相關的醫學理論對醫學社群之外的影響：女巫審判紀錄。長久以來，各個歷史學家一直在暗示，傳說中的「女巫的乳頭」（witch's teat）實際上可能指的是陰蒂。[33] 各種網路文章受到此看法的影響，有點興奮過頭了，因此宣稱陰蒂在近代時期被稱為「女巫的乳頭」，但事實並非如此。撒旦留下女巫的印記，象徵他是女巫的主人（想想《哈利波特》中的「黑魔標記」），而女巫的乳頭則是用來餵食由撒旦偽裝成的魔使。這兩者只是學術上的不同，但他們都是用來判女巫死刑的證據。任何東西都能被視為是乳頭或標記：燙傷、燒傷、疣、痣、疤痕、痔瘡，或任何腫塊或隆起。儘管標記可能出現在身體各處，卻經常出現在陰部。

蘇格蘭的詹姆斯六世（後來為英格蘭的詹姆斯一世）在一五九七年發表了他的獵巫手冊《惡魔研究》（Daemonologie），以下是他建議人們該去哪裡找尋祕密標記和原因。

取自一七二〇年，T·諾瑞斯的《女巫與巫師的歷史》（The History of Witches and Wizards）。

惡魔通常在她們身上留下祕密的記號，女巫自己承認，惡魔在接
受她們成為他的僕人之前，會以舌頭舔舐她們身體的私密處，而
記號通常標記在身體某部位的毛髮之下，因此縱使受到搜查，也
不容易被發現或察覺。[34]

這些紀錄裡，乳頭曾出現在喉嚨、肚子、胸部和男人身上，顯
然這些例子中的乳頭不是陰蒂。但不可否認的是，醫學文獻談及的
肥大陰蒂，以及對女巫乳頭的情慾化描述，這兩者的相似度不容質
疑，因此提高了過度激進的獵巫者將女巫乳頭詮釋成陰蒂的可能性。

　　七十六歲的艾莉絲・山繆（Alice Samuel）在一五九三年被指控
是女巫，被處死後，刑場人員審視她的身體，發現無可辯駁的定罪
證據。

他在艾莉絲・山繆這位老女人的身上發現一塊小腫塊，像乳頭一
樣凸，長約半英吋；他和妻子第一眼看到時都不想揭露，因為它
緊鄰著的部位，看到了會不得體。[35]

　　最後的侮辱行為是公開展示艾莉絲可憐的遺體，讓民眾檢視她
的陰部。一六一九年，瑪格麗特・福婁爾斯（Margaret Flowers）坦
承有一隻黑老鼠吸吮她「祕密部位內側」的乳頭。[36] 一六四五年，
瑪格麗特・慕恩（Margaret Moone）遭到自封為「尋巫將軍」的馬
修・霍普金斯（Mathew Hopkins）審問。霍普金斯發現可憐的瑪格
麗特是「其私密部位有著長乳頭或凸起，顯然最近有被吸吮過」的
幾個受害人之一。[37] 一六六五年在伯里聖愛德蒙茲，老寡婦蘿絲・
卡蘭德（Rose Cullender）被發現陰部有三個乳頭。其一「看起來最
近似乎有被吸吮過的跡象，而拉一下它，還會噴出白色物質」。[38] 上

述的這些女性都被控施行巫術而遭處死。我們永遠無法確切知道這些乳頭是什麼,然而描述它們是外陰部凸出的長形肉塊,能讓惡魔吸吮以取悅女巫,確實呼應了我們見到對長陰蒂抱持非理性恐懼的態度。

　　到了十六世紀末,陰蒂很可能真的脫離隱藏之處(是可以這麼說),不僅僅存在醫學文獻或是獵巫者的瘋言瘋語之中。它被認為是提供歡愉的器官,它甚至是幽默的來源。我們最喜愛而且滿口髒話的貴族,第二任羅徹斯特伯爵約翰·威爾默特在《索多瑪的鬧劇》(*The Farce of Sodom, or The Quintessence of Debauchery*,1689)

取自一七二〇年,理查·包爾頓的《戰爭男孩的女巫》(*The Witches of Warboyse*)。

64

中將一個角色命名為「克里托莉絲」（Clitoris）。克里托莉絲是女王的貴族仕女，經常帶給康特格雷莎女王（Queen Cuntigratia）性高潮。而聲名狼藉的浪蕩子法蘭西斯・法恩爵士（Sir Francis Fane）則對巴斯市的「女陰灣」（cunt bay）和「陰蒂碼頭」（pier clitoris）開玩笑。

　　十八世紀時，印刷業興盛。因製作和配送方法獲得改善，成本降低，以及識字率提升，讓大眾更容易取得報紙、雜誌、年鑑和廉價的單面印刷品等。科技往哪走，性接著就到，因此情色文學的市場也蓬勃發展。相較於手持手術刀的醫生看待陰蒂的方式，十八世紀的情色文學提供了非常受歡迎的第二種觀點。❿尼可拉斯・可瑞爾（Nicholas Chorier）在《已婚女士與女僕的對話》（*A Dialogue Between A Married Lady and A Maid*，1740）中虛構了一位熟女與年輕女僕的對話，其中較年長的女士教導年輕女僕有關性的一切。部分的內容涉及陰蒂愉悅。萬歲！

> ……約在外陰上部，有個稱為陰蒂的東西，它有點像男人的陰莖，因為它會腫大、直立就像男人的屌；然後用他的屌，輕輕的摩擦，就會帶來大量的愉悅感，接著它會噴出液體，當液體流出，我們陷入迷幻狀態，好似瀕臨死亡，我們的感官消失，所有一切只集中在那一個地方，接著我們緊閉雙眼，心臟在一側無力的跳著，四肢癱軟，然後，總歸一句，我們整個人融化，融入到無法言說的喜悅之中，只有感受過的人，才能表達或領會。[39]

---

❿　有關十八世紀情色文學，非常值得閱讀的資料是 Julie Peakman, *Mighty Lewd Books* (London: Palgrave Macmillan, 2014).

　　薩德侯爵的作品則是如預料中的滿是陰蒂。即便薩德確實花了相當多時間折磨陰蒂，但除此之外，也有很多舔陰、指交和撫摸陰蒂的祕訣——例如總是「堅持你在肛交時，你的陰蒂也要被撫弄」以及「女士；不要只滿足於吸吮她的陰蒂；讓你性感的舌頭鑽入她的子宮」。[40] 這對所有人來說都是合理的建議，真的！

　　在情色文學中，十八世紀盛行出版一種稱為「歡樂國」（Merryland Books）的文類。這些文本書寫女性身體的方式，彷彿女體是一片等待探險的地域。其中有許多緩升的小山丘、滿覆苔癬的山谷與豐沃的土壤等雙關語，偶爾也會見到陰蒂。正如你所看到的，儘管對陰蒂的讚賞顯著上升，但醫學上對大陰蒂的著迷，也在十八世紀情色文學裡，翻舊的書頁間找到空間，並進一步將其盲目解讀為性偏差的指標。

　　　　堡壘附近就是稱為 CLTRS〔陰蒂〕的大都會；此地相當宜人，歡
　　　　樂國的皇后們都很喜愛這裡，而此地是皇后們的主宮殿，或更精

一七六六年，休伯特·弗朗索瓦·布爾吉尼翁·格拉維若和約翰·克萊蘭德的《一位愉悅女性的回憶錄》（*Memoirs of a Woman of Pleasure*）。

確來說是歡愉之地；它一開始很小，皇后們從中獲得的歡愉讓它
的界線大幅向外擴張。[41]

雖然大陰蒂普遍被認為等同於高漲的情慾與女同性戀，但十八
世紀對自慰的焦慮，使鵝脖子（肥大陰蒂）的成因有了新解釋──
過多「性交」（diddling，1938）造成使用過度。一七七一年，法國
醫生賓維爾（M. D. T de Bienville）出版有關性愛成癮的論文。賓
維爾認為自慰導致這種不快樂的狀態，並且警告自慰的女性很快
就會「拋棄限制、道德高尚的嬌柔之軛，為了滿足她們貪得無厭的
慾望，能毫不羞愧的公開用不道德、放蕩語言乞求第一個到來的
人」。嗯，誰沒有這樣做過？更重要的是，賓維爾深信患有「子宮
暴怒」的女性，其陰蒂會比「謹慎謙虛的女性」的陰蒂大得多。[42]
雖然許多人嘲弄賓維爾的研究，但他是當時以醫學方式檢視自慰，
而且視陰蒂大小為女性是否曾自慰指標的醫師之一，也就是一種陰
蒂測試。

儘管陰蒂在維多利亞時期的情色文學中得到充分的享受，但醫
學界的一小部分人，對陰蒂和陰蒂測試抱持嚴重關切的態度，一直
持續至十九世紀。❶ 例如法國醫生亞歷山大・讓巴蒂斯特・帕宏杜
夏特雷（Alexandre Parent du Châtelet，1790–1836）研究超過五千位
巴黎性工作者的陰部後，驚訝的發現不同於大家普遍相信的，「娼
妓的陰部……看起來沒有特別的與眾不同，從這方面看來，她們與

---

❶ 儘管醫學意見直言不諱，但反陰蒂的議題影響有限，因為維多利亞時期的情色文學
沒有展現這般的擔憂。雜誌《珍珠》（*The Pearl Magazine*，1879–80）經常收錄有關
陰蒂愉悅的內容。而佚名作品《情慾羅曼史》（*Romance of Lust*，1873）至少提及一
百六十六次陰蒂（clitoris），所有都是正向、愉悅的描述。即便是向男同志之愛致敬
的作品，《上流肉販：倫敦男妓自白書》（*Sin of the City of the Plain*，1881）也鉅細
靡遺描述讓女性透過陰蒂愉悅達到高潮的方式。

名聲無瑕的已婚婦女無異」。[43] 還有,「巴黎娼妓的陰蒂,其尺寸或位置沒有特別不同,而在這些人身上,如同所有已婚婦女,陰蒂外觀略有不同,但沒有特別古怪之處」。[44] 不過,這項研究並沒有勸阻其他醫生探查女性陰部,以尋求性墮落的特徵。一八五四年版的《醫學辭典》(*Medical Lexicon: A Dictionary of Medical Science*)收錄了「clitorism」(陰蒂肥大),其定義為「創造此用語以表達濫用陰蒂,也表示異常巨大的陰蒂。」[45] 而《美國婦科與產科的順勢療法期刊》(*American Homeopathic Journal of Gynaecology and Obstetrics*,1885)宣稱「自慰的證據」中,「陰蒂被拉長了很多,陰蒂包皮變得肥大、摺疊皺折」。[46] 有些醫生認為肥大陰蒂是由自慰所引起,其他人則認為情況正好相反。

反陰蒂團中,最惡名昭彰的支持者是英國婦科醫生艾瑟克·貝克·布朗(Dr Isaac Baker Brown,1811-1873)。布朗是備受尊敬的醫生。他是倫敦聖瑪麗醫院的創始成員,獲選為皇家外科醫師學會會員,並於一八六五年當選為倫敦醫學會的主席。一切對布朗而言都十分順利,直到他在一八六六年出版《女性身上某種精神失常、癲癇、僵直性昏厥與歇斯底里的可治療性》(*On the Curability of Certain Forms of Insanity, Epilepsy, Catalepsy, and Hysteria in Females*)。布朗在書裡談及他成功進行陰蒂切除術,治療了歇斯底里症、背痛、癲癇、不孕、癱瘓、失明、精神失常以及更多疾病。在一八六三年的一個案例中,布朗切除了一位三十歲女性的陰蒂,這位女性變得「非常厭惡她的丈夫」。布朗宣布手術是「未受干擾的成功」,病患也回到家中,繼續為婚姻努力。[47](深呼吸)

> 病患完全受到三氯甲烷影響,因此能用剪刀或刀子切除陰蒂——
> 我偏好使用剪刀。在傷口處塞入不同厚薄的棉絨敷布和一個護

墊，接著用 T 字帶固定好。[48]

　　布朗的理論並沒有受到認可，一八六七年他被趕出倫敦婦產科協會。他的聽證會被大肆報導，而布朗顯然不知該如何回應，因為其他同業醫生也進行了陰蒂割除術，但為什麼唯獨他被挑出來指責。「我堅定認為在這房間的前同事們都進行過這項手術……這不是我的手術，各位男士記得嗎？就如海登醫生所示，這是一項從希波克拉底時代就一直進行的手術。」[49] 他說的可能有道理。布朗醫師確實是維多利亞時期婦科童話劇中的惡人，但他殘忍的陰蒂割除術並不是唯一的案例。我確信主持逐出布朗的會議裡的許多優秀醫師也同樣有罪，只是他們對此較低調寡言罷了。但這一切都無法拯救布朗醫師，他的事業一蹶不振，一八七三年死於窮困──他可能是歷史上唯一一位後悔發現陰蒂的人。

　　佛洛伊德曾描述女性性慾是心理學的「暗黑大地」。[50] 鑑於他逗留在女性性慾上所花費的時間，顯然他迷失其中並且害怕其住民，所以我傾向同意他的觀點。佛洛伊德有一個較不知名的理論，認為陰蒂高潮是性發育不全。在《性學三論》（*Three Essays on the Theory of Sexuality*，1905）中，佛洛伊德認為女童的性慾在青春期前全然與陰蒂和男性化相關，而到了青春期，她必須轉移她的「情慾敏感性到刺激……從陰蒂到陰道」才能讓她變成熟和女性化。[51] 佛洛伊德可能沒有割除陰蒂，但他的想法卻象徵性的將陰蒂從「健康」性慾中剔除。雖然佛洛伊德並不是唯一區別「陰道」與「陰蒂」高潮的醫生，但無庸置疑的是，他是最具影響力的一位。⓬

⓬　有關十九世紀與二十世紀陰蒂割除醫療行為的極佳資料來自 Sarah B. Rodriguez, *Female Circumcision and Clitoridectomy In the United States* (New York: University of Rochester Press, 2014).

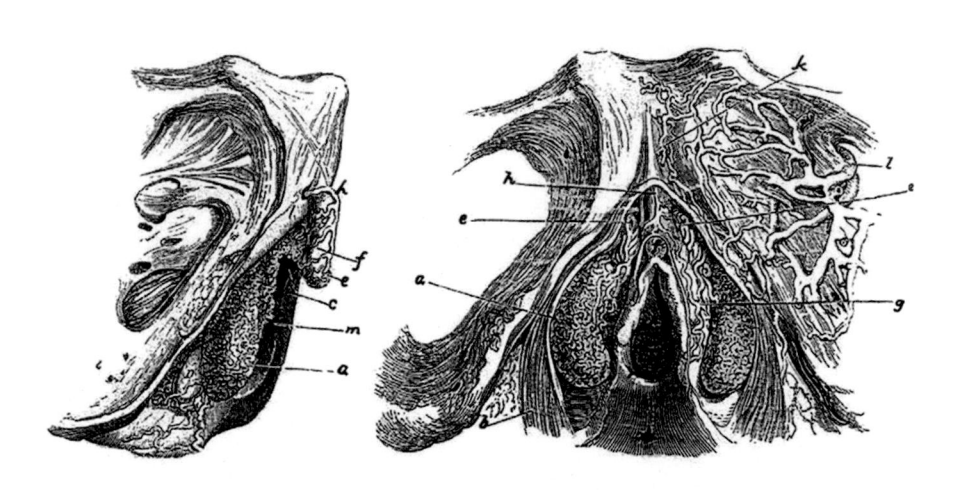

Lateral view of erectile structures of external organs in female (left). Blood vessels were injected, and skin and mucous membrane were removed. *a*, bulbus vestibule. *c*, plexus of veins named pars intermedia. *e*, glans clitoridis. *f*, clitoral body. *h*, dorsal vein of clitoris. *l*, right crus clitoridis. *m*, vestibule. *n*, right gland of Bartholin. Front view of erectile structures of external organs in female (right). *b*, sphincter vaginae muscles. *e*, venous plexus of pars intermedia. *f*, glans clitoridis. *g*, connecting veins. *k*, veins passing beneath pubes. *l*, obturator vein.

取自一八四四年格奧爾格·路德維希·科貝爾特的《人類男性與女性的性器官於性興奮時以及其哺乳類動物》之「陰蒂解剖圖」。

　　佛洛伊德最有名的病人之一，是皇帝拿破崙一世的曾侄孫女，瑪麗·波拿巴公主（Princess Marie Bonaparte，1882-1962）。瑪麗公主於一九〇七年嫁給喬治王子，也同時擁有好幾個情人，但她無法透過陰道抽插得到高潮。瑪麗公主深受佛洛依德理論的影響，同時也是位有科學頭腦的女性，因而開始研究自己的性「冷淡」，並得到以下結論：她無法達到強大的陰道高潮，是因為她的陰蒂離陰道口太遠了。她對兩百四十三名女性進行調查而證實了這一點，並在一九二四年以納佳尼（A. E. Narjani）的名義將結果發表於《布魯塞爾醫學評論》（*Braxelles-Medical*）上。瑪麗稱陰蒂與陰道口距離較短的女性為「並排女性」（paraclitoridiennes），這些女性很容易達到高潮，而兩者距離超過 2.5 公分，難以達到高潮的女性，如瑪麗公主，稱為「遠距陰蒂的女性」（téléclitoridiennes），介於兩者之間的女性則被稱為「性冷感臨界點的女性」（mesoclitoriennes）。[52] 瑪麗

於一九二五年成為佛洛伊德的病患，因此更強化了只有透過陽具插入，她才能得到滿足的信念（仔細聽，你會聽到女同志的笑聲）。

瑪麗・波拿巴公主肖像。

瑪麗公主執著於成熟與未成熟高潮的結果是，她在一九二七年聘請
外科醫生約瑟夫・哈爾班（Josef Halban）為她進行調整陰蒂更靠近
陰道口的手術。當手術沒有達到預期的結果時，哈爾班再次於一九
三〇年與一九三一年兩度進行手術。可憐的瑪麗公主從未得到陰道
高潮，最後她的陰蒂變得像垂吊的鬆弛按鈕。好可憐、好可憐的瑪
麗。

　　不僅僅是可憐的瑪麗公主。隨著佛洛伊德對陰道與陰蒂高潮
的差異理論稱霸醫學界，女性經常被提醒，如果她們只能透過刺
激陰蒂得到高潮，就是有性障礙。一九三六年，愛德華・希奇曼
（Eduard Hitschmann）和艾德蒙・貝格勒（Edmund Bergler）發表
了極具影響力的著作《女性性冷淡》（*Frigidity in Women*），他們於
此書中宣稱「性冷淡的唯一條件就是缺乏陰道高潮」。[53] 一九五〇
年，威廉・S・克羅格（William S. Kroger）宣稱「只能透過刺激陰
蒂得到性反應」的女性是「性冷淡」的。他接著解釋說，陰道高潮
是「性反應中最佳的類型」。[54] 在美國，這導致許多婦科醫師進行從
陰蒂包皮中「解放」陰蒂的手術，據說這會讓性冷淡的妻子與丈夫
一同達到高潮。甚至連美國知名生物學家阿爾弗萊德・金賽（Alfred
Kinsey）也推薦這項「非常簡單的」手術；醫師只要使用工具即可
剝除陰蒂外皮，讓包皮往後退，可能使女性有完全不同的反應。[55]
詭異的是，儘管世界衛生組織已將部分或整體割除陰蒂包皮的行為
歸類為女陰殘割，今日仍有整型醫師提供用以增進性高潮的除去陰
蒂包皮手術。[56]

　　針對陰道高潮對比於陰蒂高潮的謬論，令人特別惱怒的是，隨
著我們更了解陰蒂結構，顯然所有的性高潮都與陰蒂有關。陰蒂結
構既複雜且範圍也大，由陰蒂頭、陰蒂海綿體、陰蒂腳、前庭球、
陰蒂懸韌帶和根部組成——外部可見的只有陰蒂頭與陰蒂包皮。[57]

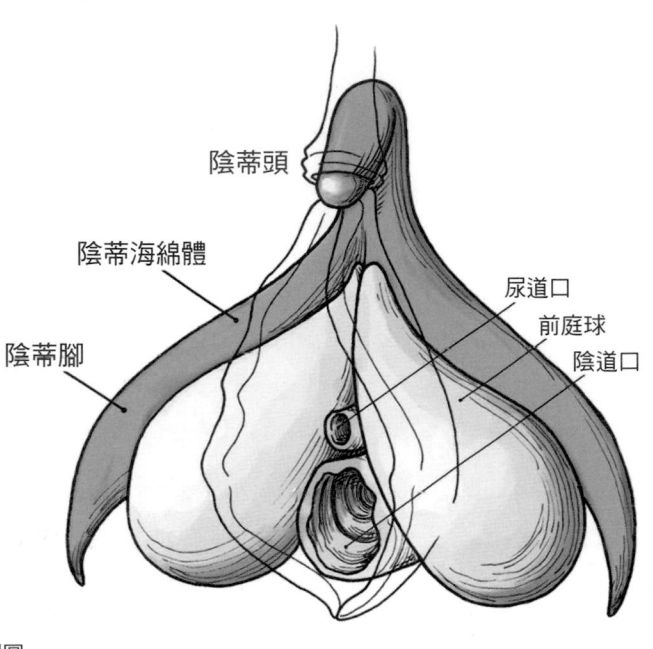

陰蒂頭

陰蒂海綿體

陰蒂腳

尿道口

前庭球

陰道口

陰蒂解剖圖

陰蒂結構從恥骨延伸到陰阜脂肪。直到二〇〇九年，皮埃爾‧佛爾德（Pierre Foldes）和歐迪勒‧布易生（Odile Buisson）使用 3D 超音波得到受刺激陰蒂的完整圖像，我們這才開始了解下面到底如何運作。他們發現，當陰蒂充血時，它會腫脹碰觸到陰道前壁。[58] 然後，二〇一〇年時，佛爾德和布易生與艾曼紐‧捷尼尼（Emmanuele Jannini）和西爾萬‧米蒙（Sylvain Mimoun）聯手，掃描一位正用傳教士體位進行性行為的女性志願者的陰道與陰蒂。結果顯示，陰莖使得陰蒂根部得到延展，在（咳咳）陰莖抽插時，已延展的根部會不斷撞到陰道前壁──這提供了明確的證據，證明了備受讚揚的 G 點，其實從頭到尾都是 C 點。[59] 也為醫學界沸沸揚揚爭論數百年的陰蒂奇聞畫下句點。❸

　　剩下的問題肯定是「為什麼？」為什麼「陰蒂」（pussy pearl，

2007）只是想為我們帶來愉悅，卻在歷史上受到嚴重迫害，並持續在世界上許多地方受到殘割？世衛組織指出今日執行女性殘割的眾多理由，包括「降低女性性慾，因此⋯⋯幫助她抵抗婚外性行為」。[60] 回顧歷史，這樣的理由的確是真實的。儘管陰蒂很早就被認定是「歡愉中心」，卻不被視為是固定的中心。相反的，人們認為陰蒂會引發女性產生過多的性慾，這會帶來各種健康問題——身體與精神問題皆有。然而，攻擊陰蒂不僅僅是為了控制女性的性慾，更主要是為了保護陰莖的崇高地位。陰蒂不需要抽插就能帶來愉悅，而且它也不需要男性來支配動作。人們害怕過度使用的陰蒂會變成能抽插其他女性的陰莖，這說明了陰莖是多餘的，或男性被取代了的焦慮。佛洛伊德堅稱唯一值得女性擁有的高潮必定需要陰莖，這也訴說了對「強大的陰莖」表達敬意的需求。同樣的，遠古時代對舔陰男性的嘲諷，將陰蒂與女同性戀做連結，與因自慰造成的「陰蒂肥大」，都是默認陰蒂忽略了陰莖。

　　我們永遠不會知道歷史上有多少陰蒂受到切割、燒灼和割除，但我們知道這些措施都是非必要的。陰蒂是美麗的器官，而且仍然很神祕——為什麼有些女性能透過插入得到高潮，而其他人卻無法呢？這些部位到底如何一同運作產生高潮？以下是我們目前所知道的：陰蒂是人類器官中唯一一個除了提供愉悅而沒有其他作用的器

⓭　不是每個人都對這個理論感到滿意，尤其是文森佐·帕波（Vincenzo Puppo），他堅決認為根本沒有內陰蒂這樣的東西。(Vincenzo Puppo, 'Anatomy of the Clitoris: Revision and Clarifications About the Anatomical Terms for the Clitoris Proposed (Without Scientific Bases) by Helen O'Connell, Emmanuele Jannini, and Odile Buisson', ISRN *Obstetrics and Gynecology*, 2011, pp. 1–5.) 不過，雖然其他人仍對陰道、陰蒂和尿道在高潮時的運作方式有爭議，但將 G 點視為解剖上能明顯獨立存在的感覺器官的說法，已被廣為駁斥 (e.g. Kilchevsky et al., 2012)。各個新坦陀羅團體（像是「新坦愛」）持續教導陰蒂高潮不如陰道高潮，宣稱陰蒂高潮是種「高點高潮」，會造成大腦中各種神經化學物質的衝撞。沒有證據能支持這項說法。此為謬論。

官。它有八千個神經末梢，數量為陰莖腺體內的神經末梢的兩倍，約莫 75% 的女性需要刺激陰蒂頭（外部）才能得到高潮。我們花了很多時間才走到這裡，仍有許多需要做的事情，但我們終於開始了解陰蒂在性滿足中舉足輕重的地位了。

第 4 章

殖民女陰

種族迷戀的歷史

　　一九九二年，混音老爹（Sir-Mix-a-Lot）發行蔚為風行的歌曲〈Baby Got Back〉，它以半開玩笑的方式，讚揚黑人女性的身體——以聽覺方式對西方美貌敘事中，占首要地位的極瘦、白人女子表達「去你的」。影片開頭是兩位白人女孩正在批評一名黑人女子的外表，並說她像個「妓女」。[1] 儘管〈Baby Got Back〉常常被視為新奇的饒舌歌，但它成功提出許多有關種族、性慾和女性等議題，而這些議題在二十多年之後仍待解決：美容產業的粉飾、黑人意見的邊緣化，以及有色人種女性受到過度性慾化，特別是黑人女性。

　　本章的重點放在黑人女性受到白人殖民者性慾化的歷史。我是位白人女性，我沒有立場能夠代表訴說黑人女性的經歷。我不知道黑人女性身處於一個迷戀黑人身體的世界感受會是如何。但我是位歷史學家，而我察覺歷史上白人殖民者用於談論並削弱有色人種女性和「性感迷人」敘事的語言，有可相比擬之處。本章節並不會更進一步強化對有色人種女性的迷戀，或對黑人文化發表任何評論。而是談及白人如何看待、談論並主張擁有黑人女性的身體，特別是她們的生殖器。

　　當歐洲人首次抵達非洲，他們遇到了一個與自身文化在每個方

非洲協會成功將莎拉的案子告上法庭，她被律師交叉詢問了數小時，以確認她本身是否同意受到的這樣對待。威廉·鄧路普在莎拉作證時被允許待在法庭上，甚至出示了一份由他本人與莎拉簽名，表示同意她工作條件的合約。[9] 我們永遠不會知道他的出席是否阻止了莎拉說其他的話，但她在法庭上說她「沒有受到限制」而且「在英國很開心」。[10] 案子因此被駁回。

　　莎拉從未在展示時裸體，當她一八一四年被賣到巴黎皇宮殿時，她也不允許法國醫師檢視她的生殖器。一八一六年，年僅二十六歲的她因酗酒過世之後，喬治-弗列德利克·居維葉（Georges-Frédéric Cuvier，1773–1838）解剖了莎拉的遺體，並發表詳細的解剖紀錄。他的報告相當有名，因為他用了像是偷窺猴子的方式，長篇幅描述莎拉的性器官、臀部和大腦。[11]

　　居維葉保存了莎拉的大腦和骨架，並將她的性器官放在標本瓶中。他製作了數具莎拉的身體模型，以及用蠟模做了她的陰部模型，這些皆被放置在法國國家自然歷史博物館中展出，直到一九七四年為止。二○○二年，南非總統尼爾森·曼德拉（Nelson

THE HOTTENTOT VENUS.

They are now employed in one of the rooms of the Museum of National History in forming a cast of the Hottentot Venus, who died the day before yesterday of an illness that lasted only three days. Her body exhibited no visible trace of this malady, except some spots of reddish brown round the mouth, legs, and sides. Her size and enormous protuberances are not diminished, and her hair, extremely curled, has not become lengthened, as is usual with negroes in illness and after death.— The dissection of this woman will furnish an extremely curious chapter in the history of the variety of human species.—(Moniteur.)

一八一六年一月十五日星期一《貝爾法斯特商業報》（Belfast Commercial Chronicle）。

Mandela）爭取將巴特曼的軀體和數具石膏模型從法國回到南非，最終安葬在東開普省漢基村。

　　十九世紀興盛的面相學，是一種透過人的身體外貌「解讀」揭露其個性的方式。早期的犯罪學家，像是切薩雷‧龍布羅梭（Cesare Lombroso，1835–1909）等認為可以透過研究身體特徵，來預測犯罪傾向。其中，面相學者相信能從人身上讀到的一項「犯罪」特徵是賣淫。艾傑安‧夏皮（Adrian Charpy，1848–1902）等科學家進行了許多研究，檢視了性工作者的陰部，並以此直接與黑人女性的陰部作比較，推論出黑人女性為高性慾的女性。[12] 夏皮聲稱妓女與「霍騰托」女性都有肥大陰脣，這代表了低賤的性慾。在他一八九三年的著作《犯罪的婦女》（*La donna Delinquente*）中，龍布羅梭直接將黑人女性身體的圖像與妓女的身體圖像比較，為的是「證明」兩者異常、肉慾的天性。[13]

　　儘管本章主要關注的是黑人女性性器官的殖民化，但同等重要的是，了解歐洲人也著迷於黑人男性的性器官，也感受到威脅。今日色情網站的分類「大黑屌」（big black cock，BBC）神話，也源自於最早期的殖民宣傳，即黑人男性具性野性、既肉慾又危險。❷ 正如黑人女性的性器官與臀部被解讀為其濫交的「證據」一樣，黑人男性的陰莖也被視為性慾過強、具獸性的證據。

　　一九〇四年，威廉‧李‧浩爾醫生（Dr William Lee Howard）在《醫學期刊》上發表〈文明中黑人為獨特的種族因素〉一文。其中，浩爾醫生宣稱「非洲人陰莖的巨大尺寸」會阻礙他無法像白人男性一樣的「文明化」與「道德化」。浩爾暗示黑人男性的大腦發

---

❷　有關於種族與陰莖的詳細歷史，請參閱 David M. Friedman, *A Mind of its Own* (London: Hale, 2001)。

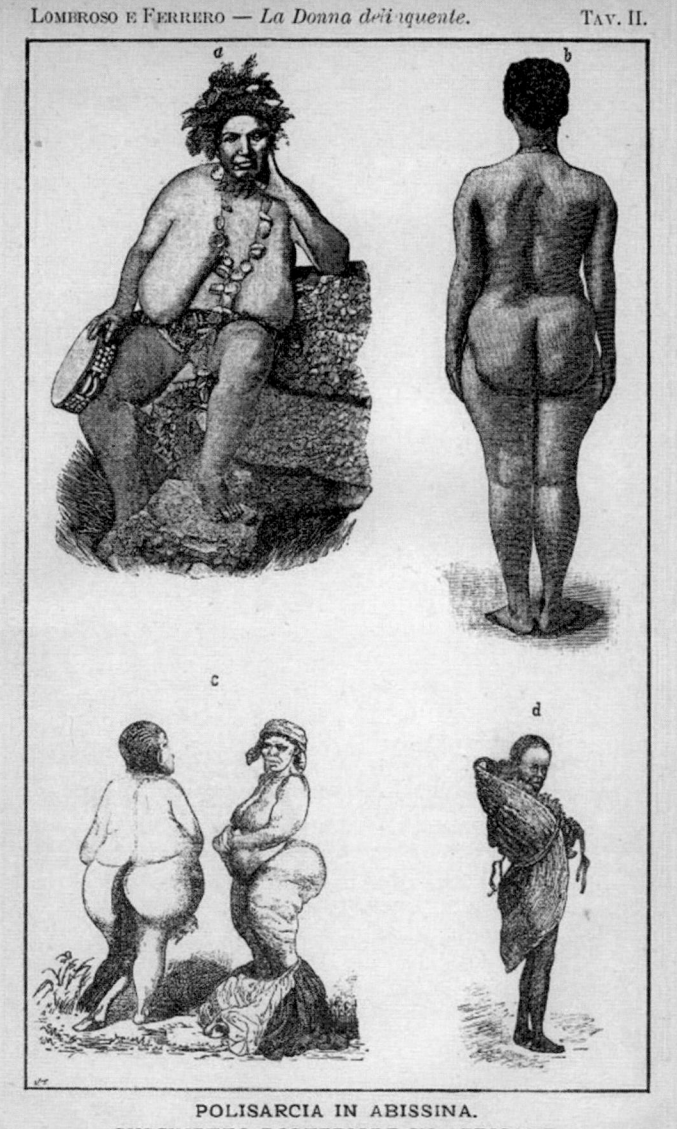

LOMBROSO E FERRERO — *La Donna delinquente.*   TAV. II.

POLISARCIA IN ABISSINA.
CUSCINETTO POSTERIORE IN AFRICANE.

a) Ballerina o prostituta Abissina (Ploss) (tipo di polisarcia africana). — *b*) Ottentotta con cuscinetto posteriore (Ploss). — *c¹*) Donna Bongo (Schweinfurth). — *c²*) Donna Koranna con cuscinetto posteriore e ipertrofia delle natiche e delle coscie (Ploss). — *d*) Donna selvaggia che porta un bambino sul dorso, come in tutti i popoli primitivi (Ploss).

十九世紀義大利
對女性罪犯的研
究中，認為巨大
臀部和明顯的陰
脣與濫交和低劣
人種有相關。

育在青春期就停止了，而且「遺傳本能〔變成〕他生命的控制因素……他會帶著因疾病而腫脹的陰莖，深夜走在暗巷裡，接著帶著若無其事的態度感染他的未婚妻，並在一個小時後以同樣的態度與該種族中最低階的人同居。」[14]

這種偽科學的種族歧視所帶來的影響非常深遠，一直到二十世紀，此為殘忍對待與性剝削黑人男性和女性提供了正當理由。一九二〇年代與一九三〇年代的軍事宣傳活動，積極利用對殖民地女性根深柢固的性刻板印象，試圖吸引歐洲男性投入殖民地的軍隊。

一張德國明信片上寫著：「另一個城市，另一個女孩！」，取自茵姬‧歐斯特霍夫的〈來自殖民地的問候：一段羞恥歷史的明信片〉。

這些明信片揭露出更多有關攝影師的殖民幻想，而不是被拍攝的女子。照片取自於馬利克‧阿洛拉的《殖民地後宮》（*The Colonial Harem*）。

　　為了展示她們能給歐洲男性的性誘惑，當時的殖民地明信片強調了有色人種女性的乳房、誇張的臀部與裸體。這些明信片上的女性只是裝飾門面之物——證實殖民影響力的道具。她們淪落到只剩肉體，就與莎拉・巴特曼一樣：提供給白人觀眾的消費品。歐洲人不僅性化黑人身體。隨著非洲、亞洲和美洲都受到歐洲人的殖民，也同樣將非白人女性當作是充滿異國情調的「性他者」。

　　我們沒有莎拉・巴特曼發表意見的紀錄。許多人為她發聲，或提及她，但我們已經無法知道她自己的意見了。我們永遠不會知道她對生活、身體以及受到的對待的想法。可悲的是，我們擁有的證據都是透過白人作者為媒介。她的經歷可能駭人聽聞，但這只是廣泛性化有色人種女性歷史的一部分——並利用女性的身體，為她們受到的壓迫辯護。我們永遠不會知道莎拉的選擇是什麼，但今日的女性至少能選擇成為迷戀她們的敘事部分。許多女性根據自己的主張，奪回性慾賦予她們的權力，並努力以自己的方式，重新定義她們的故事。然而，重要的是澈底理解構成這樣選擇的歷史。

第5章
「像布丁一樣
很容易製作」
貞操測試的歷史

　　二〇一七年，明尼蘇達大學的研究員針對處女膜的「貞操測試」之可靠度與受測試者所受到的影響，從所有能取得並由同儕評閱的學術研究進行系統性審查。該團隊找出一千兩百六十九筆學術研究。以下是根據研究結果所做的摘要及結論：

> 本綜述發現，貞操測試，也稱為二指檢查、處女膜檢查或陰道內診，並非是實用的臨床工具，而且可能對受測試者造成生理、心理與社會方面的毀滅性影響。從人權的觀點來看，貞操測試是種性別歧視，並且違反基本權利，當未經同意進行測試時，則是種性騷擾。[1]

　　二〇一八年，世界衛生組織、聯合國人權組織與聯合國婦女組織發表聲明，呼籲取消貞操測試；內容指出「『貞操測試』違反女孩與婦女人權，且可能對婦女與女孩的身體、心理與社會健康造成危害。『貞操測試』強化對女性性慾與性別不平等的刻板看法。」[2] 貞操測試並不可靠。你無法透過檢查女性雙腿之間來判斷她是否進行

過性行為，就像你無法透過盯著某人的肚臍，就分辨出他是否為素食主義者。儘管貞操測試無法在身體上被證實、測驗或確定位置所在是事實，仍無法阻止人們如此宣稱其作用。

可悲的是，世界各地仍看重女性貞操，這導致人們創造了多種保持與證明女性性貞操的有害儀式。這些測試通常包括找尋完整的處女膜，或檢測陰道緊度的「兩根手指測試」。據聞這樣的測試仍在阿富汗、孟加拉、埃及、印度、印尼、伊朗、約旦、巴勒斯坦、南非、斯里蘭卡、史瓦濟蘭、土耳其和烏干達等地實行。女陰殘割國家臨床團體（The FGM National Clinic Group）說，女陰殘割受到重視，因其「作為保持女孩貞操直到結婚的手段（例如在蘇丹、埃及和索馬利亞），在這些國家中，許多視女陰殘割為婚姻的先決條件，而婚姻對女性的社會與經濟生存極為重要。」[3] 世界衛生組織

一八四六年，亨利・尼爾森・歐尼爾的〈耶弗他的女兒〉。

估計，全球有兩億個女孩為了保持婚前貞操，而遭割除女性的性器官。[4]

以女性貞操作為婚姻先決條件的觀念，構成了世界各地許多文化與宗教的基礎。在印尼，貞操測試對於想要加入軍隊或警察的女性來說，仍為必要條件。在美國各地，會舉行一種稱為「純潔舞會」的活動，由父親帶著青春期的女兒去「約會」；女兒承諾保持貞操直到結婚，而父親則承諾保護女兒的貞操直到她結婚（大概是用霰彈槍，以及某種警報系統）。女性現在能夠為了婚姻市場，付錢重建處女膜，所以處女膜修補術的市場正蓬勃發展。二〇一六年，南非夸祖魯那他市（KwaZulu-Natal municipality）推行一項針對年輕女性的學業獎學金，條件是她們能夠證明自己是處女。[5] 二〇一七年，俄羅斯聯邦偵查委員會與衛生部長佛拉德米爾‧舒爾德亞科夫（Vladimir Shuldyakov）下令醫生對女學生進行「貞操測試」，並將缺少處女膜的人上報當局，因而造成民眾憤慨。[6]

貞操無法驗證，也相當難定義。我們可能會認為貞操是一件很容易理解的事情，但是當我們開始稍微探知，才知道貞操的定義並不是這麼簡單。原因是我們所認為的第一次性行為，可能遠比最初想像的複雜許多。如果兩個女孩發生性行為，這算不算失去貞操？如果她們使用穿戴式的假陽具呢？如果異性戀情侶上了一壘、二壘和三壘，但在汗流浹背滿足的奔回本壘前停止，那他們還是處男、處女嗎？你能把貞操給自己嗎？一定要有陰莖插入陰道的動作嗎？如果是這樣，這是否排除了同性性交呢？同志大遊行是否就是個大型的守貞集會？那如果異性戀情侶只是肛交了呢？這是否代表男生失去了貞操，但女生卻技術性保留了她的貞操？

儘管有相當多關於處女膜的研究，但我們對處女膜還是有許多迷思。人們仍相信運動和騎馬會讓處女膜破裂（其實都不會），

一九六○年代波賽
特（Pursette）衛
生棉條的廣告，
說明「未婚女子」
（處女）也可以安
心使用衛生棉條。

而晚至一九九○年代，Tampax 公司依舊得向年輕女性再三保證，
她們不會因為使用衛生棉條而「破壞處女膜」（pop their cherries，
1988）。

　　甚至是與貞操相關的語言也偏頗不公。「失去」或「保持」貞
操的概念，暗示著一旦失去，我們都將缺少一些東西，不再完整。
這個概念也暗指貞操是我們一開始擁有的真實物品。你可以象徵性
的將你的貞操「給」他人，但他們無法將貞操掛在壁爐上方，或者
在 eBay 上轉手販售（雖然有幾位女性嘗試過）。

　　貞操的概念無疑與性別有關，我們認為自己了解討論「失去」
所謂的「貞操」（1933）意義的理由，是因為我們潛意識裡認為，貞

操是陰莖進入陰道性行為的一部分。這就是所謂的「強迫異性戀」
（compulsory heterosexuality）。這不代表異性戀確實具強迫性，但
我們有關性慾的文化腳本，比起其他種類的性行為，我們更關注異
性戀的性行為：這已經變成我們的「正常」。現今，這無疑是順性
別特權，然而這是數千年以來文化制約下的產物。過去五十年，靠
著 LGBTQ 活動家大力推動，我們才開始創造討論有別於男孩—女
孩性交的選擇空間。但仍有很長的路要走。

　　當人們提到貞操，幾乎總是女性的貞操。甚至「virgin」一詞來
自拉丁文 *virgo*，意指女孩或未婚女子。男人與男孩從不會因處男身
分，而受到像處女身分一樣的的看重與對待。在歷史的不同時期，
女性因在婚姻之外失去貞操，遭受斷絕關係、入獄、被罰款、斷
肢、鞭打，甚至遭到殺害等懲罰，而搞笑電影卻以四十歲的處男為
主角。❶

　　究竟為什麼是女性貞操，而非男性貞操受到如此嚴格認可的原
因仍有爭議，但很可能與父系傳承有關。這是不公平的，但在口服
避孕藥出現前的世界裡，與父親相比，婚外懷孕對母親的生理與經
濟上的問題更為立即；因此，我們檢視的是母親的詭計，而非父親
的。但更重要的是，在財富與權力由男性傳承的家長式社會中，女
性的貞操受到嚴格監督，確保子嗣的合法正統性，因此你的世俗財
富能傳給你的孩子（而不是送牛奶人的孩子）。考量到在這世界上

---

❶　儘管社會強調要保持貞操，但在《性研究期刊》（*Journal of Sex Research*）發表的
　　研究發現，美國未有性經驗的成人（年紀超過二十五歲）面臨相當大的社會汙名，
　　認為她們並不是具有吸引力的交往伴侶。成年處男覺得他們的男子氣概受到質疑，
　　而女性則認為她們被當作「老處女」而排除在外（Amanda N. Gesselman, Gregory
　　D. Webster, and Justin R. Garcia, 'Has Virginity Lost its Virtue? Relationship Stigma
　　Associated with Being a Sexually Inexperienced Adult', *The Journal of Sex Research*, 54
　　(2016), 202–13）。

某些母系社會裡，財富由女性傳承時，此理論還蠻有道理的。在這些母系文化中，看待女性性慾的方式則非常不同。❷

今日最知名的貞操「證據」，是處女膜破裂產生的血。但是，我們的祖先甚至沒有使用「處女膜」（hymen）這個詞，當然也沒有像挖掘埋藏的寶藏一樣，在陰道內四處翻找。事實上，直到十五世紀醫學文獻才開始談論處女膜。[7]古典時期的醫生都沒有提及它（像是蓋侖和亞里斯多德）。古希臘醫生索蘭納斯（Soranus）認為任何性交後的出血，都是血管破裂造成的，因而直截了當否定陰道裡有任何膜的存在。[8]許多早期文獻提及，處女第一次發生性行為時可能會流血，但這與處女膜無關。相反的，人們認為出血是陰莖插入的創傷造成，並不足以證明貞操的存在。一四九八年，義大利醫師麥可・薩沃納羅拉（Michael Savonarola）是首次使用「處女膜」（hymen）一詞的人，描述它為一層「在首次進行性交時會破裂，造成出血」的膜。[9]自此之後，提及處女膜和其與貞操的連結關係變得越來越普遍。雖然之前我們的祖先沒有找尋完整的處女膜，但這並不代表在處女膜成為逾矩的基準證據之前，貞操沒有受到嚴格的測試。

遠古時期最著名的處女是羅馬的維斯塔貞女（Vestal Virgins）。維斯塔貞女是敬奉爐灶和家庭女神維斯塔的女祭司。她們在很年輕時被選出，必須奉獻三十年的崇敬與貞操給羅馬市，並且守護維斯

---

❷ 印尼蘇門答臘西部的米南佳寶人、西藏摩梭人、迦納阿坎人、哥斯大黎加布理布理人、印度梅加拉亞邦的加羅仁和巴布亞新幾內亞的納古維西人都被認為是母系社會，皆實行母系傳承的傳統。當財產從母親傳給女兒時（不論父系血統），父親是誰並不重要。這些文化的性傳統則寬容放縱的多；男女之間能輕易分開而不會感到羞愧，女性能自由擁有多個性伴侶，因此通姦、濫交和非婚生子的概念，並不像在西方世界那麼普遍。（H. Gottner-Abendroth, 'The Structure Of Matriarchal Societies', Revision, 21.3 (1999)）。

塔神廟之火；維斯塔女祭司一旦有過性交行為，就會遭到活埋，然後活活餓死。

那麼，該如何測試維斯塔女祭司的貞操呢？嗯，其中包含了禱告。女祭司被認為與神有特別連結，因此維斯塔・杜西亞（Vestal Tuccia）受到指控時，她得到了一個召喚奇蹟的機會，以證明她仍是處女。根據古羅馬歷史學家瓦萊里烏斯・馬克西姆斯（Valerius Maximus）的說法，杜西亞用篩子取水，證明了她的貞操。杜西亞大聲說：「喔，維斯塔女神，如果我一直以來都是用純潔的雙手祕密服侍你，請讓我用這個篩子取台伯河的水，帶到你的神廟。」[10] 自此，篩子變成了無瑕貞操的象徵，因此英女王伊莉莎白一世常常在畫像中拿著一個篩子，象徵沒有人取走她的貞操。但如果你剛好沒有篩子能用，還有其他的貞操測試能進行——只要有一條蛇、一些螞蟻和一塊蛋糕。羅馬作家艾利安（Aelian，175–235）描述了在宗教節日時舉行的貞操測試儀式：

> 在樹叢裡有一個又大又深的洞穴，蛇的巢穴。在某些固定的宗教節日，年輕女子雙手拿著大麥蛋糕，雙眼矇上綁帶。神靈帶領著她們穩健的直接走到居於平緩之地的蛇面前。如果她們是處女，蛇會預示答案並接受食物，如果非處女，食物則原封不動。螞蟻會掰開非處女者帶來的蛋糕，一塊一塊帶離樹叢，場地因而清空。人們得知結果，女孩們受到檢視，而貞操蒙羞的女子則受到處罰。[11]

「處罰」到底是什麼則沒有說明，鑑於蛇對巴頓貝爾格蛋糕並沒有特別喜愛，這項測試顯然相當不公平。

真的要證實處女膜沒有破，你需要的是一杯尿液。十三世紀文

獻《女人的祕密》（*De Secretis Mulierum*）說明處女的尿液是「清澈透明，有時為白色，有時帶著光澤」。而「墮落女子」之所以有「汙濁尿液」，是因為皮膚「破裂」與「男性精子沉積於底部」。[12]小便沛綠雅（Pissing Perrier）雖然是很妙的派對把戲，然而還可

取自傑瑞特・道（1613–1675）的〈醫生檢視尿液瓶〉（*A Physician Examining A Urine Flask*）。

以找尋其他的徵兆。薩利塞特的威廉（William of Saliceto，1210-1277）寫到「處女排尿時，會發出細微的噓噓聲」，如果你手邊有碼錶，其花費的時間「的確比小男孩還久」。[13]

中世紀的貞操測試非常注重尿液，十五世紀的義大利醫師尼可羅・佛爾庫奇（Niccolo Falcucci）也是位尿液預言家，但他還藏有一些招數。

> 用布覆蓋女性，並用最上等的煤炭煙燻，如果她是處女，她的口鼻則聞不到味道；如果她聞到了，就不是處女。當她喝飲料後，憋不住立刻排尿的話，就不是處女。用扇貝為材料煙燻墮落的女性，她也會立刻排尿。用酸模花（dock flower）為材料煙燻，如果是處女，她的臉色會立刻變蒼白，如果不是處女，她的體液則會滴落在火堆上，以及出現能揭露她的事物。[14]

十三世紀佚名的希伯來文本《女性的愛之書》（*Book of Women's Love*）提到「女孩必須在傍晚如廁於藥蜀葵（marshmallows）上，並在早上呈上植物；如果植物仍新鮮，那麼她是謙遜美好的，如果不新鮮，她則非謙遜美好。」[15] 在你開始對 Flump 棉花糖撒尿之前得知道，這裡的 marshmallow 指的其實是一種藥用植物。

但也許你還在努力檢視、聆聽你意中人如廁的狀況或為她計時。不論是哪種狀況，你需要研究她整體的樣貌，尋找那些她已經失去貞操且遮掩不了的跡象。艾爾伯圖斯・麥格努斯（Pseudo-Albertus Magnus）的著作《女人的祕密》（*De Secretis Mulierum*）在說明處女尿液帶光澤之前，解釋了該注意什麼細節。「貞操的徵兆如下：羞愧、謙遜、恐懼、完美的步履與談話，以及在男性與男性的行為面前，垂下雙眼。」（僅供參考，這些也是在她獨自享用必勝

客家庭饗宴餐後，希望你不會在垃圾桶發現證據時的樣子。）麥格努斯繼續說：

> 如果一個女孩的乳房向下垂，這是她已經墮落的徵兆，因為從受
> 孕的那一刻起，月經會向上移動到乳房，增加的重量會導致乳房
> 下垂。如果男性與女性進行性交，他的陰莖沒有感到疼痛，進入
> 時也不費力，這代表她已經墮落了。然而，證實女性貞操的徵
> 兆，是男性陰莖不易進入，而且會造成陰莖疼痛。[16]

　　當然，一旦處女膜成為必檢查的貞操測試，那麼檢視發出嘘嘘聲的閃亮尿液、堅挺乳房，以及能夠聞出煤炭味而不會尿褲子等測試，大都不再受到歡迎。貞操測試的重點變成緊緻度與血液。

　　雖然很罕見，但今日世界各地仍有將染血床單作為證明妻子貞操的習俗。在喬治亞的某些地區，新娘的「阿姨」（Yenge），通常是家族裡的長者，她會教導新娘在新婚之夜會發生什麼事情。傳統上，阿姨負責從婚床上取出染血床單，在雙方家族前展示，以「證明」新娘是處女。雖然今日阿姨的角色大多為儀式性，但展示染血床單的行為仍在某些地區實行。[17]

　　染血床單測試的歷史悠久。我們可以在聖經與古老中世紀的傳奇裡看到，甚至有人說，亞拉岡的凱瑟琳（Catherine of Aragon）曾提出染血床單，證明她嫁給亨利八世時仍是處女。[18] 當然，只要人們支持這種嚴重瑕疵的測試，永遠都有作弊的方法。鑒於其中的利害關係，假若新娘的貞操禮物在「我願意」之前被打開了，你就能理解女孩得在新婚之夜說貞操謊言的原因。醫學文獻提供人們證明貞操的方式，它也告訴人們修復貞操的方法。《特圖拉》（Trotula）是十二世紀有關女性健康的義大利文本，共三冊。三個文本中至少

有一本是由薩萊諾的特洛塔（Trota of Salerno）這位在義大利南部海岸城市薩來諾行醫的女性書寫。《特圖拉》裡提供最精心策畫的建議給失去貞操的女孩：

> 由於激情、祕戀與承諾等愚蠢行為，受到誘惑而張開雙腿，失去貞操的女孩會需要以下的補救方法……當她要結婚時，為避免男方知情，這位假處女需要小心使用以下方法欺騙她的丈夫。在雨水中放入普列薄荷和塔花，以及其他類似的藥草一起煮滾，接著加入磨碎的細糖、蛋白、明礬。然後拿一塊吸水軟布放入溶液中，持續用溼布清洗她的私處。
>
> 但最好的方法是這個：在婚禮前一天，小心翼翼放一隻水蛭到陰

銀鑲邊並上鉸鏈的貝殼，裡面的圖畫描繪一位男子正要打開一位仰躺女子所穿戴的貞操帶。

唇上，要注意不要讓牠不小心滑入陰道；那麼血液就會從這裡流出，接著該處會形成一小塊硬殼。這樣一來，陰道收縮時血會流出來，假處女就能在性交時騙過男方了。[19]

《女性的愛之書》推薦以下恢復貞操的方法：「將香桃木葉放入水中煮滾，直到水量剩三分之一；接著，加入除掉刺的蕁麻，再煮滾至水量剩三分之一。她必須用這水在早上和就寢前清洗私密處，共九天。」但是，如果你真的很著急，你可以「拿肉豆蔻磨成粉；將它放在那個地方，那麼她的貞操就能立即恢復。」[20]十七世紀法國作家尼古拉斯·維內特（Nicolas Venette，1633–1698）的《夫妻關係圖解》（*L'amour Conjugal*）對假冒處女提出以下建議：

> 將錦葵和襤褸菊的樹葉，加上少量的亞麻種子、飛蓬種子、濱藜和葉薊點綴泡澡。讓她們在浴缸裡泡一小時，然後擦乾身體，等待二或三小時後檢查，同時仔細觀察她們。如果她是處女，她的私處會緊縮；如果不是，私處則會呈現放蕩、鬆弛下垂的樣子，而非像先前的褶皺閉合。[21]

就如漢妮·布蘭克（Hanne Blank）在其佳作《處女：未觸及的歷史》（*Virgin: The Untouched History*）中所言，以上列出的成分有許多是收斂劑或抗發炎物質，被認為能夠使陰道緊緻。縱使維內特在此並沒有列出，但其中一個最為人知曉的閃亮緊實劑是明礬水。在法蘭西斯·葛羅斯（Francis Grose）《粗鄙語言的經典辭典》（*Classical Dictionary of the Vulgar Tongue*，1785）中列舉了「皺紋水」（pucker water），為「摻入明礬或其他收斂劑的水，被經驗老到的商人用來偽造貞操」。[22]明礬是今日廣泛使用於食物防腐劑和食品

NOCTURNAL REVELS:
OR, THE
HISTORY
OF
KING's-PLACE,
AND OTHER
MODERN NUNNERIES.

CONTAINING THEIR

MYSTERIES, DEVOTIONS, and SACRIFICES.

Comprising also, The

ANCIENT and PRESENT STATE of PROMISCUOUS GALLANTRY:

WITH THE

PORTRAITS of the moſt CELEBRATED

DEMIREPS and COURTEZANS of this PERIOD:

AS WELL AS

Sketches of their Profeſſional and Occaſional Admirers,

By a MONK of the ORDER of ST. FRANCIS.

IN TWO VOLUMES.
VOL. I.

THE SECOND EDITION, CORRECTED AND IMPROVED, WITH A VARIETY OF ADDITIONS.

Il vero eſt, quod ego mihi puto palmarium,
Me reperiſſe, quo modo adoleſcentulus
Meretricum ingenia & mores poſſit noſcere:
Mature ut cum cognorit, perpetuo oderit.
TER. EUN. Act 5. Sc. 4.

LONDON:
Printed for M. GOADBY, Pater-noſter-Row.
1779.

取自一七七九年聖方濟會修道士的《夜間狂歡》的封面。

業的化合物。瘋狂的是，現在還有許多網站，仍推薦明礬來緊緻陰道。我要利用這個機會說些話，老天，請不要對你可憐的陰道這樣做；請作凱格爾運動並保持信念。

除了想要在新婚之夜偽裝成處女，還有其他原因導致女孩想要被當作是新手，因為處女奇貨可居。十八世紀之際，處女是個相當賺錢的生意，任何年輕女性勞工或婦女都知道怎樣為了最大利益而去偽造處女膜。《夜間狂歡》（*Nocturnal Revels*，1779）提供了關於女性重複販賣貞操的明確細節，並引用著名的妓院經營者夏洛特・海斯夫人（Charlotte Hayes）之言，說貞操「像布丁一樣容易製作」。夏洛特繼續說，她將自己的貞操賣了「數千次」。[23]《芬妮席爾》（*Fanny Hill*，1749）中的同名女主角準確的告訴讀者，性產業是如何偽造貞操的。

> 在床頭的每個床柱裡，約在床架嵌入處上方有個小抽屜，它巧妙的順著木材紋理，就連最小心翼翼搜尋都躲得過：只要按一下彈簧就能輕鬆開或關，裡面放有一個淺底的玻璃杯，裝著預先準備好的血液，其中放置已浸溼、隨時能取用的海綿，只需輕柔伸手就能碰到，將它取出，稍微在兩腿間輕擰，即能流出大量的紅色液體，其量多過拯救女孩名譽時所需的量。[24]

其他偷偷摸摸的祕訣包括在月經時進行性交，保證會流血，以及放一顆鳥的心臟或內含血並縫合的豬膀胱進入陰道口，即會恰巧「流血」。[25]

儘管對流血處女有著根深蒂固的歷史信仰，但科學界對此並非毫無異議的接受。其中總是有孤獨的理性之聲，認為處女流血只是一派胡言。像是安布魯瓦茲・帕雷（Ambroise Paré）醫師不僅否

定貞操能夠由處女膜證明，甚至在一五七三年宣稱根本沒有處女膜這種東西。自此，偶有耳語提及處女膜並非貞操的可靠證明。十九世紀時，這些耳語已經變成聽得見的抱怨。布倫德爾醫生（Dr Blundell）質疑這種「神祕薄膜」的價值，伊拉斯姆斯‧威爾遜（Erasmus Wilson）在一八三一年表示處女膜「絕對不能視為貞操的必備物」。[26] 愛德華‧傅特（Edward Foote）寫到「處女膜是非常殘酷且不可靠的貞操測試」以及「醫生都知道這是非常不可靠的貞操測試」。[27] 二十世紀之際，抱怨聲變成震耳欲聾的喊叫聲，到了二十一世紀，喊叫則被戲劇化的翻白眼與憤怒大喊「媽的！又來一派胡

一七九八年，法蘭西斯科‧哥雅的〈拋棄貞操，變成妓女的年輕女子〉。

99

言了」所取代。我在本章開頭提到的研究，指出電子資料庫裡有一千兩百六十九筆資料，研究貞操測試的可信度和處女膜的可靠性，而以上的研究壓倒性的做出以下結論：你無法「證實」一個人是處女，而處女膜無法說明所有者的過往性事。[28] 然而這樣的迷思仍舊存在，而女性因此常常接受無意義的侵入性檢查，為的是嘗試查實她們的性經驗。

如今，貞操檢查主要是針對未婚的女性，通常未經過同意，或在個人無法表達同意的情況下進行。[29] 據聞在南非和史瓦濟蘭，為了阻止婚前性行為的發生，而對女學生進行貞操測試。在印度，遭到強暴的女性必須接受貞操測試，作為性侵害評估的一部分。在印尼，想加入警察的女性必須在申請過程中接受貞操測試。[30] 即使你能夠證明某人的貞操，但問題並不在於檢查本身（雖然這也夠糟了）——而是主要根據女性是否性活躍，來評判女性的文化態度，才是問題所在。我們無法經由檢視性器官「證明」某人是否有過性行為，因為「貞操」是無形的。處女膜只是一種陰道裡具彈性的組織，但它不會像保鮮盒的蓋子一樣密封。處女膜有許多不同的形狀和厚度——有些撕裂時會流血，有些則不會。處女膜破裂時絕對不會「啵一聲」，而且它跟你的手肘一樣，無法證明任何人的過往性史。你不會「失去」貞操，因為貞操是虛構的，並非實體事實——不論你的尿液有多閃亮。

第 3 部
性與陰莖
SEX AND PENISES

道教的主要信念之一就是精氣活力（元氣）以及精液不可以離開身體，而且必須重新吸收以滋養大腦（還精）。雖然鼓勵男性發生性行為，但如果要保留生命力的話，他就不能達到高潮。《素女經》是以黃帝與素女之間的對話為形式的文獻。黃帝問素女要如何保持生命力，素女告訴他在性交時暫停射精。

第 6 章

射精

高潮與手淫

　　女性高潮常常被說成是埋藏的寶藏，需要地圖輔助、詳細指引與盒裝午餐才能找到。勇敢的性冒險家宛如印第安納・瓊斯一樣大膽啟程，但在舉起聖杯暢飲前，得先穿梭在神祕女體之間，解讀線索、解開謎團以及做出明智的選擇。另一方面，男性性高潮則被比喻成一瓶可樂：搖晃它，直到末端噴出，讓四周都黏呼呼的。大功告成。

　　歷史上幾乎所有與高潮有關的俚語指的都是男性高潮，而非女性高潮。談及高潮俚語時，女性與男性共享，而非擁有專屬的用語：「要出來了」（cumming）、「要射了」（spending）、「到頂了」（climaxing）、「高潮了」（orgasming）等，都是男女通用之詞，只有「噴水了」（squirting）是例外。稱呼精液的名詞有數以千計之多，但你能想到多少用語稱呼女性在性交時，所分泌的天然潤滑液呢？在英文裡，甚至沒有專指它的用語。在醫療術語中，它稱為陰道黏液（vaginal mucus）或陰道分泌物（vaginal secretion）。法國人稱此液體為 *cyprine*，源自於「塞浦路斯」（Cyprus），此地為愛神艾芙羅黛蒂的出生地。為了不讓法國人專美於前，《羅傑斯的髒話大全》（*Roger's Profanisaurus*）在一九九〇年代為貧瘠的英語詞彙荒原，提供像是「fanny batter」（芬妮的麵糊）和「gusset icing」（褲底

的糖霜）等等的滋養活水。不論多麼歡迎這樣的增添，事實仍是與精液和男性高潮有關的俚語能夠寫成一本字典，而同類型的女性俚語只有一則註腳而已。

這樣看來，用非常不一樣的方式討論男性高潮與女性高潮，就不怎麼令人感到意外了。美國生物學家伊莉莎白·蘿伊德（Elisabeth Lloyd）全面分析過去八十年之間進行的三十三項性行為研究，結果顯示高達 80% 的女性難以單從陰道性交達到高潮，而 5～10% 的女性從未體驗過高潮。[1] 迄今為止，只有少數關於陰莖反轉陰道成形術後跨性別女性的高潮的研究，但此研究顯示 18% 的跨性別女性無法單藉由自慰得到高潮，14% 的跨性別女性抱怨有性高潮障礙，高達 20% 的跨性別女性在手術後難以得到高潮。[2] 研究顯示，大多數的女性至少需要進行二十分鐘性活動才能達到高潮，但有許多因素可以摧毀女性達到性高潮：年紀、壓力、氣氛、氣味、自尊。[3]

相形之下，男性性高潮可能顯得容易理解，但男性性高潮的歷史卻一點都不簡單。歷史上關於男性一旦達到「性高潮」（blow his beans，1972）後，他的身心會發生什麼事情的理解，是既黑暗又令人深感不安的。從認為造成勃起的主因是空氣進入陰莖，因此建議用豆子治療陽痿的中世紀神學家，到在狂熱慶典上閹割自己的羅馬希伯利（Cybele）祭司們，對「炎熱陰莖」（hot rod）來說，這是一段相當顛簸的旅程。然而，在此我想將焦點放在高潮與能量之間的連結，古代理論認為高潮會削弱男性的體力，耗盡他的陽剛之氣。在電影《洛基》（Rocky，1976）中，義大利種馬的傳奇訓練師米基告訴他「女性會讓他腿軟」。[4] 英國短跑選手林佛·克利斯帝（Linford Christie）曾說過，在比賽前一晚做愛會讓他的雙腿感覺「像鉛一樣」。[5] 拳擊手卡爾·佛羅赫（Carl Froch）在世界冠軍賽擊

敗喬治・格羅夫斯（George Groves）之前，禁慾三個月。[6]每屆世界盃，都有許多教練對球員下達賽前禁慾令的傳聞。

在更深入探討之前，必須說明的是完全沒有任何科學資料支持這項理論。二〇一六年，從現有科學證據針對性活動對運動表現的影響進行系統性的審查，發現「證據顯示競賽前一天進行性活動不會對運動表現負面影響」。[7]紐約洋基總教練凱西・史丹格爾（Casey Stengel）曾說過：「並不是性交摧毀這些男子，而是整夜不睡到處求歡才是。」[8]然而，這迷思仍舊存在。

高潮會洩漏能量的理論可以追溯至古代中國與道教。道教的主要信念之一就是精氣活力（元氣）以及精液不可以離開身體，而且必須重新吸收以滋養大腦（還精）。雖然鼓勵男性發生性行為，但如果要保留生命力的話，他就不能達到高潮。《素女經》是以黃帝與素女之間的對話為形式的文獻。黃帝問素女要如何保持生命力，素女告訴他在性交時暫停射精。

> 一動不瀉，則氣力強；再動不瀉，耳目聰明；三動不瀉，眾病消亡；四動不瀉，五神咸安；五動不瀉，血脈充長；六動不瀉，腰背堅強；七動不瀉，尻股益力；八動不瀉，身體生光；九動不瀉，壽命未央；十動不瀉，通於神明。[9]

道教教導服食陰道的分泌物可以增強陽（男性）氣。因此，女陰不但受到讚揚，還是超級食物。吸吮它，羽衣甘藍脆片！今日道教與新坦陀羅團體仍廣泛實行留精，他們相信藉著暫停射精能增進活力與健康。在你開始為了某種宇宙精液倉庫保留你的「精液」（axel grease，1983）之前，哈佛研究已經指出不射精與明顯增加罹患攝護腺癌的機率有關連。「在有生之年，每月射精二十一次或以

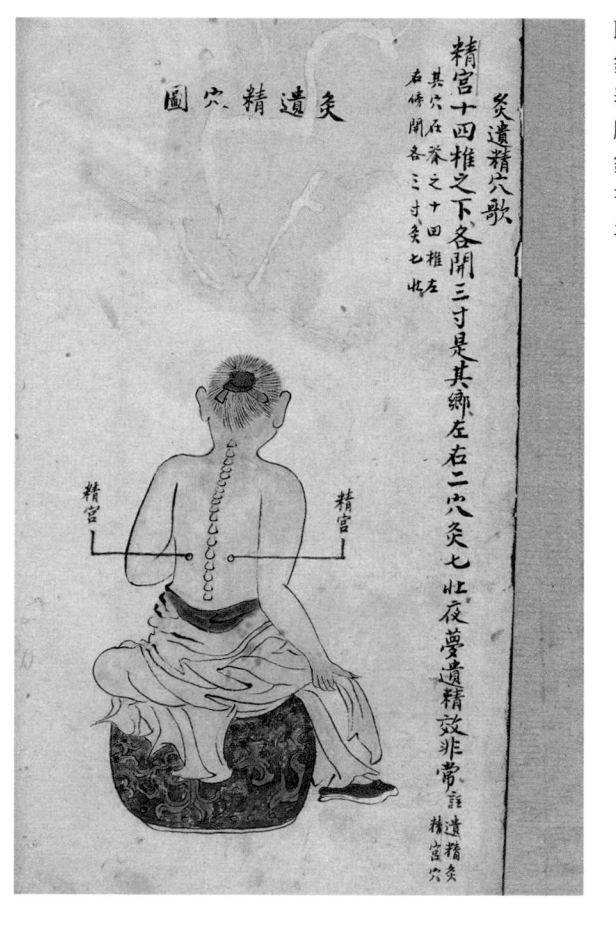

灸遺精穴歌

精宮十四椎之下各開三寸是其鄉左右二穴灸七壯夜夢遺精效非常

其穴在脊之十四椎左右傍開各三寸灸乙壯

圖穴精遺灸

精宮　　精宮

遺精灸
精宮穴

取自張衍恩所著《傳悟靈濟錄》，其針灸與艾灸的穴道表，顯示精宮（氣／精的宮殿）穴道點（官方教導紀錄）。此作品只存於一冊成書於一八六九年（清同治八年）的手抄文獻稿中。

上的男性，比起每月射精四次到七次的男性，其罹患攝護腺癌的機率下降 33%。」[10] 一項澳洲研究也有類似的發現，研究提到一週射精四次到七次的男性，比起每週射精少於三次或兩次的男性，其罹患攝護腺癌的機率小了 36%。[11] 嗯，我離題了。

　　古希臘人與羅馬人也認為經常「射精」（cracking your marbles，1967）會損害健康，削弱精力存量。希波克拉底教導說，健康的身體需要平衡體液（血液、黃膽汁、黑膽汁與黏液）。理論上來說，

《修真祕要》為來源未知的
體操（導引／氣功）書籍，
於一五一三年重新發現，添
加王蔡所寫前言出版。其書
記錄四十九種運動。本插圖
描繪降牛捉月，用以治療不
自主遺精。

失去太多「精液」（baby juice，1901）可能會破壞這種微妙的體液
平衡，影響健康。亞里斯多德認為太多性活動會阻礙生長。蒲魯塔
克（Plutarch）建議男性「儲存自己的種子」。柏拉圖寫道「禁慾的
運動員證明了當男性留下他的精液則身強力壯。」為了確保不會夢
遺，蓋倫建議運動員睡在鉛板上。[12]

　　這樣的想法仍延續至中世紀。聖大亞爾伯（St Albert the Great，
1200–1280）堅信「性交消耗大腦」，而且狗兒會跟隨好色之人，因

為「人的身體進行過大量性交，而所有腐爛的精液都近似死屍」。[13]
當然，如果你能失去太多的「精液」（dilberry，1811），相對來說，
你的精液可能本來就太多了，這也會導致體液的不平衡。一一二三
年，第一屆拉特朗公會議強制實行神職人員的獨身令。就如你能想
到的，這項命令遭到神職人員的強烈反對，而醫學論點則時常被引
用參考。十二世紀時，威爾斯的傑拉德（Gerald of Wales）為布雷肯
的執事長，他寫過許多關於獨身導致教士與主教死亡的案例。傑拉
德記錄了魯汶一位執事長死亡的情況，因為他發誓獨身，其「生殖
器官膨脹且無比腫大」。[14] 這位執事長拒絕違背他的誓言，不久之後
就死亡了。

　　這絕不是中古歐洲醫療建議的唯一例子。中世紀的教會鼓勵性
行為，這顯得很怪異，雖然教會理解情慾有罪，但性行為是實踐神
「向前邁進，去繁衍」指令的必要動作；當時的命令視性交為實
用、無趣的。中世紀的教會像精液衛星導航一樣運作，指引男子
的「精液」（duck butter，1938），盡可能以最少的錯路和最有效方
式，抵達合法的子宮目的地。錯過目標的精液是很危險的東西。有
些中世紀的神學家教育人們，惡魔會偷走源於自慰者與進行性交
卻中斷的夫婦的精液，並用它使女性受孕。聖托瑪斯・阿奎納（St
Thomas Aquinas）在其《神學大全》（*Summa Theologica*）中提到，
惡魔會化身成稱為魅魔（succubi）的貌美女性，激起男性的情慾，
色誘他並收取其種子。[15] 接著，惡魔變成男子的樣貌（夢淫妖）並
讓自願的女子受孕。

　　這項理論在海因里希・克雷默（Heinrich Kramer）和詹姆斯・
斯普蘭格（James Sprenger）獵巫手冊《女巫之槌》（*The Malleus
Maleficarum*，1487）中重複出現及擴大討論。雖然該手冊承認男性
也可能是男巫，但表明「比起男性，在脆弱女性身上發現女巫的數

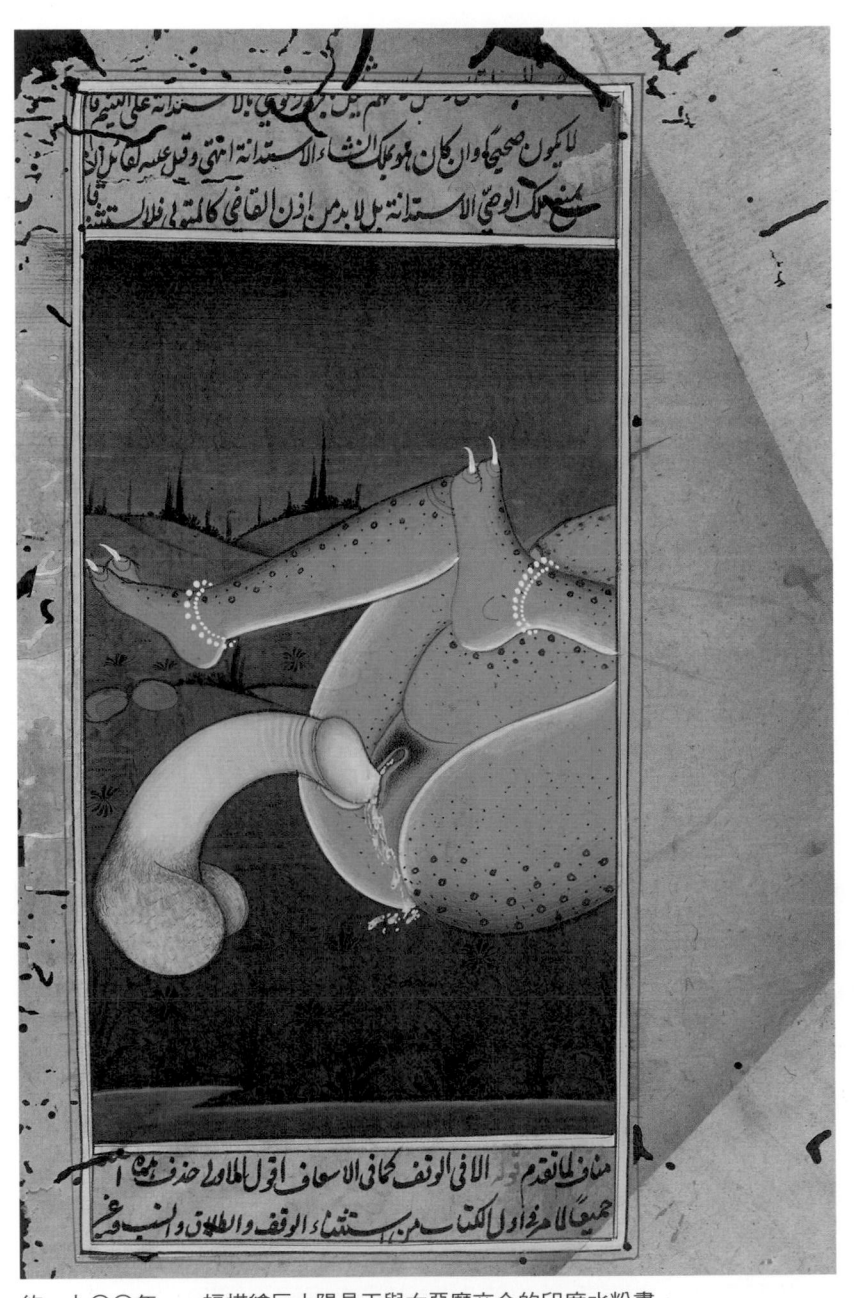

約一九〇〇年，一幅描繪巨大陽具正與女惡魔交合的印度水粉畫。

量比較多」。[16] 手冊繼續爭辯說，與男性不同，女性「不論是在良善或邪惡方面，都不知節制」，以及「所有巫術源自肉體的慾望，這在女性身上是無法滿足的。」[17] 在《女巫之槌》中隨處可見懼怕女性控制男性、閹割他們或偷走他們的「精液」（oyster soup，1890）並消耗其力量的說法。「感謝上帝，保守男性，免受這種大罪惡：祂願意肉身成人，為我們受難，因此祂賜予男性特權。」[18] 可明顯感受到高潮會消耗男性力量的恐懼。

我們很容易理解為什麼高潮與消耗力量及性能力的下降有關。法國人稱高潮為「小死亡」（la petite mort），這是有原因的。想想看自己在高潮後，迷霧散去時的感受。我只是概括論述，對有陰部的女性來說，高潮就像最後的大魔王；在一陣強烈的暫停後，我們想要的更多、更迫切。雖然許多女性在高潮後，感受到陰部敏感疼痛，但我們仍持續向前，如同《柯夢波丹》（Cosmo）不斷向我們保證的那樣，可達成多重高潮。但是，陰莖一旦完成「射精」（shot his snot，1709），一切就結束了，在你說出「親愛的，我準備好了」之前，他已經在溼床單上打呼了。這段特別的時間在醫學上稱作「不應期」（male refractory period），其定義為「在射精之後的過渡期，與消退、降低對性行為的興趣、無法射精或感受高潮，並且對刺激生殖器感到厭惡」。[19] 不應期的出現，與大腦中血清素與泌乳激素的高低起伏有關。雖然女性和男性身上都能觀察到血清素與泌乳激素在高潮前與後增加，但這無法解釋為什麼男性會，而女性不會經歷不應期。[20] 不論理由為何，不應期確實存在，而高潮後從極度渴望性到變成睡覺的熊的劇烈轉變，顯然是高潮會消耗男性的性能力之無可辯駁的證據。

當薩繆埃爾—奧古斯特‧蒂索醫生（Dr Samuel-Auguste Tissot）在一七五八年出版《手淫：論自慰造成的疾病》（Onanism: A Treatise *on the Maladies Produced by Masturbation*）時，這一切對他來說似乎是顯而易見的。蒂索認為精液是極為重要的體液，而損失珍貴精液（liqueur séminale）最具傷害性的方式就是自慰。蒂索描繪過度射精的男性的樣貌並不美好。他認為過度自慰、夢遺與性交中斷會導致身體日漸消瘦：

> 我曾看過一名病患，他的失調是從疲倦開始，接著身體各個部位虛弱無力，特別是陰部；伴隨著肌腱的無意識動作，週期性抽搐與身體衰弱，到了摧毀整副身軀的程度；他甚至感受到腦膜疼痛，病人稱這種痛為乾燒痛，不斷在最重要部位的燃燒。[21]

　　蒂索的研究引發了一場持續兩百年的反對自慰的運動。而自慰（solitary vice、self-pollution、onanism 或 jerkin the gherkin）受到越來越多的醫學檢視，男性的性器官則受到江湖療法的折磨，從有點好笑到極度危險的方式都有。

　　到了十九世紀時，損失精液會嚴重損害健康的醫學理論已然確立。西方世界的醫師警告自慰不僅危險，還會致命。例如李歐普‧

FOUR-POINTED URETHRAL RING.

十九世紀時，治療自慰的四尖角陰莖環。睡覺前將此環套入陰莖上，當穿戴者夜間勃起，環上尖牙會刺入陰莖，叫醒這可憐的傢伙。

一八四五年，因頻繁自慰
而形容枯槁的年輕男子。

Representing the debilitated state of the body from the effects of Onanism or Self-pollution.

德斯蘭德斯醫生（Dr Léopold Deslandes，1797–1852）寫道「病人不了解他面對的危險，繼續進行此項惡習——醫生只能治療他的症狀，而死亡很快就會降臨了」。[22]

　　男性受到警告應該避免婚前性行為和自慰，以及只進行婚內性行為，為了保留他們的「精華」。許多防自慰設備能夠避免「夢遺」，或阻止年輕男孩自慰。曾有記載中醫師為了治療「遺精」，而對陰莖使用酸、細針和電流。也有人建議採取簡樸飲食來抑制慾望，像約翰‧哈維‧家樂（John Harvey Kellogg，1852–1943）等貞操運動者就生產原味穀片以抑制慾望。家樂認為自慰會導致各種疾病，從子宮癌症到癲癇、精神失常與性無能。然而，家樂做的不只是到處販售阻擋性行為的盒裝穀片。他滿腹實用資訊，提供給病人用以「治療」孩子的自慰行為。

> 用繃帶包覆該部位的成效頗佳。在某些例子中，綑綁雙手也很有效，但也不是永遠成功，因為他們會設法用其他方式進行，像是運用四肢或腹部向下趴著。用籠子覆蓋性器則能完全避免。[23]

　　但家樂認為阻止「自慰」（knuckle shuffle，2001）最成功的方式，是進行包皮環割術——不用麻醉。

> 在小男孩身上最成功的治療方式，是進行包皮環割術，特別是有一點包皮的情況。進行手術時，不該使用麻醉，因為進行手術時造成的短暫疼痛，將會在心靈上留下有益的影響，在某些案例中，其疼痛能與懲罰做聯想。持續數週的疼痛能阻斷自慰行為，而如果先前的自慰行為沒有養成習慣的話，可能就會遺忘而不再進行。[24]

　　如果女性經常自慰，家樂建議用石碳酸灼燒陰蒂，作為「減低異常興奮感和防止自慰行為再次發生的絕佳方式」。[25] 像家樂這些防自慰運動者，是導致包皮環割術今日在美國仍如此盛行的原因。雖然割包皮的比率正在下降，但現在美國約有 80% 的男嬰仍會割包皮。值得關注的是，像家樂這樣的醫生真的認為他們是在幫助人，而且高潮會使人虛弱。

　　羅伯特・貝登堡－鮑威爾（Robert Baden-Powell，1857-1941）一九一一年出版的《童軍手冊》（Boy Scout Handbook）用了一整章的篇幅，教導年輕男孩「儲存自然力」，以保留「力量與男子氣概」。

> 在每位青春期男孩的身體中，宇宙的創造者留下非常重要的體液。這種體液是物質世界裡最美好的物質。體液中某些部分會進入血液，然後透過血液，使得肌肉結實，大腦有力量，以及有精神。此種體液是性體液……男孩任何會讓這種體液從身體排出的習慣，往往會消耗他的力氣，降低他抵抗疾病的能力，而且不幸的常常會讓他更深陷於此習慣中，使得在之後的人生中，無法逃離之。[26]

　　直至一九五〇年代，童子軍仍被告誡不可「自慰」（box the Jesuit，1744），但早期的性學家已經在努力破除自慰的迷思。一九〇八年，艾伯特・莫爾（Albert Moll）指出了高潮的四個階段，並將高潮定義為「滿足感官的高點」，接著由「突然停止的性慾快感」與消腫所取代。[27] 威廉・賴希（Wilhelm Reich）形容高潮為「生物電流的釋放」，而金賽（Kinsey）的著作則認為自慰是人類共同的體驗。[28] 最終於一九六六年，邁斯特斯（Masters）與強生

（Johnson）的著作中，揭露了男性身體在高潮前、中與後到底發生什麼事情，並發現「不應期」。[29] 或許你還是會猶豫與牧師在喝茶時聊起自慰，但我相信現在射精與自慰已經不再是神祕與羞恥的話題了。

TOOTHED URETHRAL RING.

維多利亞時期的夢遺陰莖套。

但比這更好的是，不斷出現的新科學顯示高潮在人類關係中的重要程度。二〇〇四年，巴特爾斯（Bartels）和澤基（Zeki）證明高潮時大腦出現反應的區域，也會在觀看其情人照片時有反應。[30] 庫米薩勒克（Komisaruk）和惠普（Whipple）、庫爾茲（Kurtz）（1975）與楊等人的研究（2007），都顯示人類與動物在高潮時，大腦活動和強化記憶有關連，意味著高潮會強化伴侶之間的連結。[31] 格納羅（Genaro）的研究（2016）以此為基礎，證明高潮對擇偶的伴侶來說，至關重要，甚至形成受某些「種類」的吸引。[32] 二〇〇七年，史都華・布魯迪（Stuart Brody）研究一千兩百五十六位女性的陰道高潮，得出結論是規律的高潮導致「更滿意」的性生活、心理健康和整體幸福感。[33] 二〇〇一年，辛多洛等人指出，沒有規律射精會明顯降低排尿反射（從身體排出尿液的能力）。一項研究發現，在過去三個月裡自慰的一千八百六十六名美國女性中，有 32% 的人這樣做是為了幫助自己入眠。同一項研究還發現，高潮能增加腦內啡和皮質類固醇的分泌，這兩項物質能提升疼痛的耐受度，減緩關節炎、經痛、偏頭痛與其他症狀引起的疼痛。[34] 二〇〇一年有研究指出，三分之一的病

The instrument consists of a ring (A), which is hinged for the purpose of keeping the circuit open when the organ is quiescent. Upon the ring is a flat plate of ivory (a), furnished with a bolt (b), which, upon erection, is pushed backwards so as to complete the

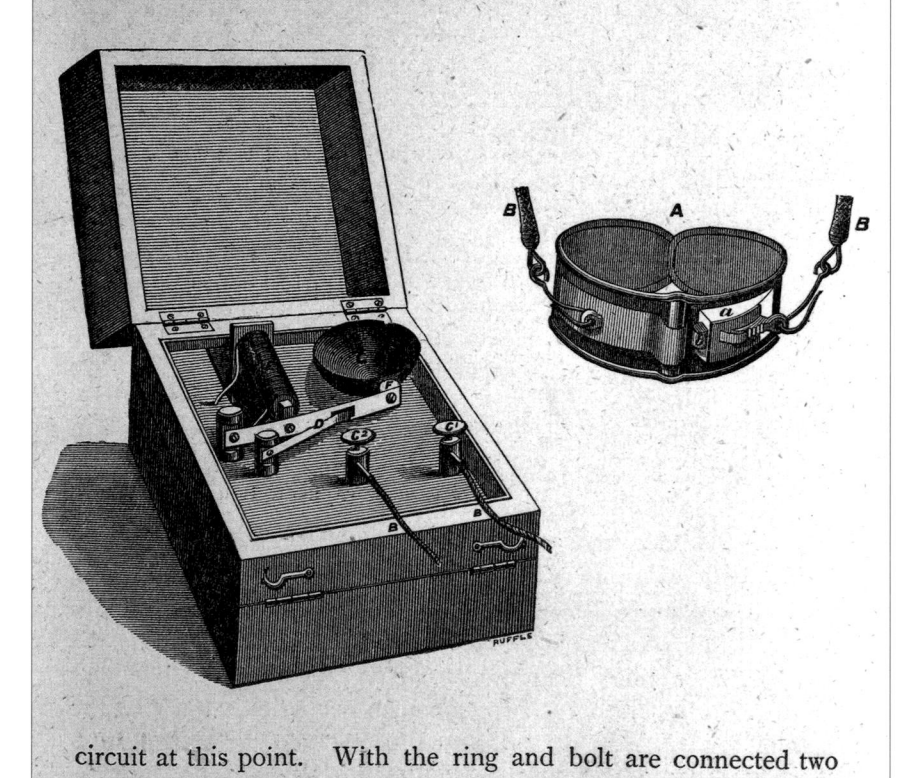

circuit at this point. With the ring and bolt are connected two insulated wires (B, B), which convey the current to two binding screws (C_1, C_2). Of these C_1 is in communication with one of

一八八七年，治療自慰的「電子警報器」。此巧妙的裝置會在穿戴者勃起時，電擊其陰莖。

患能藉由高潮減緩偏頭痛或叢發性頭痛。[35] 而我只是粗略提及一些高潮對你有益的研究。

　　所以請盡情「撸槍」（walk your ferret，1785）、「尻槍」（flub your dub，1966）和「打手槍」（pull your pud，1986）；只要公車上沒人在意，爽到你滿意為止。醫學上已如此建議。每次自慰時，用你的高潮對之前得付出極高代價，才能享受昆汀・克里斯普（Quentin Crisp）稱為的終極「自尊表現」獻上敬意。[36]

第 7 章

盜取睪丸

二十世紀的睪丸移植

　　直至二十世紀，太頻繁射精與身體健康衰退之間的連結，被視為是已確立的醫學事實。所以，如果一名男子的性能力低落，需要再加強男子氣概，他該怎麼做呢？治療精液量耗損最顯著的方式，就是再補給儲備物。二十世紀初，出現利用手術讓衰老的男性恢復青春的醫學熱潮，即在男性生殖器官上進行手術，以增加體內的精液量以及／或性荷爾蒙。端看你挑選的醫師，手術的方式可能從切除雙邊的輸精管，或將猴子睪丸移到你的陰囊。這是早期的內分泌學和荷爾蒙補充療法，而推廣這些手術的醫生將它們吹捧為青春之泉，儘管這是滿是精液的噴泉。在你上 e-Bay 搜尋「猴子睪丸」之前，我要先聲明這些手術在一九三〇年代已遭到質疑，因為人們發現它們造成的危害多於益處（對人類和猴子都是）。

　　在一八八〇年代，法國生理學家夏爾－愛德華・布朗－塞加爾（Charles-Édouard Brown-Séquard，1817–1894）從天竺鼠與狗兒身上取得睪丸的萃取物，並將其注射入自己的體內。[1]他稱其調製品為「長生不老藥」，認為它能補充自己「失去的精液」。「我認為如果精液注射進入年老男性的身體沒有危險性的話，我們應該可能會在腦力與各種體力方面增加更多活動」。他繼續說：

模里西斯生理學家與神經學家
夏爾-愛德華·布朗-塞加爾。

眾所周知,不論是何種原因引起的精液流失,其流失的頻率與導致頭腦與身體虛弱程度成正比。這些事實與其他事實普遍認為,在由睪丸分泌的精液裡,有一種或幾種物質藉由再吸收進入血液中,其最重要的作用是提供神經系統和其他部位的能量。[2]

布朗-塞加爾相信藉由提高身體裡的精液能逆轉衰老過程,於是他開始在動物身上進行實驗,嘗試將天竺鼠的睪丸移植到公狗身上,或從年輕兔子的睪丸上抽取血液或精液,將其注射進入年老的兔子身上等等。[3] 布朗-塞加爾相信交換精液對受試者有益處,他開始將血液和精液混合物,與取自狗兒與天竺鼠的「睪丸萃取液」注入自己的體內。

> 我將蒸餾水加入才剛命名的三種物質裡,其量不超過原液的三到四倍。我會在加水之後再攪碎。液體經由過濾紙過濾之後,帶微紅色澤,相當不透明……我每次注射近一毫升的過濾液體。[4]

注射之後,布朗-塞加爾據聞能即刻工作更長的時間,專注度提高,並且以七十二歲的高齡再度奔跑上下樓梯。布朗-塞加爾在《刺胳針》(The Lancet)發表此發現,並將器官療法合法化為一門

可靠的醫療準則。[5]

　　布朗－塞加爾也許是早期的先驅，但是讓回春手術成為主流的人，則是出生於俄羅斯的法國外科醫生薩爾吉‧沃羅諾夫（Serge Voronoff，1866–1951）。沃羅諾夫在頗具聲望的法蘭西學院擔任實驗室主任，當時他將猴子睪丸移植到抱怨活力不再的男性體內而聲名大噪。沃羅諾夫善於操弄媒體，因此他的實驗成為世界各地媒體高度關注的焦點。

　　將注意力全轉到猴子的「睪丸」（bollocks，1000）之前，沃羅諾夫是位備受尊敬的婦科醫師，並在《婦科手術大全》（*Les Feuillets de Chirurgie et de Gynecologie*，1910）中開創了新的手術技巧。沃羅諾夫受到布朗－塞加爾的影響，開始在動物身上進行實驗，檢視將睪丸腺移植到另一隻動物身上是否會產生回春的效果。他相信實驗的效果，所以在一九一九年將其發現提交給法國外科學會。《小巴黎人報》（*Le Petit Parisien*）在隔天報導他的發現：

薩爾吉‧亞伯拉哈莫維奇‧沃羅諾夫醫師，即瘋狂猴子先生本人。

法蘭西學院生理實驗室主任沃羅諾夫醫師，昨日提供給外科學會
驚人的消息。他聲稱移植羊隻的間質腺體到年老的山羊與公羊身
上，結果使牠們恢復青春活力……沃羅諾夫醫師正在進行將猴子
的間質腺體，移植到老年人身上的手術，試圖得到與前項實驗同
樣的成功結果，全人類將會因此受益。是哪種腺體並不重要。倘
若透過沃羅諾夫醫師的手術刀植入它們，能使得我們疲憊的身體
再度年輕有活力，那麼間質腺體萬歲！[6]

　　在對綿羊、犬類和公牛重複數百次的實驗後，沃羅諾夫從一九
二〇年開始將猴子的腺體移植到人類身上。他原本想取用人類屍體
和罪犯的睪丸，但很快就意識到，他無法確保供貨無虞，因此決定
使用猴子的腺體。最後，沃羅諾夫不得不在尼斯附近，購置一座猴
子養殖場以應付需求。[7]

　　手術既簡單也可怕。首先，從猴子身上割下睪丸，然後細切成
縱向切片。接著在病患陰囊上開個切口，露出睪丸和薄膜。將切成
片的猴子睪丸植入睪丸鞘膜之中，並將切口縫合。理論上，猴子的
腺體會直接被病患的性腺體吸收。而猴子則會被安樂死。

　　沃羅諾夫深知實際案例的重要性，因此在其一九二四年的著
作《四十三個從猴子到人類的移植案例》（Forty-Three Grafts From
Monkey to Man）中詳細描述許多成功案例，其中包括七十四歲的
英國人亞瑟・列爾德特。沃羅諾夫在一九二一年將狒狒的「睪丸」
（bobble，1889）植入亞瑟・列爾德特身上，並宣稱「此人已成功
回春十五或二十歲。身體狀態、生殖器活力等都因睪丸移植而大大
改變，將老態龍鍾、無力可憐之人變成功能俱全、精力充沛的男
人。」[8]列爾德特雖然「從步履蹣跚的老人」變成「活力十足的壯
年男性」，卻在兩年後就逝世了。[9]沃羅諾夫沒有因此卻步，反而在

他一九二五年的著作《移植回春術》（*Rejuvenation by Grafting*）中宣稱，年紀大的病患看起來年輕了十五歲，以及大大改善了像是便祕、抽筋、疲勞和結腸炎等常見的毛病。在憂鬱症患者的案子中，手術後的病患看起來「更為敏捷、表現更有活力、雙眼和善，擁有更多精力」。[10] 然而，沃羅諾夫最常提及可以治療的疾病，就是性無能與缺乏性慾。一位六十七歲的病患，聲稱在手術後他的性慾恢復到「令人驚奇的程度」[11]

縱使沃羅諾夫相當有自信，然而科學界卻越來越不相信將猴子睪丸植入男性陰囊內的成效。科學家開始嘗試複製沃羅諾夫「非凡」的實驗，卻沒有成功。法國獸醫外科醫生亨利・維呂（Henri Velu）在綿羊身上進行移植睪丸的實驗，試圖增進牠們的健康，但只發現造成羊隻脾氣變壞。一九二九年，他將實驗結果提交法國獸醫學院，說沃羅諾夫「滿腹妄想」。澳洲和德國的類似研究，也發現移植腺體無法產生正面的影響。[12] 更糟的是，沃羅諾夫因虐待動物，而遭到英國拒絕授予執業許可。英國反活體解剖動物的主要支持者譴責沃羅諾夫「違反道德、衛生與正義」。[13]

但至少沃羅諾夫是位著名的外科醫生，而美國人約翰・李察・布林克利（John Richard Brinkley，1885–1942）就不是如此了，他帶著買來的醫學學位和自信樂觀的態度，就在病患身上植入山羊的睪丸。[14] 布林克利以「山羊腺體醫師」聞名，他藉說服男性，用公羊鬍鬚即可讓他們重振雄風而賺進大把鈔票。

受到沃羅諾夫的回春術啟發，布林克利為數百人（男性與女性）進行手術，鑒於他沒有手術需要的合格資歷，許多病患因感染而死亡。在一九三〇年到一九四一年間，布林克利遭到控告數十次，原因是他的不當醫療行為造成病患死亡。[15] 最後，布林克利在法庭上被揭露「即一般大眾所理解的騙子與江湖郎中」，接著排山

倒海的訴訟案件導致他身敗名裂。[16] 他在一九四一年宣布破產，隔年在貧困中過世。

雖然沃羅諾夫逃過遭受同樣的命運對待，然而到了一九二〇年代末期，這位曾經偉大的醫生受到的嘲弄多於稱讚。一九二八年時，沃羅諾夫在倫敦進行系列講座之前，英國劇作家喬治‧伯納‧蕭（George Bernard Shaw）用猴子的觀點寫了一封信刊登在《倫敦日報》（London Daily News）：

> 我們人猿是有耐心且友善的族類，但這超出了我們能忍受的。有任何人猿曾從活人身上扯下睪丸，並將睪丸植入另一隻猿人的身上，只為了違背自然的短暫延續人猿的生命嗎？……人類總是老樣子；最殘酷的動物。請人類不要再認為他們醜陋的樣貌與我們相似；人永遠就是人，儘管沃羅諾夫努力要讓人像隻受到尊敬的人猿。
>
> 攝政公園之猴園的初級領事
> 敬上
> 一九二八年五月二十六日 [17]

到了一九二九年，沃羅諾夫宣稱已進行了近五百次的腺體植入手術，但他已經失去大眾與同事的信任。除了有新研究推翻他的理論，他的病患也持續老化、衰退，然後死亡。最後，沃羅諾夫的名字從媒體上消失，他的研究遭到廣泛指責，他被描繪成又是位江湖郎中。沃羅諾夫和他的理論也許早已消失，但最後令人憂慮的轉折是，將猴子的組織植入人體，可能是造成猴類免疫缺陷病毒從人猿轉移到人類的原因，因而導致今日全球的愛滋病危機。[18]

尤金·史坦納赫為阻止老化，開創了部分輸精管切除術——儘管如此，他仍因衰老而過世。

　　沃羅諾夫可能是史上最惡名昭彰，為求永保青春而攪爛陰囊的外科醫生，但他確實不是唯一一個。❶ 奧地利生理學家尤金·史坦納赫（Eugen Steinach，1861-1944）認為雙邊輸精管結紮術（將雙邊睪丸的輸精管綁起來）能像塞子一樣堵住，不讓身體內的精液流出，因而提升逐漸降低的性慾。在老鼠身上進行實驗後，史坦納赫改進技術，繼續在人類身上實驗。史坦納赫宣稱他的早期實驗不僅治癒了病患性無能，還讓病患變年輕，「更開朗，更有活力」。[19] 手術前的病患被形容是「感到令人無力的疲憊、不願工作、記憶力下降、冷漠與憂鬱；這一切都阻礙了各種競爭與進步」，以及，他們自然也是「性無能」。[20] 承諾青春永駐與強力「勃起」（hard-on，1864）極度吸引人，難怪大眾對於史坦納赫的研究反應如此熱烈。

---

❶　從事腺體與回春手術的醫師包括維克多·達爾文·萊斯皮納斯（1878–1946），喬治·法蘭克·李德斯坦（1858–1923）與里歐·李歐尼達斯·史丹利（1886–1976）。

　　「史坦納赫手術」的口碑很快傳開，像是哈利‧班傑明（Harry Benjamin）、羅伯特‧利坦史登（Robert Lichtenstern）、維克多‧布倫（Victor Blum）和諾曼‧海爾（Norman Haire）等醫生都設立各自的診所，開始扭轉歐洲和美國各地男性的「輸精管」（nuts，1704）。但不是每個人都相信回春手術的效果。一九二四年，《美國醫學會雜誌》（*Journal of the American Medical Association*）有一篇社論，譴責回春手術受到「大量濫用與私用」，責難「為了充滿活力，而接受這些新建議」的人。[21] 但這並無法阻止幾位備受關注的人物接受手術。

　　據報導，佛洛伊德在一九二三年為了治療癌症，而接受布倫醫生的輸精管結紮術。[22] 愛爾蘭詩人，同時也是諾貝爾文學獎得主的威廉‧巴特勒‧葉慈（William Butler Yeats，1865-1939）尋求倫敦的海爾醫生幫助他提升性慾和作品品質，而進行雙邊輸精管結紮術。手術後不久，葉慈在給朋友的信中提及他現在感覺「不可思議的強壯，對未來有方向」。[23] 但是，曾與葉慈在手術後短暫交往的英國作家埃塞爾‧曼寧（Ethel Mannin）宣稱史坦納赫手術「失敗」。[24] 哎呦。

　　不論失敗與否，在二十世紀前半時期，腺體是門大生意。新聞報紙報導大量恆河猴被運送到澳洲，以「應付回春手術病患的需求」。[25] 一九二四年，美國內分泌實驗室主任威廉‧貝利（William Bailey）醫生向美國化學學會，提出七項可能的回春手術方式：

1. 將腺體從一個位置移到另一個位置。
2. 植入動物腺體進入人類的身體（沃羅諾夫的方法）。
3. 切除或綁起腺體管路，即輸精管結紮術（史坦納赫的方法）。
4. 運用 X 光。

5. 使用鐳射線或伽瑪射線。

6. 將碘或酒精「沾敷」於腺體上。

7.「透熱療法」，即透過高頻電流傳導熱能。[26]

　　許多醫生願意在男性「睪丸」（tallywags，1680）上嘗試各種江湖醫術，而治療腺體最難得到（與最昂貴）的方式是移植。覺得自己的青春快速流逝的男性，急於透過合法或非法的方式，取得一副年輕有彈性的睪丸。

　　一九二二年，芝加哥一個晴朗的夏日早晨，一名約三十出頭的男性被發現倒在蘭奇大道與亞當街的出入口。由於無法喚醒該男子，焦急的居民帶他到當地縣立醫院，隨後被確認為亨利・強森，是名與姐姐同住的電工。醫院的一名外科實習醫生為強森進行檢查，發現他的睪丸被人從陰囊移除，而傷口則用消毒劑清理過並「專業的」縫合。強森回想前一晚，他與朋友在麥得遜街喝酒。他最後的記憶是搭電車回家，這之後的事情就一片空白。當時治療強森的醫生認為，他遭到襲擊前早已被下藥，而且醫生也注意到進行切除男性睪丸，而不傷及睪丸動脈所需的手術能力。強森因為太尷尬不敢向警方報案，反而選擇返家工作。

　　四個月後，三十四歲的波蘭工人喬瑟夫・沃茲尼爾克在空地醒來，他想不太起來自己為什麼會在那裡。沃茲尼爾克與他的朋友庫奇尼斯基一起在密爾瓦基大道喝酒，而他最後記得的是招了計程車回家。他覺得頭痛、頭暈，嘴巴嘗到一股強烈的化學藥劑味。沃茲尼爾克最後搖搖晃晃的回到位在芝加哥北方第十七街的家。他一整天都感覺到腹股溝疼痛加劇，直到他自行前往醫院，接受山普琳斯基醫生的治療，而醫生發現沃茲尼爾克的睪丸不見了。沃茲尼爾克嘴巴裡的化學藥劑味則是氯仿（哥羅芳）。

偷竊睪丸的報導甚至傳到了英國。一九二二年十月十六日禮拜一《鄧迪晚間電訊報》（*Dundee Evening Telegraph*）。

　　震驚的山普琳斯基醫生報了警，媒體報導這起事件，世界各地稱沃茲尼爾克為「盜取睪丸」的受害者。沃茲尼爾克的酒伴庫奇尼斯基也失蹤了，警方認為他應該遭受了跟茲尼爾克同樣的境遇，但因為不好意思站出來，只好躲起來。亨利・強森一在報紙上讀到沃茲尼爾克的案子後，立刻前往通報他受到襲擊的事件。警方很快的發現，這些案子不僅明顯有關聯，而且很可能是由同一位外科醫生進行的。

　　據信這是由一群小偷，為了供給人類回春術所需的腺體，而犯下令人髮指的惡行。最憤怒的聲音來自芝加哥的醫學圈。山普琳斯基醫生被召來治療沃茲尼爾克，他說移除腺體可能是為了供給某些年長富有病患的需求。波蘭裔退伍軍人沃茲尼爾克告訴警方，他遇到一位對他感興趣的陌生人，當對方聽到他在找工作時，就給了他兩英鎊並請他喝了幾杯酒。沃茲尼爾克說：「他叫了台計程車送我回家」。「計程車裡有四名男子，在我意識到發生什麼事情之前，我被套上頭套，然後就失去意識了。醒來時，我身在一個空蕩無人的房子。我的大腦糢糊，一開始不知道自己被開了

刀。我感到喝酒之後的恍惚……接著嘴巴嘗到氯仿的味道，而且
感覺到強烈疼痛。我設法回家，請來山普琳斯基〔醫生〕，是他
告訴我發生了什麼事情。」[27]

隔年，又發生了兩起案件，且相隔不到二十四小時。計程車司
機李察・里姆被下藥，兩顆睪丸被拿走，而來自北芝加哥的約翰・
鮑威爾遭到殘割，但逃走時睪丸完整無缺。

回春領域的頂尖醫師很快的齊聲譴責此野蠻行徑並劃清界線。
沃羅諾夫說：「做出這件事情的醫生應該被迫經歷同樣的厄運」。[28]
這案子讓芝加哥人驚恐不已，當地警方為了防備「頻繁的睪丸強盜
案」而做準備。幸運的是，沒有發生頻繁犯案，但也沒抓到犯案者。

睪丸產業在二十世紀前期是門大生意，在市場上有多種產品聲
稱提供植入睪丸能帶來的所有益處，而無須付出大筆費用或動刀。
與今日的美容產品不同的是，那時的產品以滿是睪丸為傲。「睪丸
萃取錠」保證「完美無藥物」。

腺體面霜以能夠「永久撫平紋路、皺紋、魚尾紋、下垂肌肉與
所有臉部斑點」作為宣傳。

最後，對腺體手術與以腺體為基底的美容產品的狂熱逐漸退流
行。有多少人與動物的生殖器受到殘割，只是為了追求性能力與皺
紋較少的額頭，這數字沒人知道。雖然將猴子睪丸移植到自己的生
殖器裡，可能對今日的我們來說，聽起來非常可怕，但人們仍然會
為了阻止衰老而尋求極端與奇特的手術項目。人們為了對抗年老與
性無能，而尋求整形手術、注射肉毒桿菌、陰莖增大術、陰道緊緻
手術，以及各種各樣的乳液、飲品與無效產品的幫助。我們可能會
嘲笑腺體醫生，但我無法保證不會擦睪丸霜在臉上，如果我認為它
能阻擋一些皺紋的話。二十世紀的腺體治療狂熱，驗證了人類的不

一九三八年，使用腺體製成
的抗衰老面霜。

安全感與虛榮感。即使在沃羅諾夫名聲正響亮的時期，也有人敦促
人們拒絕這些無稽之談，帶著尊嚴擁抱老年——這樣的看法當時為
真，現在亦是。

第 8 章

艱困的愛

中世紀陽痿測試

如我們所見，歷史上的人們為了試圖治療、對抗陽痿，而接受極端療法。直到一九九八年三月二十七日，美國食品藥物管理局核准西地那非（Sildenafil，商品名為威而鋼〔Viagra〕），才終於出現一種有效治療陽痿的方法。威而鋼的問世不僅為全世界數百萬男性帶來了希望，它也將勃起障礙（erectile dysfunction）醫學化。事實上，多虧了威而鋼，我們才有「勃起障礙」的這個詞。在藍色藥丸革命之前，沒有人得到「勃起障礙」，他們只是「陽痿」，再加上不斷後退的髮線與中年發福，而不得不接受這已經是不可改變的事實了。如同威而鋼的廣告經理肯恩・貝格斯二世（Ken Begasse Jr）所解釋：

> 僅稱呼它為勃起障礙，而非陽痿，是輝瑞藥廠與〔廣告〕公司為了移除社會汙名，所作的重大決定。最初的廣告 —— 以及其中許多的廣告 —— 雖然被視為是威而鋼的廣告，但其實是男性健康的廣告。他們存在的目的是為了打破汙名。[1]

威而鋼的效果，是當時輝瑞的英國科學家將它當作降低血壓的血管藥物進行測試時偶然發現的。當時以為威而鋼能降低血壓，但

一五六二年，在酒館與妓院痛飲作樂的畫作非常受到十六世紀的荷蘭收藏家的歡迎。約阿希姆‧布克萊爾（Joachim Beuckelaer）的〈妓院〉（Brothel）。

卻出現出乎意料的副作用。此藥物的作用是在性興奮時增加流入陰莖的血流量，這代表「陰莖」（Captain Standish，1890）能夠航行進港，而非擱於淺灘。臨床實驗受試者拒絕將藥物送回輝瑞，這項副作用因而傳開。[2]

　　我們很常拿威而鋼開玩笑，但它領導了一場性革命。根據《藥學期刊》（Pharmaceutical Journal）報導，此藥品在全球已開給超過六千四百萬名男性了。據《時代雜誌》報導，此藥品剛上市時，其需求量龐大到醫生們得用橡皮章，才能趕上開出處方箋的速度。[3]當然，我們都知道有些傻子將威而鋼用於娛樂消遣，他們相信服用威而鋼，能讓陰莖變成金剛戰士，然而此藥品不是為了他們而

製造的。威而鋼能提供更多「性交」的（dance with your arse to the ceiling，1904）機會。成功治療勃起障礙，對於病患的心理健康有戲劇性的影響。二〇〇六年，在《一般內科醫學期刊》（*Journal of General Internal Medicine*）上發表的研究發現，服用威而鋼治療的男性在「自尊、自信與性滿意度方面顯著提升。在各個文化裡都能觀察到，這些社會心理因素的改善，而且和勃起功能的改善有顯著的高度關聯。」[4]

　　今日，前往藥局或填寫一份線上表格，就是你與快樂結局之間的距離，但在威而鋼出現前的世界，事情並不是這麼簡單。中世紀教會視婚姻（與性）為繁衍後代的必要行為。性行為對婚姻生活如此重要，因此十二世紀教會法《教令集》（*Decretum*）將陽痿視為婚姻無效的依據。❶在中世紀的世界裡，幾乎不可能離婚，即便真的准許離婚，在任一方仍在世時，兩方皆不允許再婚。然而如果妻子在結婚時不知對方陽痿，此則被視為法律上對婚姻的障礙。下次你參加婚禮時，當主婚人詢問在場的人士是否知道任何使得兩人無法結合的「法律障礙」時，如果你知道新郎的「弟弟」（winkie，1962）故障，請記住，你在法律上有義務要告知在場人士。陽痿訴訟讓中世紀女性能夠帶著丈夫到法庭，宣告婚姻無效，更重要的

---

❶　《教令集》是由沙特爾的伊沃主教（Ivo of chartres，卒於 115 年）彙集編纂，大量收藏教宗通諭、贖罪書與數位教士著作的文集。伊沃在此書中印刷了一封教宗聖額我略二世（669–731）的書信，內容宣稱如果丈夫與他的太太無法進行性行為，而且拒絕以「兄弟姐妹」的身分共同生活，那麼他們的婚姻能被宣告無效。鑒於伊沃作品的龐大規模，他的書並不暢銷。然而，約在西元一一三九年，一位名為格拉提安（Gratian）的律師彙集編纂了一部教會法令集，稱為《格拉提安教令集》，其中也提到陽痿為婚姻無效的根據。《格拉提安教令集》很快成為歐洲法學院的教科書，而陽痿則被認為是法律上打破婚約的因素。取自 Catherine Rider, *Magic and Impotence in the Middle Ages* (Oxford: Oxford University Press, 2008), p. 57 與 'The Medieval Canon Law Virtual Library', Web.Colby.Edu, 2018 <http://web.colby.edu/canonlaw/category/canon-law/> [Accessed 26 August 2018].

是，宣布婚姻無效時，兩方皆能再婚。[5]

　　對於中世紀的教會來說，這一切非常合理：沒有性行為，沒有下一代，沒有意義。然而，這並非只是妻子宣告她的丈夫無法勃起，然後他打包家當離開的這般簡單。教會不信任女性說的實話，當然也不喜歡宣布婚姻無效。教會熱衷於人們「向前邁進，去繁衍」，在教會同意宣布夫妻分開前，需要符合幾個條件。一般來說，夫妻必須至少結婚三年，才能向教會提出訴訟。如果丈夫否認指控，妻子則會被要求需要有證人，證明她是一個誠實的人。如果丈夫承認他有陽痿，夫妻的鄰居則必須證實他們的人品誠實，並且他們看不到任何能反駁這項說法的證據。而重要的是，教會需要能夠證明丈夫陽痿的「證據」。[6]

　　但是你要如何「證明」你的丈夫無法舉起神奇的「陰莖」（Johnson，1863）？今日，醫生可能會進行夜間陰莖勃起（nocturnal penile tumescence，NPT）測驗、陰莖注射血管擴張劑測驗，或甚至使用都卜勒超音波檢查。但在十二世紀，只需要一群「聰明的婦女」、一位教士與稱為「會議」的程序。在大多數因陽痿指控而起的婚姻無效程序，都需要進行會議，這意味著一群女性對受指控的男子進行公開審視，並持續努力的喚醒野獸。在《懺悔大全》（*Summa Confessorum*）中，喬巴姆的托馬斯（Thomas of Chobham，1160-1230）建議以下事項：

> 吃飽喝足後，該男子與女子待在同一張床上，睿智的婦女被召集至床邊連續好幾晚。如果該男子的陰莖一直處在死氣沉沉的無用狀態，這對夫婦是時候分開了。[7]

　　這些測試的結果能夠在整個中世紀的法庭紀錄裡見到，但讀起

來都令人不太舒服。例如一三七〇年約克城的約翰‧桑德森之案。約翰的妻子泰迪雅將案子帶到教會法庭，法庭命令三位婦女前往檢視約翰的「陰莖」（jiggle stick，1890）。會議進行後，婦女們回報法庭的內容如下：

> 這位約翰的陰莖看起來像表皮斑駁的空腸子，裡面沒有任何的肌肉，表皮也沒有血管，它的前端中央看起來是全黑的。該證人用雙手撫弄它，將它放於精液中，然後再次撫弄與浸於精液中，它既無延展亦無伸長。詢問他是否有帶著睪丸的陰囊，他說他有陰囊的表皮，但睪丸並沒有掛在陰囊裡，而是與皮膚相連，如同小嬰兒一般。[8]

　　一三六八年，凱瑟琳‧派諾要求檢查她的丈夫尼可拉斯，不意外的是尼可拉斯拒絕接受檢查。然而，這無法阻止凱瑟琳招來數位證人，證明尼可拉斯從未在需要時勃起。湯瑪斯‧瓦烏斯告訴法庭，凱瑟琳曾說：

> 當她與尼可拉斯躺在床上，她常常用雙手在他睡覺時，探索他的性器官所在之處，但她在該處無法摸到或找到任何東西，尼可拉斯的性器官理當出現的位置，卻像男子的手一樣平坦。[9]

　　一二九二年在坎特伯里，十二位「聲譽良好」的婦女作證說，華特‧德‧馮特的「陰莖」（virile member）「無用武之處」。一四三三年，在約克的審判上，事情有點失控，一位婦女：

> 裸露出她的雙峰，使用已經在火上溫熱過的雙手，握住並摩擦約

翰的陰莖和睪丸。她為了證明他的男子氣概與性能力，抱著並頻繁的親吻約翰，盡其所能的刺激他，接著責罵他丟臉，因為他應該要能立即證明自己是個男人。她說，在審視與不斷詢問的這段時間裡，這男子的陰莖僅有三英吋長。

上述的每個案例，妻子皆得到了婚姻無效的宣告，以及尋找能「提供更多與取悅她」的男子的許可。[10]

中世紀的教會法承認兩種性無能：因身體無力進行性行為而導致的「永久性無能」，以及被認是為由巫術造成的「暫時性無能」。因為當時眾所周知性無能通常是由魔法造成的，而不是男性方面的個人缺陷。

十一世紀時，沃爾姆斯的主教布爾查德在他的悔罪書裡警告這樣的事情：

你是否曾做過有些通姦婦女習慣做的事情？當她們一知道情人想要娶合法的妻子時，她們會使用巫術撲滅男人的慾望，使男人對合法妻子無用，即無法與妻子性交。如果你曾經這樣做，或教導過其他人，你應該要進行四十天僅以麵包與水為食的苦行懺悔。[11]

如我們先前所見，克雷默和斯普蘭格惡名昭彰的獵巫手冊《女巫之槌》（1486），提及許多有關性無能的內容，其中有一章都在講述女巫「阻礙繁衍能力」的方式。運用她們的暗黑能力，女巫能吸乾男子的精液庫存貨，或下咒語「用魔法傷害繁衍能力——即男子無法進行性交。」[12]再者，根據克雷默和斯普蘭格的說法，比起只是對你的「陰莖」（jumble giblets，1890）下咒，女巫能做的壞事可多了，如果想要的話，她們是能移除整個陰莖的。或是更確切的

說，他們可以對「陰莖」（gigglestick，1944）下咒，讓它「被邪靈隱藏，邪靈用幻術讓陰莖看不見也摸不著。」[13] 克雷默和斯普蘭格寫道，相傳有些女巫會移除男子的「陰莖」（family jewels，1911）並將它們藏在樹叢、鳥巢或盒子裡：

> 我們該如何看待那些女巫，她們將大量的陰莖藏在鳥巢或盒子裡，數量一次可達二十或三十個，而這些陰莖會為了吃燕麥或飼料而到處移動，好似仍活著──這是許多人曾見過，而傳言也如此說？[14]

他們得出的結論是，這是受害者的幻覺，女巫並沒有真的將「陰莖」（dicks，1836）像寵物一般養在樹上。鑒於女巫似乎對「陰莖」（dibble，1796）下咒一事如此著迷，那麼將巫術當作造成性無能的原因也不奇怪了。

當蘭斯大主教辛馬爾（Hincmar，806–882）被徵詢，對法蘭克國王洛泰爾試圖與妻子希特伯嘉皇后離婚一事提出建言時，他以《論洛泰爾國王與希特伯嘉皇后離婚》（*On the Divorce of King Lothar and Queen Theutberga*）的論文回應。辛馬爾在當中表示，國王最寵愛的情婦沃卓達已對他施魔法，讓他無法與皇后性交。[15] 辛馬爾很確定「女巫與巫師……為惡魔工作」會使得男性性無能並且讓婚姻無法圓滿。如果發生這種情況，辛馬爾建議夫妻「帶著悔恨的心與謙卑的靈，對神與教士告解所有的惡行」。

> 他們應該用許多的眼淚、慷慨的救濟、禱告與禁食，讓上帝滿意，並在上帝的審判下，被剝奪神賜與我們在伊甸園的始祖於犯罪之前所擁有的祝福。他們雖不情願，但這是他們應得的教訓。[16]

因魔法造成性無能的最知名案例之一，是法國國王奧古斯都・菲利浦（Philip Augustus，1180–1223），他宣稱無法與丹麥的英格堡圓房，因為他被施了魔法。據聞菲利浦國王相當期待與英格堡的婚事，但在婚禮隔天，他便希望宣告這樁婚事無效。婚禮三個月後，菲利浦的議會成員提出一份假造的族譜，試圖證明國王與英格堡有血緣關係，因此無法成婚。當英格堡對此提出抗議時，國王順水推舟宣稱他因魔法而變成性無能。他後來直接指控英格堡施巫術並對他下咒。這所有的一切都無法說服教宗伊諾森三世，而菲利浦受命得維持與英格堡的婚姻。菲利浦的反應是將英格堡關在埃唐普的城堡裡，接著在一一九六年迎娶梅拉涅的艾格尼絲。教宗得知後非常憤怒，他不僅拒絕承認此樁婚事，還下令關閉法國境內所有的教堂九個月，並頒布視此期間出生的嬰兒為非婚生子的法令。在這起醜聞之後，教宗伊諾森三世裁定不能再以魔法造成性無能為由廢除婚姻。[17]

直到十八世紀，妻子仍以性無能為由，尋求宣告婚姻無效，雖然會議的進行大多於十七世紀前都已中止。[18] 然而，十八世紀間，羞辱陰莖的情況仍是離婚法庭的特色，因為其法庭紀錄經常被出版為聳動聽聞的情色作品。像是艾德蒙・柯爾和喬治・艾伯特等無道德原則的出版商，散布許多令人反感的法庭紀錄的文集，包括一七一四年的《性無能案件與其他因素訴請離婚之案件》（*The Case of Impotency; and Cases of Divorce for Several Causes*）以及一七一九年的《英國具爭議的性無能案件》（*Cases of Impotency as Debated in England*）。「睿智的婦女」可能不再需要檢視男子的「陰莖」，但是這些書籍卻將丈夫性功能障礙的細節公諸於世。

威而鋼已問世二十多年了，這是一件值得慶祝的事情。勃起障礙的成功療法讓數百萬人恢復男子氣概。但我們也必須記得，在歷

史上無法取得這項療法的人們，以及性功能對人的健康是多麼重要
的事情。如果你曾服用過藍色小藥丸，請記得向所有「無用陰莖」
致敬，它們之所以被載入歷史，是因為曾被控訴無法進入其他東西。

第 4 部

性與食物

SEX AND FOOD

中世紀的醫生相信藉由食用好色的麻雀，能讓性慾低
落的病患吸收麻雀的情慾。陰部顯然與情慾有關，顯
而易見的是，用死於「陰道」的魚來增添風味，能夠
點燃男性的知覺。

第 9 章
生命之杖
性與麵包

無庸置疑：食物與性是人類心靈中兩種緊密連結的樂事。不可否認的是，實際混合兩者（用方言說，即「沐汙癖」〔sploshing〕）會導致高額的乾洗帳單與一輩子都無法靠近必勝客沙拉吧的禁令，但重點仍是：食物很性感。用來形容性行為的無數進食隱喻：例如「舔」陰、「含」屌、「嘗」或想要「吃掉」情人。每到情人節，情人們彼此贈送與味覺相關的禮物（巧克力、紅酒、生蠔等），而性感女神、英國美食作家奈潔拉・勞森（Nigella Lawson）即以舔奶油蘿蔔而聞名。

我們進食時所使用的許多感官知覺與進行性行為時一樣：視覺、嗅覺、味覺、觸覺等。兩種行為都能帶來舒適與愛的感受，同時也帶來愧疚與羞恥。過度與缺乏飲食，都與性挫折和性創傷有關。[1] 當然，進食與性都是能帶來愉悅感的行為，能共享或獨享。如箴言 9：17 所言：「偷來的水是甜的，暗吃的餅是好的。」[2]

有些食物比起其他的更為性感：雖然你也許不同意，但香檳與魚子醬絕對比果汁與午餐肉還誘人。麵包或許不能讓你立刻覺得與

---

❶　編註：指對淫瀝與髒亂狀態的性偏好，有此癖好的人會渴望大量的此類物質沾染在裸露的皮膚、臉部或衣服上。

十六世紀彩色刻版畫。一名男子製作麵糰，另一名男子添柴火撥旺爐火。桌上有麵包，以及堆疊的盤子與籃子。

情色相關，但生命之杖（staff of life）❷卻有一些令人驚奇祕密。首先，製作麵包的過程充滿了性暗示。麵團揉好後，將它放入炙熱爐子裡脹大隆起，最後在外層淋上汁液。隆起的麵包與勃起的陰莖，以及炙熱爐子與發熱陰部的性暗示連結，可以回溯至西元七十九年羅馬龐貝城。在挖掘這座遠古城市時，在一間麵包坊的爐子上方，發現一塊有著凸起陽具的陶土牌匾，上面刻著「幸福於此處」（hic habitat felicitas）的銘文。[3]

---

❷　編註：主食；必需之食物，通常指的是麵包。

麵團雙關語的潛力也見於盎格魯薩克遜人身上。由神職人員於十世紀時編輯的《埃克塞特書》（*The Exeter Book*）收錄了一些好笑下流的謎語，像是「謎語四十五」：

我聽說過有東西在角落長大。

脹大、呻吟，向上撐起表皮。

一名自尊心高的女子，為王子的女兒，

用雙手握住無骨的它，此腫大之物。

用她的衣物蓋住它。[4]

答案當然是麵團（眨眼輕推一下）。麵包除了提供大量素材給這類粗俗的笑話外，還能做成各種猥褻的形狀。羅馬諷刺詩人馬提亞爾（Martial，40-104）在其詼諧短詩中拿陰莖麵包開玩笑，宣稱性衝動能夠藉由啃食陰莖形狀的麵包而受到安撫，不需要真的陰莖。「如果你想滿足你的渴望，你能吃我的普里阿普斯麵包（Priapus）❸；你可以大口咬他的器官，但你卻不會遭到玷汙。」[5]不論是否真的有人用一條麵包來取悅自己，然而使用陽具與陰部形狀的麵包慶祝生育慶典，已有數千年的歷史了。

希臘埃及作家阿特納奧斯（Athenaeus of Naucratis，170–223）描述西西里用形狀像陰部的甜麵包（mulloi），敬拜豐收女神迪米特（Demeter）。[6]亦有證據顯示整個中世紀至近代早期，人們烘烤陰莖形狀的麵包來慶祝復活節。法國歷史學家賈克・安托萬・杜羅赫（Jacques-Antoine Dulaure，1755-1835）在一八二五年寫作時，引用了十六世紀約翰尼斯・布魯艾尼爾斯・坎貝吉（Johannes

---

❸　編註：普里阿普斯，希臘神話中的生殖之神，有著巨大雄偉、永遠勃起的性器。

J. 阿曼（1539-1591）的木刻版畫。麵包師傅正將未烘烤的麵團放入爐子中，烤好的麵包則由女子帶離。

Bruerinus Campegius）的著作，細數「禮儀崩壞，基督教徒沉溺於淫穢、過分暴露之事，甚至出現在麵包上。」杜羅赫繼續提到在法國下利穆贊與布里夫區域，陰莖麵包仍被用來慶祝復活節，而在亞維儂克萊蒙城的居民則用陰部形狀的麵包慶祝基督復活。[7]一八六五年，湯瑪斯・萊特（Thomas Wright）寫道，陰莖麵包仍在桑通日（Saintogne）地區「作為復活節的祭品，並被帶著挨家挨戶展示。」[8]復活節的十字麵包很可能源自用陰莖麵包慶祝生育與春天的古老習俗。

在整個歷史中，麵包不只是被塑造成具有性暗示的形狀，也被用於愛情魔咒。中世紀時期，教會針對教區教徒告解時承認的不同

罪行，列出相應的悔罪方式，印製成書籍供教士使用；這類書籍被稱為「悔罪書」（penitentials）。最早的悔罪書出現於西元六世紀的愛爾蘭，對研究中世紀情慾的人來說，這些悔罪書是金礦，因為教會非常澈底（與深具想像力）的編列性犯罪。其中最知名的悔罪書，是由沃爾姆斯的布爾查德（Burchard of Worms，約 950-1025 年）編纂的《教令集》。主教在此書中列出許多性犯罪的悔罪方式，其中包括攝入體液的部分，從吞入精液（七年禁食日悔罪）到妻子拐騙丈夫飲用她們的經血（五年禁食日悔罪）。[9] 布爾查德特別關注女性用不同種食物摩擦身體，並下咒在男性身上。這些咒語被用來殺死她們的丈夫，像是以下這則：

> 你是否做過有些婦女時常進行的事情？她們脫去衣服，將蜂蜜塗滿全身。她們身上沾滿了蜂蜜，在布滿小麥的床單上來回滾動。她們小心翼翼的收集黏在濡溼身體上的小麥粒，將這些麥粒放入磨臼，朝背對陽光的方向推動磨臼，將小麥磨成麵粉，最後用這些麵粉烘焙麵包。她們將麵包拿給丈夫食用，吃了這些麵包的丈夫會逐漸變得虛弱、死亡。如果你曾做過，你應該只吃麵包與水懺悔，為期四十天。[10]

它們也可能是愛情／情慾的咒語，像是以下這則：

> 你是否做過有些婦女時常進行的事情？她們將活魚放入自己的陰道裡，讓魚在陰道待一會兒直到死亡。然後，她們烹煮或烤魚，將魚給丈夫食用，這樣做是為了讓丈夫對她們的愛更加強烈。如果你曾經做過，你應該在指定禁食日懺悔，為期兩年。[11]

　　在你脫去內褲，前往最近的鯉魚池之前，我們來思考此處背後的作用機制。對於中世紀的人來說，這一切都非常合理。中世紀醫學與迷信很看重觸覺與轉移。許多中世紀的催情藥試圖透過攝取，將性能力從來源轉移到主體身上。例如麻雀被認為是情慾的象徵，所以喬叟在《坎特伯里故事集》裡形容一名朝聖者（法庭差人）情慾過強時，他說他是「與麻雀一般熱情又好色」。[12] 因此，中世紀的醫生相信藉由食用好色的麻雀，能讓性慾低落的病患吸收麻雀的情慾。[13] 陰部顯然與情慾有關，顯而易見的是，用死於「陰道」（glory hole，1930）的魚來增添風味，能夠點燃男性的知覺。

　　布爾查德也關心婦女與小廚師一同做麵包的事情，而他也為此懺悔：

> 你是否做過有些婦女時常進行的事情？她們臉部朝下躺著，露出屁股，讓某人在裸露的屁股上做麵包。麵包完成後，拿給丈夫食用。這樣做是為了讓丈夫對她們的愛更加強烈。如果你曾經做過，你應該要在指定禁食日懺悔，為期兩年。[14]

　　如果你認為這一切都是想像力太豐富與某晚喝了太多聖餐紅酒造成的話，我可以理解你為什麼會這樣想，但你錯了。大約六百年後，用屁股揉麵團的事件再次被記錄下來，只是當時被稱作「屁股麵包」（Cocklebread），並且還搭配上歌曲與舞蹈。喬治・皮爾（George Peele）一五九五年的戲劇《老妻子們的故事》（*The Old Wives' Tale*）中收錄以下台詞：

> 美麗的女子，白皙且紅潤。
> 輕撫我，梳我的頭髮。

十六世紀木刻版畫，描繪兩位正在製作麵包的人。

那麼你就可以吃一些屁股麵包（cickell-bread）。[15]

在《歡樂的船員》（*A Jovial Crew*，1641）中，英國劇作家理查‧布魯（Richard Brome）也提及年輕女子「提裙、彎腰，擺動屁股，做出揉製麵包的動作」（mould cocklebread）、邊跳舞拍打（clatterdepouch），邊唱著啦啦歌謠（hannykinbooby）。[16] 而英國作家約翰‧奧布里（John Aubrey，1626–97）則詳細敘述了製作屁股麵包的過程。奧布里提及年輕女子以及她們「放蕩的消遣」（wanton sport）與「用屁股揉製麵包」（moulding of Cocklebread）。奧布里描述「年輕女子」（young wenches）「爬上桌子，收攏膝蓋，用手高高撩起衣服，屁股來回搖擺，好似她們在用屁股揉麵團」。女子一邊搖擺，一邊唱著：

我的奶奶生病了，已經去睡了。
我要來做屁股麵包！
膝蓋向上，頭向下，
這就是揉屁股麵包的方式。

麵包一烤好就會被送到那位特別的人手中，讓它們點燃他們的情慾（或至少是他們的腸道）。奧布里稱此是「天然魔法的遺留物」（relique of natural magik），繼續說道「cockle」源自於盎格魯薩克遜語，意思是「屁股」（arse），此說法由十六世紀用語「熾熱屁股」（hot cockles）支持──意指進行性交。[17] 下一次當你覺得「心窩暖暖的」（warming the cockles of your heart）時想一下這個吧。屁股麵包再度出現在維多利亞時期的文本中，只是到那時，它已經變成兒童遊戲，與所有淘氣元素（和麵包）分離，只是女子蹲坐來回

搖擺屁股，一邊唱著與奶奶相關的歌曲。

　　二〇一五年時，女性主義者暨部落客柔伊・史塔薇（Zoe Starvi）用念珠菌感染的酵母製作酸種麵包，陰部麵包以令人難忘之姿短暫回歸。[18] 與奧布里提及的「年輕女子」不同，史塔薇這樣做並不是要引誘他人，而是為了表達對陰部的文化態度。事實上，史塔薇的麵包引來強烈的意見分歧，儘管在網路上被廣泛報導，但這個麵包食譜從未真正流行。

　　儘管有這般無所懼的嘗試，但自十七世紀以來，用陰部為基礎的烹飪技巧已明顯走下坡，如果你問我之後是否會再度流行，也許德莉亞・史密斯（Delia Smith）和瑪莉・貝瑞（Mary Berry）❹能夠引領這些老傳統復甦。但我想英國安全衛生執行署可能不會贊成由生殖器製成的糕點。顯然忠於 Milk Tray 巧克力是比較安全的選擇。如果情人帶著一條怪異壓扁的吐司麵包來找你時，千萬別說我沒警告你。

---

❹　編註：兩位皆為英國知名廚師與節目主持人。

第 10 章
愛之食糧
牡蠣的歷史

牡蠣（名詞）：一種帶著黏液、脂肪分布不均的貝類，文明讓人
勇於食用牡蠣，而不除去其內臟。

——美國作家 安布羅斯·比爾斯（Ambrose Bierce）

　　千年以來，牡蠣可能是最知名、最歷久不衰的催情劑，牠在我
們的心裡與腸胃裡占有特別的位置。究竟這個帶有腥味、靠自體體
液游動，長相類似流感季節從喉嚨排出的塊狀軟體動物，為何成為
大家必吃的愛之食糧，仍是未定論。你知道牡蠣有眼睛嗎？眼睛！
但首要之務是——牠們真的有催情效果嗎？

　　二〇〇五年，媒體廣為報導，說「科學」最終證實牡蠣具有催
情效果。[1] 但是，這並不完全正確。喬治·費雪（George Fisher）教
授與來自美國和義大利的研究人員，將他們對雙殼貝催情特性的研
究呈報給美國化學學會。兩年前，同一個團隊公布研究，認為 D- 天
門冬胺酸（D-Asp）和 N- 甲基（NMDA）會刺激老鼠身體釋出性荷
爾蒙（例如黃體素和睪固酮）。[2] 二〇〇五年，研究團隊檢測到某
些軟體動物像是淡菜與蛤蜊等，含有 D- 天門冬胺酸和 N- 甲基。據
此，團隊從理論上推測，人類食用這類生物能產生催情的效果。[3] 關
鍵的是，此研究並不包括牡蠣，而且也沒有相關人體研究能夠支持

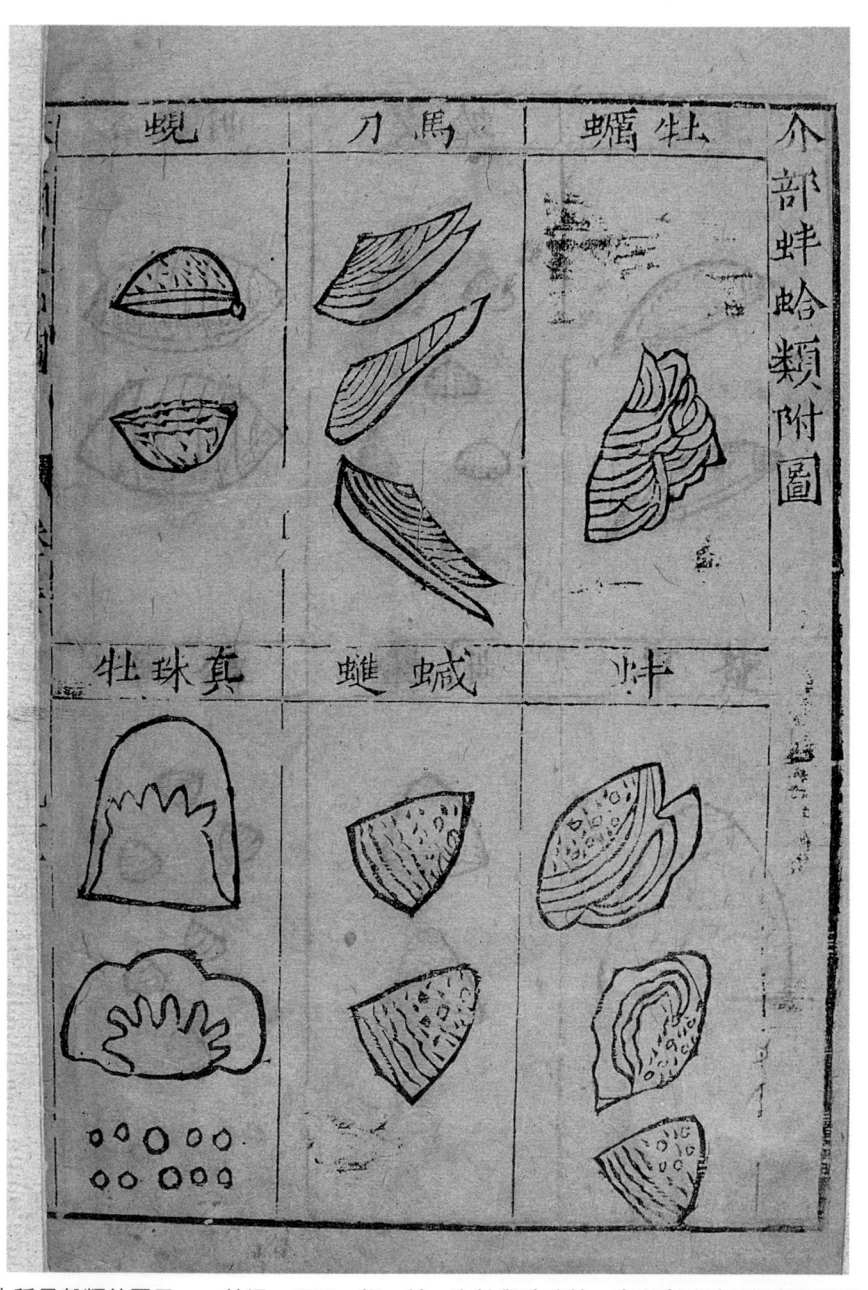

六種貝殼類的圖示——牡蠣、馬刀、蜆、蚌、海蛤與珍珠牡,來自李時珍的藥學百科全書《本草綱目》,一五九六年。

這項推論——一切都是理論。然而，媒體對這些發現非常感興趣，宣稱「科學家說生牡蠣確實是催情劑！」[4] 但牡蠣真的不是。根本沒有任何科學證據證實牡蠣能夠提起任何東西，除了你吃到壞掉的牡蠣，必須提起馬桶蓋。話說回來，牡蠣對健康非常有益處。牡蠣不僅熱量驚人的低，還富含鋅、銅、維他命 B12、維他命 C 和精益蛋白質。有趣的是，男性每次在自慰時（crack his oysters，如同字面「打開自己的牡蠣」意思）會失去一至三毫克的鋅，因此這著名的軟體動物很適合作為補充精液庫存的理想點心。[5] 牡蠣可能對健康很有益處，但牠們不是海洋威而鋼。

牡蠣是非常古老的食物，在世界各地數個舊石器時代的遺跡都能發現牡犡殼。在厄利垂亞紅海岸的化石礁石中，發現用來打開牡蠣的工具與牡蠣殼，其年代可追溯到大約十二萬五千年前。[6] 有許多不同種類的牡蠣，牠們遍布在世界各地的海域。牡蠣很古老，數量眾多，而且可能是最原始的速食。但是牠們為什麼具有性吸引力？

可能的原因是牡蠣與希臘的愛神阿芙蘿黛蒂（後來稱為維納斯）有關聯。阿芙蘿黛蒂據說是從海中誕生的。根據希臘詩人海希奧德（Hesiod，約西元前 700 年）的說法，克洛諾斯割下烏拉諾斯的睪丸丟入海中後，完全成形的阿芙蘿黛蒂即從海浪中升起。[7] 海希奧德在故事中並沒有提到軟體動物，但文藝復興時期的畫作像是波堤切利〈維納斯的誕生〉（約 1486 年），展示阿芙蘿黛蒂站在扇貝上，這可能是牡蠣獲得性吸引力的原因——牠不只是軟體動物而已。

麻雀也與阿芙蘿黛蒂有關，如同牡蠣一樣，麻雀在古典時期也被認為是強效的催情劑。甚至《印度愛經》中也提供了一些利用麻雀蛋激起熱情的配方。

恰達卡是常見的麻雀。取其蛋液並與米混合，接著放入牛奶中

煮，然後與蜂蜜和酥油混合。食用後，能增強男子的性能力，所以能夠擁有無數的年輕女子。[8]

相信麻雀腦具有刺激效果持續了數百年之久。根據卡爾培柏（Culpeper）的《香草大全》（*The Complete Herbal*，1653），「食用麻雀腦時，特別能激起情慾」——但讓我們先回到牡蠣。[9]

我們不是很清楚古希臘人與羅馬人是否認為牡蠣是催情劑，但他們的確視牡蠣為奢侈品。據聞羅馬皇帝克洛狄烏斯・阿爾比努斯（Clodius Albinus）一次開會期間能夠吞入四百顆滑溜溜的牡蠣。[10]老普林尼（Pliny the Elder）寫道，在最奢華的宴會上會提供放於雪中的牡蠣。[11]羅馬人認為牡蠣有助於一些小病痛（從消化不良到皮膚病），但很少提及牡蠣的對性能力有益的效果。為此，我們得往後跳到近代早期，因為牡蠣在這時期才真正被認為是增進性慾的食物。

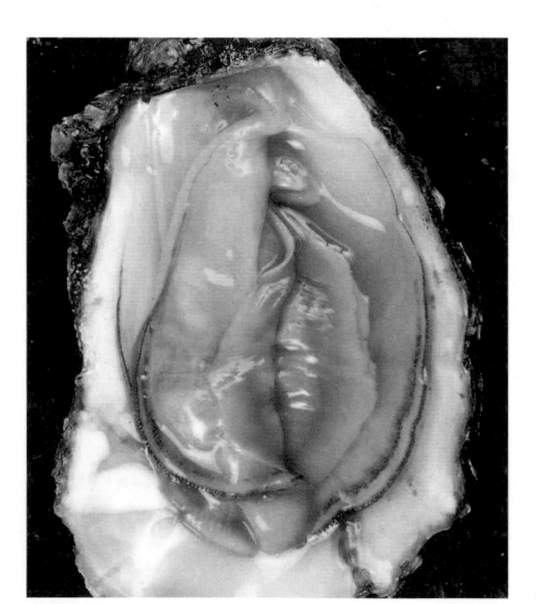

「牡蠣」自十六世紀以來，一直被當作女陰的俗稱。的確，不難了解為什麼是如此。

　　一五六六年，法國詩人艾倫・沙捷爾（Alain Chartier）提問「為什麼古人將牡蠣獻給維納斯？因為牡蠣確實會激起情慾」。[12] 的確，到了文藝復興時期，牡蠣時常出現在醫學文獻中，作為促進情慾之用。例如費力克斯・普拉特（Felix Platter）的《成功醫學實踐》（*A Golden Practice of Physick*，1664）裡建議使用牡蠣來治療「在性交中無愉悅感或愉悅感低落」產生的「性交慾望」，而韓佛瑞・米爾斯（Humphrey Mills）描述在一六四六年時妓院提供醃牡蠣給客戶。[13]

　　但也許牡蠣與性有關，最明顯的原因是牠與陰部相似。那粉紅柔軟皺褶帶鹹味的肉，與其中珠狀物形成明顯的對比，而「牡蠣」（Oyster）自十六世紀以來，一直被當作女陰的俗稱。英國劇作家約翰・瑪斯頓（John Marston）在一五九八年拿「打哈欠的牡蠣」（yawning Oystars）來開低俗笑話。[14] 在《教區牧師的婚禮》（*The Parson's Wedding*，1641）中，英國另一位劇作家湯瑪斯・奇里格魯（Thomas Killigrew）寫道「打開臭牡蠣的他值得獲得珍珠」，[15] 而放蕩惡棍羅徹斯特伯爵在一六七三年寫了下面這首詩：

　　　兩側為拱型弓起，像牡蠣般的敞開。
　　　我面前有一個工具，我拿它放入
　　　到肉裡，然後塞緊整顆牡蠣；
　　　每次摩擦，牡蠣緊貼並快速閉上。[16]

　　鑒於其雙重含義，難怪在街上賣售商品的「牡蠣女孩」（oyster-girl）會變成與性工作者和淘氣有關。在整個十八世紀，關於牡蠣女孩的低俗歌曲相當常見。例如 M・藍道（M. Randall）的〈吃牡蠣〉（The Eating of Oysters，1794）開頭如下：

我走在倫敦街道上，

遇到賣牡蠣的漂亮女孩。

我掀開她的籃子，大膽的偷看一眼，

看是否有牡蠣。

她說：「牡蠣、牡蠣、牡蠣，

這些會是你見過最棒的牡蠣。

三個賣一便士，但我免費送給你。」[17]

以「鳥蛤與淡菜，新鮮呦，新鮮喇」叫賣聲到處兜售的愛爾蘭民謠女主角莫莉‧瑪隆（Molly Malone）永存在一八七六年的詩文中，並由蘇格蘭民謠樂手詹姆斯‧約克斯頓（James Yorkston）譜曲成歌。該首歌曲唱著美麗的莫莉‧瑪隆在都柏林各處販賣商品，而「她因發燒而死亡」。[18]自此，這首歌成為都柏林非官方版的主題曲，有著豐滿乳房的莫莉銅像於一九八八年起，佇立在這座城市的喬治區。都柏林人深情的稱此座雕像是「推著推車的性感女子」，而這些年來，人們不斷用手撫摸，讓雕像的乳溝因摩擦而發亮。

二〇一〇年，當代學者首度發現文集〈阿波羅錦集〉（Apollo's Medley，1790），其中包括一首版本較早的莫莉‧瑪隆歌曲。這裡「甜美的莫莉‧瑪隆」不像一個世紀之後所說健康向上的年輕女子。講述者吟唱：

喔！我要大吼，我要大叫，

我甜美的莫莉‧瑪隆，

直到我與你交纏，

並沉睡於你的床上……

街上的年輕女子正販售牡蠣給客戶。十九世紀由 J.・布萊登與兒子們製作的彩色版畫。

我的酒，成為毒藥吧，

倘若我睡著、打呼或眨眼，

就能不再惦念

你獨自躺著的身影。[19]

　　這首歌在一八〇五年由約翰・偉特克（John Whitaker）重新譜曲後發行，他證明了這首歌受歡迎的程度，而且還稱此淫穢版是他「最愛的歌曲」。[20] 十九世紀早期的「寡婦莫莉」（The Widow Malone）將莫莉形塑成一位非常富有、非常好色的寡婦。

她有二十位情人，甚至更多……

從牧師到皇室文書官，

他們都向寡婦莫莉獻殷勤。[21]

　　雖然甜美的莫莉・瑪隆一直要到之後才被描繪推著滿車的鳥蛤和淡菜，但顯然她被賦予放蕩的形象並流傳已久，將她形塑為牡蠣女孩則是其中的一部分。

　　最知名的牡蠣催情劑愛好者也許是義大利作家傑可莫・卡薩諾瓦（Giacomo Casanova，1725-1789）。據聞卡薩諾瓦每天早餐吃五十顆生牡蠣，但這並非事實──雖然他的確吃了很多牡蠣。有紀錄顯示在很多場合裡，卡薩諾瓦與賓客共享盤裡的五十顆牡蠣，他對牡蠣的刺激效果深信不疑。他最喜愛的誘惑技巧之一，是教導他的情人如何正確食用牡蠣。「我們將牠放在彼此的舌頭上，接著吸入牠，一個接一個。愛好逸樂的讀者，試試看，然後告訴我這是否為眾神的蜜酒！」[22] 他寫下了用來誘惑兩位好友艾莫琳與艾蜜莉的「牡蠣遊戲」。

160

我將殼放在她的唇邊，笑了好一會兒後，她吸入牡蠣，含在兩唇之間。我立刻用雙唇覆於她的唇上，取回牡蠣……〔艾莫琳〕很喜歡我輕巧的吸走牡蠣，幾乎沒有碰到她的唇。令我愉悅的驚喜是當我聽到她說，輪到我含住牡蠣。不用說，我帶著喜悅，出色的完成任務。[23]

　　他的日記記錄了他們玩過這「遊戲」兩次。第二次時，卡薩諾瓦「不小心」將牡蠣灑到艾莫琳的乳溝裡，因此得解開她的衣服，用牙齒取回牡蠣。你下次在 Tinder 上發現約會對象，也許會想試試這招──如果你幻想從女子雙峰間，翻找軟體動物屍體的話，就這

一八五五年，〈臉上映著油燈光芒的女子，站在一籃牡蠣前，用刀子撬開其中一顆牡蠣〉。圖片說明寫著「八月四日。上世紀的牡蠣女孩」，來自 H. 莫蘭德（H. Morland）的畫作。

麼做。

　十九世紀時，牡蠣產業蓬勃發展。牡蠣的數量龐大，因而成為窮人與工人階級社區的主食。在《匹克威克遊記》（*The Pickwick Papers*，1837）中，狄更斯提及「牡蠣與貧窮似乎總在一起」。[24] 然而，儘管廣泛食用牡蠣，並不代表牠失去了性吸引力的形象。因此，維多利亞時期最知名的兩本地下情色雜誌分別命名為《珍珠》（*The Pearl*）和《牡蠣》（*The Oyster*）絕非巧合。

　強納森・史威夫特（Jonathan Swift）曾寫到「先食用牡蠣的男人膽子很大」，我猜測食用牡蠣的儀式，是其長久以來與性有關聯的另一個重要因素。[25] 如同卡薩諾瓦所觀察到的，將豐滿的牡蠣從殼中釋放，然後用舌尖頂起充滿鹹味、濃醇的肉送入口中，以舌頭品嘗後整顆吞下。結合以上與牡蠣長的像陰部（yonic）的事實，以及與阿芙蘿黛蒂／維納斯的強烈連結，難怪這個不起眼的軟體動物，能獲得墮落春藥的名聲。美國詩人特雷伯・希利（Trebor Healey）就寫道：「他們說，世界是你的牡蠣，因此用精液珍珠充滿牠吧」。[26]

第 11 章
轉小爐火
抑制情慾劑的歷史

　　春藥指的是任何能增進性慾，以及／或增進性愉悅與性表現的食物、飲料或藥物。[1]歷史上，春藥在各個文化中皆有紀錄，從中國的犀牛角到西印度的「愛石」，以及由搗碎甲蟲製成的劇毒歐洲「西班牙蒼蠅」。[2]最早提到治療性無能的文獻，是在西元前六〇〇年撰寫的古印度醫學文獻《妙聞集》（*Sushruta Samhita*）。

> 芝麻粉、綠豆和紅米的粉末混合岩鹽，加入大量的甘蔗汁攪拌成糊。接著混合野豬油，並加入酥油烹煮。使用此種膏藥（Utarika）後，一個男人能夠拜訪一百名女子。[3]

　　體驗過大量攝入脂肪、糖與鹽的夜晚，我必須說這樣的方式從未帶給我能量，只是讓我感到強烈、油膩的悔恨，但也許這只是我個人的感受。

　　春藥的歷史受到詳盡的記錄。可是抑制性慾的藥物呢？相對於春藥，抑制性慾的藥物目的是抑制性慾與削弱性功能——等同冷水澡的食物。我聽到你大聲喊著，為什麼會有人想要抑制性慾？只要問問自己，性慾對你造成多少麻煩，那麼你可能就會有答案了。更何況如果我們能夠停止「支持自慰」（procrasturbation）的話，居

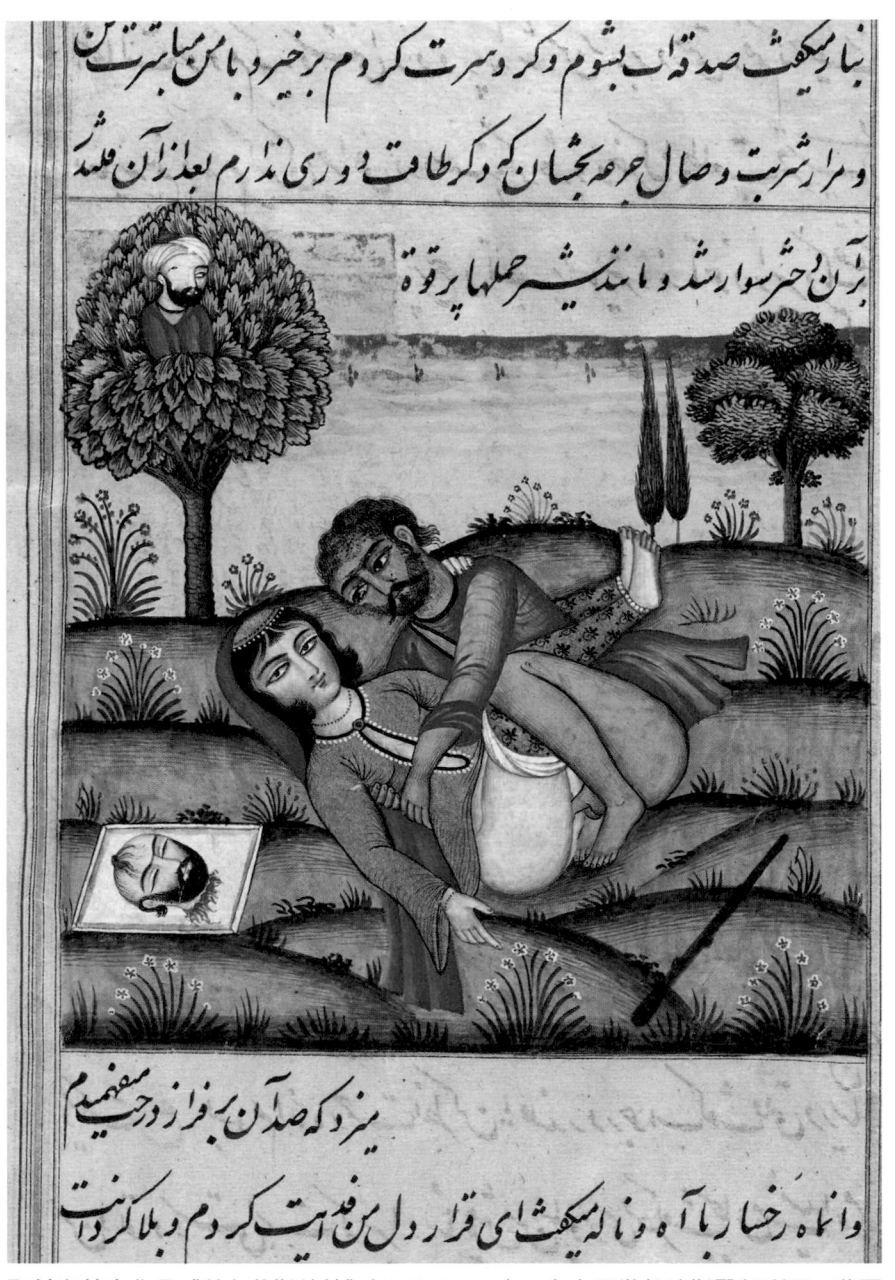

取材自梵文作品《科卡薩斯特拉》（Ratirahasya），由十四世紀波斯醫師利亞・艾爾丁・納卡夏比（Ziya' al-Din Nakhshabi）所著，內容取材自《女性歡愉》（Lizzat Al-Nisa），包含性、食物與春藥。此插畫來自一八二四年的文獻手抄稿，收藏於倫敦惠康圖書館。

家工作的成效就能提升許多。希臘詩人索福克勒斯（Sophocles）說過，他歡迎老年，因為年老使他擺脫性慾：「我覺得我好像從蠻橫、瘋狂的主人手中逃出。」[4] 以下就是擺脫這位主人的歷史。

在化學去勢出現之前，抑制情慾的方式通常分成三種：讓身體降溫、讓身體飢餓以及讓身體冷靜。像是透過鴉片等藥物、禁食與劇烈運動的方式讓身體鎮靜。今日許多宗教社群仍實行禁食（比較少食用鴉片），通常與抑制情慾有關聯。請上 Google 搜索「禁食與性慾」，就會看到數百個宗教網站，討論禁食能夠幫助抑制情慾念頭。這方法在歷史上使用已久。早期的基督教聖人，例如聖傑羅姆（St Jerome，約 347-419 年）等，就會定期禁食以淨化身體並清除情慾念頭。中世紀的僧侶也會讓自己長時間處在飢餓狀態，以完全控制食物與性飢渴。[5] 而這瘋狂的行為可能有其道理。二〇一五年，一個來自奎達的研究團隊發現，在神聖齋戒月禁食的男性，其負責刺激性腺的濾泡激素（follicle-stimulating hormone，FSH）會顯著下降。[6]

運動被認為能消耗體力與性慾。維多利亞時期的醫生思考如何治療性慾亢進的女性時，他們幾乎都會建議病患運動與呼吸大量新鮮的空氣。亨利・紐威爾・古恩賽（Henry Newell Guernsey）則是眾多運用「在適宜天氣之下每天進行……戶外運動」的方式，對抗這項衝動的醫生之一。[7] 對維多利亞時期的女性來說，不幸的是我們現在知道運動其實會促進性慾。二〇一二年，德州大學奧斯汀分校的研究員發現，規律運動不僅增進更年期前女性的性慾，而且實際上還能扭轉抗憂鬱藥物抑制性慾的副作用。[8]

讓身體降溫以降低慾望很合理，因為熱度（而且現在仍是）與性有關。性是「熱情的」，而禁慾則是「冷感的」（源自拉丁文 *frigere*，意指寒冷的）。我們仍會使用沖「冷水澡」，試著抑制「情

　　除了食用能冷卻身體的食物，能夠使身體「變乾燥」的食物也受到推薦。這種療法源自古希臘的四種體液理論。希波克拉底教導說，人類的健康取決於四種體液的平衡：「血液、黃膽汁、黑膽汁與黏液」。蓋倫隨後擴展了體液理論，在其中加入四種氣質：「炙熱、寒冷、潮溼與乾燥」。希臘體液理論主導西方醫學直至十九世紀早期。女性被認為受到潮溼與炙熱的體液所引導，使得女性比起男性較不受控制、更為好色，而相對的男性體質則被認為是寒冷與乾燥。[15] 因此，為了重拾對好色天性的掌控，人們應該試著讓過多的體液「變乾」。

　　姑且先不論咖啡的刺激效果，從十七世紀首次被引入歐洲之後，它就被指控為造成年輕男子精液乾涸的東西。一六九五年，巴黎醫學院的醫師警告，每日飲用咖啡「會使得男性與女性都失去生殖能力」。[16] 一六七四年，一項引人注目的請願出現在倫敦，據聞來自「豐滿」的有夫之婦，其丈夫因為嗜飲咖啡而在床上無用武之地。

　　《女性反對咖啡的請願書》（The Women's Petition Against Coffee）可能只是諷刺之用，但它確實揭露了「粗劣、烏黑、濃稠、汙穢、苦澀、惡臭、令人作嘔的泥巴水」是如何被認為能使性能力耗竭的經過。[17] 這些「太太們」控訴咖啡使得丈夫「與生俱來的水分」變「乾燥」，讓他們只剩下「如同年老般性無能，如同沙漠般貧瘠，而不開心的漿果由此而來」。[18] 消耗男性的精液，讓男性「沒有任何水分，只有流鼻水的鼻子，沒有任何堅硬之物，只剩關節，也沒有直立之物，只剩耳朵」。[19]

　　在《藥方大全》（Physical Directory，1649）裡，尼可拉斯·庫爾沛珀（Nicholas Culpeper）建議使用睡蓮，讓身體「乾燥」以抑制情慾。[20] 在《憂鬱的解剖》（The Anatomy of Melancholy，1621）中，羅伯特·波頓（Robert Burton）建議男性，將樟腦抹在生殖器上，

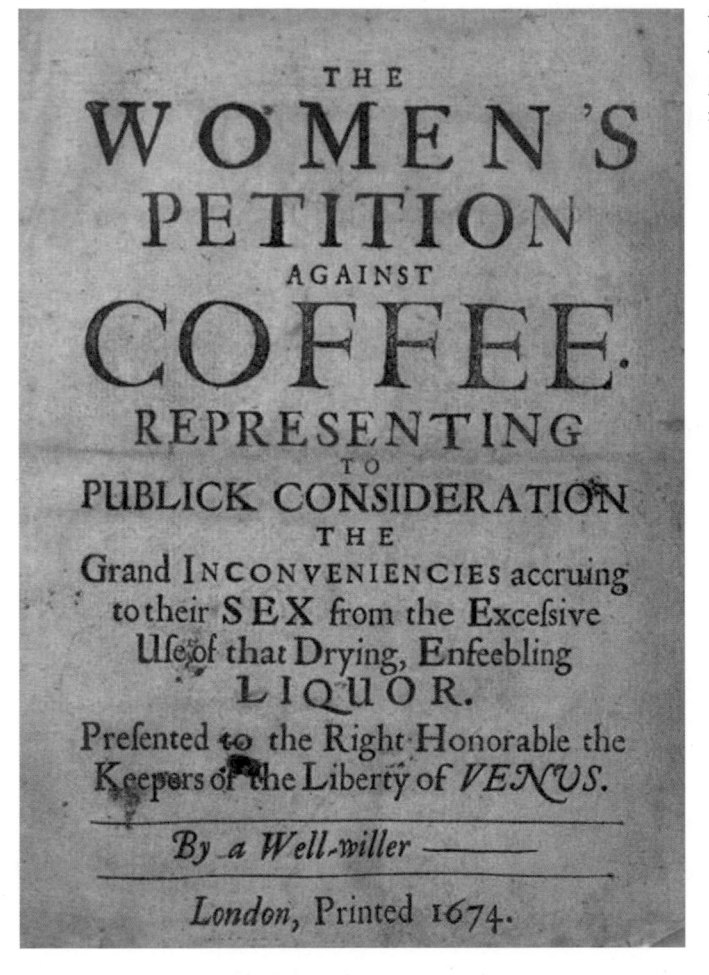

發行於一六七四年佚名小冊子《女性反對咖啡的請願書》封面。

抑制情慾，並且放一些樟腦在馬褲裡，讓陰莖保持癱軟狀。[21] 法國學者喬瑟夫・喬思特斯・史卡利傑（Joseph Justus Scaliger，1540-1609）宣稱僧侶為了試圖遏止自己的衝動，經常聞樟腦並放入嘴巴中咀嚼。[22] 在十九世紀，使用樟腦是取其鎮靜的效果，通常與冰水灌腸一同使用。

數種藥物已被推薦為抑制情慾的方式……冰水、食用冰塊，以及單用硝石或與樟腦一同使用。樟腦具鎮靜效果，可高劑量用於生殖器上，舒緩諸如淋病造成的疼痛勃起，已被證實是有效的療法。[23]

除了有乾燥作用的食物，清淡食物與簡樸飲食都被認為能鎮靜身體，避免累積能量。戴文波特建議馴服慾望這頭野獸的方式，是食用「營養較少的食物」並避免「特別會刺激味覺的餐點……以及飲用紅酒與其他種含酒精飲品」。[24]《女性疾病的診斷、病理學與治療》（*The Diagnosis, Pathology and Treatment of Diseases of Women*，1868）建議「樸實簡單但營養的飲食方式」「避免精神興奮或費心力」以及規律泡冷水澡。[25]

但如果你正在尋找終極平淡、枯燥、無聊的食物來破壞慾望，那麼你只需要隨處可見的玉米片即可。如我們在〈性與陰莖〉篇章提及，約翰・哈維・家樂醫生是美國健康的鬥士、營養學家，以及密西根巴特爾克里克療養院的負責人。他提倡禁慾，視自慰為所有惡行的根源，而且認為飲食為對抗「手淫」（wanking，1970）戰爭中極為重要的武器。在《長者與年輕人需知》（*Plain Facts for Old and Young*，1887）中，家樂花了整個章節，討論飲食對保持貞操的重要性。他建議不可暴飲暴食，一天只吃兩餐（而且下午三點之後不進食）並避免所有熱性飲料。應該避免所有「刺激性的食物」，包括「香料、胡椒、薑、芥末、肉桂、丁香、香精、所有調味料、醃黃瓜等，肉品則建議適量攝取」。相反的，家樂建議食用「水果、穀類、牛奶和蔬菜。這些食物的種類多樣豐富，而且很健康，不具刺激性。對於受到性慾過旺之苦的那些人來說，葛拉罕麵粉、燕麥粉與成熟水果是不可或缺的飲食。」[26] 家樂認可的葛拉罕全麥

麵粉，是受到席維斯特‧葛拉罕牧師的（Reverend Sylvester Graham，1794-1851）啟發所製成，這位牧師對家樂的著作有重大的影響。

約翰‧哈維‧家樂（1852–1943）為家樂氏公司的共同創辦人。

　　席維斯特‧葛拉罕牧師是位飲食改革家與美國禁酒運動的領導者。他提倡清淡、簡單食物（主要是麵包），以避免美國年輕人墮落至不健康與罪之中。他也認為豐盛的食物與自慰有關聯。在《致年輕男性的守貞講座》（*A Lecture to Young Men on Chastity*，1848）裡，他警告牛排與紅酒會「增加性器官的……性慾興奮」並導致各種「性慾過旺」，以及影響「道德能力」。[27] 他談清淡飲食的作品啟發了如葛拉罕餅乾、葛拉罕麵粉與葛拉罕麵包——目的都是為了使性慾枯燥、厭煩然後屈服。

　　葛拉罕的著作所關心的不只是「手淫」；他也想要處理不健康與普遍道德敗壞的問題。然而家樂則是執著於「手淫」（diddling，1938），而玉米片則是用作抑制情慾與治療連續自慰者。家樂與弟弟威廉‧家樂設計清淡食物，治療住在他們經營的療養院中的病患。玉米片就是誕生於此。它就是家樂調配用以抑制性慾的食物：平淡、樸實、無肉和用玉米做成。最早的玉米片由家樂於一八九四年申請專利，他將玉米片開給他所有的病患食用，病患同時也期待每日用優格灌腸、洗冷水澡與沖洗陰部、呼吸大量新鮮空氣與每日

運動的生活規範。[28] 當家樂一邊用優格塞滿病患的肛門，另一邊用玉米片塞入病患的嘴時，體液理論已證明不可信，但令人無比驚奇的是，家樂的治療方式與中世紀療法是如此相似。

今日，我們不需要靠赤腳走路或食用小黃瓜來抑制性慾。世界各地使用具爭議性的化學去勢「治療」性犯罪者，作為監禁的替代方式。抗雄性激素藥物用於阻斷雄性激素的作用，像是睪固酮等。雖然可以逆轉，但如果你想要找到能夠在家完成更多工作或抵抗半夜三點的求歡電話，這會是個極端的選項。[29]

在求助於麻醉劑與冰水沖洗之前，最後一種你可能會想試的方式是算數學。日內瓦哲學家盧梭（Jean-Jacques Rousseau，1712-1778）非常了解不受控制的情慾。在他的《懺悔錄》（*Confessions*）中，記錄了他極度渴望一位年輕女子，該名女子卻嚴厲的告訴他「放棄追求女子，然後研讀數學吧」。[30] 約翰·戴文波特也推薦用數學擺脫擾人的性慾念頭。他的理由是：

的確，我們發現各個年齡層的數學家，都很少產生愛的想法或對愛成癮，而其中最知名的是艾薩克·牛頓爵士，據說他活著的時候從未有過性行為。哲學抽象思考所需要的高強度精神應用，強制將神經液體導向腦部器官，使之無法流向生殖器官。[30]

又或許，你會偏好泡個冷水澡，外加一碗玉米片。

第5部
性與機器
SEX AND MACHINES

科技進步提供了滿足人類基本需求的新方式,勝於創造新的想法。像是性愛機器人。我們終於發展到科技能夠幫我們創造性愛機器人的階段了。它們還沒有配備人工智慧,而是有人工乳房與人工陰部。還有,在你一邊對機器人上下其手的同時,它們能夠從人工陰道播放你 Spotify 上最愛的音樂清單。

第 12 章
震到爽
按摩器與維多利亞時期的人

　　我相信你一定聽過：維多利亞時期的醫生為了治療病患歇斯底里的症狀，替非常多的病患進行「指交」（finger-banging，1988），讓他們的雙臂疼痛不已，因而發明了讓女性自慰達到高潮的震動器。我喜歡這個故事。好萊塢也非常喜歡這個故事，甚至《窈窕男女》（*The Road to Wellville*，1994）和《震動性世紀》（*Hysteria*，2011）這兩部電影就以此為背景。但可惜的是，這真的只是故事。就像涓滴經濟學（trickle-down economics）與潔米・李・寇特斯（Jamine Lee Curtis）是雌雄同體一樣，以上都是都市傳說。但就像所有最棒的故事一樣，裡面總是有些許的真實性。我們喜歡這個故事，因為它直接切入那令人翻白眼的，維多利亞時期性虛偽的歇斯底里核心：「你知道維多利亞時期的醫生都替女病患進行指交，但他們卻認為露出桌腳是帶有性猥褻意涵的？真高興現在不是如此！」（但是桌腳那件事是個迷思，改天在另一本書再談。）

　　指交醫生的理論來自於瑞秋・瑪茵斯（Rachel Maines）的《高潮科技》（*The Technology of Orgasm*，1999）。瑪茵斯在此書中假設，醫生出於健康因素替女性自慰達到高潮，而震動器對食指飽受重複性勞損的醫師來說，簡直是「天賜之物」。再者，瑪茵斯提出此行為能追溯至古典時期，並以此作為證據。然而，必須說的

是，她提出遠古時期按摩陰部的醫學證據受到嚴重批評，其中最知名的批評來自海倫·金（Helen King）、哈莉·李柏曼（Hallie Lieberman）與艾瑞克·沙茲伯格（Eric Schatzberg）。沙茲伯格剖析該主張等同是學界的瓦肯人的死亡之握（Vulcan death grip）。[1] 更重要的是，瑪茵斯稱自己的論點為假設；然而，平心而論，這是蠻有趣的假設。在二〇一〇年一場線上訪談中，瑪茵斯說：

> 人們就是喜歡我的假設，女性因歇斯底里的疾病，接受了按摩治療，據說此疾病在西元前四五〇年希波克拉底的時代就存在了，而發明按摩器是為了治療以上的疾病，以上皆為假設。嗯，人們就是覺得，相信這個理論很酷，而這是事實。我只能說「這是個假設！這是個假設！」但你知道嗎？這一點都不重要。人們太喜歡這個假設了，而不想聽到任何對此的質疑。[2]

那麼，我們進一步來剖析這項假設。請不要誤解，維多利亞時期的醫生的確對性與健康十分著迷，而且當時有許多極具爭議的醫學理論，像是反自衛組織相信自慰是極其嚴重的「毛病」，以及義大利犯罪人類學家切薩雷·龍布羅梭認為性工作者的陰蒂沒有知覺，因為其受到「濫用」而變得「無感」。[3] 醫生發明震動器以治療歇斯底里症的理論，受人質疑是由於數個原因。

英國醫生約瑟夫·莫特默·葛蘭維爾（Joseph Mortimer Granville，1833-1900）在一八八〇年代獲得第一台電動震動器的專利，他清楚知道這不是給女性的性設備，而是用來減緩男性痠痛與疼痛的按摩器。他在其著作《神經震動與刺激作為治療功能失調與器質性疾病的方式》（*Nerve-Vibration and Excitation as Agents in the Treatment of Functional Disorder and Organic Disease*，1883）中

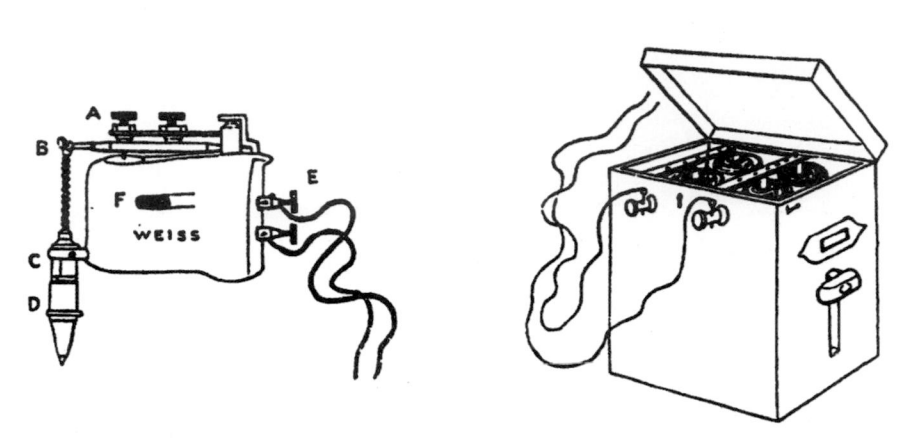

此為葛蘭維爾發明的震動器，如你所見，它看起來不像用於體內的機器。此圖來自葛蘭維爾的著作《神經震動與刺激作為治療功能失調與器質性疾病的方式》。

提到，「我從來沒有敲擊過任何一位女性病患……我已經避免，也將持續避免以敲擊的方式治療女性，僅僅是因為我不希望被不可捉摸的歇斯底里狀態所欺騙，而誤導他人。」[4] 再者，我相信任何看過這個奇怪裝置的人都會同意，如果沒有成人監督與安全詞，你不會希望這個裝置靠近陰部。此裝置顯然不是用於體內。它的作用是以近似捶打的方式撞擊身體，所以葛蘭維爾稱之為「敲擊」（percussing）。

　　隨著被宣傳是萬靈藥的電力偽科學理論風行，外加上直腸擴張器與鐳，其他種類的震動按摩器接著出現。震動按摩器保證能夠減緩各種心理與生理的疾病（包括神祕的「歇斯底里症」），但這些設備並非設計用於性器官上，也不是醫生用來引起高潮的。但這也不代表人們沒有將這些按摩設備，用在其他較不衛生的地方。我稱引進新科技到用於性方面，兩者極短的時間間隔，為「瞬間變態」（kink blink）。就像是鴨嘴器、護士服與威爾鋼，震動器從醫療用品瞬間變態為情趣用品。一九三〇年代早期的色情電影《按摩師》

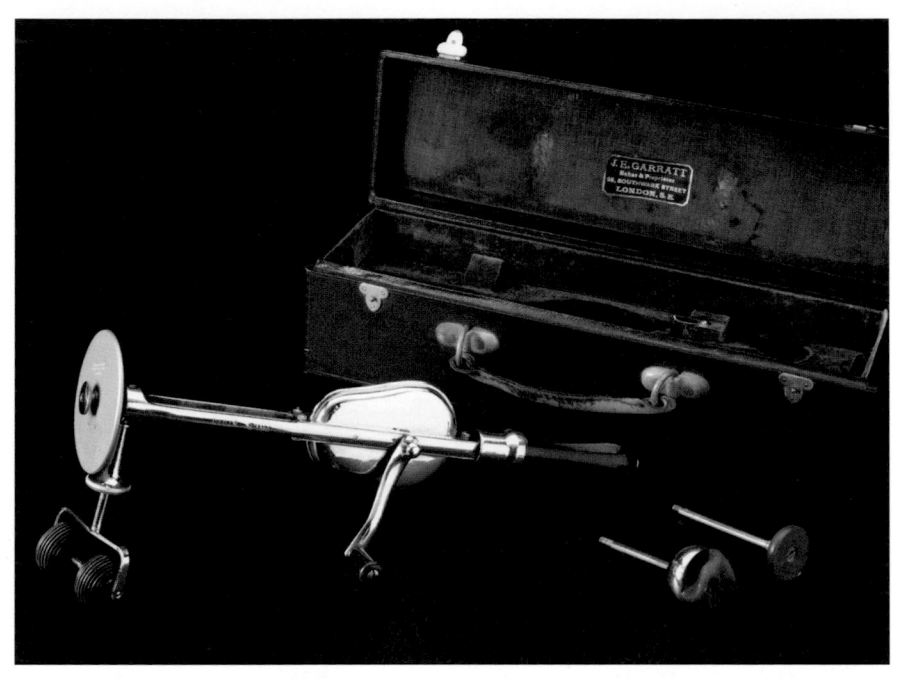

一九〇〇至一九一五年，英國倫敦的「維滴」（VeeDee）機械震動器。該按摩器宣稱能透過「具療效的震動」治療感冒、消化不良與脹氣。

（The Masseur）展示了正在使用中的震動器，其中有兩位色情按摩師拿著震動器在男子的屁股部位上下震動，而該男子顯然很開心。然而，重點是震動器並非用於體內。

倘若要相信當時大家都知道震動器，並且廣泛應用於引起高潮，我們必須考慮的是，所有已知的維多利亞時期情色文學（文字或視覺影像）都沒有提到震動器。一個都沒有。然而，卻有許多提及假陰莖，以及偶爾善用小黃瓜的例子。性玩具並不稀奇。如同這些照片所示，維多利亞時期的人們知道如何製作假陰莖。不意外的是，假陰莖的設計自穴居人第一次在石頭上雕刻「陰莖」（dongs，1890）之後，就沒什麼改變了。形狀就是，嗯，陰莖的樣子。

看看現代的情趣用品店，我們會發現陰莖形狀的性玩具仍十分

左圖：維多利亞時期色情
照片，展示「假陰莖肛
交」（女子用綁帶式的假
陰莖插入男子肛門）。

下圖：維多利亞時期色情
照片，展示情人正使用蔬
菜幫女子自慰。

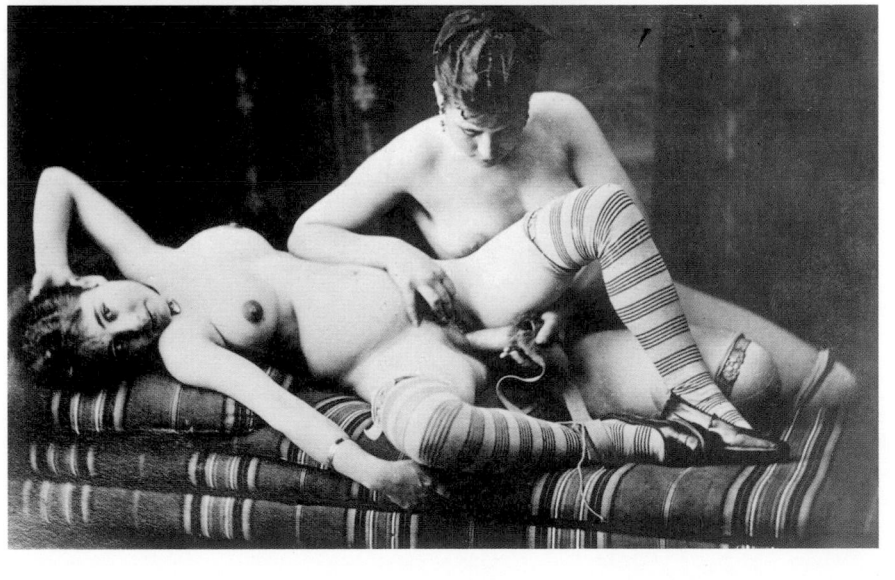

維多利亞時期色情照片，展示維多利亞時期的人們確切理解假陰莖的作用。

流行。維多利亞時期的假陰莖是用木頭、牛皮，甚至是象牙做成的，而且一定很有樂趣，如同摘錄自《珍珠》（1880）的內容所示：

> 我們是五對上二，你會看到我帶著一根柔軟、精美又堅固的假陰莖，用來彌補男性人數不足之處，假陰莖與真陰莖輪流使用，能讓我們非常享受、愉悅。[5]

　或像是這首名為〈老假陰莖〉（The Old Dildo）的歡樂歌曲：

> 她帶著寶貝進入房間
> （它的粗度如同掃把柄）。
> 啊！她在那裡度過狂喜時刻，
> 當她舉起雙腿放在椅背上。
> 慾火潛伏蔓延，穿過身體裡的每條血管，
> 引擎快速無疑的運轉著；
> 面對著她，背著她，讓她停下！不要！不要！
> 越來越快，越來越快，老假陰莖快速移動著。[6]

　　不僅在維多利亞時期的情色文學中沒有提到醫生與震動器，就連早期性學家先驅的著作中也不見它們的蹤跡。伊萬・布洛赫（Iwan Bloch）、哈維洛克・艾利斯（Havelock Ellis）、理查・克拉夫特・埃賓（Richard von Krafft-Ebing）與佛洛伊德非常詳盡的記錄每種戀物癖、性癖好異常以及已知性行為的用語措辭，但這些人都沒有提到醫生、震動器與高潮。艾利斯與布洛赫甚至描述，有些女性能從縫紉機和封蠟中得到性愉悅感，但仍然沒提到震動器。❶五十年後，阿爾佛雷德・金賽（Alfred Kinsey）在他深具影響力的著

作《女性人類的行為》（*Behaviour in the Human Female*，1953）中，談及女性自慰那冗長且詳盡的章節裡，也沒提到震動器，你想如果醫生為了健康替女性進行指交，這樣的紀錄應該會出現在這些著作中的某處吧。

那麼，維多利亞時期的醫學文獻又是如何呢？的確有提到醫生為女病患進行「骨盆按摩」吧？是的，的確有，而且還非常多。對骨盆按摩的醫學狂熱源自於瑞典婦產科醫生圖雷·布蘭特（Thure Brandt，1819-1895）的研究，布蘭特從一八六一年開始對女性進行治療。「布蘭特式」的骨盆按摩法和「子宮推拿」在當時非常受歡迎，並且被廣為報導。有許多期刊提供了按摩技巧的細節，而《紐約醫學期刊》（*New York Medical Journal*，1876）就是其中之一。

> 布蘭特宣稱他的治療方法對於子宮脫垂與凸出相當有助益；陰道脫垂；子宮肥大與硬結；潰瘍；異常出血，取決於子宮的鬆弛程度；流產傾向；卵巢些許肥大。方法很簡單，步驟如下：
> 1. 輕撫陰部與骶骨。此時病人需保持向前傾的姿勢，將雙手平貼在牆上或門上。
> 2. 用雙手指尖按壓兩側，在陰部與骶骨部位前後，以及坐骨上半部與前側表面。按壓時需加上震動搖晃。病患保持背部半傾斜躺的姿勢，膝蓋彎曲並放鬆腹部肌肉。
> 3. 在震動搖晃時，提高子宮。病患的姿勢同上一步驟。施作者

---

❶ 在一九〇八年《當代性生活與文明》中，布洛赫將腳踏縫紉機、騎馬、騎自行車與大腿併攏摩擦等，列在能「引起自慰刺激」的動作。Iwan Bloch and Maurice Eden Paul, *The Sexual Life of Our Time in Its Relations to Modern Civilization*, trans. by M. Eden Paul (London: Rebman, 1908), p. 413. 哈維洛克·艾利斯也提及女性使用縫紉機，還有封蠟、香蕉、髮簪與軟木瓶塞作為性刺激之用。Havelock Ellis, *Psychology of Sex: A Manual for Students* (London: Heinemann, 1933), p. 104

努力用雙手指尖按壓在兩側恥骨弓水平支的上方，一直到小恥
骨，接著提高子宮。在進行震動搖晃時，持續試著提高。[7]

　　如你所見，此技術主要在身體內部進行，而且顯然缺少震動器
與高潮。如果你仍不清楚進行骨盆按摩的方式，那麼可看 A. 詹特茲
醫生在一八九五年出版的《圖雷‧布蘭特之婦科物理治療與子宮和
其附器疾病的機械性治療方式》（*Physiotherapy in Gynaecology and
the Mechanical Treatment of Diseases of the Uterus and its Appendages
by Thure Brandt*），書中以插圖解釋步驟，並且包含了可能是有史以
來最令人感到不安的婦科檢查圖解。
　　一旦你意識到插圖中的醫生和病患，與五十一區的逃脫者極度

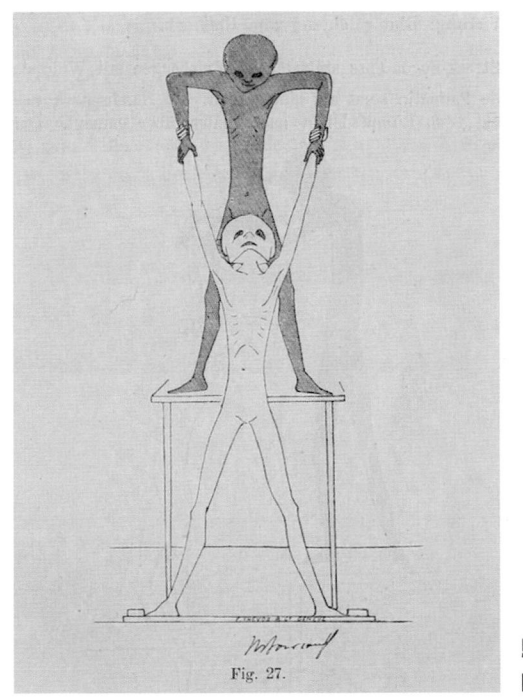

Fig. 27.

駭人的骨盆按摩圖解，來自詹特茲醫
師的《婦科矯正體操》。

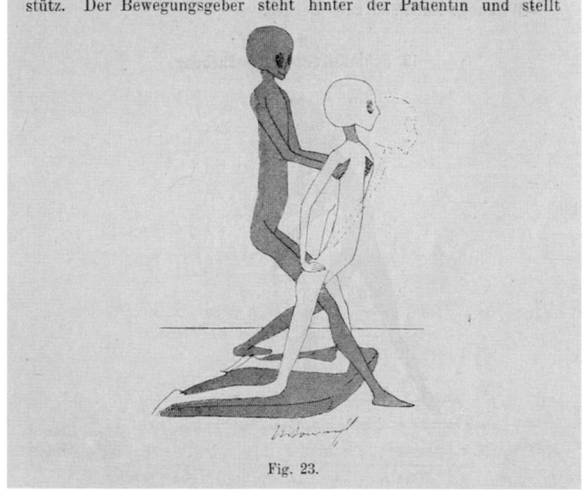

18. Niedrig-Bogen-spaltknieend Rumpf-Schraubendrehung. (Passive Bewegung.)

Die Patientin kniet gespreizt auf einem Kissen, Hände in Hüftstütz. Der Bewegungsgeber steht hinter der Patientin und stellt

Fig. 23.

布蘭特的按摩法部分包含延展病患的脊椎,如圖所見。

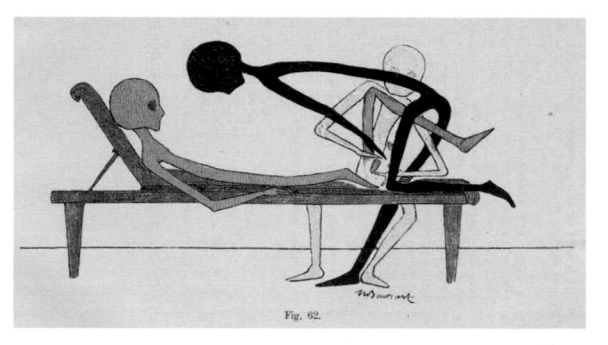

Fig. 62.

布蘭特骨盆內部按摩的插圖。

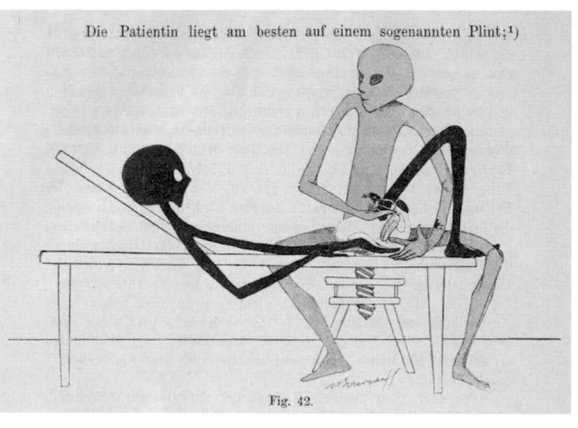

Die Patientin liegt am besten auf einem sogenannten Plint;[1])

Fig. 42.

另一幅骨盆內部按摩的插圖。

布蘭特的按摩法大多包含劇
烈搖晃或「震動」病患。

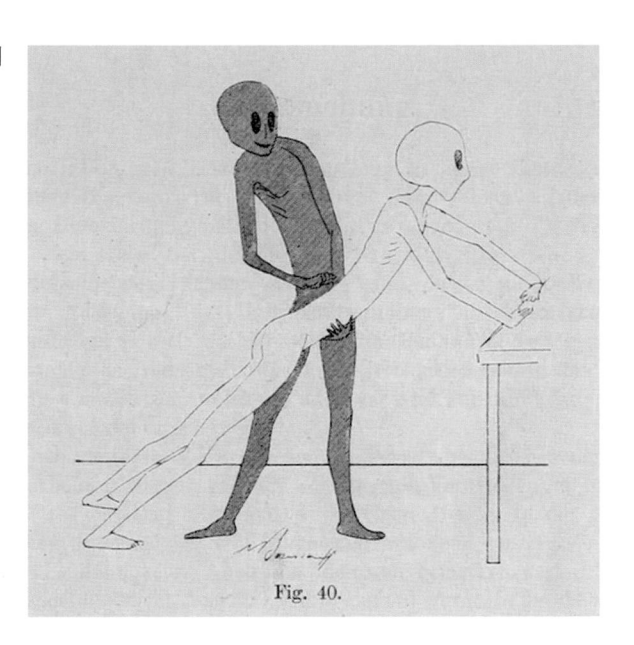

Fig. 40.

相似的事實後，你應該會注意到，骨盆按摩技巧主要是以各種的奇
怪姿勢，對骨盆部位進行按壓。在這裡，我們的確看到某些按摩步
驟是在體內進行（畢竟他是婦科醫生），包括放入一根手指，並將
另外一手放在腹部上方，然後向下壓。然而從來都沒有提到高潮與
需要震動器。

　　布蘭特過世三年後，羅伯特・茲根史派克醫生（Dr Robert
Ziegenspeck，1856-1918）在其著作《婦科疾病之（布蘭特）按摩療
法：致從業人員》（*Massage Treatment [Thure Brandt] in Diseases of
Women: for Practitioners*，1898）中讚賞並宣揚布蘭特的理論。茲根
史派克鉅細靡遺描述骨盆底層的內部按摩。這位好醫師極度強調這
項「局部」治療，是需要用一隻手指在陰道裡，與另一隻手向下按
壓腹部的大量「按摩與伸展」。[8]如果你仍不確定你正在做什麼，茲
根史派克提供了七項指引來幫助操作：

1. 病患不需脫衣服，甚至不用翻起，只需要掀開腰部附近的衣物。束腹也以同樣的方式鬆開，鉤子或帶子才不會擋住。需要拉高襯裙裸露腹部，讓手能放於其上；然而，腹部本身並非完全沒有遮蔽。

2. 要放入陰道的手指，從與動作手同側膝蓋之下的位置，伸入裙下然後朝著陰道口移動，雙膝不需分開。

3. 不管任何情況，只能放入一根手指——最好用食指，除了腹部－陰道－直腸觸診之外，此診察需將食指伸入直腸，而大拇指則伸入陰道。

4. 放在腹部的手慢慢朝著在陰道的指頭方向移動，移動時需以相同力量按壓，接著用輕柔畫圓按摩的方式移動，進行越來越深層的按壓。

5. 坐在擺於床尾的椅子上的檢查人員，雙膝打開坐定於床尾角落。

6. 只需要低凳子、長椅、或所謂的底座，而不需診療椅或桌子。

7. 沒有用到的手指則不需彎曲（檢查時手指緊握），而是伸直輕放於雙臀之間的股溝（檢查時手指打開）。[9]

讀完以上步驟，很難不認為這只是繁複的指交自慰動作罷了，而在十九世紀時，這項「治療」也引來類似的批評。茲根史派克認為「此種按摩被不公平的批評會引起性興奮」（即「性刺激」）[10]

如果我們遵循以上規範，骨盆按摩發生性興奮的頻率，不會比任何婦科診療時還頻繁。有些女性的確有著異常的性興奮體質，每次婦科診療時都會產生興奮感，有時候甚至沒有任何原因仍會出現。那些時不時對這項療法提出毫無根據反對意見的邪惡之人，

當然沒有澈底了解這一點，一方面來說，指責許多醫生進行此療
法是草率或沒有道德的，然而，察覺女性是否性興奮其實是件很
簡單的事情；而另一方面，他們極度侮辱了數千位備受尊敬的女
性，因為他們惡意影射了接受此療程的女性，忽視此療程有引起
性興奮的可能，又或者正是為了這項可能而進行。

很顯然，至少對茲根史派克來說，骨盆按摩引起的性刺激是能
夠避免的。如果有任何病患感受到「性興奮」，他建議「稍微增加
按壓的力道，引起真正的疼痛」。[11]

儘管我自己用現代的標準評斷這項「治療」時非常謹慎，但老
實說「骨盆按摩」背後的理論與技巧非常怪異，不可否認的是，這
包含了一些性元素。我知道，你也知道，而且顯然當時的人也知
道。但是這裡沒有震動器，沒有高潮，也沒有歇斯底里症，而進行
此療法的人則強力否認這是醫療自慰。然而，在這令人困惑不已的
骨盆按摩中，衍生出維多利亞時期的醫生使用震動器，讓病患進入
高潮後亢奮，因此集體消耗國家電力的傳聞。

另一部分，讓醫療震動器的故事持續不斷的是有關「歇斯底里
症發作」（hysterical paroxysm），即瑪茵斯理解為「診療時出現的女
性高潮」。[12] 但當我們開始調查當時的醫學文獻，發現歇斯底里症
發作起來，一點都不像我所經歷過的高潮。《女性受歇斯底里與神
經的影響。在哈維學會前朗讀》（*Hysterical and Nervous Affections of
Women. Read Before the Harveian Society*）描述歇斯底里症發作時的
樣子，為「一陣無法控制的交互啜泣與大笑」。[13] 安德魯・懷特・
巴克禮（Andrew Whyte Barclay）在其《醫學診療手冊》（*A Manual
of Medical Diagnosis*，1864）中形容它為「突然發作」的「癲癇刺
激」。[14] 約翰・亨利・沃許（John Henry Walsh）形容歇斯底里症發

作是從不受控的咯咯笑開始，接著持續「至少一個小時，通常延續五到六小時」。[15] 威廉・波茨・杜威斯（William Potts Dewees）主張「在歇斯底里症發作的最後，胃部通常會排出非常多的『氣體』，之後病患就覺得舒服多了。」[16]

很抱歉，但持續一個下午的放屁與咯咯笑並不是高潮。不論這是什麼，它被形容成很像突然發作，或不受控的精神崩潰。當時的醫學理論的確認為這項奇特的現象與婦科原因有關。沃許寫道「伴隨著此疾病，病患會排出大量的淡色尿液」。[17] 喬治・培根・伍德（George Bacon Wood）寫道歇斯底里症的發作「在月經期時會更糟糕」，而 W. W. 布里斯確定「歇斯底里症的發作通常伴隨著疼痛的月經」。[18] 但這並不令人意外，因為「hysteria」一詞來自於拉丁文 *hystericus*，意指「子宮的」，與希臘文 *hysterikos*，意指「子宮的疾病」。

被稱為歇斯底里症的神祕醫學現象，之所以吸引相當多現代學術界的研究，正是因為沒有人真的知道它是什麼。此詞彙包含多種精神與生理疾病，直到佛洛依德的研究之前，主要被視為是種女性疾病。冒著過度簡化的風險，歇斯底里症意指女性身上出現生理憂慮的身體或行為表現。可能包括侵略性、昏厥、性慾亢進或突發放屁。子宮造成情緒不穩定的理論，能追溯至古希臘時期與「漫遊的子宮」理論。西元二世紀，與蓋倫同時代的醫師阿萊泰烏斯（Aretaeus）描述子宮在腹部游移的方式，造成精神失常：

> 子宮位於女性的腹部中央，為女性的內臟器官，近似於一種動物；因為它能夠在腹部中到處移動，也會往上移動到胸廓軟骨的下方，也會傾斜往腹部的左右側移動，可能到肝臟或脾臟旁，而且它同樣受到脫垂的影響而向下移動，總而言之，子宮非常反覆

無常。它喜歡香氣，會往有香氣的地方移動；而它很厭惡腐臭味，會逃離有臭氣的地方；總體來說，子宮就像一種住在動物身體裡的動物。[19]

　　到了十九世紀，漫遊子宮的理論不再受到支持，儘管子宮與歇斯底里症之間的關聯，顯然在骨盆按摩與子宮推拿理論中獲得最終的勝利。歇斯底里症發作就是在十九世紀醫學手冊中某一種定義不明確的歇斯底里症，同類型的包含歇斯底里昏迷、歇斯底里頭痛、歇斯底里興奮、歇斯底里痙攣症以及（當然還有）歇斯底里胃脹氣。

　　然而更甚者：維多利亞時期的人們知道高潮是什麼！我們不需要用委婉的語言來裝飾它。甚至是略為翻閱當時的情色文學就能告訴你，維多利亞時期的人們非常了解高潮。《珍珠》（1879-80）裡充滿了女性體驗高潮的敘述：「我感受到她的陰部湧出一股溫暖、奶油狀的分泌物，而我一邊噴出精液，落在她的手與衣服上，共同沉醉於愛的連結。」[20]《情慾羅曼史》（The Romance of Lust，1873）也很清楚女性想要什麼：「她很快達到最終的狂喜，幾乎要把我的臉塞入她的洞，而且噴出大量愛液，濺到我的臉與脖子四周。」[21]傑克・紹爾（Jack Saul）在《上流肉販：倫敦男妓自白書》（Sins of the Cities of the Plain，1881）裡引導高潮協奏場景：「我讓她溢流的次數，無法說出有多少次」[22]維多利亞時期性慾研究的頂尖學者之一芬恩・瑞德爾（Fern Riddell）認為「維多利亞時期的醫生確切知道女性高潮為何；事實上，這就是他們認為自慰是壞主意的原因之一。」[23]

　　不僅是維多利亞時期的醫生知道高潮為何，而且十九世紀的醫學理論大都教導高潮有潛在的危險性，需要加以限制。自慰無法治療，而是會引起女性的歇斯底里症。在《生殖系統與其作用於

維多利亞時期的色情
照片。

健康與疾病》（*The Generative System and Its Functions in Health and Disease*，1883）中，詹姆斯・喬治・賓尼（James George Beaney）主張此疾病「與女性自慰有關聯，而且常常受其影響，即歇斯底里症。」[24] 愛德華・約翰・提爾特（Edward John Tilt，1815-1893）寫到「習慣性自慰會降低整體格調，導致脾氣暴躁，〔以及〕表現出些許歇斯底里的症狀」。[25] 山謬爾・拉梅（Samuel La'mert）於一八五二年寫到「沉醉於個人好色道德淪喪行為的女性，特別容易出現歇斯底里症」。[26] 一八九四年，紐奧良的醫生 A. J. 布洛克在以〈女性性癖好〉為題的文章中，稱女性自慰為「道德癲瘋病」。[27] 女性自慰被視為十分危險，以致於被列在許多維多利亞時期精神病院的病患入院表格上，導致庸醫艾瑟克・貝克・布朗必須頻繁進

行陰蒂切除術。❷現在，我問你，你覺得這聽起來像是一群會進行「指交」（fingerblasting，2003）療法的人嗎？

　　然而，情況也不是全然絕望。雖然維多利亞時期的醫生不會推薦高潮，但通常會鼓勵夫妻體驗高潮，夫妻房事缺乏高潮被認為是壞事。W. 泰勒・史密斯（W. Tyler Smith）醫生於一八四二年在《刺胳針》上發表一篇文章，將女性性無能定義為「無法感受性高潮」。[28] 有一派醫學意見認為高潮幫助女性受孕。例如一八七二年 J. R. 貝克醫生（J. R. Beck）認為高潮讓子宮頸收縮，幫助精子與卵子結合。[29] 其他像是約翰・S. 派瑞（John S. Parry）醫生等不排除高潮可能有幫助，但相當確定「高潮並非受孕的必要條件」。[30]

　　不論醫學專業對於高潮的意見為何，維多利亞時期的情色文學提供大量的證據，證明高潮被視為是性行為中非常重要、深具樂趣的一部分。

　　那麼，我們能從這個廣為流傳、深受喜愛的迷思中得到什麼呢？維多利亞時期的醫生的確對女性生殖系統十分著迷，也跟之前的醫學前輩們一樣，認為精神失常與子宮有關。為了治療歇斯底里症的各種症狀，他們進行各種聽起來很怪異的治療方式，包括骨盆按摩，其實就是花式指交。醫生抱持著高潮和自慰會傷害健康，造成歇斯底里症的奇怪看法。當時真的有「歇斯底里症發作」的說法，這不是性高潮，而是被描述為會持續數小時的咯咯笑與放屁。震動按摩器在十九世紀晚期時開始流行，並被推薦用來治療各種疑

---

❷　更多有關艾瑟克・貝克・布朗的討論內容，請參閱〈找尋陰蒂〉章節。一八七二年，給加州州長的州情報告中提及，關入精神病院的「肇因中，自慰仍居於首位」。*Appendix to the Journals of the Senate and Assembly of the Nineteenth Session of the Legislature of the State of California* (Sacramento: T. A. Springer, 1872), p. 211.

難雜症。❸ 但重要的是：醫生很可能操縱、鎮靜安撫、制度化與用手捶打病人的陰部——但他們並沒有使用蒸氣驅動的震動按摩器，替病人自慰到「歇斯底里症發作」以治療歇斯底里症。抱歉掃了大家的興。

❸ 對於二十世紀有關震動按摩器的發展，請參閱 Hallie Lieberman, *Buzz: A Stimulating History of the Sex Toy* (New York: Pegasus Bo

第 13 章
在自行車上
性與騎乘自行車

在爭取性平等的路上，最重要的發明是什麼呢？避孕藥？自動清潔震動按摩器？舒潔男性衛生紙（Kleenex Mansize）？那不起眼的自行車呢？

維多利亞時期的色情明信片，一位在自行車上的裸體女子。

在你驚慌失措之前，我先聲明本章跟人與自行車性交無關，但如果你對此有興趣，阿姆斯特丹的性博物館與紐約的性博物館都有「自行車按摩棒」的例子。[1] 然而，自行車的確有其性感的一面。也許是坐墊摩擦陰部，抑或是騎自行車時必須彎腰、屁股向上的姿勢。也許就只是「騎」這個字。無論如何，自行車一直以來都散發著放肆「鬧劇」的氛圍，這在皇后合唱團的佛萊迪・墨裘瑞（Freddie Mercury）唱著騎車的大屁股

維多利亞時期的色情明信片，一名在自行車上的裸體女子。好大膽。

女孩時就已經知道了，該樂團甚至在《Jazz》（1978）專輯封面擺上一群騎著自行車的大屁股女孩。

　　自行車在女性解放運動中扮演的角色常常被忽略，但它讓女性擁有前所未有的自由。不僅是旅行的自由——自行車也將女性的身體從累贅的裙子與擠壓乳房的束腹中解放出來。自行車改變了人們對健康、體適能和運動的態度，而且證明女性不是極度脆弱的小花。自行車受歡迎的程度迫使醫學討論自行車坐墊對生殖器官與女性性慾本質的刺激效果。❶

　　美國為女性爭取選舉權團體的成員蘇珊・B. 安東尼（Susan B. Anthony）主張自行車「對解放女性的影響，比世界上任何的東西都還多」。[2] 對一些維多利亞時期的道德家而言，這一切實在太超過，自行車也開始與性濫交有關，因此在十九世紀的情色相片中，隨處可以見自行車。自行車不僅提供彎腰、張開雙腳的適當藉口，更因為自行車代表了享受愉悅的性解放女性。

　　自行車不是維多利亞時期的人所發明的，但他們改進了自行車的設計，讓它不會刺穿內臟，危及生命。最早的兩輪裝置可以追溯至一五三四年，由吉安・賈科莫・卡普羅蒂（Gian Giacomo Caprotti，是李奧納多・達文西的學徒）所設計，而第一台能使用的自行車是由德國人拜倫・卡爾・馮・德萊斯（Baron Karl von Drais）於一八一七年時設計的，稱為「跑步機器」。當時的自行車沒有踏板、剎車，也沒有懸架，但這裝置能讓騎乘者推動自己以半跑步、

---

❶　此爭論延續至今。根據加州大學的研究，比起不騎自行車的人，經常騎自行車的女性擁有「更佳的性功能」，此研究直接反駁先前認為騎自行車與性功能障礙有關聯的研究。(Thomas W. Gaither et al., 'Cycling and Female Sexual and Urinary Function: Results from a Large, Multinational, Cross-Sectional Study', *The Journal of Sexual Medicine*, 15.4 (2018), pp. 510–18 <https://doi.org/10.1016/j.jsxm.2018.02.004>.)

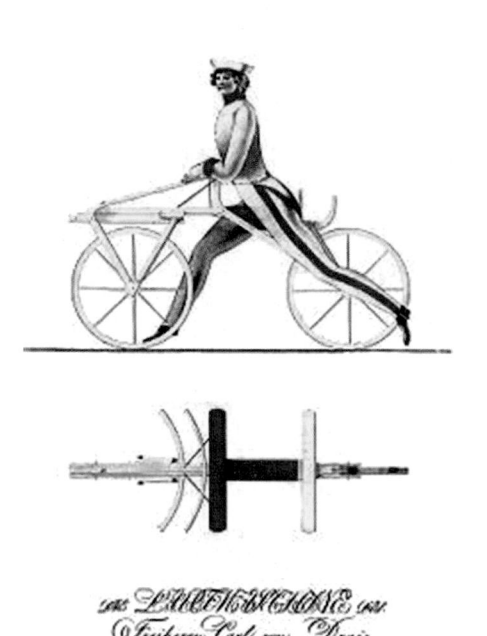

一幅一八一七年「人力兩輪車」（draisine）的插圖。

半騎乘的方式向前移動。很快的，英國設計師丹尼斯‧強森（Denis Johnson）設計出一款更為流線型的改進版本，稱為「人力兩輪車」或「腳蹬兩輪車」，然而五十年之後，自行車才開始變得普及。

　　四輪車、滑步車、大小輪自行車與一八六〇年的「舊式自行車」是現代自行車進化史上的重要節點，但這些裝置都很危險。❷ 它們都沒有懸架、剎車與充氣輪胎，而且出了名的不安全。從大小輪自行車的高度高速墜落，造成了嚴重傷害與許多死亡的案例。開放式輻條與放置不穩固的踏板，會使得女性無法穿著裙子和裙撐騎車，因為她們的襯裙會捲進輪子裡，而且燈籠褲會被撕破。因此，自行車成為年輕男子尋求刺激的管道，這些男子騎著時髦的大小輪

❷　更多有關早期自行車的資料，參閱 Andrew Ritchie, *Early Bicycles and the Quest for Speed* (Jefferson: McFarland & Company, Incorporated Publishers, 2018).

約一八八九年，由約翰・坎普・斯塔利（John Kemp Starley）設計的羅孚安全自行車（Rover Ladies Safely Bicycle）的照片。

自行車，漫遊在維多利亞時期的鵝卵石路上。

　　幸好在一八八〇年代發明了配有方向把手、剎車、懸架與充氣輪胎的「安全自行車」。自行車終於能夠被大眾所騎乘。歷史學家常常稱一八九〇年代為「自行車的黃金年代」是有理由的。自行車突然成為必買物品，成群的女性開始騎乘自行車。

　　儘管這一切令人興奮，但是騎自行車的女子從一開始就備受懷疑。因為自行車無法側著椅墊騎乘，醫生擔憂椅墊彈跳造成潛在的刺激效果，會影響女性的健康。男性被視為是結實的，身體強壯能夠承受自行車潛在的刺激危害，而女性一般被視為體質較虛弱。如

左圖：維多利亞時期的色情明信片，展示一位裸女在大小輪車旁擺姿勢。

右圖：維多利亞時期的明信片，展示「新女性」與她的性感自行車。自行車被認為是現代女性必備的配件。

《南威爾斯回聲報》（*South Wales Echo*）在一八九八年所報導「男性發明自行車，而如今仍屬於男性的車輛」；報導還提到女性「應該注意騎乘自行車所帶來的危險」。[3]

這裡所稱騎乘自行車的危險，遠比遭到車把絆倒還嚴重許多。因為坐墊摩擦生殖器的關係，女性所面對的危險與她的性與生殖健康有關。一位法國醫生警告說「不尋常的體力勞動，加上缺乏束腰，都會造成婚姻所需的女性器官的損害，讓器官鬆動受傷」。[4]即使在一八九〇年代，全球都感受到自行車焦慮，然而美國與加拿大的醫生顯然特別關注騎乘自行車的女性與她們「婚姻所需的器官」，也是在此我們聽到最多反對女性騎乘自行車的意見。

一八九五年，《聖路易斯醫學評論》（*St Louis Medical Review*）不僅表明騎乘自行車「對年輕女子來說，是極度不優雅亦不體面的消遣活動」，而且會導致「卵巢發炎、腎臟或子宮流血、位移與流產」。[5]《愛荷華州紀事報》（*Iowa State Register*）中的一篇文章警告，騎乘自行車「可能會抑制或造成不規則與極其痛苦的月經，而且可能埋下造成日後生病的種子」。[6]《辛辛那堤刺胳針臨床雜誌》（*The Cincinnati Lancet-Clinic*，1895）總體而言支持騎乘自行車，但擔心坐墊會成為「摩擦媒介」，讓女性陷入「危險情境」。[7]

確實大多數的醫學文獻擔憂的，就是坐墊提供的「摩擦媒介」。所有關於坐墊引起的「子宮疾病」和「卵巢發炎」的談論，其實就是對女性兩腿間夾著一塊皮製坐墊，騎在鵝卵石道路上，可能受摩擦體驗到性愉悅所產生的焦慮轉化而來。其他醫生更直接說出他們的擔憂。一八九六年，加拿大《自治領醫學月刊》（*Dominion Medical Monthly*）編輯說的話被廣泛引述，他說「對於騎乘自行車的確會造成女性高潮的看法日益劇增」。[8]對於影射加拿大女性將自行車用於非健康目的的說法，很快就有一系列的文章

對其展開譴責，例如《加拿大醫學執業者期刊》（*Canadian Medical Practitioner*，1896）裡的一篇文章：

> 如果我們讀到的這篇報導真的可信，那麼我們就該對本國的未來
> 感到絕望，因為相比於加拿大，或至少與多倫多相比，索多瑪與
> 蛾摩拉城變成如同救世軍庇護所般的純潔，顯然騎乘自行車雖然
> 大大促進了女性的健康、美麗與魅力，但在加拿大，至少在多倫
> 多，騎乘自行車只是滿足邪惡、野獸慾望的工具。

　　文章接著說「《紀錄》（*Record*）所提到的骯髒垃圾，基本上非常糟糕，另一方面，對多倫多的婦女與女孩的直接指控是無恥的」。[9] 醫學界則認為，女性在騎自行車時經常感受到高潮的想法是有疑慮的，但為此議題進行公開辯論，恰恰證明了有些人認為這是有可能的。

　　《美國產科與婦女和孩童疾病的雜誌》（*American Journal of Obstetrics and Diseases of Women and Children*）裡有一篇由羅伯特・狄金森（Robert Dickinson）醫生所寫，題為「騎乘自行車與女性」的文章，談到了性興奮的問題。「有人強烈反對女性騎乘自行車，如果這是真的，可能會讓我們在建議這項運動時變得極度小心。騎乘自行車被認為會導致或形塑自慰的習慣。」狄金森繼續說：

> 一位在紐約教授體育文化，相當有才能的老師告訴我，任職醫學
> 領域的朋友說，她有位學生有著許多不同的性愉悅經驗，曾說她
> 無法再找到比她在自行車坐墊上得到的感受更讓人滿足的體驗
> 了。凡斯醫生曾觀察到一位過度焦慮、看起來病懨懨又有點憔悴
> 的十五歲女性，她的坐墊前端以仰角三十五度的方式擺放，她騎

乘時俯身向前,而在醫生觀察她的期間,發現她的動作強烈暗示我們正在討論的性放縱動作。[10]

幸好常識顯然占上風,雖然狄金森知道有些女性將坐墊擺成能夠「持續摩擦陰蒂和陰脣」,但他並不認為這很常見。他認為,當女性騎乘自行車時,只有少許「開啟或形成這種習慣的危險」。[11]

儘管幾位著名的醫師對大眾保證,女性不會將自行車用於自慰,但僅是暗示可能用作於此,就足以使騎乘自行車被許多人譴責為妨害風化的行為。

一八八九年,加拿大第一位女性專欄編輯基特‧可爾曼(Kit Coleman)寫道:

超過三十九歲的女性不該騎乘自行車。這是不道德的。不幸的是,年紀較大的女性就是深愛騎自行車的人。她們喜歡在輻條上嬉鬧、搖晃,一邊旋轉、扭動的樣子,就像讓她們想起早已不復見的跳舞時光。她們為數眾多,從婚姻市場中下架,在秋老虎出現的時節,在公路與偏僻小路上自娛。[12]

一八九六年時,美國救援活動的主席夏綠蒂‧史密斯(Charlotte Smith)主張「騎乘自行車促使輕率的年輕女性數目大增,更甚於其他媒介,而這些女性逐漸墮落成為美國社會中的棄婦」。她甚至稱自行車為「惡魔的廣告宣傳媒介」。[13]

為了維護女性端莊,自行車公司製造了帶有孔洞的「衛生坐墊」,試圖減緩在女性胯下的「有害壓力」。然而必須坐在坐墊上的無禮現實,不是唯一引起關切的原因。

自行車也提供男女享受浪漫韻事與性冒險的機會,這無疑為自

維多利亞時期的明信片，展示一位裸女頌揚她的自行車。

行車增添情慾特質。騎乘自行車代表情侶能在沒有人監看的情況下離開家，並且克服地理限制見面。自行車提供的自由讓某些人懷疑，騎乘自行車被用於「不純潔的目的」。[14] 自行車戀愛是十九世紀晚期的熱門話題。例如英國期刊《自行車女子》（*The Wheelwoman*）報導，在一場自行車社團野餐會之後的幾天，出現了十五則訂婚的消息，並宣稱「一定沒人能想到，比以上消息更能推薦騎乘自行車活動的方式？」[15]

當醫生開始警告自行車愛好者，騎車可能產生破壞性極大的「自行車臉」（bicycle face）症狀時，就很難理解騎自行車時要如何墜入愛河。這惱人的症狀同時影響男性和女性，但一般認為特別使女性煩惱。一八九七年，A. 謝德威爾（A. Shadwell）醫生這樣描述自行車臉的症狀：「僵硬的臉，眼睛直視前方，而且表情不是焦慮、煩躁，就是冷冰冰的」。[16] 一八九七年，《哈潑雜誌》（*Harper's Magazine*）的編輯建議女士騎自行車時咀嚼口香糖，因為「嚼口香糖能保持臉部活動，避免形成焦慮的表情，醫生告訴我們，這樣的表情遲早會成為女性自行車騎士臉部不可或缺的部分」。[17]

幸好，不是所有維多利亞時期的人都認真看待此說法，而自行車臉則變成不斷流傳的笑話。當時的新聞報紙充斥著有關自行車臉的幽默詩文與笑話，就像這首於一八九五年刊登在《德里日報》（*Derry Journal*）的詩。

這些女性除了冒著變成自行車臉、損害「必要的婚姻器官」、在自行車上達到高潮，以及被控偷跑出門進行速食性愛的風險之外，她們還有一項「不得體的」障礙需要克服，那就是：如果女性想要騎自行車，那麼她們的衣服就需要改變。維多利亞時期的束腹不利於騎自行車。維多利亞時期的束腹將女性的腰圍限制在「理想的」十七～二十二英吋，這使得女性只能進行像是繡桌墊和昏倒等

不費力的活動。束腹公司為了不讓女性在自行車上解放胸部，嘗試販售讓騎乘者能「優雅騎車」的「自行車束腹」。但這些商品並沒有因此受歡迎。

除了拋掉束腹，女性開始檢視繁瑣的裙撐、襯墊與襯裙，穿這些衣物會讓每天都像臀部加了墊子一樣難受。為了行車安全，女性開始穿著束膝燈籠褲與寬鬆的衣物。束膝燈籠褲深深震撼了保守的維多利亞時期的人們，因為這迫使他們承認女性有雙腿，而且是打開的雙腿。女性跨坐於自行車上，露出小腿肚，胸部不受束腹限制，而且雙腿間擺著坐墊的影像，無疑是種性感的形象。這對想要舒適騎車，也想避免受到不得體指控的女性來說，深具挑戰性。

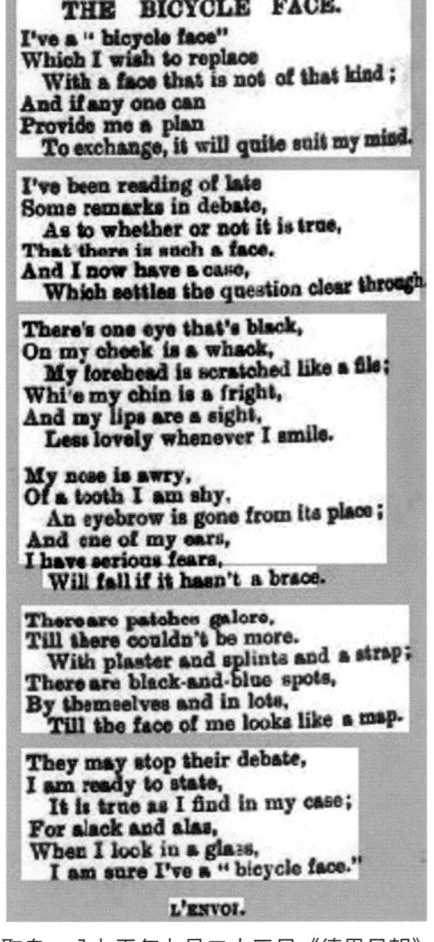

取自一八九五年九月二十三日《德里日報》上有關「自行車臉」的詩。

因應此潮流，一八八一年理性著裝協會（Rational Dress Society）在倫敦成立，他們反對限制女性的衣物，而其核心正是騎乘自行車。世界各地陸續出現類似的團體。這些團體並沒有將騎自行車的穿著視為不雅服飾，而是敦促大家接受這類穿著為「理性的

The Perfect Poise of the woman who wears a Ferris Waist is easily distinguishable. She rides with easy grace because every motion, every muscle is absolutely free. She rides without fatigue because she enjoys perfect respiration.

FERRIS' Bicycle Corset Waist is constructed with elastic sides which yield to every motion of the wearer. The hips are short and pliable, the bust is made to give support without restriction. Every woman who rides a wheel or a horse, who plays tennis or golf, should wear a Ferris Waist. They are shown in all their beauty in the Ferris book of Living Models. Sent free.

Ferris' Good Sense Corset Waists are sold by all leading retailers. Do not take substitutes. Ladies', $1.00 to $2.75; Misses', 50c. to $1; Children's, 25c. to 50c. Made only by

THE FERRIS BROS. CO., 341 Broadway, New York.

「穿著菲芮斯內衣的女性有著容易區別的完美姿態。她從容優雅的騎車,因為每個動作、每條肌肉絕對都是自由的。她騎車不容易累,因為她能夠順暢呼吸。」

衣物」。他們強調自行車穿著的健康、安全面向,同時也點出主流女裝的不道德和不實用。

「新女性」的女性主義形象始於十九世紀晚期。新女性獨立、受過教育而且直言不諱。她勇於挑戰服裝、婚姻、性別與平等的傳統觀念,而且她當然騎著自行車。新女性對抗代表十九世紀理想化女性特質的維多利亞「家庭天使」。因此,新女性經常受到指責,說她們想要成為男性,被標上「成年男人婆」(grown-up tomboy)或「成年潑辣女子」(adult hoyden)。[18]

騎自行車被認為是鼓勵女性進行像是吸菸、喝酒、咒罵與(當然)濫交等各式「男性化」的舉動。[19] 新女性也要求進入像是大學

一位「女性自行車者」因為穿襪子而受到一群暴民攻擊。取自一八九七年十月九日的《警察新聞畫報》（Illustrated Police News）。

一八九五年，多重樣貌的「新女性」和她的腳踏車。

等傳統男性主導的空間。當劍橋大學在一八九七年提出全面允許女性就讀大學時，男學生在市集廣場的窗戶上掛了一幅女性騎自行車的畫像作為抗議。

　　對女性騎自行車的敵意，其核心是一種不加掩飾的恐懼，害怕傳統性別角色會被推翻。隨著女性揚棄端莊的衣著，嘲笑荒謬的庸醫醫術，以及擁抱自行車提供的獨立性，她們騎自行車離開家庭，進入公眾世界。至於恐懼自行車引起的「性興奮」，女性能夠藉由抵抗，證明此為不實之詞。自慰被罩上羞恥與困窘的外衣，不是一般女性能在公開場合發表意見的話題。然而，女性能夠提供證據，

一位享受騎乘大小輪自行車的維多利亞女性。

BICYCLES FOR WOMEN.

Woman is completing her conquest of the planet. She rows, she smokes, she shoots, she plays billiards, she rides, and now she has lassoed the iron grasshopper that man has hitherto exclusively bestridden, for a manufacturer in St Louis, Missouri, has brought out a bicycle for women. The machine is a safety one, with the connecting bars between the wheels lower than usual, and the contrivance is propelled by pedals attached to the hind wheel, which is directly behind the front one. as in the ordinary bicycle ridden by the male. The manufacturer says he was led to make the invention by the reflection that it was no use of a lady riding a tricycle, the lightest of which weighs 60lb, when she can ride a bicycle that weighs only 35lb, and go a great deal faster with a smaller expenditure of force.

來自一八八八年四月十四日《亞伯丁新聞與雜誌》（*Aberdeen Press and Journal*）的報導，描述適合女性騎乘的自行車。

證明自己騎自行車時沒有感受到高潮。越多女性說明在騎自行車時沒有感受到高潮，那些危言聳聽的醫生看起來就越愚蠢。這也許是一個小小的勝利，但它從醫生手中奪得陳述女性性慾的控制權，並讓女性能夠挑戰之。當然，擔心騎自行車促進濫交的恐慌也是有道理的，因為這的確讓男女有更多偷溜出門、幽會與滿足性慾的自由。對於上述這些，我只能說太棒了。

　　直到第一次世界大戰，才迫使人們改變對女性平等（性與其他方面）的態度，然而這些騎乘自行車的女士已在幾年前就為這項改變鋪路。她們冒著被嘲笑，甚至暴力相向的風險這樣做，但顯然相當值得。一八九五年，英國作家路易士・傑（Louise Jeye）寫道：

> 這是由自行車帶來，解放的……新黎明。自由騎乘、自由飛馳在繁榮的國度裡，不受監督人的阻礙……今日的年輕女孩可以感受到自己的真正獨立，她一邊強健身體的同時，一邊充實心智。

第 14 章
男孩的玩具
性玩偶的歷史

　　人類是該死的聰明東西，不是嗎？我在一台正播放著網路廣播節目的筆電上鍵入這章的內容，我的智慧型手機就在旁邊，並且我合理假設我這杯咖啡裡沒有霍亂弧菌。如果我是在幾百年前寫這篇文章，事情就會很不一樣。我沒有電腦、沒有咖啡，也沒有智慧型手機，而我可能會得到霍亂，還有我到底在做什麼，竟然用女生的頭腦進行思考？我們已經一瞬千里，而科技一直是進步的核心。

　　科技進步提供了滿足人類基本需求的新方式，勝於創造新的想法。像是性愛機器人。我們終於發展到科技能夠幫我們創造性愛機器人的階段了。它們還沒有配備人工智慧，但是有人工乳房與人工陰部。還有，在你一邊對機器人上下其手的同時，它們能夠從人工陰道播放你 Spotify 上最愛的音樂清單。不過，性愛機器人也不便宜。一具普通的機型可能需花費一萬五千英鎊，這還不包含過程中使用的電池與溼紙巾支出。

　　性機器人的前景讓某些人惱火是很合理的。二〇一八年，一篇發表於《英國性與生殖健康醫學期刊》（*British Medical Journal of Sexual and Reproductive Health*）上的文章，描繪一幅相當慘淡的情景，指出：

反對者不相信性愛機器人能夠降低性犯罪的假設，相反的開始擔
憂其可能造成的傷害，因為藉著進一步推廣這種普遍的想法：
活生生的女性應該也是總能到手的性玩物 ——「厭女物化」
（misogynistic objectification）—— 而加劇對女性與孩童身體與
性暴力。[1]

　　二〇一八年年初，阿姆斯特丹有兩百位性工作者出面抗議，認
為開設更多性愛玩偶妓院這樣的自助服務，將對他們的生計造成威
脅。女性主義團體則反對巴黎的性愛機器人妓院，向市議會施壓，
禁止雇用所謂的 Xdolls，因為這些性愛機器人會物化、貶低女性。
可以確定的是，使用性愛機器人確實挑起某些複雜的道德問題，但
這些不是新出現的問題。

　　性愛玩偶並非新事物。而害怕「真實」女性遭到取代，或擔
憂某些正在進行的深層變態、厭女行為，亦非新現象。當然，假
陽具也很古老。二〇〇九年，法國的研究員挖掘出一根有三萬六
千年歷史的野牛角陽具雕刻，現稱為「布蘭查德陽具」（Blanchard
Phallus）。[2] 二〇〇五年，考古學家在德國發現一根有二萬八千年歷
史的石頭陽具。[3] 一般來說，考古學家不願意稱這些物品為「性玩
具」，因為據我們所知，它們可能是舊石器時代的門環。但我們的
確無法忽視這種可能性。

　　戀人型癖（agalmatophilia）是對雕像、玩偶或人體模型產生性
吸引力，在遠古文獻中到處可見。甚至在最早的戀人型癖紀錄中，
我們看見物化與厭惡女性的焦慮，也就是構成今日性愛機器人爭議
的議題。舉例來說，羅馬詩人奧維德（Ovid，西元前 43 年 - 西元 17
年）提到一名「厭惡女性的淫蕩，發誓終生不娶」的雕刻家畢馬龍
（Pygmalion）的故事。畢馬龍奉獻他所有的心力，用象牙雕刻出完

二十世紀早期的圖像，描繪一名男子正與女性模型，以及裝於木板上的假陽具交媾。

器（機器人），而且也引起幾位精神科醫師的注意，其中最知名的是佛洛伊德，他試著了解玩偶這麼毛骨悚然的原因。佛洛伊德沒有使用「毛骨悚然」這個詞，他說玩偶是「詭異」（uncanny），認為「詭異」是種「回到我們長久以來都知道，曾經很熟悉的恐怖事物之類」。[6] 任何扭曲曾是慰藉人心或日常的事物，因而激發不安、恐懼感的就是詭異，例如：殘酷的母親、淫蕩的泰迪熊、玉米田的孩子❶等等。

　　也許就是詭異感引起人們對性愛機器人的強烈反對。極度誇張的女體、呆滯的雙眼和張開的嘴，介於活人與非活人之間，被設計用來滿足手拿著遙控器的他與他的性幻想，這想來就不太舒服，喔不，是詭異。然而，早在人們想到把 USB 端口藏在橡膠乳頭之前，事情就已經很詭異了。

　　英國性學家哈維洛克·艾利斯（Havelock Ellis，1859-1939）在其著作《性心理學》（Studies in the Psychology of Sex，1905）的第四冊中也提到戀人形偶癖（Pygmalionism）：

> 戀人形偶癖，即愛上雕像，是一種基於視覺並與美貌誘惑緊密連結的罕見情愛妄想症（erotomania）。我這裡用「戀人形偶癖」，泛指對雕像產生情慾之愛的用詞；有時僅侷於指稱男子要求妓女扮演逐漸活過來的雕像，並由此表演得到性滿足的案例。[7]

---

❶　編註：恐怖電影《玉米田的孩子》（Children of the Corn），改變自史蒂芬·金（Steven King）的短篇小說，描述一名小孩具有神奇能力，慫恿小鎮中其他小孩殺掉鎮裡的每一個大人。

　　精神科醫師與性學家先驅伊萬・布洛赫（Iwan Bloch，1872-1922）也在其著作《我們時代的性生活與現代文明之關係》（*The Sexual Life of Our Time in its Relations to Modern Civilization*，1905）裡用短篇幅探討了對人偶產生性吸引力的主題。他認為畢馬龍的幻想，或「戀人形雕像」（*Venus statuaria*），與戀屍癖（necrophilia）密切相關，並描述「戀人形偶癖者湧至妓院，對著擺出雕像姿態的年輕女子，甚至只是年輕女子的雕像進行自慰。」[8]的確，在巴黎妓院的著作《特許妓院》（*Les Maisons De Tolerance*，1892）中，路易・菲爾（Louis Fiaux）描述一位男性長者拜訪妓院，以每次一百法郎的費用，「每週穿著畢馬龍的裝扮，前來崇敬」只為了在希臘女神雕像前自慰。[9]

　　除了某些男士尋求輕鬆的「花崗岩解放」之外，布洛赫描述橡膠與塑膠製成的「婚外情玩偶」（fornicatory dolls）被當作「巴黎橡膠製品」，放在各類產品型錄中販售。雖然今日都沒有保留下來，但布洛赫描述這些性愛玩偶備有極度類似真人的性器官：「甚至用填充了油的氣壓管子，模仿巴多林氏腺分泌液體。」[10]布洛赫提到兩部關於橡膠玩偶的「情慾愛情故事」，進一步說明在甫入二十世紀時，此項特別怪癖廣泛流傳的情況：B 女士的《沉睡的女子》（*La Femme Endormie*，1899）與雷內・施瓦布萊（René Schwaeblé）《巴黎的錯位》（*Les Détraquées de Paris*，1904）。[11]這兩本書描繪相較於人類女性的複雜性，玩偶的被動順從讓人迷戀不已，也為布洛赫的戀屍癖理論提供了一些證明。

　　在《沉睡的女子》中，保羅・莫勞斯（Paul Molaus）是一位發誓不談戀愛，但又想要與女性性交的中年男子。保羅的理由是，「不論他做什麼下流的動作，玩偶總是順從、靜默。」[12]這故事有個巧妙的轉折，當保羅得到（名字叫米亞）玩偶後，得知米亞的創

造者就在他面前時，他無法控制自己的嫉妒，怒火中燒。保羅因自己對玩偶產生的慾望而感到羞恥，所以他在達到高潮後，憤怒的辱罵它：

> 「賤女人」，他大吼，「你不要我花時間看你，細察你的姿態，盡情欣賞你的各種姿勢，在你的小穴、屁眼、乳房、小腿狂歡；你不想要我將大屌塞進你雙唇間、雙峰間；你不想我四肢伸開躺在你臀部曲線上，或將頭擱在那裡。該死的淫婦，你就像隻母狗，利用你的身體，讓我直接插入你，就能快點擺脫我。這裡，妓女，你來這裡。為了我的愚蠢行為，我要打你的屁股來懲罰你。」[13]

這故事的寓意顯然是：保羅的厭女症不是遭到真實女性的糟糕對待而產生，而是源於自身的不足感。

雷內・施瓦布萊在《巴黎的錯位》中的短篇故事〈雛形人〉（Homunculus），故事較不複雜，但也將毫無生氣的玩偶情色化。〈雛形人〉講述了醫生 P 為「不喜歡女性的人」建造人造人的故事。這位好心的醫生解釋：

> 有我做的玩偶，就不會有勒索或嫉妒、爭論或疾病……它們總是準備好、總是順從、不會勒索、不會嫉妒、不會爭論、不會讓人有不適感！它們總是準備好，總是順從。[14]

儘管性愛人偶歷史悠久，卻幾乎沒有針對性愛人偶與人偶主人的科學研究。用關鍵詞「性／愛玩偶」快速搜索科學文獻資料庫，結果只有一篇關於性愛人偶的論文。[15] 性愛機器人則有較多的關注，

但仍是研究非常不足的主題。[16] 對於性愛人偶與性愛機器人的研究大多來自人文學科，主要關注道德、法律與社會影響。[17] 幾乎沒有試著了解使用性愛人偶的初始研究資料。

早期的性學家認為與人偶性交是種戀屍癖，但我們從有限的研究中發現，事情並非如此。莎拉・范爾維德（Sarah Valverde）從線上論壇招募了六十一位性愛人偶使用者，並將訪談後的內容收錄至她（至今尚未）出版的碩士論文中。[18]

這項研究揭露，人偶主人大多是受過教育的中年白人男性，而且這些人與性伴侶並沒有性功能障礙的問題。「大多數的人偶主人說，在使用人偶時對性刺激的滿意度高於平均，這代表使用性愛人偶是令人愉快的體驗。」[19] 很明顯的，還需要更多的研究，但使用性愛人偶顯然不同於戀屍癖的性癖好（paraphilia）——純粹就是增添樂趣。❷ 提到戀屍癖，有些人在女性死後將其做成人偶這令人不安的例子，就是另一種層次的詭異了。

英國牙醫馬丁・范・巴薛（Martin Van Butchell，1735-1814）決定最能悼念在一七七五年過世的妻子的方式，就是將她的身體進行防腐措施，然後開設付費觀看她的事業。威廉・杭特（William Hunter）醫師與威廉・克魯尚克（William Cruikshank）醫師將幾種防腐劑與染劑注射入巴薛妻子的身體裡，讓她的雙頰有血色。她的雙眼用玻璃珠取代，並被穿上昂貴的禮服。這位可憐的女子接著被立於巴薛牙醫診所的櫥窗裡，接受付費大眾的熱切注視，直到巴薛的第二任妻子抗議為止。[20]

---

❷　《精神疾病的診斷與統計手冊：第五冊》（*Diagnostic and Statistical Manual of Mental Disorders V*）關於性癖好的診斷是：患者必定「對自己的興趣，感到憂慮，不只是源於社會反對引起的憂慮；或懷有涉及造成他人心理擔憂、受傷或死亡的性慾或性行為，抑或渴望涉及對不情願的他人，或他人無法在法律上同意的一種性行為。」

拉佩瓦（La Pavia，1819-1884）是十九世紀知名的交際花之一。在她最有影響力的時候，她能左右歐洲最有權勢的男人們。她的死亡深深打擊她最後一任丈夫、也是最富有的亨克爾·馮·杜能斯馬克伯爵（Count Henckel von Donnersmarck），因此他將拉佩瓦的身體進行防腐處理後放在閣樓裡，令人驚訝的是，他的第二任妻子完全不知道丈夫藏在樓上的小小紀念物。[21] 以上的事件使得與橡膠人偶性交顯得乏味平淡。

當佛洛伊德還在反覆構思有關詭異人偶的文章時，奧地利藝術家奧斯卡·可可斯卡（Oskar Kokoschka，1886-1980）則將理論付諸實行。當可可斯卡結束與奧瑪·馬勒（Alma Mahler）的戀情後，可可斯卡做了所有穩定、心智正常的成人都會做的事情，接著委託人偶製作師賀曼·莫斯（Hermine Moos）製作前女友真人尺寸的複製人偶。可可斯卡提供了非常詳細的指示供莫斯遵循：

> 昨天我寄出一張我情人真人大小的畫像，我要求你用最謹慎仔細的方式複製這張畫像，並將它變為實品。特別留意頭與頸部、胸廓、臀部與四肢的尺寸。記著身體的曲線，例如：頸部連接背部的線條、腹部曲線。請讓我在觸摸那些脂肪或肌肉層突然被柔軟皮膚取代之處時享受一下。第一層（內層）請填入細緻捲曲的馬毛；你一定要買個舊沙發或類似的東西；要將馬毛消毒。接著，在第一層上，放一層裡面裝滿細緻脫脂棉的袋子，當作臀部與乳房。對我而言，這一切的目的，在於讓我能夠體驗擁抱！[22]

遺憾的是，可可斯卡並沒有得到畢馬龍般的結局，因為最後製成的人偶非常像怪獸格佛洛（Gruffalo），而不像奧瑪·馬勒。莫斯違背了指示，用皮毛和羽毛蓋滿人偶身體。深受打擊的可可斯卡替

人偶照了幾張相片，畫了張不朽的畫像，接著在花園裡將人偶斬首。

　　你可能聽過一則有關納粹為了抑制重創部隊的梅毒傳染，而製造性愛玩偶的都市傳說，即「博格西爾模型」（Model Borghild）計畫。這則故事雖然很有趣，但幾乎沒有確鑿的證據來支持它。事實上，我們唯一的證據是一位自稱為諾博特・蘭斯（Norbert Lenz）記者的熱切揭露。[23] 不幸的是，他的說法都無法被證實，而自他刊登出這驚奇的說法後，再也沒有人聽過來自諾博特的消息了。納粹的性愛玩偶是一則歷史騙局。然而，德國人確實給了我們一個歷久不衰的超級性感人偶：芭比（Barbie）。

　　我知道芭比本身不是性愛人偶。但她的巨乳、性感臉蛋、小蠻腰以及在細跟高跟鞋內弓起的雙腳，她無疑是個性感的人偶。更甚者，芭比是以一九四〇年代晚期，名為 Bild Lilli 的德國卡通人物為原型，此角色是由萊茵哈特・伯伊帝安（Reinhard Beuthien）在一九四〇年代晚期為總部在漢堡的小報《圖片報》（Bild-Zeitung）所設計的。如果委婉一點來說，你會形容 Lilli 是一位「愛享樂的女孩」，但她顯然是位高級應召女郎。Lilli 是位追逐名利、決心運用她不可忽視的魅力，偷走富有男子財產的女人。Lilli 受歡迎的程度，讓她以新穎色情人偶流傳後世。如同芭比歷史學家羅賓・葛伯（Robin Gerber）所寫，「男性會在單身派對上拿到 Lilli 人偶的惡作劇禮物，然後將它放在車子儀表板上、吊在後視鏡上、或送給女友當作暗示性小禮物。」[24]

　　雖然 Lilli 人偶是針對成人行銷販售的，但也非常受孩子歡迎。一九五六年，美泰兒玩具公司的共同創辦人羅斯・韓德勒（Ruth Handler）在瑞士度假時，她十五歲的女兒芭比愛上 Lilli 人偶，還一口氣買了三個。三年後，韓德勒在紐約舉辦的美國國際玩具展覽會上讓芭比娃娃亮相。自從首次曝光後，芭比擔任過超過一百五十種

職業，但她從未回歸到最初根本，「性工作芭比」仍未上市。

　　根據美國作家安東尼‧佛古森（Anthony Ferguson）所言，當代性愛人偶有三種：塑膠、乳膠與矽膠人偶。[25] 深受世界各地單身派對喜愛、極為普通的充氣塑膠人偶開始大量生產，並在一九六〇年代美國色情雜誌裡宣傳廣告。[26] 直至一九八七年，進口猥褻、有害風化的物品到英國是違法的。但在一九八四年，Conegate 公司嘗試從德國進口吹氣人偶時，他們發現自己陷入了一路到歐洲法院的漫

簡易的充氣塑膠性愛人偶，
深受單身派對歡迎。

長法律訴訟戰。最後，援引了《羅馬條約》（Treaty of Rome），英國法院只得退步，允許性愛人偶入境。

雖然不太可能隨身攜帶，乳膠人偶還是比充氣塑膠人偶昂貴許多。乳膠人偶因為有玻璃眼珠、模型塑造的臉部、性器官與肢體末梢而更顯逼真。這些人偶的價格約是幾百塊英鎊。

最頂級的性愛人偶由矽膠製成，其費用取決於選擇的配件，價格落在五千到兩萬英鎊之間。它們有靈活的關節、細緻的臉部、乳房與陰毛等等，以及方便清潔的可拆式性器官。這種人偶之中，有許多以金屬骨架為基底製作而成，這讓人偶帶有「真實女性」的重量感。

一些美國和日本公司正在製造外層覆上矽膠的性愛機器人，包括總部在加州的 Realbotix，他們以 Harmony 3.0. 機器人居於領導地位。Harmony 仍持續開發中，在撰寫本書之際，她會走路、移動與回答基本問題。她還無法回應觸摸，但這是 Harmony 製造者與 Realbotix 創辦人麥特・馬克穆倫（Matt McMullen）的長期目標——以及能自我潤滑的陰道。[27]

像 Harmony 的性愛機器人確實引起了公眾的想像，並引發了許多圍繞著倫理、實用性和人類與機器人性交可能性的爭論。然而這些都不是新出現的爭論。人類與機械性交的活動已經進行了一段時間——唯一的差別在於，震動按摩器不會詢問你今天過得好不好，或是要求要有自己的衣櫥。性愛機器人無法取代真人。它們是新奇的產物，的確是有趣的體驗，但性愛玩具本身的歷史與性愛一樣悠久，不過仍未取代人類觸摸、連結與親密感。玩具帶來樂趣，但它們無法取代真實世界——舉例來說，人類女性替人口交時，絕不會啟動緩衝模式（buffering）。

第 6 部
性與衛生
SEX AND HYGIENE

不論你想怎麼樣處理身體上的毛髮，這都是你的選擇：用熱蠟除毛，用通心粉與亮粉裝飾，或是編成髒髒辮，垂吊到腿上。這是你的毛髮，我全力支持你處理它的任何方式。但我想讓你思考的是：從什麼時候開始，我們對自己的體毛變得陌生？我們如何得到陰毛是「噁心」或「討厭」的結論？

第 15 章

不要暫時停止呼吸

中世紀的性與氣味

　　儘管視覺是我們主要的感官，但談到性愛，嗅覺才是主角。外表顯然在吸引對象來說相當重要，但即使外表最性感的人，如果有難聞的體味、口臭或腳臭，也無法吸引對象。就算對方的外貌無法吸引你，也不會讓你像聞到沒清潔性器官散發的酸臭味一樣作嘔。但聞起來很香所造成的影響，遠超過只是增加上床的機會。我們的嗅覺器官深切驅使人類行為。研究指出人類具備「行為免疫系統」（behavioural immune system），意指人類本能的辨識、強烈抗拒引起我們厭惡反應的事物。臭味引起的迴避行為是一種保護機制，保護我們遠離危害健康的事物。[1] 這聽起來顯而易見，然而行為免疫系統十分強大，甚至能夠輕易超越其他本能，像是性興奮或飢餓感等。

　　二〇一七年，發表在《神經科學與行為評論》（*Neuroscience and Behavioural Review*）的研究顯示，常見因嗅覺與味覺引起的生理厭惡和道德厭惡，與大腦有密不可分的關聯，意指人在聞到臭味時，在某個層次來說，我們也在道德方面感受到被他人冒犯。[2] 這樣的反應非常強烈，科學家還真的指出二〇一六年唐納・川普的選舉，與我們「體味厭惡敏感度」有關聯。這聽起來很不可思議，但一篇於二〇一八年發表在《皇家學會開放科學》（*Royal Society Open Science*）期刊上的文章發現，右翼獨裁主義政客（此處指的就是川

普）經常透過引發群眾的原始厭惡反應，推廣拒絕少數族裔與性少數族群。種族主義者激動咆哮，將各類不同的社會群體當成對其他人的健康威脅，也會引起對臭味相同的原始反應。

> 偏見可以被視為是一種社會歧視行為，部分原因是病原體代表一種看不見的威脅，厭惡敏感度高的人可能更想要避開外國人，並鼓吹避免接觸外國人的政策，因為這些人被認為可能散播不熟悉的病原體，或不同的衛生或食物習慣。[3]

　　談到性愛時刻，我們潛意識使用嗅覺感官，評估伴侶的健康程度。二〇一三年，麥可・N. 范（Michael N. Pham）提出，人類相互口交是為了設法取得性交的優勢，以及試圖察覺不忠行為的理論。他認為男性替女性進行口交時，會用嗅覺與味覺試圖偵測外來的精液。[4] 好美味。

　　一九八九年，大衛・斯特拉欽（David Strachan）提出已知的「衛生假說」（hygiene hypothesis）。[5] 斯特拉欽認為努力除去任何會引起厭惡反應的東西，使得我們消滅了發展抵抗力所需的蟲子，也因此削弱了我們的免疫力。斯特拉欽的研究認為，我們需要一些髒東西才能保持最佳狀態；或如同一位有智慧的女性曾說，如果你身上不髒，你就不是來狂歡的。❶ 衛生假說近年來受到挑戰，但有一件事情是真的：撇開阿奎萊拉小姐的主張，對比過去，今日的我們變得前所未有的乾淨、注重清潔、衛生與細菌。❷

　　從洗臉產品到用於「特殊部位」的特殊肥皂，每個身體部位幾乎都有專屬的清潔產品。我們刷洗家裡、洗衣服、清掃街道，空氣「淨化」、臭味被除去，而食物與飲用產品則遵照政府明訂的指導守則製造。二〇一四年，一份來自英國曼徹斯特大學、愛丁堡大

學、蘭開斯特大學與南安普敦大學研究員進行的研究顯示，四分之三的受訪者一天至少沖澡或泡澡一次。[6] 即使你穿著已經穿了兩天的衣服、頭髮黏著玉米片、胸前沾到義大利麵醬，閱讀到此，請放心：綜觀人類歷史，我們從未像現在這樣乾淨過。

如果我帶你回中世紀的歐洲，你會注意到的第一件事情就是臭味。中世紀向來以骯髒聞名，這也不是沒有好處。幾乎任選一個十四世紀的歐洲城市，你都必須靠嗅覺，引導你在開放汙水、泥巴、動物排泄物、積水、腐爛食物、家庭垃圾、沒清洗的身體與整體的髒汙造成的嗅覺轟炸之中，找到方向。一三三二年，英王愛德華三世（Edward III）寫信給約克市長，要求他在舉辦議會集會之前，澈底清潔這座城市。

> 比起其他城市，國王非常厭惡這座城市因巷弄街道塞滿糞便而散
> 發出來的惡臭，因而下令該城市的居民清理城市所有巷弄街道的
> 髒汙，希望提供居民健康與保護來參加這次議會的人們。[7]

比起現在，中世紀的世界非常不衛生，但當時的人們是有意識到臭味的存在。當然，他們可能已經習慣會讓我們牙齒琺瑯質脫落的臭味，但他們害怕難聞的氣味。中世紀醫學教導，大眾疾病是透過臭氣傳播，即「瘴氣」（miasma）。瘴氣理論家認為臭味來源時常

---

❶　編註：歌手克里斯蒂娜‧阿奎萊拉（Christina Aguilera）在〈Dirrty〉一曲中高唱：
　　「If you ain't dirty, you ain't here to party.」據傳她本人衛生習慣也很不好。
❷　應該要了解的是乾淨的水、汙水處理基礎建設與便宜清潔用品的取得，都是住在世
　　界各地貧民區的人們無法享受到的特權。缺乏衛生設備，仍是造成開發中國家的孩
　　童得到腹瀉疾病與造成死亡的主因，特別是在都會貧民區。Alison M. Buttenheim,
　　'The Sanitation Environment in Urban Slums: Implications for Child Health', *Population
　　and Environment*, 30.1-2 (2008), pp. 26–47 <https://doi.org/10.1007/s11111-008-0074-9>.

對健康造成威脅，他們說對了，但他們也相信香味能夠治療或阻擋疾病。雖然中世紀人聞起來比較刺鼻，但他們跟今日的我們一樣，對於自己聞起來很臭是感到相當不自在的。❸

　　成書於十四世紀的《坎特伯里故事集》中，喬叟讓我們見到角色真實情感的樣貌，而臭味是朝聖者道德狀態的關鍵指標。如同許多中世紀作家，喬叟將醜陋外貌與醜陋心靈做連結，運用臭氣代表不誠實、沒有道德原則的人。缺乏道德的教會法庭差使（the Summoner），其口氣聞起來有洋蔥、大蒜與韭蔥味；而喬叟的廚師是位懶惰、道德低落的小偷，被描述成一位「臭氣沖天的豬」（stynkyng swyn），他的口氣與化膿的瘡令人作嘔。[8]艾伯索隆（Absolon）是位倒楣的花花公子與現代都會美男先驅，他整身灑滿濃郁的香水、容易受到「放屁」的驚嚇，並且咀嚼豆蔻和甘草，以保持口氣清甜。[9]阿布索隆將自己浸入等同於中世紀版 Lynx Africa 的止汗劑中，因為聞起來很香代表擁有較高的社會地位。在馬洛禮（Malory）的《亞瑟王之死》（Le Morte d' Arthur）裡，琳奈特小姐殘酷要求可憐的加洛斯騎士「遠離風頭」，因為他聞起來有廚房與「髒衣服」的味道。[10]但是，意識到自己聞起來像鮪魚船上的廁所是一回事，想要改變又是另外一回事。洗澡至少需要一條河流，但很多時候，洗澡需要洗澡設施，以及能夠經常清潔自己與衣物的工具。

　　羅馬人以洗澡聞名。他們在帝國各地建造豪華澡堂，以及澡堂所需的基礎建設。公共澡堂在羅馬帝國瓦解（約 476 年）後，在歐洲各地仍然相當受歡迎。但早期的基督教教會很快就關閉了這樣的

---

❸　有關洗澡的歷史，最佳書籍為 Katherine Ashenburg, *An Unsanitised History of Washing* (London: Profile, 2009)。

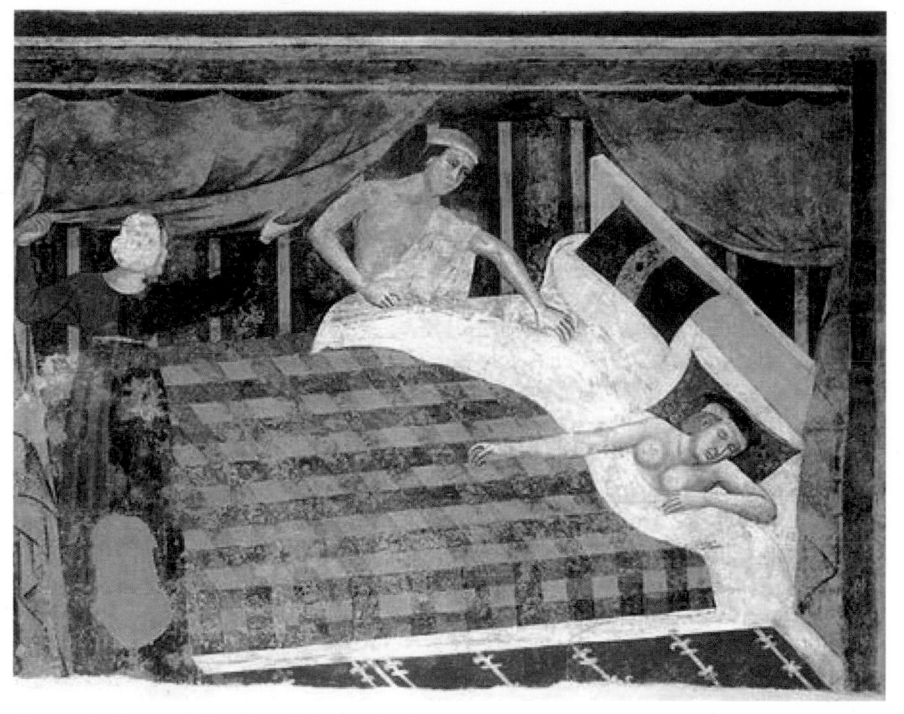

約一三○○年，麥莫‧迪‧菲力浦奇奧（Memmo di Filippuccio）的壁畫上的情色場景。

公共澡堂。隨著基督教信仰嚴禁性自由，人們對裸體泡澡的態度有了重大改變。公共泡澡不僅涉及裸體，高溫也被認為會引燃情慾感官。像是聖傑羅姆（St Jerome，約 340-420 年）等神學家抱持反性愛計畫，這讓教皇本人看起來像《槍與玫瑰》的成員。傑羅姆倡導貞操是最高等的道德狀態，鼓吹（特別是）女性培養「刻意骯髒」以「破壞自然的好外貌」。[11]

　　許多修士、隱士與聖人都認為洗澡代表了虛榮與性墮落；骯髒則是崇敬與謙遜的同義詞。早期基督教的激進份子強調精神清潔多於身體清潔，甚至認為兩者成反比；例如聖戈德里克（St Godric，約 1065-1170 年）從英國走到耶路撒冷，都沒有洗澡，也沒換衣

服。本篤會修士一年只能洗三次澡，分別在聖誕節、復活節與五旬節。坎特伯里大主教蘭弗朗克（Lanfranc，1005-1089）為修士們訂定了非常明確的洗澡指示。修士們需要先在迴廊集合，由一位資深修士指引他們一個一個進入公共浴場。修士們泡澡時必須獨自一人，並保持靜默。「當他充分洗淨後，他不能為了享樂繼續留下，必須起身、著衣並回到迴廊。」[12] 當然，這只是一群頑強抵抗肥皂的聖人拒絕洗澡，並不代表每位中世紀居民都覺得如此；然而，不論早期中世紀的洗澡班表為何，到了九世紀時，基督教世界各處的羅馬澡堂基礎建設都變得破敗不堪。

當基督徒忙著建立能作為武器的臭味，猶太人、穆斯林與佛教徒則廣為實行洗澡儀式，這些人都認為神聖的身體是潔淨的。比起當時的西方醫師，中世紀阿拉伯醫師顯得非常先進，他們了解清潔與衛生的重要性。麥加、馬拉喀什、開羅與伊斯坦堡的供水與公共澡堂，都是由維護良好的輸水道所供給。阿爾宰赫拉威（Al-Zahrawi）的醫學百科《醫學的方法》（*Kitab at-Tasrif*，約 1000 年），裡面有幾個章節通篇都在談論美容與清潔；阿爾宰赫拉提供肥皂、止汗劑、面霜與染髮劑的配方。[13] 在穆斯林世界裡，聞起來很香是很重要的事，因此穆斯林擁有製造香水、芳香油與香的技術。記錄上第一位製香師是西元前二世紀住在美索不達米亞名為塔普提（Tapputi）的女性。一塊楔形版記載塔普提使用花朵、菖蒲與香料製作芳香油。[14]

在中世紀印度，各地都會進行泡澡儀式，尤其是浸在據信有治癒能力的聖河裡。佛教的淨化儀式很快傳到西藏、突厥斯坦、中國和日本。相傳是由孔子（西元前 551-479 年）所著的古老中國文獻《禮記》，裡面就記載了詳細的泡澡指示。

土耳其公共澡堂外部的降溫室。取自一八三八年〈康士坦丁堡和小亞細亞七教堂的場景〉的木雕畫。

1. 子事父母，雞初鳴，咸盥漱。

2. 婦事舅姑，如事父母。

3. 進盥，少者奉盤，長者奉水，請沃盥，盥卒授巾。

4. 男女未冠笄者，雞初鳴，鹹盥漱。

5. 凡內外，雞初鳴，鹹盥漱。

6. 五日，則燂湯請浴，三日具沐。

7. 其間面垢，燂潘請靧；足垢，燂湯請洗。[15]

　　一直到十字軍東征之後，才將洗澡的習慣帶回中世紀歐洲。相反的，儘管十字軍的「精神純淨」，但他們卻臭氣薰天。撰寫《一千零一夜》（*A Thousand and One Nights*）的中世紀阿拉伯作者，就是對基督教徒衛生習慣感到震驚的人：「他們從來不洗澡，因為在

一八六○年，歌川芳虎的〈傳統澡堂中的日本男女〉。

出生時，穿著黑色外衣的醜陋男子用水從他們的頭上淋下後，伴隨著怪異手勢的赦罪行為，讓基督教徒一生免於洗澡的義務。」[16] 開心的是，穆斯林經常洗澡的習慣顯然影響了四處掠奪的十字軍，而隨著公共澡堂在中世紀歐洲再次受到歡迎，洗澡變成一項極佳的生意。

　　十字軍從聖地帶回的，不只是社交泡澡的習慣，還學到製作香水的技術。中世紀歐洲人一向看重氣味芳香的植物，然而精油、香皂、古龍水與帶有異國香氣的香水基底，像是麝貓香與麝香，都是全新體驗。中世紀的香水不像現代香水那樣以酒精為基底，而是將諸如紫羅蘭、玫瑰、薰衣草、迷迭香、龍涎香或樟腦等材料浸泡在油中所製成。[17] 特別是玫瑰水，就是中世紀的香奈兒 No.5。玫瑰水在穆斯林世界被視為是神聖的香氣：有證據顯示清真寺是用玫瑰

水混入砂漿建造而成的。[18] 在歐洲，富有的主人在晚餐前會提供賓客一盆用來洗手的玫瑰水。據聞勃根地公爵菲利普三世（Philip the Good）擁有一座會排出玫瑰水的尿尿小童雕像。[19]

　　到了十三世紀，巴黎有三十二座公共澡堂，而倫敦有十八座；即便是小城鎮也有公共澡堂。「藥」浴被認為有益於健康。約翰・羅素（John Russell）十五世紀的著作《教養之書》（*Book of Nurture*）建議泡澡時應加入「花朵與香甜青綠色香草」，麥芽汁、洋甘菊、錦葵、茴香（當然）還有玫瑰水，用以治療各種疾病。[20] 如果你有錢，你能付錢請僕人加熱洗澡水，將水注入木桶，但大多數人則使用公共澡堂。

　　就歷史上看，不論你在何處使用公共澡堂，性愛一直是擾動澡堂泡沫的核心。今日仍是如此，雖然各個大城市都有徹夜營業的三溫暖，但仍建議去之前快速在 Google 上搜索瀏覽一下這場所，以免到了現場嚇到緊抓著肥皂不放。性愛與泡澡的關聯如此緊密，有多個與性愛和性工作者相關的俚語來自泡澡：像是十六世紀意指射精的俚語 to lather up 的 lather（塗抹肥皂）。Bagnio，意指妓院，源自拉丁文 *balneum*，意思是「泡澡」。中世紀用來指稱妓院的 stew（用火燉煮），同樣來自公共澡堂，在這裡你能名副其實的全身浸入（stew）熱水與蒸氣中。性工作與三溫暖有緊密的關聯，而 stew 一詞則成為兩者的同義詞。

　　十五世紀時，薩瑟克（Southwark）一帶為倫敦城官方認證的紅燈區；該區的公共澡堂數量也是整個倫敦城裡密度最高的地方，這點並非巧合。十五世紀一間在亞維農的公共澡堂極度擔憂會被誤認是妓院，因此在開幕時發布明確聲明，表示他們是「正派」的店家。

　　來自各個階層的每個人，請知悉 Genine de Geline，即 de

Helme，又稱 de la Cerveleria，在它位於 Helme 的房子後方，成立了一間給清白好女性的正派優良澡堂，而這女子澡堂與 de la Cerveleria 的男子澡堂是分開的。[21]

衛生設施良莠不齊，而碧昂絲（Beyoncé）的熱力淡香水還要幾個世紀後才會上市，但中世紀的人們對於性感香味仍是十分敏銳。例如十四世紀《十日談》（*Decameron*）中，薄伽丘明確認為性愛與氣味有關聯。

十六世紀賽巴德·貝恩姆（Sebald Benham）的〈女性澡堂〉（*Woman's Bath House*）。

這位女士不允許其他人碰觸她，女士自己用帶著麝香與丁香味的肥皂，幫薩拉伯托洗澡。然後她讓奴隸幫她沖洗與擦澡。洗完後，奴隸們帶來兩條精美潔白的床單，被單染上滿滿的玫瑰香味，就像玫瑰花朵；奴隸們用一條床單包裹薩拉伯托，另一條包裹女士，然後將他們扛在肩上，搬到床上……接著他們從籃子裡拿出美麗的銀色瓶子，有的瓶子裡裝著玫瑰水，有些裝著橘子水，有些裝著茉莉花水，而有些則裝著檸檬水，奴隸將這些香水灑在薩拉伯托與女士的身上。[22]

中世紀《巴黎家事指南》（*Le Ménagier de Paris*，1393）裡，對聞起來很有吸引力提供有益的建議：推薦使用鼠尾草水，加上「洋甘菊、墨角蘭或迷迭香，與橘子皮一同煮沸」。[23]威廉・蘭能（William Langham）的《健康花園》（*Garden of Health*，1579）建議泡澡時加入迷迭香：「在水中加入大量的迷迭香後煮沸，用這些水泡澡能讓你精力旺盛、生氣勃勃、開心、受喜愛和充滿年輕活力。」[24]《女士的樂趣》（*Delights for Ladies*，1609）建議加上丁香、鳶尾草粉、肉荳蔻與肉桂的蒸餾水。中世紀具芳香噴霧效果的先驅麝香貓效果（civic effect），指的是從麝香貓性腺取得的麝香，加上取自海狸肛門腺的海狸香與鯨魚嘔吐物（龍涎香），會讓人變得非常性感，然而這些都是奢侈品。如果你真的想知道中世紀性愛的禁忌香味，那就是薰衣草香。

Lavender（薰衣草）一詞來自拉丁文 *lavare*，意指洗滌。人們因薰衣草的香甜氣味而使用它，已有數千年歷史。與其他較具異國風味且昂貴的香水不同，薰衣草生長在歐洲各地，既便宜又隨處可得。薰衣草被廣泛用在清洗衣物，因此洗衣婦被稱為「lavenders」；事實上，「launder」（洗滌）一詞源自薰衣草。正如歷史學家露絲・

馬佐・卡拉斯（Ruth Mazo Karras）所發現，洗衣婦是中世紀職業中特別與性工作有關聯的行業。[25] 洗衣婦非常貧困，因此有藉由「賣淫」（dollymopping，1859）勉強維持生計的傳聞。喬叟在《賢婦傳說》（*The Legend of Good Women*，約 1380 年）中將但丁義大利文 *meretrice*（娼妓）翻成英文「lavender」，運用既骯髒又乾淨的雙重意義作為隱喻。

> 妒忌（我祈求上天對她降下厄運）
> 永遠是偉大宮廷中的薰衣草（lavender）。
> 她不論日或夜，未曾離開。[26]

海明堡的沃特（Walter of Hemingburgh）說過一則有關約翰國王的故事，國王以為他正引誘一位已婚婦女，但送來的其實是「一位可怕的蕩婦兼妓女（laudress）」。[27] 十六世紀的詩〈愚人之船〉（Ship of Fools）說道：

> 你要做我的薰衣草洗衣婦，
> 清洗並保持我的裝備整潔，
> 我們的床鋪併放
> 之間沒有阻礙。[28]

鑒於今日薰衣草略保守又稍嫌老派的名聲，得知世界各地年長的女性與芳療師，原來聞起來像中世紀的蕩婦，我覺得很有樂趣。

然而樂趣並沒有持續多久。十六世紀時，歐洲各地的公共澡堂數量開始銳減。新的醫學建議，認為泡澡會讓身體虛弱，清潔皮膚會使皮膚容易感染。瘟疫週期性的爆發，以及十五世紀出現的梅

毒，都使得泡澡泡沫破裂。由於人們對於泡澡的態度變得謹慎，清洗身體改由清洗衣物取代。亞麻布被認為特別吸汗。因此，人們只需更換衣物就變乾淨了。這樣的「沐浴」方法非常受歡迎，以致於有些法國的宅第設計沒有浴室。直到十八世紀，泡澡才因為水療興起而再度流行。

　　當蒙提派森劇團在《聖杯傳奇》（*Holy Grail*，1975）搞笑模仿有關中世紀的成見時，收屍人正確辨認出亞瑟的國王身分，因為他就是「身上沒有屎尿味」的人。[29] 二〇〇四年，深受喜愛的派森劇團成員泰瑞・瓊斯（Terry Jones）發表他的《中世紀生活》（Medieval Lives）節目，他想要藉此改變對中世紀不公平的汙名，像是聞起來有屎尿味等。中世紀的居民並非住在水溝裡，吃著樹枝並且用汙水擦身體，他們其實聞起來相當香；由於文藝復興時期認為沐浴會讓人生病，因此中世紀的人聞起來一定比文藝復興時期的人還香。中世紀的戀人重視乾淨的身體，甜美的口氣，會定期擦澡與使用各式香水。他們也知道各種氣味、精油與植物的催情效果。他們享受男女混浴的公共澡堂，並投資建造澡堂。性愛是公共澡堂文化的一部分：最糟的狀況是忍受它，最好的狀況則是全然擁抱並且享受它。不可否認，中世紀世界比起現代世界骯髒許多，但他們已盡全力擁抱清潔，而且當時的妓女聞起來有薰衣草香。

第 16 章
今日有毛明天沒毛
陰毛的歷史

推特（Twitter）最棒也最令人害怕之處，就是即時回饋。我在推特貼出各種歷史趣聞，在推特界引起一些相當熱切的議論，但沒有任何主題能引發像陰毛的那般回應。不論我在何時貼出有著覆蓋滿「陰毛」（bush，1600）的女性影像，接著必定會出現議論。有趣的是，當我貼出這類的影像，沒有人會在男性陰毛推文底下留言，每次只有女性陰部「陰毛」（whisker，1942）會讓某些人不滿。其中一再出現的批評是清潔。不知為何，滿是「陰毛」（thatch，1833）變成與骯髒和不衛生有關聯。

以上為推特用戶們對一張十九世紀女子有陰毛照片的反應。

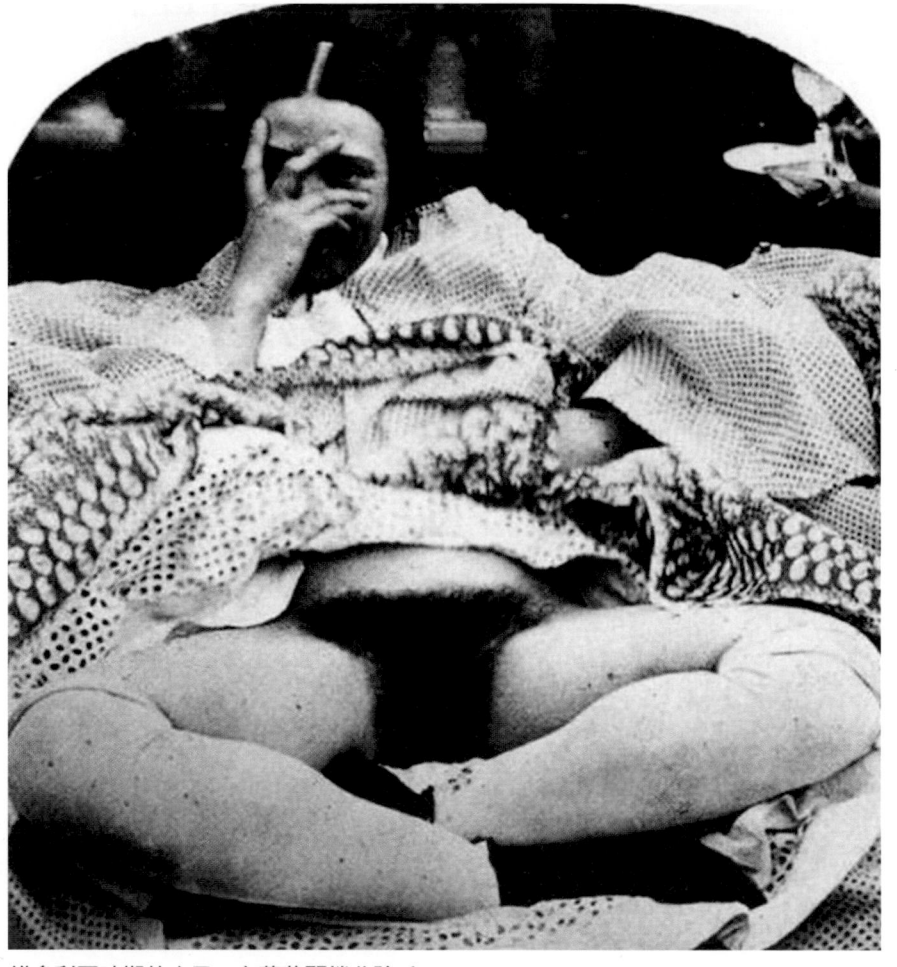

維多利亞時期的女子，有著華麗捲曲陰毛。

　　我們必須說明一件事：本章並不是逼迫你蓄陰毛，我也不會建議你讓自己變得像鰻魚一樣，浸泡在一缸脫毛膏（Veet）中。不論你想怎麼樣處理身體上的毛髮，這都是你的選擇：用熱蠟除毛，用通心粉與亮粉裝飾，或是編成髒辮，垂吊到腿上。這是你的毛髮，我全力支持你處理它的任何方式。但我想讓你思考的是：從什

麼時候開始，我們對自己的體毛變得陌生？我們如何得到陰毛是
「噁心」或「討厭」的結論？因為這就是議論的來源：某人極度恐
懼、厭惡看到有著長到能用來擦腳的陰毛的女性，然後在網路上表
達想法。有喜歡的「類型」是一回事，但這樣的發生通常遠超過表
達個人偏好，而是直接進入澈底厭惡看到女性不修邊幅的「陰毛」
（garden，1966）。

　　這是何時發生的？我們都有的體毛，原本就在該處的體毛，從
什麼時候開始引發了與堵塞排水口糾結頭髮球同等程度的厭惡感？
當你想到「陰毛」（offending beard，1702）所在處往上兩英吋就是
另一種毛髮，而我們每年在此付出數十億英鎊的造型費，這一切就
顯得不尋常。匆匆一瞥髮型雜誌，我們會看到像是「迷人」、「性
感」、「飄逸」與「奢華」的一頭蓬髮，但另一種「蓬髮」卻讓人
們皺眉。再說一次，我並沒想要說服你讓你的「陰毛」（pubes，
1721）自由生長，但我想問的是，為什麼我們這麼討厭陰毛？因為
這就是現在的情況：我們自己的身體令我們作嘔，而且我們羞辱他
人，因為他們有著我們也有的陰毛。

　　那麼，這一切從何而起？

　　很多人認為我們著迷於除毛是因為《慾望城市》（*Sex and the
City*）這部影集，這可能確實有些道理，但除毛的歷史遠比凱莉·
布萊蕭（Carrie Bradshaw）與女朋友邊喝雞尾酒邊討論陰部熱蠟除
毛還來得早。關於除毛的最早可信證據來自於古埃及與美索不達米
亞。我說可信的，因為據推測史前時代的男子，可能會整理鬍子與
頭髮──但只要沒有找到新石器時代的吉列刮鬍刀，我們就無法證
實此事。

　　除陰毛是古伊斯蘭傳統，出自衛生以及宗教原因。儘管《可
蘭經》（the Quran）沒有提到體毛，穆罕默德的同伴阿布·胡萊勒

（Abu Hurayra，603-681）曾提到：「五種事情是原始狀態：割包皮、用刮刀除陰毛、修整鬍子、剪指甲與拔除腋毛」。[1] 土耳其的尼代考古博物館與安卡拉的安納托利亞文明博物館皆典藏了幾把西元前六五〇〇年的黑曜石刮刀，是目前已知最早除毛的例子。[2] 今日的伊斯蘭教世界仍廣泛見到除陰毛的習俗。

根據《毛髮百科全書》（*Encyclopaedia of Hair*），埃及與美索不達米亞遺跡中發現西元前三〇〇〇年的銅製刮刀；埃及墳墓中發現小鑷子與浮石。[3] 這麼做的原因是為了美學，也為了宗教：古埃及祭司為了在神祇前呈現「純淨」的身體，每天刮鬍子或全身脫毛。

除陰毛的證據在古希臘與羅馬變得分布較均勻。希臘劇作家阿里斯托芬（Aristophanes，西元前 446-386 年）寫道：如果女性「像蜘蛛一樣修飾、拔除〔她們〕的門口；蒼蠅就會蹓躂進來。」[4] 非常富有的羅馬人能雇用「picatrix」，即專門修剪女主人陰毛的年輕女性奴隸。[5] 然而也有證據顯示，古老世界裡並不是每個人都喜歡除過毛的神祕之地。在羅馬龐貝城的牆上寫著不朽金句：「毛茸茸的陰部幹起來比光滑陰部還爽；它能含住熱氣而且渴望陰莖。」[6] 來自西元七十九年的迷人觀點告訴我們，在托加長袍之下，有些女性的陰部平滑無毛，有些則毛茸茸，還有些（據說）冒著蒸汽。

當然，希臘人與羅馬人都是公共澡堂的愛好者，因此陰毛造型有其重要性，然而為陰部做造型這件事，顯然在中世紀逐漸不受歡迎。對（至少歐洲）中世紀的女性來說，極致美人是蒼白、平滑、稍微豐腴，有著高額頭與光亮臉蛋；並沒有提及女性「陰毛」（tail feathers，1890）。[7] 但是，令人氣餒的是，中世紀提及用除毛達成此美麗標準的文獻卻相當罕見。值得注意的例外是，十一世紀，薩萊諾的特洛塔（Trotula de Ruggiero）的著作《女性美容》（*De Ornatu Mulierum*）收錄以下內容：「為了永久除毛，用螞蟻蛋、紅雌黃、

常春藤膠，混合醋酸，然後塗抹在該部位。」[8] 隨著性罪惡概念的改變，對於公開精心打扮的看法也隨之改變，而除毛被視為是虛榮的，因此不道德。在中世紀《告解書》（Confessionale）中，神職人員被鼓勵詢問前來告解的人們：「她是否從脖子或眉毛拔毛，或因色慾或為了取悅男性拔除陰毛……這是彌天大罪，除非她是為了彌補毀容，或為了不讓丈夫看輕而做。」[9]

中世紀最著名的陰毛引文來自於喬叟的〈磨坊主人的故事〉（The Miller's Tale，1400）。為愛沖昏頭又傻氣的教區執事艾伯索隆（Absolon）愛上磨坊主人年輕的妻子艾莉森（Alison，然而她與租客尼可拉斯有私情）。艾伯索隆深夜在艾莉森房間的窗外唱歌，乞求艾莉森的吻。艾莉森對他的求愛甚感煩擾，她將「裸露的屁股」探出窗子，艾伯索隆在黑夜中親吻「她的洞」，以為這是她的嘴；他跳開，因為「感受到一個粗糙又長的東西」（陰毛），艾莉森與尼可拉斯捧腹大笑「有鬍子！有鬍子！」由於艾莉森的放屁時被形容為「粗糙又長」像撮「鬍鬚」，所以這個故事告訴我們這位性感小貓並不喜歡除毛。[10]

到了十六世紀，混合醫學療法與美容方法的書籍逐漸變得受歡迎。一本一五三二年的美容手冊提供一則在家裡自製脫毛霜的配方：「將一品脫的砒霜與八分之一品脫的石灰溶液，混合煮沸。去浴室或加溫室，將藥物塗抹在需要脫毛的部位。當皮膚感到灼熱，快速用熱水沖洗，避免表皮脫落。」[11] 並沒有細節說明此藥劑是否用於公共場所，但希望是沒有。法蘭西斯科・德里卡多（Francisco Delicado）的《安達魯西亞女子洛薩娜》（La Lozana Andaluza，1528）書寫一名羅馬性工作者洛薩娜。洛薩娜提到妓女「拔眉毛，有些剃掉私處的陰毛」。她描述如何意外「燒光一位波隆那女士的私處毛髮」並將奶油塗抹該處治療。[12] 有些女性顯然願意將「陰毛」

（trouser sprouts，2000）浸泡在酸中，同時歐洲人則視陰毛為必要的性愛裝飾品。來自文藝復興時期稱呼陰毛的俚語大多非常正面，包括「羽毛」（feather）、「羊毛」（fleece）、「激情」（flush）、「苔癬」（moss）、「絨布」（plush）、「羽飾」（plume）與「欽羨的住所」（admired abode）。

莎士比亞在作品中提到許多粗鄙的陰毛雙關語，代表「陰毛」（muff，1655）是必備之物。在《維納斯與阿多尼斯》（*Venus and Adonis*）中，他寫到位於「渾圓緩升小丘」之間的「美妙臀草」；[13]《無事生非》（*Much Ado About Nothing*）中，丘比特被諷刺稱為「厲害的毛髮發現者」，[14] 許多人認為十四行詩〈130〉中，長在說話者情婦頭上的「黑色亂髮」（black wires）指稱的是陰毛。[15] 然而除了是行為準則，茂密的陰毛也代表著健康、年輕與性活力。愛爾蘭作家理查・海德（Richard Head）《英國流氓》（*The English Rogue*，1665）中的英雄抱怨，與他上床的老女人沒有陰毛：「根據我過去的觀察，長著毛髮的陰道口比較好，所以當我發現她那裡沒有毛髮時，我意識到自己身陷危機。」[16] 文藝復興時期的英國人特別喜愛多毛陰道（Hairy Potter）。史賓賽（Spenser）在《奇異又真實的談話》（*Strange and True Conference*，1660）中對「西班牙人剃除年輕女子陰部陰毛的方式」感到訝異。[17] 羅徹斯特伯爵宣稱「我的陰莖絕不進入無毛的陰道。」[18]

除陰毛的其中一個原因是陰蝨，除去陰蝨的方法只能靠剃除陰毛，然而修剪陰毛另一個令人不快的理由是梅毒。梅毒的首次紀錄出現於一四九五年的那不勒斯，第二期梅毒的討人厭症狀之一，就是毛髮脫落（頭髮、眉毛與陰毛）。雖然此症狀相當罕見，但使用水銀治療梅毒，必定造成毛髮脫落。因此，稀疏陰毛被認為是疾病的徵兆。我們認為陰毛很「噁心」，但伊莉莎白時期的情人卻

對「無毛」（bald eagle，1987）有相同的感受。在英國劇作家湯瑪斯・米德爾頓（Thomas Middleton）的《抓住舊人的把戲》（*Trick to Catch the Old One*，1605）裡，其中名為奧黛莉的角色被批評是一位「無毛的妓女，梅毒的證據」。[19] 在《西敏寺蕩婦》（*Westminster Whore*，1610）中，一名「淫蕩妓女」受詛咒會有「無毛、無數梅毒膿泡的陰部」。[20] 在《夜搜》（*Night Searches*，1640）中，米歐（Humphrey Mill）描述這些妓女的陰毛「落伍過時，有些稀稀疏疏；有些想要一大片毛，有些想要凸起的毛」。[21] 一六五〇年，一首「淫蕩之歌」（loose song）講述一名男子拒絕與一名無陰毛女子性交，因為「她的陰部發出像褐色無袖皮製背心摩擦的唧唧聲」。[22]

如果女士到了梳理陰毛，都無法蓋掉稀疏「陰毛」（tuppence，1987）的地步，她能選擇假陰毛（merkin）。《牛津人體指南》（*The Oxford Companion to the Body*）指出一四五〇年是「malkin」──假陰毛名稱的來源──首次出現的年代。[23] 羅徹斯特伯爵抱怨「假陰毛剝奪性愛的樂趣」。[24] 從十七世紀到十九世紀，許多俚語字典提及假陰毛。亞歷山大・史密斯（Alexander Smith）的《最惡名昭彰的攔路搶劫犯的歷史生活與搶劫案例》（*A Complete History of the Lives and Robberies of the Most Notorious Highwaymen*，1714）裡其中一則詭異的故事中也提到假陰毛。故事描述攔路的搶劫犯賣給樞機主教一頂妓女的假陰毛，告訴他這是聖彼得的鬍子：「這讓他有個奇想；就是拿到妓女的假陰毛（Merkin）……他將假陰毛弄乾並梳理整齊，接著拿給樞機主教，告訴主教他帶來的是聖彼得的鬍子。」[25]

儘管有些女士可能戴著假陰毛，在十八世紀時，陰毛就應該是茂密的。儘管一七七〇年吉恩－雅克・佩雷（Jean-Jacques Perret）引進安全刮刀，陰毛仍與自然健康有關。倫敦性工作者年鑑《哈里斯的柯芬園女士名單》（*Harris's List of Covent Garden Ladies 1757-*

十九世紀的兩位女孩與其茂密的陰毛。

95）對於「茂盛陰毛」（the mossy grot）抱持極正面的看法。據說戴文普小姐陰毛修剪整齊，「雖然還不算濃密，但算是黑色荒原造型」；貝茲小姐有著「烏黑捲毛，在小穴周圍探出長捲鬚」，而D—sl—z女士的「長在雪白維納斯丘上的底層捲毛，看起來賞心悅目。」[26]克雷蘭的女主角芬妮‧席爾（1749）描述她的「愛的柔軟實驗室」上的「茂密小丘」以及「鋪滿捲曲陰毛」。[27]芬妮也讚賞情人菲比，她「把玩、試著纏繞毛海中的小捲毛，其用途為使用與裝飾。」[28]

　　維多利亞時期的情色文學充滿對「陰毛」（happy trail，2003）的稱讚，在某些例子中，甚至描述「濃密陰毛」（tuzy-muzy，1672）真的能夠把油膩的鍋子刷乾淨。在《情慾羅曼史》（*Romance of Lust*，1875）裡，男主角查理‧羅伯茲描述許多毛茸茸的情人，以及發現體毛如何引起他的性慾。

> 她的姿勢帶出濃密布滿整個婀娜多姿女陰的下半部，大量蔓延美妙的黑色捲陰毛，延伸至大腿上，突出於股溝之間，展開於背部，有兩撮陰毛剛好出現在腰際下方兩個美麗性感的腰窩下。那裡的毛髮量，等同大部分女性陰阜上的陰毛量。她整個身體長滿柔順光滑的直毛，肩膀、雙臂與雙腿的毛量濃密，底下透出美麗柔滑的乳白肌膚。她是我看過體毛最多的女子，無庸置疑源於或造成她非凡情慾與享樂的性格。我沉醉的景象讓我的陰莖堅挺；我們兩人一同起身，她見到我的陰莖撐起襯衫的樣子。[29]

　　法蘭西斯科‧哥雅（Francisco Goya）的〈裸體的馬哈〉（*The Nude Maja*，1797）被認為是歐洲第一幅展示女性陰毛的畫作，然而在十九世紀的精緻藝術裡，女性持續被描繪成有著無特色的陰部。

確實，據說知名的藝術評論家約翰·羅斯金（John Ruskin）無法與尤菲米亞·格雷（Euphemia Gray）行房的理由之一，是因為他很害怕的發現，不同於藝術作品，女人有陰毛。他們始終沒有行房，最後只能宣告婚姻無效，至於原因為何，我們唯一的線索來自於尤菲米亞在一八四八年書寫的一封信：

> 最後，最後一年他告訴我真正的原因（這對我而言，跟其他的事情同等惡劣），他想像中的女性與他看到我的樣貌差異甚大，他無法讓我成為他的妻子的原因，是他在第一晚就對我這個人感到厭惡。[30]

　　儘管羅斯金很焦慮，有些維多利亞時期的女性的確除去陰毛，如同接下來兩頁的圖片所示；我們甚至能首次見到一些「跑道式的陰毛造型」（landing strip，2014）。缺少假陰毛代表修剪陰毛的風潮再次回歸，或至少不再被當作是疾病症狀。西方世界中陰毛的減少，很可能跟照相術與色情刊物興起有關。這確實與「被觀看」有關。羅馬與希臘女性拔除外生殖器的毛髮，是因為裸體很常見，然而在身體受到覆蓋並被稱為「有罪的」時，便少有機會能展示陰部了。隨著照相術與底片的出現，生殖器再度有機會被觀看。當然，你能看著自己的生殖器，甚至可能是朋友的生殖器，但邊看著陌生人性慾化的影像，邊質疑自己的性吸引力，那感受是非常不同的。流行的確有其影響力：除去腋毛與一九二〇年代新流行的無袖洋裝，以及一篇告訴女性，她們聞起來很臭的狡猾廣告宣傳有關。除腿毛的比率隨著裙子長度縮短而提升，而隨著內褲縮減成你能拿來當牙線的大小（就是丁字褲），陰毛也隨之消失。

　　我聽過多次陰毛的鼎盛時期是在一九六〇年代與一九七〇年

代的說法，但這不是真的。然而，這時期正是情色產業變成主流
的年代。其實並非「陰毛」（rug，1939）重回流行──它從未退流
行──是我們更常見到它了。當然，這些女性都留著美麗的陰毛；
沒有人告訴她們不能這樣做。一九七○年，陰毛首次出現在《閣樓
雜誌》（Penthouse）。一九七四年，《好色客》（Hustler）首次發表
陰脣「粉色專輯」，而陰毛仍出現其中。到了七○年代中期，《花花
公子》（Playboy）的發行量超過七百萬本。近年陰毛消失的現象通
常被認為與情色刊物成為主流有直接關聯，但我們也許要考慮更廣
泛的因素。沒錯，情色刊物變得更容易取得，但我們生在充斥著影

維多利亞時期的女性
展示出情色照片可以
是有趣的，同時也提
供一些十九世紀除陰
毛的證據。

維多利亞時期的女性，邊閱讀日報，邊展示除毛後的陰部。

像的社會，充斥的影像會不斷強化所謂的「正常」（normal）。然而不僅是情色刊物形塑女性：文具、流行雜誌、報紙、電影、廣告、音樂影片等，都不會展示任何一根陰毛（除非是藝術性、顛覆方

式）。這就像在稻草堆裡找一根陰毛。人們對有著陰毛的女性會有如此強烈的反應，在於他們不習慣看見陰毛；這不是他們熟悉的正常。我們越少看見陰毛，就會在看見陰毛時越覺得它「怪異」。

與除陰毛相關，稍微令人有些煩惱的關聯之一則是衛生。我總是聽見：這樣「比較乾淨」。加州大學的研究發現，受訪的三千名女性中，超過一半的人整理陰毛是由於衛生緣故，儘管證據顯示除陰毛會讓陰部更容易受到刺激和發炎。[31] 所以啊，我只說一次：如果你頭上的頭髮不會讓頭皮發臭，陰毛也不會讓陰部「骯髒」。

近年來，有傳言說陰毛又要回歸了。二〇一四年，美國服飾公司（American Apparel）在紐約旗艦店展示有著陰毛的人體模型。二

一九二二年刊登於《哈潑時尚》的玫瑰之燼除毛膏（ashes depilatory cream）廣告。此廣告利用兩項主要的不安全感：避免困窘和看起來有吸引力。

○一六年，社交聖經《Tatler》公告「陰毛回來了」。記者凱特琳・莫蘭（Caitlin Moran）宣布所有女性都該有「大量、茂密的陰毛」。女星葛妮絲・派特洛（Gwyneth Paltrow）透露她「從事七○年代的流行」。我猜隨著越來越多名人「正常化」茂密陰毛，陰毛將再度被接納。陰毛經常被放在女權運動的前線；在褲檔裡蓄長 ZZ Top 樂團（兩位主唱都蓄長鬍子）的新成員常常被視為是對父權表達模糊的反抗，這會讓你想真的拔光毛髮。然而，更廣泛來說，我希望本章節能解釋，對於「陰毛」（sporran，1890）質量的煩惱，其實有著漫長、糾結的歷史，以及我們發明用來除陰毛，疼痛、危險的方法亦是。但對我們主要的集體歷史來說，陰毛不僅正常，而且被認為是迷人、健康與性感成熟的代表。所以，不論你想要怎樣處理陰毛，我敢說以前的人都已經試過了。

第 17 章

汙穢女陰

沖洗女陰的歷史

　　你有想過為什麼陰部需要特別的清潔用品，而陰莖只需隨便用法蘭絨擦拭就可以了嗎？你的「陰部」（pipkin，1654）能靠自己清潔，並不需要你一直用刷子與「陰部清潔液」（Twinkle-Twat）清理，就能保持健康、快樂的狀態。相信我，它知道該怎麼做。但顯然，我們不相信「陰部」（Mrs. Laycock，1756）能自己保持清潔。人類身體有許多孔竅，有時會散發臭味，但只要經常洗澡，大部分的情況通常都能改善。當每個人都在聞各種體臭時，來自「陰部」（south of the border，1945）的氣味顯然對擁有陰部的人來說特別恐怖。我們寧願陰部聞起來像高山森林，而不像健康人體的「陰部」（madge，1785）。

　　所有擁有陰部的人，在成長過程中很快就了解陰部是骯髒的地方。雖然沒有人在學校教導我們此事，但當我們費力踏過用肉類、海鮮與普遍腐臭味作為陰部俚語詞彙的特色時，這樣的訊息就會被大聲、清楚的傳遞出來了。當我們知道衛生棉條與衛生棉是以「女性衛生用品」的名稱銷售時，我們就學到月經是不乾淨的。我們無意中聽到臭魚笑話（fish jokes）、嘲諷臭手指（stinky finger），看到人們聽到「月經」皺眉的表情，於是我們開始對自己的身體感到恐慌。陰道除臭劑、雜誌建議吃鳳梨讓自己的陰道「嚐起來味道比較

好」，以及幫助你「保持清新」的衛生護墊，以上都是潛移默化強調需要小心維護「陰部」（bearded oyster，1916）沼澤的訊息。難怪「陰部氣味」的生意會蓬勃發展，而且預期從二〇一八年到二〇二二年，每年以 5% 的速度增長。[1] 然而，害怕聞起來有臭味帶來的後果，遠比偶爾買些特別的私密處清潔紙巾還嚴重得多。英國子宮頸癌防治基金會（Jo's Cervical Cancer Trust）於二〇一八年對兩千名女性進行一項研究，發現受訪者中，約有 38% 的女性沒有進行抹片檢查，因為她們「擔憂聞起來『正常』」的問題。[2] 沒有聞起來像糖果味道的陰部，這樣的羞恥感巨大到讓人們願意冒著性命危險。

我們急於讓陰道聞起來像百花香，但很遺憾的，所有研究都顯示「陰部」（flue，1620）的天然氣味其實相當重要。發表於一九七〇年代的研究發現，一位女性的陰部平均包含兩萬一千種「氣味分泌物」（odoriferous effluents）。研究得出的結論是「個體嗅覺記號非常複雜、非常個體化而且由許多『微小氣味』組成」。[3] 換言之，每個人的陰部都有其獨特的記號氣味。對靈長類動物、老鼠與倉鼠身上進行的其他研究發現，陰道分泌物的氣味會造成周遭雄性的睪固酮量急劇升高，而睪固酮在引發性興奮時扮演著重要角色。[4]

人類的陰部會產生並分泌一種名為「交配訊息素」（copulins）的五種脂肪酸混合物──不要把它跟連鎖烘培坊庫普蘭（Cooplands）的名字搞混──雖然它也聞起來很香。交配訊息素的研究仍相當新穎，但研究已顯示接觸交配訊息素後的男性，睪固酮會上升，而且聞過交配訊息素的男性，相較於在安慰劑組的男性，自評較有性吸引力。再者，接觸過交配信息素的男性，相較於沒有接觸交配信息素的男性，在評價女性臉部時會認為對方較有性吸引力。[5] 到底為什麼有人會想要洗去這種心靈融合的超能力？然而，難過的是為了除去任何可能的異味而沖洗「陰部」（whim-whim，

十五世紀中葉的插圖，展示用桃子形狀肛門沖洗器進行浣腸。

1602），已有相當悠久的歷史了。

　　陰道除臭劑、香皂與溼紙巾很晚才出現在偏執多疑的陰部派對中。最古老的清潔方式是沖洗。沖洗器是種將水灌入陰道內──肛門內的裝置。基本上，蓮蓬頭就能當作沖洗器，而將小蘇打粉或明礬加入水中的精密裝置能在網路上購得。儘管沖洗陰道與卵巢和子宮頸癌、骨盆腔發炎、子宮外孕、細菌性陰道感染、不孕與念珠菌感染有關聯，但仍多達 20% 的女性因為「衛生」理由經常沖洗陰道。[6]

　　雖然沖洗陰道能追溯至遠古時代，但直到十九世紀醫生認可這是控制生育的可靠方法，沖洗陰道才真的廣泛實行。❶

　　沖洗陰道是第一種由醫生廣泛倡導，各類人種與社經背景的女

❶　像是索蘭納斯（約 98-138 年）和奧芮培錫阿斯（約 320-400 年）等醫生推薦在性交後沖洗陰道當作避孕方式。Robert Jütte, *Contraception: A History* (Cambridge: Polity, 2008).

性都欣然採納的控制生育方法，但它不僅僅是為了預防懷孕。沖洗陰道總是深陷於有關骯髒「陰道」（daisy，1834）的偏執論述裡。

一八三二年，來自新英格蘭的查爾斯・諾爾頓（Charles Knowlton）醫師發表一篇醫學論文，主張性交後使用殺菌劑沖洗陰道，「有助清潔」以及避免懷孕。[7] 這訊息必定受到大眾歡迎，因為維多利亞時期的醫生早已鐵了心要以衛生理由刷洗「陰道」（cunny court，1604）。一八二九年，《刺胳針》裡的文章建議女性使用溫水「一天中六或八次」沖洗陰道，讓一切保持完美狀態。[8] 這樣的建議持續出現在十九世紀。例如，一八八〇年榮醫生（Dr. Wing）宣布「女性應該要有乾淨的陰道，還有乾淨的臉龐與雙手」，並建議經常使用熱水與石碳酸「沖洗陰道」。[9] 一八八九年，美國麻州醫學協會建議替生產中的女性沖洗陰道，那麼「女性能以乾淨的陰道開始，不僅對女性有益處，也對嬰兒有益處」。[10] 一八九五年，《國際手術百科》（International Encyclopaedia of Surgery）推薦陰道「每天早晚用一加侖熱水（43℃）沖洗，接著用兩夸脫氯化汞溶液」治療性病。[11]

維多利亞時期的人們對陰道沖洗嚴肅以待，一八四三年巴黎醫生莫里斯・埃吉西耶（Maurice Eguisier，1813-1851）發表了埃吉西耶沖洗器（Irrigateur Eguisier），這是一種由金屬與瓷器製成，以壓力控制的圓唧筒與軟管，埃吉西耶沖洗器有各種不同的尺寸與設計。許多沖洗器的外表有著精緻的動植物圖畫，相信在你用冷水與石碳酸沖洗陰道時，會為你帶來慰藉。

一八六六年，倫敦產科學會舉辦了婦產科醫療器材的歷史展覽。展覽非常成功，產科學會出版了一本目錄，描述展出的所有器材，以及當時產科使用的最新穎器材──包括陰部沖洗器。[12] 與其他能使用的設備相比，就能理解輕巧、便於攜帶的埃吉西耶沖洗器

像這樣的沖洗器雖然不太可靠，卻是當時最常見的避孕方式之一。一九一二年，圓唧筒的金屬供水容器裡面有唧筒機械裝置，能控制沖洗水流到軟管的管道。

非常受歡迎的原因。目錄中最笨重的沖洗器是由約翰·威斯（John Wiess）設計，它看起來像一張擺放著巨大橡膠水球的桌子。使用者必須坐在水球上，迫使水進入相連的管道與軟管中。與此同時，來自俄羅斯的 J·拉薩瑞維奇（J. Lazarewitch）設計了笨重的金屬圓唧筒陰道沖洗器，沖洗器的底部有濾網，阻止不受歡迎的東西進入陰道（它不只是外形像消防栓的巨大俄羅斯沖洗器）。[13]

　　用水沖洗陰道本身就足以造成傷害，但為了避孕，醫師開始建議添加各種化學物質到沖洗的水中，以殺光精子。例如查爾斯·諾爾頓（Charles Knowlton）建議以「硫酸鋅、硫酸鋁、珍珠灰，或能在精液產生化學作用的鹽的溶液」沖洗陰道。[14] 一八九八年，《醫學與藥學的每月回顧》（*Monthly Retrospective of Medicine & Pharmacy*）列出以下用來避孕的「陰道沖洗液體」：明礬、乙酸

鉛、氯化物、硼酸、石碳酸、碘、水銀、鋅和來舒殺菌劑（Lysol disinfectant）。[15]

　　來舒牌殺菌劑在一八八九年推出，用來控制德國嚴重的霍亂疫情。[16] 但其殺菌特性很快就用在其他方面，到了一九二〇年代，來舒殺菌劑被積極行銷為沖洗陰道的產品。在一九二〇年代，生育控制是充滿爭議的議題，當然不會是公開宣傳的主題。藉著將廣告焦點放在婚姻中的「女性衛生」，來舒公司能挑起性愛與親密主題，而不用提及「性愛」一詞。很快的，原本用來刷洗垃圾桶、排水管和馬桶的產品也被用來清潔陰部。在一九二〇年十一月的《女士家庭雜誌》（Ladies' Home Journal）上有一則廣告，推薦使用來舒殺菌劑清潔「馬桶、衣櫥、痰盂、垃圾桶和蒼蠅聚集之處」，接著指出「女性也發現來舒殺菌劑對個人衛生非常有助益」。建議將用在清理堵塞

來舒陰部沖洗液的廣告。「他娶的那個女孩」，多謝她用清潔地板的清潔劑刷洗她的陰部。

水管的清潔產品用在沖洗「陰道」（nether eye，1902），無疑留給大眾一種印象：外陰部很臭。

來舒沖洗液廣告面不改色的告訴女性陰部很臭這件事，而且通常還以因為忽略「個人衛生」，而導致丈夫幾乎要拋棄她的年輕妻子為主角。廣告上，焦慮又羞愧的女子獨自一人淚眼汪汪，因為她的丈夫無法忍受她「陰部」（old lady，1885）的味道。家庭破碎，孩子失去父親，而可憐的女子會孤獨終老，這一切都是因為她沒有消毒她的「陰部」（grumble，1938）。這真是殘酷到無法置信的廣告。❷

來舒沖洗液無法公開宣傳產品能夠避孕，因而必須巧妙暗示其殺精的特性。其廣告中，有許多提及來舒能非常有效殺死「有機物質」（organic matter），即精子的暗語。

用廁所殺菌劑來沖洗陰道並不是一種可靠的避孕方式，同時也極具危險性。二十世紀前半，飲用來舒殺菌劑是種常見的自殺方式，新聞報紙裡充斥著這類的悲劇案例。儘管一再宣稱來舒殺菌劑相當溫和，並不會破壞脆弱組織，但到一九一一年，醫生記錄了一百九十三名女性因使用來舒沖洗液而中毒，五人因「陰道沖洗」而死亡。[17]儘管從未承認相關責任，來舒殺菌劑在一九五二年更改配方，讓新產品的毒性降至舊產品的四分之一。

最終，所有的避孕沖洗被（真正有作用的）避孕藥與乳膠保險套取代。但這只代表行銷人員得加倍努力說服女性，她們聞起來很

---

❷　值得一提的是，二十世紀早期的來舒殺菌劑廣告是由萊恩芬克公司（Lehn and Fink）一手策畫。現今的來舒公司為利潔時（Reckitt Benckiser）所擁有，與最初的宣傳廣告無關，而其客服團隊處理不知名女性突然來信詢問來舒用於「陰道」（fanny，1834）的電子郵件時，相當親切有耐性。特此強調，雖然九十年前的來舒產品不是今日人們在架上看到的來舒產品，該公司請我確定每位閱讀本書的讀者完全了解「今日的來舒產品只應該依據標籤指示使用。其他種使用方式或接觸都應避免。」

Had she only known the truth . . . *earlier*

—about feminine hygiene

WHAT regrets, what suffering, might be escaped were women to make *sure* of their information concerning this intimate matter of feminine hygiene! And yet, how difficult it *does* seem to get at the truth!

So far as *advice* is concerned, the young woman of today receives plenty of it. This is a frank age. But, unfortunately, *wrong* advice is just as common as it was in the days of our grandmothers—and just as much to be feared.

Women can banish their fears —through Zonite

"What antiseptic to use?" That is the big problem. For how much suffering has come about because women do not understand the terrible risks attending the use of deadly poisons such as bichloride of mercury and the compounds of carbolic acid.

Physicians know the truth. That is why their recommendation of Zonite has real significance. An antiseptic that kills germs yet is absolutely non-poisonous. An antiseptic which cannot irritate sensitive membranes nor cause areas of scar-tissue. An antiseptic actually *far more powerful* than any dilution of carbolic acid that can be allowed on the body. Such are the properties of Zonite.

You will want this booklet

Send for free feminine hygiene booklet. Frank, authentic, really helpful. Zonite Products Corporation, 250 Park Ave., New York, N. Y.

Use Zonite Ointment for burns, abrasions, sunburn or chapped skin. Also as a powerful deodorant in vanishing cream form. Large tubes, 30c.

臭，而只有他們的產品能夠治療。

在一九七〇年代，推銷帶有香味的陰道沖洗液的跨頁廣告很常見。一九七一年，《精油雜誌》（*Essence Magazine*）刊登了一篇題名為〈美麗奇蹟：沒臭味多甜美〉（Beauty Wonders: No Smell So Sweet）的文章，內容詢問女性如果「你在群眾中得到比平常更多的關注，抑或是你的男朋友在你一靠近就失去性趣，那麼就是你該查出原因的時刻了。會不會是⋯⋯你對個人衛生不夠謹慎⋯⋯這是不可原諒的，親愛的。」[18] 文章接著推薦了各種溼紙巾、肥皂與除臭劑，確保女性走在街上，不會讓身後的人昏倒。直率、冒犯性的老式廣告可能讓你覺得震驚，但是陰道除臭劑生意在今日仍持續蓬勃發展。今日的行銷方法變得較柔和，不再警告年輕女性，如果她們不刷洗到破皮，不使用除臭劑，丈夫就會離開她們，但這些產品仍藉著說服客戶，她們的陰部需要特別的清潔用品，而這個產品只有他們能提供——以及陰部臭死了，來達到賺錢的目的。

一九二八年，一則 Zonite 沖洗液刊登在《McCall's 雜誌》上的廣告，顯示一名女性因沒有早點幫自己沖洗陰部而懊悔不已。

在老式沖洗液廣告裡，不斷出現「高雅」（dainty）一詞。這些廣告明顯傳達出女性必須沖洗陰部，除去所有陰部氣味，以保持她們「高雅的女性吸引力」。然而，保持高雅一點都不性感。陰部也無須保持高雅。陰部能吞噬陰莖，擠出嬰兒。陰部既血腥、滿是汗味、黏膩、滿布陰毛，是極樂中心，而陰部的天然氣味直接與性愛相關。我猜，這

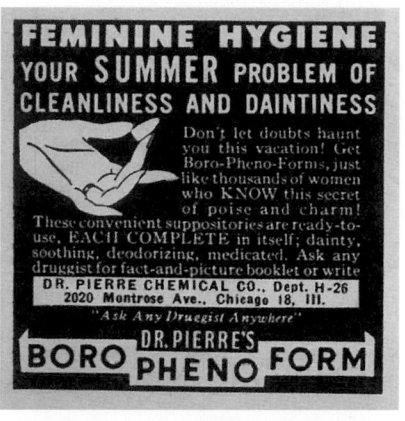

一九五〇年，「皮爾醫生的女性衛生塞劑」廣告。

就是我們試著要洗去的東西。一個「高雅」的女子不是「性感」女子。她的陰道聞起來不會有性愛的氣味，而是帶著家具拋光後的氣味，或法國軟糖的味道。急於擁有無菌、無味陰部的原因，來自害怕性魅力或被認為具有性魅力。保持陰部健康不需要水管清潔劑。你安全離開家之前，也不需要先行沖洗它。接受你的氣味，它們知道在做什麼。❸

---

❸　真切了解自己的氣味，因為氣味突然改變可能代表陰道受到感染，像是細菌性陰道炎。你不需要沖洗陰部，但可能需要跟醫生預約看診。

第 7 部

性與生殖

SEX AND REPRODUCTION

二〇〇二年，一位包爾女孩塔拉在受訪時回憶那些參
加儀式的人喝下她經血後的變化：「記憶力和專注力都
得到提升，他們肌膚容光煥發、聲音悅耳動聽、全身
上下都洋溢著幸福、寧靜和愛」。也許你不想把衛生棉
條當茶包用，但相信經血具療效也不乏歷史前例。

第 18 章

法國信、英國雨衣與菲力普太太的商品

保險套的歷史

　　儘管保險套是避免懷孕與對抗性病的最有效保護方式，但它們確實招來訕笑。即便在能自由取得保險套的國家裡，許多人仍視保險套為迫不得已之物，有些人甚至完全沒使用過保險套。二〇一七年在英國，YouGov 調查兩千零七位年齡介於十六歲到二十四歲性活躍的年輕人，發現幾乎一半（47%）的人說，第一次與新伴侶發生性行為時，並沒有使用保險套。十八到二十五歲性活躍的年輕人中，有十分之一的人說他們從來沒用過保險套。[1] 二〇一七年，英國通報出現七千一百三十七例梅毒案例，比起二〇一六年多了 20%，比起二〇〇八年則增加了驚人的 148%。英國的淋病案例仍持續增加，二〇一七年通報了四萬四千六百七十六個確診案例，比起二〇一六年增加了 22%。[2]

　　我知道。保險套有點麻煩，會讓感覺變遲鈍，而且會讓陰莖看起來像包膜的德國香腸。但是，比起上述的缺點，得到淋病或意外懷孕更糟糕吧。那麼，為什麼還是有人不願意戴保險套呢？我猜其中一個原因是，抗生素與抗病毒藥物為我們提供了安全網。當然，如果沒有妥善治療，淋病與披衣菌可能會造成不孕，皰疹無法治

癒，而愛滋病仍會改變人生（用對了藥，不一定是威脅生命）。我並不是要淡化性病帶來的傷害，但我想指出的是，如果早期發現，大多數感染只需要一個抗生素療程，以及幾通打給之前性伴侶的尷尬電話罷了。這是我們先人從未擁有過的奢侈。

但是這樣的情況可能不會持久。所謂「超級淋病」，即多重抗藥性淋病，正在增加，此外也傳出對抗生素產生抗藥性的披衣菌與梅毒案例。[3] 如果沒有找到替代治療法，我們可能會退回到沒有抗生素的性病世界，而這會很糟糕。

只要人類一直在發生性行為，總會有藉著在過程中蓋住陰莖，阻止懷孕與疾病的方法。這種做法的證據在整個古代世界中都可以找到。❶ 例如，約在西元二世紀時，希臘語言學家安東尼努斯·萊伯拉里斯（Antoninus Liberalis）說到克里特的米諾斯王（King Minos of Crete）的傳說時，提及他的皇后帕西淮（Pasiphae）因為國王的精子充滿了蠍子與蛇而無法受孕。有人建議米諾斯國王與其他女子性交，然後將山羊膀胱擺在女子的陰道裡，捕捉他有毒的精子。一旦有毒的精子離開國王身體（可以這麼說），他就能恣意與妻子性交，隨後生下一群健康、沒有蠍子在身上的寶寶。[4] 從技術上來說，這裡提到的可能是我們今日所稱的女性保險套，而非男性保險套，但它展現使用動物膜套以阻止性體液交換的知識。

在西元前一三三二年到一三二三年統治埃及的男孩法老王圖坦卡門墓穴中，發現了帶有固定細線，指頭長度大小的亞麻套。[5] 現在

---

❶ 法國有處名為逢德果的洞穴（the Grotte des Combarrelles），其內牆上有距今一萬一千年的史前畫作，雖然有各種詮釋，但有些考古學家認為畫作描繪了保險套的使用。Louis Capitan and Henri Breuil, 'Figures Préhistoriques De La Grotte Des Combarelles (Dordogne)', *Comptes-Rendus Des Séances De l'Année – Académie Des Inscriptions Et Belles-Lettres*, 46.1 (1902), pp. 51–6 <https://doi.org/10.3406/crai.1902.17072>.

這些套子在開羅的埃及博物館以「保險套」之名展出，是世上已知最早的保險套。[6] 然而，我們無法百分之百確定這些物品是保險套，它們可能是某種儀式服飾也不一定。雖然有很多證據顯示古埃及人實行生育控制，但我們並沒有當時使用保險套的相關證據。像是《Kahun Medical Papyrus》（約西元前 1825 年）並沒有提到保險套，但的確建議一種由鱷魚糞便與蜂蜜調製成的子宮避孕套，可在性交前置入女性陰道內。[7] 有趣的是，因為配方的高酸性，這可能真的是有效的殺精劑，但請不要在家嘗試。

最早用於避免性病、近似保險套的明確證據，出現在義大利醫生加布里瓦・法羅皮奧（Gabriele Falloppio，1523-1562）的著作裡。法羅皮奧是十六世紀極欲對抗梅毒在歐洲蔓延的醫生之一。❷ 法羅皮奧知道他所謂的「法國病」（French Disease）是經由性交傳播，因此他建議使用布套子放在陰莖龜頭上，避免傳染。法羅皮奧的套子必須浸泡在紅酒、水銀、灰燼、鹽與木屑的混合物裡。重點是法羅皮奧指示這個套子要在性交後使用；他並不建議在性交時使用套子。其理論是他的套子能夠清理陰莖感染。法羅皮奧大膽宣稱，他指導了超過一千名名士兵使用他的保險套，而這之中沒有人染上梅毒。[8] 法羅皮奧的套子用於性交後，必定無用，但這是已知最早包覆陰莖以阻斷感染的紀錄之一。

十六世紀其他「治療」梅毒的方式，包括用蒸氣蒸、薰蒸、療創木（研磨成粉喝下，或塗在皮膚上吸收。），當然還有水銀——

---

❷　梅毒的起源受到歷史學家激烈爭論，他們爭辯梅毒是否在一四九三年由哥倫布艦隊染上，抑或是早在哥倫布艦隊前就已存在許久。據聞十五世紀時，梅毒突變為具高度破壞性感染力，橫掃全世界。Fernando Lucas de Melo and others, 'Syphilis at the Crossroad of Phylogenetics and Paleopathology', *Plos Neglected Tropical Diseases*, 4.1 (2010), e575 <https://doi.org/10.1371/journal.pntd.0000575>.

服用、注射或直接敷在患部上。自從法國醫生肖利克（Guy de Chauliac）在一三六三年倡導使用水銀治療疥瘡後，它一直被用於治療皮膚病變。[9]水銀可能有效讓梅毒病變燒焦移除，但它本身毒性很強，會引起各種神經系統問題，以及牙齦腫脹、牙齒敗壞和掉髮。

　　為什麼會有人願意接受這麼可怕的治療方式？因為梅毒本身更可怕。義大利喬瓦尼·達·維果（Giovanni da Vigo，1450-1525）在其一五一四年的著作《高盧病》（*De Morbo Gallicus*）描述了梅毒的病程。

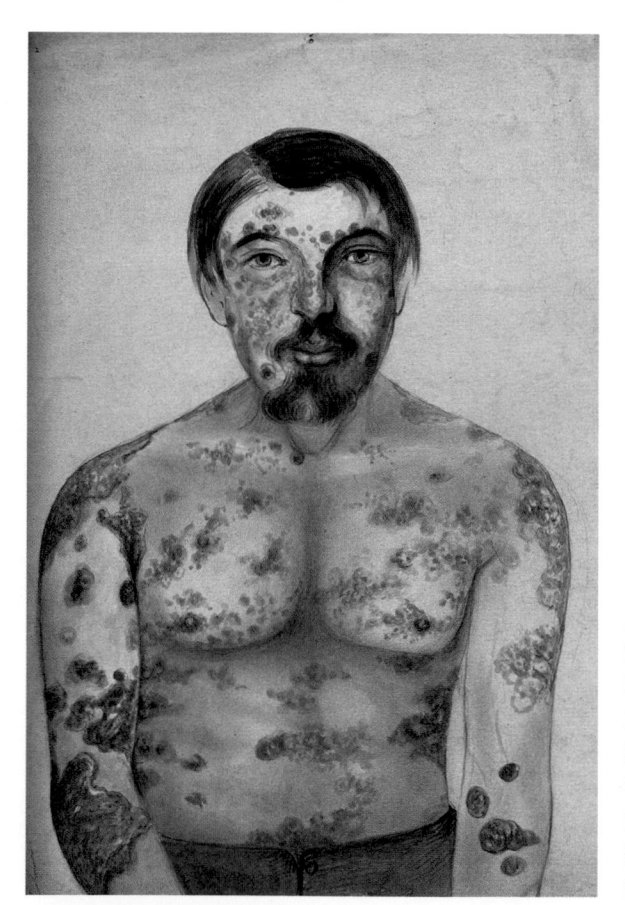

患有乾癬，可能是患有梅毒的男性的水彩畫，來自 C. D'Alton, 1866. 在印刷品後方寫著以下內容：「相當不顯著的初期症狀〔初期梅毒〕紀錄；大量乾癬冒出在雙臂與肩膀 —— 臉部與胸部出現明顯棕色的梅毒感染。」

造成感染的原因源自性交：即健康男子與患病女子，抑或是相反……該疾病的第一個症狀必定出現在生殖器上，即在陰莖或女陰。症狀包含小顆潰瘍，顏色為棕色與暗紫色，有時為黑色、有時稍微蒼白。這些潰瘍邊緣凸起像繭一樣的硬皮……接著出現在生殖器上一系列新的潰瘍……然後皮膚上滿布結痂豆子或像疣的隆起丘疹……在第一個症狀出現後，約一個半月的時間，患者受到痛苦折磨，會大叫疼痛……再過一段時間（上述併發症出現後一年或更久之後），會出現引起嚴重疼痛的硬性腫塊。[10]

在後期，梅毒會攻擊腦部、臉部軟組織並造成骨骼損傷。梅毒真是可怕的疾病，人人都應該害怕。所以儘管無用，但考量到梅毒的可怕，就能理解法羅皮奧保險套的吸引力。

很快的，在性交時戴上由動物腸子製成的套子，取代了法羅皮奧的亞麻布套。❸ 這些早期的保險套通常由羊腸製成，也有人會用魚鰾做成的保險套。羊腸裁切成適當的尺寸並乾燥，然後浸泡在牛奶或水裡，再復水化。接著用帶子或線綁在陰莖上，使用後內外清洗乾淨，再重複使用──幾次。

羅伯利· 鄧利森（Robley

這個保險套約是一九〇〇年的產物，由動物腸膜製成，稱為「盲腸膜」（caecal）。

---

❸　據說保險套是以 Dr Condom 或 Colonel Condom 命名，但沒有找到任何證據。 *Oxford English Dictionary*, Oed.com, 2018 http://www.oed.com/view/Entry/38587?redirectedFrom =condom#eid [Accessed 15 August 2018].

Dunglison）的《醫藥科學新字典》（*New Dictionary of Medical Science*，1833）描述了將羊的腸子變成保險套的製作過程。

> 羊的盲腸浸在水中幾小時後，將其內向外翻出，再浸泡在鹼液中，每十二小時翻面一次。小心刮除黏膜，留下腹膜與肌層，然後將其放在燃燒的硫磺礦蒸氣上薰蒸，之後用水與肥皂清洗。接著充氣、晾乾、裁切成 7 或 8 英吋長，最後在開口處綁上帶子。避免性病傳染與避孕，請在性交前先將套子套在陰莖上。[11]

　　我們最愛的浪蕩子羅徹斯特伯爵，在題名為《對保險套的頌辭》（*A Panegyruc upon Cundum*，1667）的慶賀小冊子裡寫到的，就是這樣的保險套。作為道德放蕩的浪子，羅徹斯特伯爵很高興他想與多少「下流人士」（creature[s] obscene）性交都可以，而不用冒著染上「痛苦折磨潰瘍」或面對「大肚子與嚎啕大哭的嬰兒」的風險。

> 快樂的男人，就是口袋裡有著，
> 不論套口的帶子是綠色還是紅色，
> 做工良好的保險套（CUNDUM）——他，不必害怕
> 嚴重的梅毒瘡、陰莖彎曲或鼠疫的傷害！[12]

　　一六八〇年，羅徹斯特因染上梅毒，全身布滿潰瘍與瘡，年僅三十三歲就過世了，他應該要好好使用「做工良好的保險套」。

　　蘇格蘭傳記家詹姆斯・包斯威爾（James Boswell，1740-1795）也決定信任羊腸保險套能夠保護他，避免他在次數可觀的性奇遇中染上性病。包斯威爾在日記中提到保險套為「機器」、「套子」或他的「盔甲」。❹

一七六三年五月十七日

我遇到一位名叫艾莉絲‧吉伯斯的清新、親切年輕女孩。

我們沿著鄉間小路走，到了一個暖和的地方，接著我拿出我的盔
甲，但她求我不要戴上它，因為不用它，活動比較愉悅，因為她
看起來很安全。我輕率的相信她，但有了非常愉快的體驗。[13]

　　羊腸保險套的許多缺點之一，是使用幾次之後就會乾掉，因而
需要將它浸泡於液體中，使其有足夠的延展性，能套在陰莖上。在
一七六三年六月四日的日記裡，包斯威爾描述為了要與一名在公園
遇到的「矮妓女」做愛，他忙著將乾掉的保險套浸在運河裡。儘管
有缺點，包斯威爾仍認為他「完全表現出男子氣概」。[14]他可能有男
子氣概，卻不怎麼幸運。儘管他有盔甲，包斯威爾至少得到十九次
淋病。[15]在他的日記裡，他稱這樣重複的感染為「淋病先生」。[16]雖
然相當受歡迎，但這些早期的保險套其實可能反而幫助了性病的傳
播，因為使用者都認為自己很安全，而沒有採取任何更進一步的預
防措施。

　　作為避孕與預防性病措施，保險套在十八世紀是門大生意。
如果你在十八世紀的倫敦需要保險套，你可能得去在半月街（Half
Moon Street）上的綠罐子商店（Green Canister），找菲力普太太
（Mrs. Philip）或她的繼任者波金斯太太（Mrs. Perkins）購買「做工
精良的機器」。[17]

　　英國人出口保險套到全世界，雖然英國人稱保險套為「法國
信」（French Letters），但在其他地方則被稱為「英國雨衣」（English
raincoats）。[18]大情聖卡薩諾瓦（Casanova，1725-1798）稱保險套
為「英國騎士服」（redingote anglaise）或「帶來心靈平靜的英式服
裝」（English clothing that brings peace to the soul）。[19]雖然卡薩諾瓦

NUMBER XVI.

MARY PERKINS, fucceſſor to Mrs. Philips, at the Green Caniſter in Half-moon-ſtreet, oppoſite the New Exchange in the Strand, London, makes and ſells all ſorts of fine machines, otherwiſe called C———MS.

Dulcis odor lucri ex re quâlibet.
De quel coté le gain vient.
L'odeur en eſt toujours bonne.

Alſo perfumes, waſh-balls, ſoaps, waters, powders, oils, eſſences, ſnuffs, pomatums, cold cream, lip-ſalves, ſealing-wax.——N. B. Ladies' black ſticking-plaiſter.

瑪莉‧波金斯之倫敦保險套商店的公告。

不喜歡使用保險套,但他了解其價值並拒絕使用次等品(articles):「我不接受她給我的保險套,因為我覺得它看起來是次等品。」[20] 遺憾的是,這還是無法阻止他染上淋病四次,軟性下疳五次,以及梅毒與皰疹。[21]

　　爭取英國普選的重要鼓吹者理查‧卡萊爾(Richard Carlile,1790-1843)在《女性之書,或愛是什麼?》(*Every Woman's Book; or, What is Love?*,1826)提及常見的避孕方式。卡萊爾描述許多女性放入「尺寸大小容易推入的海綿進陰道,事先將線軸或一條小帶子固定在海綿上,用以取回海綿,在大多數情況下,這能預防懷孕……」他同時也詳述保險套的使用情況。

　　穿上這層皮,在法國稱為「氣球」(baudruche),在英國普遍稱為「手套」。在以下這些地方都能買到它們,倫敦的妓院、酒館的侍者,以及像西敏廳等公眾景點鄰近區域裡的女子與女孩手上。[22]

　　動物腸子製成的保險套相當昂貴,用起來很怪,而且沒有發揮真實作用,因此當美國商人查爾斯‧古德伊爾(Charles Goodyear,

1800-1860）於一八三九年發明經硫化的橡膠後，引發了保險套產業的革命，第一個橡膠保險套於一八五五年生產。這些保險套被設計成可重複使用，因此必須先測量才能製作，但它們的確有避孕與避免性病的效果——以及降低所有的感受。

在美國，一八七三年制訂的《康姆斯托克法》（the Comstock Laws）使得保險套的銷售受到嚴重阻礙。該法案禁止「任何藥品、藥物或任何能防止懷孕的物品」透過郵件寄送。一八七六年《康姆斯托克法》修訂改為：

> 每本淫穢、下流或色情書籍、小冊子、圖片、紙張、文字、印刷品或其他有傷風俗的出版品；每種設計用於避免懷孕或造成墮胎之物；每種有傷風俗或不道德使用之物；每種手寫或印刷卡片、傳單、書籍、小冊子、廣告，或是任何提供訊息的告示，若取得地方、取得方式、或由某人，或藉著某種工具，直接或間接地導致上文提及的問題；物品信封上或明信片上的任何文字，有傷風俗、下流、淫穢或色情描述文字、修飾語、措辭或語言，以上都為不可郵寄之物，不該放入郵件運送，也不能由郵局寄送，也不能由郵務士投遞。[23]

該法案其最重要的支持者安東尼‧康姆斯托克（Anthony Comstock，1844-1915），是一位虔誠的基督教徒，對紐約市性交易和避孕藥盛行感到驚訝。《康姆斯托克法》並沒有阻止人們性交，卻使得安全性行為變得更加困難。不只是美國禁止保險套。在愛爾蘭，一八八九年《不雅廣告法案》（Indecent Advertisements Act）禁止宣傳保險套，直到一九八〇年才廢止，而比利時禁止所有避孕藥廣告，直到一九七三年才廢止。[24] 英國最大藥妝店博姿（Boots）

這海報警告二戰的
士兵，縱使是完美
的鄰家女孩也不能
夠相信。

在一九二〇年禁止販售保險套，預防工作人員遭遇任何「尷尬狀況」。這政策直到一九六〇年才被撤銷。[25]

　　乳膠保險套在一九二〇年代發明。這些保險套被大量製造，價格親民，謝天謝地它只能使用一次。在第一次世界大戰同盟國軍隊性病盛行之後，乳膠保險套成為第二次世界大戰時新兵的標準備配。美國軍隊也開始積極推行「性衛生」的宣傳活動，試圖讓他們

的軍隊遠離性病。一九四○年代引進盤尼西林，代表我們首次能治療像是梅毒、淋病和披衣菌等感染。然而，在第二次世界大戰時性病流行率依舊極高，這代表部隊雖然收到命令，但仍有士兵沒有使用保險套。但是，關於保險套與安全性行為的訊息，開始變得正常化。

　　隨著一九六○年引進避孕藥，以及能治療大部分性病的抗生素問世，影響了保險套的使用。[26] 一九八○年代發現愛滋病，保險套再度受到大眾重視。儘管政府不願談論安全性行為與同性性交，但健康危機迫使政府採取行動，使用保險套則是安全性行為宣導的核心，直至今日仍是如此。[27]

　　之前從未有像今日的保險套，如此便宜，如此舒適，較不受汙名化以及更加有效。如果有任何人想對它們提出異議，請提醒他們關於詹姆斯・包斯威爾綁在流膿陰莖上的羊皮腸套子，或是由亞麻布與帶子做成的保險套，或最初經硫化（能重複使用），厚度像橡膠長統靴的保險套。如果以上無效，請記得我們的祖先會不計一切（顯然除了不要做愛之外）避開令人毀容的可怕疾病。我們都該感到慶幸，並且請像史派克・米利根（Spike Milligan）曾說的，在各個可能想到的場合使用保險套。

第 19 章

拿掉孩子

十八世紀英國的墮胎

不過，老褓母卻叫她進臥室，裡面早已備好芸香、沙地柏、樟樹花、風輪菜、蒔蘿。

——愛德蒙・史賓賽（Edmund Spenser），

《仙后》（*The Faerie Queene*）[1]

威廉・巴肯（William Buchan）的著作《家庭醫學》（*Domestic Medicine*，1769）是一本醫學界的暢銷書。這本書熱賣超過八萬本，並被翻譯成多種歐洲語言，針對知音再版更是延燒到十九世紀。巴肯聲稱自己誠摯希望寫這本書能「幫助那些努力讓人減輕痛苦⋯⋯的好意；消除危險與害人的偏見；保護那些教育程度不高和容易受騙的人，可以不受庸醫和冒牌貨的欺詐與利用」。[2]《家庭醫學》的主題包山包海：有流鼻血、潰瘍，也有哮吼、腦水腫。在關於懷孕的章節中，巴肯簡述流產的原因與危險，也在道德上譴責那些試圖故意終止妊娠的女性❶：

---

❶ 「墮胎」（abortion）與「流產」（miscarriage）在十八世紀交替使用，不是只有故意終止妊娠的意思。

每位墮胎的母親都是冒著生命的危險去做的；不過，也有不少冒著這樣風險的人僅僅是不想生養孩子、怕麻煩。

這無疑是一種最違反常理的犯行，就算犯行者是最寡廉鮮恥的人，都不得不讓人覺得恐怖。要是發生在已婚的端莊女子身上，更加罪不可赦。另外，那些從事這種勾當、每天都在宣傳自己是在幫助婦女的可恥之徒，不管怎麼看，都應該受到所有人類刑罰當中最嚴厲的處分。[3]

　　英國裁定墮胎非法是在一八〇三年，當時通過的墮胎法案（Lord Ellenborough's Act）規定，「胎動」（胎兒開始有動作）發生之後墮胎，將處以死刑或者流放。[4] 由於大多數神學家和醫生都同意，胎動處於孩子賦靈的階段，在此之前墮胎都不算犯罪，女人胎動前也不算懷有孩子。不過，有了胎動還去墮胎就天理不容了。約翰·艾思卓克醫師（Dr John Astruc）認為「對人性和宗教而言」，那些企圖墮胎的「可鄙女子」是「澈底的寡廉鮮恥」。大律師馬丁·馬丹（Martin Madan）稱那些因拙劣的墮胎術死亡的婦女「犯下自殺和謀殺孩童的雙重罪行」。另外，十八世紀許多離婚判決中，舉證配偶買藥誘使墮胎是很合理的離婚根據。[5]

　　正如前章所示，到了十八世紀，基本的避孕方法都已問世，而方法的來源從民間傳說、江湖騙術到效果不彰的保護措施都有。雖然體外射精完全不可靠，不過卻是個歷史悠久的選項。十六世紀就已經開始有用動物腸子製成的保險套，這種保險套沖洗一下就能重複使用。卡薩諾瓦在他的回憶錄中記載自己使用亞麻布製成的保險套，還有用檸檬片做成的子宮頸帽（cervical cap）。[6] 自古以來，性交後灌洗陰道一直是沖洗精液、防止懷孕的方法。[7] 生育率會因為疾病、營養不良、健康情況差而降低，但意外懷孕的狀況仍普遍

十九世紀晚期日本的
浮世繪木刻版畫，旨
在告誡婦女不可墮
胎。

存在。當女孩發現自己的「腹部隆起」（1785 年）時，因羞恥、環境、貧困和無數其他原因衍生出的壓力，都有可能讓她產生終止妊娠的念頭。

墮胎在十八世紀的英國或許不見得違法，但當時確實認為（胎動後）墮胎是一件極為可恥的行為，而墮胎術又被蒙上了隱晦的色彩。由於欠缺第一手資料，墮胎史的研究是出了名的困難。法庭記錄女性墮胎失敗死亡的案例，也存有那些因企圖引產遭起訴的人的

一八四五年，門羅醫師（Dr L. Monroe）在《波士頓每日時報》上刊登的廣告。「法國舒經丸」有助於調理「女性月事生理不適」。廣告建議：「本藥會導致流產，已婚女性若有理由相信自己懷孕〔原文為法文〕，千萬不可服用」。

故事。有心人若想知道如何施行流產、或者該服用哪種草藥、補品才會流產，醫生和接生婆也決不願冒著生命危險說明解釋。或者應該說，這類的說明文會以委婉的語句，來暗示某種植物含有流產的藥性。

說明文也許會列舉可能導致流產的植物，再把它們嵌入「孕婦不得服用」的警語中，就像「合法興奮劑」為了規避法律，就把自己標榜成「研究化學製品」、「非供人食用」一樣。「女性調經丸」和「治療」「月經不順」的廣告可以解讀成加密的避孕藥和墮胎藥。提姆·希區考克（Tim Hitchcock）在《英國性事》（*English Sexualities*）中認為：

整個近代早期，隨便一本草藥書或食譜裡都看得到用於「拿孩子」或調經的藥方；當然，這類藥方從藥劑師那兒也拿得到。[8]

女性如果意圖「拿掉孩子」（bring down the flowers，1598），方法當然是從危險性最低的進展到最高的。可促使墮胎的已知食用藥草中，最常見的有沙地柏、胡薄荷、芸香、麥角。沙地柏是杜松屬的一種，用來為杜松子酒（又名「毀人母親」〔mother's ruin〕）調味。一八○三年，墮胎明定非法後，許多有關墮胎的法庭檔案中都提到了沙地柏。例如，一八二九年，瑪塔・巴雷特（Martha Barrett）被指控「為了墮胎」服用了「一定劑量的沙地柏」。一八三四年，威廉・柴爾斯（William Childs）被指控非法墮胎，他給瑪莉・珍・吳爾芙（Mary Jane Woolf）服用「大量某種名為沙地柏的藥草……意圖引起並導致其流產」。一八五五年，威廉・朗文（William Longman）被指控「罪大惡極，給伊莉莎白・艾歐傑德・艾絲廷斯（Elizabeth Eldred Astins）服用十粒名為沙地柏的有害物質，意圖造成流產」。[9]這樣的例子還有很多。像沙地柏、胡薄荷這類的墮胎藥確實有毒，服用劑量夠高的話，可能會導致流產──若服用過高的劑量，可能會、也確實曾讓胎兒的母親斃命。

這些墮胎方法如果都證明無效的話（通常也都無效），胎兒

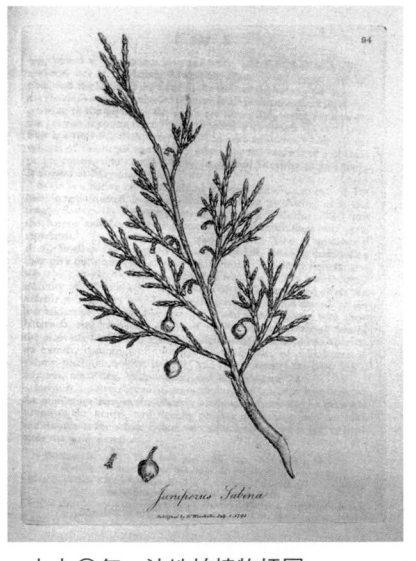

一七九○年，沙地柏植物插圖。

的母親就只剩下越來越絕望和危險的選項：坐在滾燙的熱水裡、喝大量的杜松子酒、從樓梯上摔下來或大力捶打肚子，這些嘗試流掉小孩的招數都有紀錄。而這些方法又全都沒用的話，手術介入也是一種門路。[10] 手術流產的報導在十八世紀極其罕見。一七三二年，德比郡的一場艾蓮諾・碧兒（Eleanor Beare）的審判，是十八世紀為數不多詳實紀錄的手術流產之一。艾蓮諾被控三項罪行：一項是鼓勵某男子謀殺其妻子，另外兩項是將「鐵製器具放入」體內，「殺死子宮內的胎兒」。碧兒做手術的其中一名女性「陪審團不知道名字」，另外一位叫葛蕾絲・貝爾福特（Grace Belfort）。[11] 葛蕾絲・貝爾福特曾短暫為艾蓮諾工作過，而就是在此期間，她被前來的訪客強姦了。葛蕾絲向艾蓮諾坦承擔心自己懷孕，艾蓮諾則以三十先令（由強姦犯支付）為代價，承諾能幫她「清除」（clear）這孩子。接下來的敘述實在是太少見了，所以值得完整分享。

> 證詞：某個人給了我蘋果酒和白蘭地，女主人和我都喝了不少，那個人走後，我們幾乎上不了樓、但最終還是上去了；然後我躺在床上，女主人拿了一個工具，我覺得很像支鐵叉，她把它伸進我身體的很裡面、很痛。
> 法庭：在那之後呢？
> 證詞：我流了些血。
> 法庭：後來有流產嗎？
> 證詞：隔天……我就流產了。
> 法庭：在這之後犯人又做了什麼？
> 證詞：她跟我說事情辦好了。[12]

艾蓮諾被判有罪、監禁三年，並且在接下來的兩個市集日上枷

示眾。當時的鄉民被艾蓮諾的罪行激怒，她可說是命懸一線。紀錄裡描述鄉民朝她的頭扔雞蛋、大頭菜、石頭，直到她失血過多、幾乎失去知覺。最後好不容易掙脫群眾、再被拖回監獄，只不過在接下來的市集日又得再次承受折磨。[13]

　　一七六〇年，詩人湯瑪斯・布朗（Thomas Brown）寫了一首名為〈諷刺庸醫〉（Satire Upon a Quack）的詩，這首詩抨擊一名墮胎術士，因為她「謀殺」了他朋友的孩子。這首詩充滿怨念且不斷攻擊「墳場淫媒」（graveyard pimp），因為她「謀殺子宮裡尚未出生的嬰孩」。布朗詛咒這名墮胎術士生生世世都會聽到，那些垂死母親和「嬰兒的哭喊聲」，她會成為「助產士的笑柄」、「沒鼻子的蕩婦」，被「夜晚最嚴屬的恐懼」跟隨。[14] 布朗整首詩不斷提到墮胎術

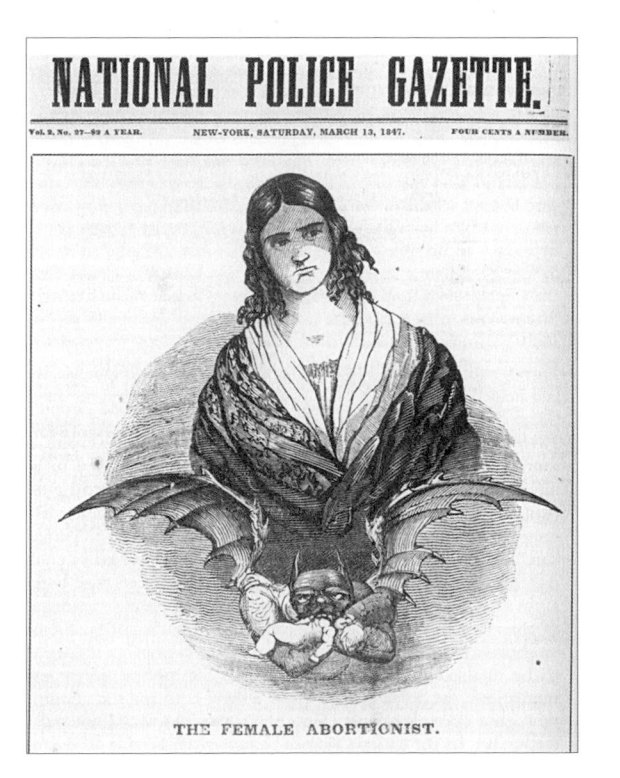

一八四七年，《國家警察公報》（National Police Gazette）所描繪的「墮胎女術士」安洛曼（Ann Lohman），亦稱雷斯特爾夫人（Madame Restell）。

士所用的工具，不過沒提到「鐵叉」。詩中確實提到的有「惡毒的藥水」、「帶刺的語句」、「尖銳的鐵鏢」和「殺人的鵝毛筆」。[15] 任何細長銳利的工具，甚至羽毛筆鋒利的筆尖，都可以成為穿刺子宮頸與「拿掉孩子」的合適「工具」。整個過程有些人會自己來，好心的親友也可能來幫子宮穿刺。我們無法知道有多少婦女因墮胎而受到無可彌補的損害、傷殘、感染與死亡，但仍有許多婦女願意冒險嘗試。

如果以上方法失敗了，或者這可憐的女孩根本負擔不起墮胎術士的費用，那就還剩下三種選項：把這孩子留下來撫養；把這孩子丟掉；把這孩子殺了、屍體藏起來。

法蘭西斯・葛羅斯（Francis Grose）在一七八五年出版的《方言字典》（*Lexicon Balatronicum: a Dictionary of Buckish Slang, University Wit, and Pickpocket Eloquence*）中，有一則著實讓人不安的詞條：「悶小豬：將私生子殺害，或將他投入茅廁〔廁所〕」。[16] 這句片語也在一百多年前的《新古今黑話詞典》（*A New Dictionary of the Terms Ancient and Modern of the Canting Crew*，1698）和十九世紀的各種俚語大全中收錄。殺嬰本身有專門的黑話，意味著這作法普遍到讓人憂心。

一七〇二年，科文特花園聖保羅教堂的克莉絲汀・羅素（Christian Russel）「將其非婚生子丟入廁所」，因謀殺自己的私生子而獲罪。瑪麗・都鐸（Mary Tudor）於一七〇三年因謀殺而受審，該女子「在去年一月十八日將其非婚生女扔進廁所，使其窒息、再將其勒斃」。一七〇八年，安・加德納（Ann Gardner）「將非婚生子丟入廁所，使其遭穢物窒息而死」，判處謀殺罪。安妮・惠勒（Anne Wheeler）於一七一一年「在解便所」將其「非婚生子悶死」而遭起訴。一七一七年，伊麗莎白・亞瑟（Elizabeth Arthur）

在「廁所」將其「非婚生子淹死」。伊麗莎白・哈瑞德（Elizabeth Harrard）於一七三九年淹死她的「非婚生子」而獲罪，話說，那年有四名女子因謀殺自己的非婚生子女而被處以絞刑，她也是其中之一。[17] 而這樣的案例不勝枚舉。一七〇〇年至一八〇〇年間，單是「中央刑事法院」（Old Bailey）的紀錄就有多達一百三十四起殺嬰的審判，這當中絕大部分遭到殺害的都是非婚生子女。我們得記住，這只不過是單一地區、單一法庭的紀錄，而這些開庭所審的，也只不過是那些被逮到的人。到底有多少非婚生嬰孩遭殺害？實際的數字將永遠石沉大海，但大多數受審的女子都很窮、沒結婚、無依無靠——她們根本走投無路。

　　女性發生婚前性行為或不小心懷孕，就會被說成「被毀了」（ruined）或「墮落了」（fallen），這兩個詞都傳達了婚前性行為要承擔的後果。懷孕的女子若夠有錢，她便能在懷孕期間躲起來，然後再把嬰兒托給親戚或付錢請人照顧，這樣就能避開醜聞。但對於那些付不起封口費的人來說，後果確實會很慘。社會加諸在這些準媽媽身上的汙名嚴重到有可能讓她們被逐出家門、丟了工作，就只能待在一個充滿敵意的世界裡自生自滅。像《芬妮席爾》（*Fanny Hill*）這類十八世紀的情色文學就很愛講這種處女的故事，說她們因為「不檢點」（debauched）遭到拋棄，得販賣性服務才有辦法生存。可悲的事實是，上流社會的女孩一旦「被毀了」、「墮落了」，能有的選項確實少之又少。而照理說，性工作者對避孕方法和墮胎管道應該熟門熟路，但「妓院寶寶」的誕生還是在所難免。一九九三年，紐約五點區（Five Points district）挖掘出一幢十九世紀的合租房，在廁所低土層處發現兩個足月嬰兒的骨骸，很可能是雙胞胎。當時的證據顯示，這戶樓確切的地址「橘街十二號」，曾經是一家妓院。雖說以前就在廁所挖出過胎兒的遺骸，不過，因為和性交易

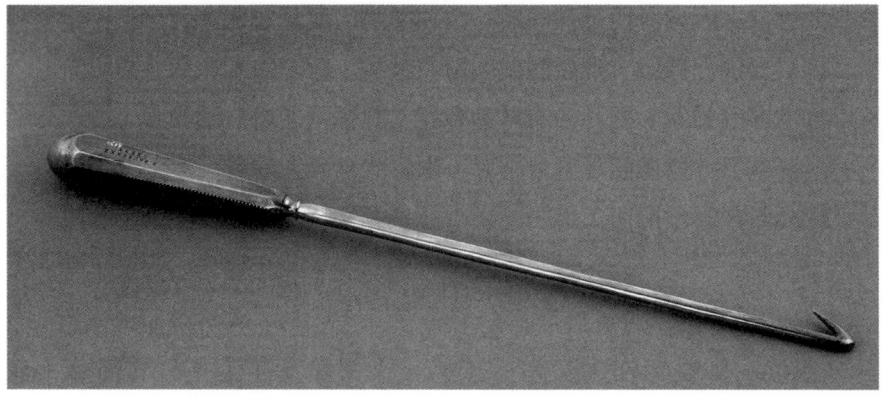

用於取出流產胎兒的鉤狀器械。

背景關聯很強的發現就只有這一次，所以意義重大。❷

　　未婚媽媽為了逃脫絞刑，得先「證明」自己的孩子是死產。一六二四年，英國議會通過一項法案，將未婚媽媽隱瞞其非婚生子女的死亡定為死罪，這項法案推定孩子若死亡，兇手一定就是母親。而母親為了證明沒有隱瞞分娩，必須出示至少一份證人的說詞，來證明嬰兒確實是死產。另外，控方也必須證明該母親有故意隱瞞懷孕和分娩。前面提到的安・加德納經證實謀殺了自己的嬰兒，因為她沒有為這孩子的出生做任何準備，也沒有告訴任何人自己懷孕了。

> 犯人答辯時幾乎無話可說，她似乎沒為這孩子的出生做任何準備、沒人聽她說過有了孩子、也絲毫沒人察覺她懷有孩子，詹姆士一世的法令〔1624 年的法案〕對這類案件的要求，她都沒做

---

❷　一九七三年，在費城一個十八世紀的廁所遺址中發現一具新生嬰兒的遺骸。一八七〇年，在明尼亞波利斯市的一處原本是餐廳的遺址中也發現了胎兒遺骸。Thomas A. Crist, 'Babies in the Privy: Prostitution, Infanticide, and Abortion in New York City's Five Points District', *Historical Archaeology*, 39.1 (2005), pp. 19–46, p. 19.

到。犯罪事實明顯，總括來說，陪審團裁定她有罪。[18]

　　上述內容足以將安判處死刑；於一七〇八年一月十五日行刑。

　　一七三九年，英國慈善家湯姆士・柯倫（Thomas Coram）開設「倫敦扶幼院」（London Foundling Hospital）。此院主要目的是提供孩子庇護，這些孩子的母親都是些「不幸的女子，被心懷不軌的男子誘惑，而相信虛假的承諾，成了受害者」，她們只留下「難以挽回的恥辱」。[19] 當初開院時，院方預計收留二十名嬰兒，結果是供不應求。最後，院方不得不將入院限制調成兩個月以下的嬰兒，再透過投票系統完成入院許可。為了讓母親將來能把孩子從院所接回家，院方鼓勵母親留給嬰兒信物，方便日後相認。放在這些棄兒身邊的絲帶、頂針、缺角的硬幣、小盒墜飾、小鈕扣、紙片、貝殼等等數以千計的信物，如今仍靜靜待在院所的博物館內。一七四一年至一七六〇年間，被送往醫院的一萬六千兩百八十二名嬰兒中，最終只有一百五十二名被接回家。[20]

　　英國在一九六七年通過墮胎法案時，助產士珍妮佛・沃思（Jennifer Worth）被要求針對墮胎的道德問題發表評論。珍妮佛親眼見證非法墮胎十四年後，回答說，她「不認為這是個道德問題，而是醫療問題。少數女性會一直有墮胎的需求，因此，墮胎必須正確執行」。今天，我們大多數人會覺得自己真的有夠幸運，永遠不會落入像安・加德納這樣的女性在三百多年前陷入的境地：貧窮、生病、孤獨、被汙名化和懷孕，沒有生育權、沒有醫療照護、沒有保障或沒有養孩子的辦法。不過，安全墮胎權正遭受嚴重的威脅。我撰寫本文時，阿拉巴馬州和喬治亞州正準備通過美國近代史上兩條最激進的反墮胎法。這兩條法案規定，胚胎若測到心跳（之前稱為「胎動」）再行墮胎就算犯法。北愛爾蘭在二〇一九年以前，一

母親留給嬰兒的信物，藏於「倫敦扶幼院」。母親若想接回自己的孩子，這些信物可以幫她們和孩子相認。今天，仍留在倫敦扶幼院的數千個信物就是大多數母親都沒回來的證據。

些與墮胎相關的法律還是全世界最嚴
苛的，女性若是墮胎將面臨長期監禁
的刑責。我們在社會安全、醫療保
健，還有對性的普遍態度上雖然都有
長足的進步，但圍繞在墮胎的辯論仍
根植於宗教教訓，它企圖妖魔化、懲
戒尋求墮胎的女性和施行墮胎術的醫
師。但避孕的歷史告訴我們，總有人
墮胎、也總有人犯險，再多的刑事定
罪──就算死刑──也無法改變這個
事實。

十八世紀一位母親留給棄兒的金
屬信物，藏於「倫敦扶幼院」。

第 20 章
月經劇碼
月經史

新酒接觸到〔經血〕會變酸，莊稼碰到它會荒蕪、嫁接的植物會
枯萎、花園裡的種子會乾死、樹上的果實會脫落，鋼鐵的邊緣、
象牙的光芒都會變暗、蜂窩裡的蜜蜂也都會死、就連銅和鐵都立
刻會生鏽，還有，空氣中會瀰漫一股可怕的氣味；狗兒嘗到就要
發瘋、咬到也會染上沒藥可醫的毒素……。據說即使是小如螞蟻
的生物對它都很敏感，有它味道的玉米粒螞蟻會扔掉、再也不碰。
——老普林尼[1]

　　身體機能中很少有像月經一樣，能夠引起人們如此強烈且共通
的反應。儘管差不多在兩千年前，老普林尼就已經發表自己對經血
明顯充滿末日特性的看法，但只消看一眼現代超市走道上委婉寫著
「女性衛生用品」就會知道，雖然我們確實不斷往前，但作為一種
文化，我們面對這個話題時，仍然沒辦法完全自在。

　　但是，這樣隱晦的標示實在不算什麼。二〇〇五年，尼泊爾政
府將古老的印度教習俗「月經禁忌」（Chhaupadi）定為非法，因為
這習俗會將月經來潮的女子逐出家門、強迫她們在來潮期間睡在經
期小屋（menstrual huts）。[2]這種作法源於他們相信經血不潔，經
期女子亦是不潔；Chhaupadi 譯為「不可碰觸的人」（untouchable

being）。為了防止他人遭受汙染，月經來潮的女子不能處理食物或隨意與他人互動。可悲的是，二〇〇五年的裁定並沒有遏止這作風。二〇一八年，有幾名女子在經期小屋裡凍死，另外有些人在嘗試取暖時因吸入濃煙而嗆死，死了幾個人之後，尼泊爾政府將那些實行「月經禁忌」的人處以三個月監禁或三千盧比罰鍰。[3]事實上，隔離來經女子的做法並非尼泊爾獨有，雖然這習俗正在逐漸消失，不過，在全世界一直都有紀錄。例如在衣索比亞，猶太女子月經來潮期間仍然會躲進村子裡名為 margam gojo 的小屋，即「詛咒小

一八八四年一月，刊登於《美國藥劑師》（American Druggist）上的「法爾專利淑女月經容器」。

PLATE 185.—**Páez houses and bridge.**　*Top* (*left*): Family dwelling with menstrual hut at left.　San Andrés.　*Bottom* (*right*): Páez Indians and house, Calderas, Tierradentro.　*Top* (*right*): Large communal fiesta house, Calderas, Tierradentro.　*Bottom* (*left*): Suspension bridge, Tierradentro.　(Courtesy Gregorio Hernández de Alba.)

一張一九四五年的照片，左邊是一間經期小屋。

屋」的意思。

　　一九七四年，「美國人類學會」（American Anthropological Association）針對全球四十四個社會的月經禁忌做研究，禁忌從最常見到最不常見的排列如下：

1. 多數都認為經血令人難受、有汙染、有危害。
2. 來經者不得行房。
3. 對來經者強加人身限制，如：食物禁忌、限制動作、說話等。
4. 來經者不得接觸男性物品，舉凡男性的個人用品、武器、農漁業用具、工藝工具、「男性作物」（men's crops），還有男性守護的宗教象徵物、聖壇等都是。
5. 來經者不得為男性煮飯。

6. 來經者於來潮期間在經期小屋內禁閉。[4]

從歷史來看，托霍諾奧德罕人（Tohono O'odham，美洲原住民）、夏延人（Cheyenne，美洲原住民）、伊法魯克（Ifaluk）島民、位於今日貝南（Benin，西非）的達荷美王國（Dahomey）、蒂夫族（Tiv，西非）、龔德人（Madia Gonds，印度錢德拉普爾）、南派尤特人（Southern Paiute，美洲原住民）和西非的阿散蒂人（Ashanti）都有使用經期小屋的傳統。[5] 印尼斯蘭島（Seram）胡歐魯（Huaulu）一族的女子直到一九八〇年代仍會被驅趕到小屋子裡，禁止食用特定的肉類。[6]

一九七四年的研究還探討了這些文化中關於月經的各種起源神話，研究發現許多文化都相信月經是月亮引起的，但不包括印度的龔德人。龔德人相信外陰部曾有過牙齒、卻被拔掉了，這造成永久無法癒合的傷口，就是這傷口引發了月經；還有澳洲的阿龍塔人（Arunta），他們「相信是惡魔的指甲劃破了陰道壁，所以流血」[7]。

到目前為止，經血令人難受或有危害是最常見的看法，學者研究的四十四種文化中，有三十種都記錄了這樣的看法。這項研究距今已超過四十年，經期小屋也在慢慢消失當中，儘管如此，現在仍有許多人認為月經「令人難受」。我自己就常感覺月經是一場很令人難受的經驗。有些人「大姨媽來」時，腹部只會隱隱作痛。而像我這樣的一群人，則深深相信自己的子宮正在重新上演「索姆河戰役」（Battle of the Somme）。

您若是那些從未經歷過嚴重經前症候群（PMS）的人，那麼請容我娓娓道來。經前症候群就是一個他媽的難看。你的身體會腫、乳房很痛、汗液也常常流到失控。皮膚的褶皺感覺像被沼澤淹過、從早到晚都頭痛欲裂。你覺得自己像是感冒了，全身發抖伴隨痠痛

加上噁心，整個人的情緒箭拔弩張，就像幾天幾夜都沒闔眼一樣。等一下，這還沒完喔！下腹部的劇烈絞痛，就像你曾經有過的一場最慘絕人寰的腹瀉——事實上，本來就會腹瀉，腹瀉有助於緩解經痛。而為了迎接排卵，內臟會收縮、撕裂，產生血塊，灼熱的疼痛感會穿透全身。有時太痛根本直不起腰，要等到疼痛過後才能呼吸，不一會兒，那悶悶、連續的疼痛又回來了。肚子裡那頭永無饜足的食獸已被釋放，像一頭吵著要糖和碳水化合物的胖犛牛。有些食物卻又讓你想吐，味道讓你反胃、噁心。你不知道自己想吃什麼，但知道自己想吃很多那個什麼什麼。你流血過多，以至於所有的「女性私密衛生用品」都不好用——像是企圖用隔熱手套來阻止奔流的岩漿一樣徒勞。你擔心有人會聞到月經的味道。整週下來你坐也驚恐、站也驚恐，就怕經血萬一流出來該怎麼辦。然後，你好不容易坐下，那一坨糟心的、溼溼歪歪的、髒髒臭臭的東西還是來了，某個討厭鬼這時就問道：「美女，那個來齁？」你覺得這樣也好，就直接滅了他吧！

我同意，月經並不有趣！但這不能解釋為什麼有些人連聽到「月經」二字都極其嫌惡，也不應該是女人必須去睡棚屋的理由。

憎惡月經或許是普遍的現象，卻不是普世的現象。孟加拉的包爾人（Vaishnava Bauls of Bengal）相信經血是一種強效的液體。女孩初經來潮是整個社區慶祝的理由，她的經血會和牛奶、樟腦、椰奶、糖混合，再分給親朋好友飲用。二〇〇二年，一位受訪的包爾女孩塔拉（Tara）回憶那些參加儀式的人喝下她經血後的變化：「記憶力和專注力都得到提升，他們肌膚容光煥發、聲音悅耳動聽、全身上下都洋溢著幸福、寧靜和愛」。[8] 也許你不想把衛生棉條當茶包用，但相信經血具療效也不乏歷史前例。

《埃伯斯紙草卷》（*Ebers Papyrus*，約西元前 1550 年）內有

許多防止乳房下垂的方法，其中一種是在乳房和腹部塗滿初經女孩的經血。[9]。本篤會女修道院院長聖赫德嘉（Benedictine abbess Hildegard of Bingen，卒於 1179 年）主張經血可以治療癲癇病：「如果一個人因情慾或放縱而患上癲癇病……他應該要泡澡……儘可能多找些經血混入浴缸，人再泡進去」。[10] 嘉靖帝（1507–1567）是中國明朝的第十二任皇帝，他每天都會吃一種叫做「紅鉛丸」的丹藥，他相信由處女經血製成的這帖藥方能延年益壽。這些年齡在十一到十四歲之間的宮女飽受虐待，因而在一五四二年發動「宮變」企圖暗殺皇帝。皇帝雖然受到重傷，卻倖免於難，而襲擊他的人連帶家人都被凌遲處死。此後，皇帝至死都一直服用紅鉛丸。[11] 蠢貨！

然而，大多數的文化和宗教還是把月經汙名化成髒東西。例如：猶太教、基督教、伊斯蘭教、印度教和佛教都對月經來潮的女

左圖：一五二二年出版，貝倫加里奧（Jacopo Berengario da Carpi）所著《人體解剖學》裡的女性腹部解剖圖。

右圖：一五九一年（明萬曆十九年）的木刻畫，顯示針灸治療月經不調時常下針的穴位。

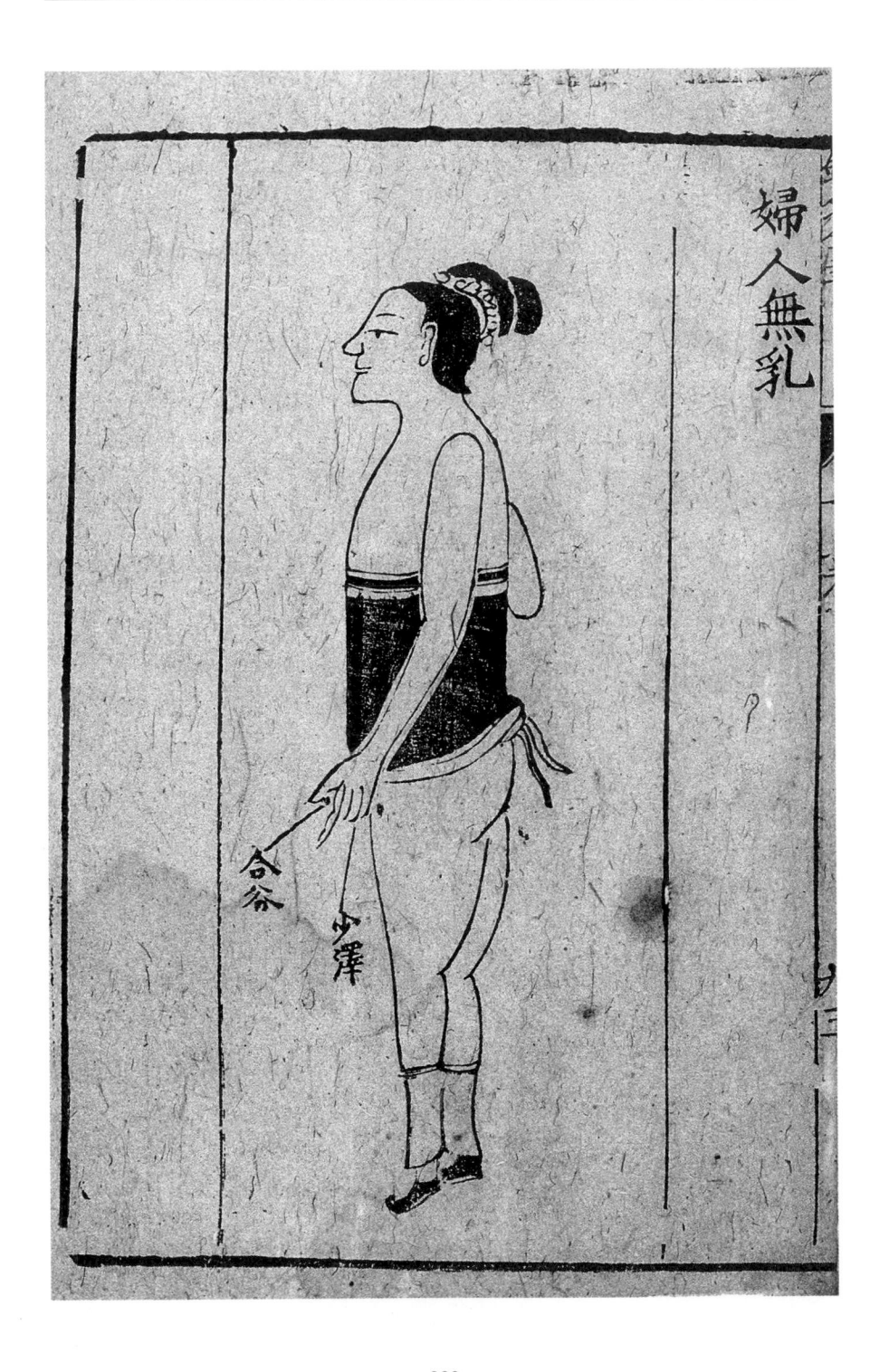

性多有制裁，視經血為不潔。[12]《利未記》20:18 寫道：「婦人有月經，若與她同房，露了她的下體，就是露了婦人的血源，婦人也露了自己的血源，二人必從民中剪除」。[13]《古蘭經》2:222 說：「他們問你月經的（律例），你說：『月經是有害的，故在經期中你們應當離開妻子，不要與她們交接，直到她們清潔』」。[14]

蓋倫（Galen）的「四體液說」（血液、黑膽汁、黃膽汁、黏液）在十八世紀以前一直主導著西方醫學對月經的理解。蓋倫的「過剩理論」（plethora theory）說月經是因為體內的血液過量或「過剩」（plethora）。[15] 因此，理所當然月經是身體導正這種不平衡的方式，而女性天生就比男性來的弱、需要定期流血。蓋倫還說月經對懷孕很重要，可為胎兒提供營養。[16]

早期的中醫也把月經視為身體失衡的結果。中醫認為女性主血也主陰氣，每個月的出血很有可能會造成不調和。早在西元六五一年，像孫思邈這樣的醫者就認為月經和身心健康狀況差有關。[17] 因此，中醫將月經的正常與否視為女性整體健康的關鍵。陳自明在《婦人良方大全》（1237 年）中寫道：「凡醫婦人，先須調經，故以為初」。[18]

《妙聞集》（*Sushruta Samhita*）是印度阿育吠陀醫學的奠基經典之一，成書時間大約在西元前六〇〇年到西元一世紀之間，像阿育吠陀這類的藥典通常教導說月經是身體淨化的一種形式。然而，若生命能量（dosha energies）失衡，就可能迎來「不好」的月經，女性也因此孱弱多病。這種失衡會讓血液聞起來「像腐屍或惡臭的濃液，或結塊、或稀薄、或散發尿液或糞便的氣味」。[19]。為了幫助淨化，《妙聞集》建議：

月經來潮的女性（頭三天）應該躺在由羽穗草（Kusha blades）

製成的床墊上，她應該從自己編織的棕櫚或陶製的土碟或葉子
做成的草盤上拿取食物。在此期間，她應該遵循「哈比夏」
（Habishya）飲食，甚至她丈夫的視線都要別開。這期間過後，
在第四天，她應該要行沐浴之禮，穿上新的（沒破的）衣服、戴
好飾品、說出必要的祝禱詞後，再去看望她的丈夫。[20]

　　遲至一八七八年，西方醫生仍在爭論月經來潮的女子到底會不
會汙染食物，當時的《英國醫學期刊》（*British Medical Journal*）刊
登一系列的信件，內容討論女性「在來經期間」（the painters were
in）觸碰到火腿的話，火腿是否會變質（1964 年）。[21] 時序邁入十九
世紀，醫生以身為理性的科學人驕傲自居，但他們對月經的理解仍
離不開汙染和瘋癲這類的說法。

　　威廉・羅利博士（Dr William Rowley）是牛津大學醫學院教
授，也是「皇家內科醫師學會」（Royal College of Physicians）的
會員，他曾熱切寫道，月經不調可能導致女性歇斯底里。「說話結
巴、舌頭打顫、語焉不詳；聲音也變了調，時而無度的咆哮、嘶
吼、尖叫，時而深深的嘆息、啜泣、悲鳴」。[22] 他們認為出血量大
也很危險，需要通便、服鴉片和身體約束等等。查爾斯・曼菲爾德
博士（Dr Charles Manfield）也相信月經和瘋狂密不可分。「一七
八四年到一七九四年間，有八十名患者送進貝利恆醫院（Bethlem
hospital），她們都在經期不久後發病，這樣的事實似乎顯示瘋狂的
部分原因經常和子宮的特殊狀態有關」。[23] 一八四八年，阿爾豪斯博
士（Dr Althaus）也同意並寫道：「歇斯底里症幾乎總是在月經突然
停止之後發生」。[24]

　　同樣的論點，若是換個目的就會得出極端的結論。例如像詹姆
斯・麥奎格・艾倫（James McGrigor Allan）這樣的反女權主義激進

一九三六年希爾斯百貨（Sears）目錄內頁的廣告。（編按：目錄上的產品為用來繫住或固定衛生墊的褲襪帶和女性內褲。）

派，在一八六九年「倫敦人類學學會」（Anthropological Society of London）發表的演說，就解釋了不應該給女性投票權的原因：

> 雖然月事長短因種族、氣質及健康情況而大有不同，但要說這時
> 候的女性身體不適總是沒錯的，從這個角度來看，平均一個月有

取自一八二二年，梅格里爾（J. P. Maygrier）所著《新式助產術》（*Nouvelles Démonstrations D'accouchemens*）中的站姿陰道檢查。

兩天，或說一年有一個月不舒服也都合理。而在這種時刻，婦女不適合從事任何耗費腦力或體力勞動。她們飽受倦怠和憂鬱的折磨，使得她們很不適合思考或行動。而且，在這樣的危險期，她們又有多大程度稱得上是能負起責任的人？真的很令人懷疑。女性許多矛盾的行徑、愛耍脾氣、反覆無常及暴躁易怒，都能直接歸咎到這個原因之上……。在心智勞動上，男性過去一直優於女性、現在是，而且永遠也都會超越女性，而箇中的原因再明白不過了，就是天性使然，男人天生不會有週期性的變化，來打擾他的思緒和專注力。[25]

　　直到二十世紀初期，科學界才開始全面了解月經。而月經的禁忌也隨著越來越多的女性從事醫療事業開始消除，但這一切都不是巧合。在此之前，瑪莉・普特南・雅可比博士（Dr Mary Putnam Jacobi）的創始工作：她於一八七六年的論文〈經期女性休養的探討〉（The Question of Rest for Women during Menstruation）贏得哈佛大學的「博伊爾斯頓獎」（Boylston Prize），還有傳承雅可比博士學識專精的克萊莉亞・杜爾・莫舍（Clelia Duel Mosher）與萊塔・斯泰特・霍林沃思（Leta Stetter Hollingworth），有她們的披荊斬棘，才終於證明「月經失能」（menstrual incapacity）的論點不正確。[26]

　　拋棄式衛生棉在十九世紀晚期問世，一九二九年厄爾・哈斯博士（Dr Earle Haas）發明了衛生棉條。在此之前，女性會用稱為「碎布」（clouts）的一疊填充布料，或乾脆讓經血流在衣服裡。[27] 生理期用品可說是有了戲劇化的改善，而將月經看成會讓女人變弱和骯髒的老舊態度，卻依然冥頑不靈的堅持著。

　　一九四六年，華特・迪士尼（Walt Disney）發行了一部向全美各地的高中生放映的教育片《月經的故事》（*The Story of*

Menstruation）。這部片子記錄了首次在銀幕上使用「陰道」這個詞，故事內容是教導年輕女性了解自己的身體。旁白葛洛莉亞·布朗德爾（Gloria Blondell）試圖揭穿一些關於月經的迷思，例如：經期不能洗澡或做運動；片中也解釋神經生物學、激素和生殖器等在月經中的作用。這部影片還建議年輕女性「停止自怨自艾」、「保持微笑」及「保持俐落」。[28]

但很不幸的是，數以百萬計的女性每個月遭受的痛苦，仍然不只是經期時的肚子絞痛。「月經貧窮」（Period poverty）指的是全世界買不起棉條或衛生棉、如今都還在使用綑布的女性。研究顯示，那些生活在城市貧民窟、難民營和農村社區的婦女尤其難取得基本的生理衛生用品。[29] 每個月，都有數以百萬計的女學生因生理期而

靠得住（Kotex）一九二〇年的廣告。廣告文案強調該產品的舒適和讓女性在行動與心理上的自在感。

缺課。馬拉威有 95% 的女學生買不起衛生棉或棉條，她們說自己會用破布和繩線做成墊布來接血。不過，這東西常會從內褲裡掉出來，所以這些女孩有超過一半的人生理期時都會待在家中。[30]「英國計畫」（Plan International UK）在二〇一七年的一項研究顯示，英國十四至二十一歲的青少年，有十分之一負擔不起衛生用品，這也導致每個月都有數千名的女孩子缺課。[31]

關於月經的歷史敘述很少有中立的。經血被認為具有魔力、也充滿毀滅性；它令人反感、卻又有淨化和神聖的特質。數千年來，在數千種文化中，月經一直與瘋狂、不理性、身體差連在一起。雖然醫學文本認為月經會讓身體虛弱，但涉及瘋狂、非理性、和月亮有關的迷信，又暗示著月經充滿了力量。在父權社會，月經是女性不及男性的證據，生物學早就決定好她們的不同角色。但比這更重要的是，月經被用來強化偏見，坐實了女性是非理性動物、需要持續監督。我們也許會以為這一切已經過去了、我們都走過來了，我們有對月經純科學的理解、也破除了關於月經的種種迷信。但是，在我們不會感到尷尬或不安的公開談論「大姨媽」（red-headed aunt from Redbank，1948）之前，一切就都還不算過去。先這樣！

第 8 部

性與金錢

SEX AND MONEY

《哈里斯的名單》是非常受歡迎的作品,不僅用於性產業的實用導覽手冊,也成為一種軟性情色書刊,給那些不敢真的安排買春的人觀賞。名單本身橫跨事實與虛構的界線,我們永遠無法驗證它的準確性。哈爾德太太的「樹叢」是不是真的「夠寬廣以容納所有的客人呢?」葛雷媽咪店裡的艾瑪是不是真的早餐喝威士忌,真的有「像眾人追尋的賢者之石一般的……神奇戒指」?希姆斯小姐的「陰道」是否真的像「一隻做工良好的靴子」?這些我們永遠無法知道。

第 21 章

最古老的職業

古代世界的性工作

　　儘管古人告訴我們，性工作是世界上最古老的職業，但事實上，醫學才是世界上最古老的職業。一九五二年，耶魯大學的人類學家喬治·彼得·穆道克（George Peter Murdock）針對世界各地數百名原住民的社會習俗發表研究，他發現醫者的形象是共通的，而賣淫則沒有明確的證據。

> 我讀過數百份原始社會的記載，當中沒有任何一份紀錄說得上是真正的賣淫。許多社會展現的性行為模式，我們會認為極其放蕩，但除非在所謂的「高級」文明裡，這種放蕩也沒有特定的賣淫形式。[1]

　　其他學者如瑪麗·布雷金里奇（Mary Breckinridge）認為助產士才是最古老的職業：「助產士這份職業相當古老，與之相比，就算最早的醫護傳統也不過是新興行業」。[2] 若想弄清楚什麼職業「最古老」無疑是徒勞之舉，因為職業、甚至金錢都是相當晚的發明。「智人」在地球上趴趴走大約是二十萬年前，鑄幣最早的證據出現在小亞細亞的呂底亞（Lydia），可追溯到西元前六四〇年。先不說貨幣系統，就連相當仰賴牛隻馴化和作物種植的以物易物系統，也

可以追溯到西元前九〇〇〇年左右。[3] 也就是說，人類歷史的大部分時間裡，沒錢也能過日子。但到了今天，主宰我們怎麼過活最主要的東西，恐怕還是金錢，因此我們得記清楚，金錢真正有的唯一價值，是人類集體附加上去的。說到底，金錢也不過是一張張紙和一枚枚圓型金屬，某個時刻開始我們就都覺得它特別了。其實，直到我們的祖先覺得那些金色的石頭比其他石頭更好看之前，我們沒有錢也都過得很好。

沒有金錢和商業，就不會有職業。歐洲人帶著梅毒和大旗來到紐西蘭之前，沒有證據顯示毛利人（Maori）有性買賣。維多利亞時代的探險家驚訝的發現，婆羅洲的達雅族（Dyak people）「沒有表達那種惡行的語言」。[4] 一八六五年，基督教傳教士洛林·安德魯斯（Lorrin Andrews）將聖經翻譯成夏威夷語時，不得不發明新詞，來

原住民傳教士的大家庭照，約一八七八年。美國攝影師蒙塔諾（A. A. Montano）為自己在檀香山開的「新照相館」所攝。

教導島民有關性羞恥和不忠的概念。[5]

　　在歐洲人突然造訪美洲，對每一位原住民行「教化」（civilise）之前，幾乎沒有證據顯示美洲原住民之間存在著性交易。儘管如此，入侵者仍認為所有的原住民婦女都很淫亂。[6]性商品化、性利益買賣作為一種職業，與金錢和經濟市場的建立絕對脫不了關係。商業的建立和性買賣之間的因果關係，可以在經濟學家基思・陳（Keith Chen）的一項創新實驗中看到。二○○六年，陳讓一群卷尾猴知道貨幣的用法，也教牠們使用代幣購買葡萄、果凍和蘋果等。雌猴幾乎立即開始用性來交易代幣。❶

　　「世界上最古老的職業」一詞是魯德亞德・吉卜林（Rudyard Kipling）的發明，這句話首先出現在他的短篇小說《在城牆上》（On the City Wall，1898 年）。故事開頭就是這不朽的金句：「拉倫（Lalun）❷是世界上最古老職業的一員」。[7]自此，人們就把這句話看作歷史事實。但吉卜林在這句話之後所寫的內容，或許至少能

---

❶　編註：在故事中，拉倫是拉合爾（Lahore）城中一位美麗有才華的女子，會有許多男士來拜訪她（Lalun is visited by many men, distinguished and otherwise......）。

❷　Keith Chen, Venkat Lakshminarayanan and Laurie R. Santos, 'How Basic are Behavioral Biases? Evidence from Capuchin Monkey Trading Behavior', *Journal of Political Economy*, 114.3 (2006), pp. 517–37 <https://doi.org/10.1086/503550>。以性換取利益在雄性長尾獼猴中也看得到。雄性支付的「貨幣」，是在交配前為雌性梳理毛髮所花費的時間，價格會隨雌性的可得性而起落。雌性越多得，雄性為性所付出的代價就越少，反之亦然。Michael D. Gumert, 'Payment for Sex in a Macaque Mating Market', *Animal Behaviour*, 74.6 (2007), pp. 1655-67 <https://doi.org/10.1016/j.anbehav.2007.03.009>。劍橋大學動物學家費歐納・杭特（Fiona Hunter）博士觀察到，南極羅斯島上的雌性阿德利企鵝會用性換取石頭。企鵝為了築巢，會用石頭搭建平台，避免蛋接觸到冰。石頭太過珍貴，所以雌性想要從雄性同伴那裡取走石頭時，就會用性來交換。雌性跳著交配舞，拿著她想要的石頭接近雄性。一旦他們發生性關係，她就會拿起石頭回到自己的伴侶身邊，她的伴侶並不知情。'Pick up a Penguin', *BBC News*, 1998 <http://news.bbc.co.uk/1/hi/world/asia-pacific/60302.stm> [Accessed 17 September 2018]。

讓我們對所謂非常古老的職業，有更深刻的理解：「在西方，人們對於拉倫的職業會說些粗話、寫些教訓，再把這些教訓推廣給年輕人，好維護道德。」[8] 如同吉卜林的觀察，人對賣淫的態度並非一成不變，而是文化決定的。由於許多原因，使得研究古代的性行為很困難，但尤其困難的是，歷史紀錄總是夾帶著作者的世界觀。許多歷史文本理解的賣淫，常常表達出更多作者自身的文化偏見，而不是描述行為本身。

例如，西班牙征服者在一五二一年殖民阿茲特克人時，他們將阿茲特克的納瓦特爾語 *ahuienime* 譯成「淫婦」或「娼妓」。不過這翻譯來自西班牙的天主教徒，他們看到的「賣淫」和阿茲特克人看到的完全不同。*ahuienime* 一詞更精準的譯文是「歡樂使者」（the bringer of joy），而且這個詞具有宗教、精神上的意涵。西班牙的版本無法跳脫自身的文化心態，因而將 *ahuienimeltin* 說成娼妓。正如希門內斯（Ulises Chávez Jimenez）所言：「西班牙人不了解阿茲特克宗教裡 *ahuienimeltin* 的作用，因為有 *ahuienimeltin* 才能合理化他們那種允許與眾神深度交流的宇宙模型」。[9]

性工作最早的一些紙本證據來自古代的美索不達米亞。詩句與巴比倫女神伊南娜（Inanna，也稱為伊絲塔〔Ishtar〕）有關，書寫時間大約是西元前二〇〇〇年至西元前一〇〇〇年之間，包含以下幾行：

你倚牆而立，赤身甜美，
你俯身下趴，兩瓣亦美……
我倚牆而立，一個錫克爾（shekel），
我俯身下趴，一個半錫克爾。[10]

　　請不要忘記，是女神伊南娜本人願意為一個半錫克爾「折腰」，這在某種程度上也顯示出古代世界的「神聖」可以既性感又有趣。

　　西元前一七五四年《漢摩拉比法典》為巴比倫的法典定調，其中有許多和「街妓」（ladies of the town，1680）有關的保護令：

> 如果一個男人的老婆沒給他生孩子，但街頭妓女確實給他生了孩子，他應該定量供應妓女糧食、油品和衣服，而妓女給他生的孩子就是他的繼承人；不過只要他的老婆還活著，妓女就不能和大老婆同住在一個屋子裡。[11]

　　性工作的法律保護和國家監管遍及整個古代世界。考底利耶（Kautilya）的《政治論》（*Arthasastra*）成書時間約在西元前二到三世紀之間，是一部談政治的印度文本。《政治論》用了一整章來討論「妓女總管」（*ganikadhyaksa*）的職責與女性從事這個行業的細則。性工作受國家管理、性工作者每個月要繳稅，如同大部分的職業一樣，性工作也層級分明。例如，*ganika* 受國家任命負責侍奉國王，每年會收到一千帕拿（panas）的薪水，在妓院工作的是 *bandhaki*，*pumscali* 則是在街頭工作。《政治論》用 *rupjiva* 這個字來描繪賣淫女子，*rupjiva* 的意思是「以美貌謀生的人」。[12]

　　性工作史裡最具爭議的一門研究領域，是古代世界中所謂的「神聖賣淫」（Sacred Prostitution），也稱為「廟妓」或「聖妓」（Temple or Cult Prostitution）。❸這也是一門重要的研究領域，因為相信賣淫曾經是一種神聖的交易，直接挑戰了我們許多關於性服務的當代敘事。正如瑪麗・比爾德（Mary Beard）所言，神聖賣淫的迷思提供「史料展現出來的另類人文學科模型，可用於新的生活、

不同的人生」。[13]「神妓」（sacred whore）或「性女祭司」（sexual priestess）的角色，在今日許多以性作為治療儀式的靈性團體中，是相當重要的人物。眾所周知，神聖賣淫是很難的研究題目，更別提驗證了，而且史學家對這件事情究竟是否存在都還在辯論。我們能嘗試和破解的，只剩為數不多的古代資料，而我們也無法得知，這些資料究竟是事實還是虛構的。

　　古代的巴比倫史詩《吉爾伽美什》（*Gilgamesh*，約西元前 1800年）講述的是廟「妓」（moll，1604）夏姆赫（Šamhat）的故事，夏姆赫服侍女神伊絲塔（Ishtar），並且利用性手段馴服野人恩奇杜（Enkidu）。這是迄今發現最早關於性工作的書面文獻之一，但這就是說故事，沒什麼主張。希臘歷史學家希羅多德（約西元前 484–425 年）對六世紀新巴比倫的描述，則是最早解釋神聖賣淫的非虛構文本：

> 巴比倫最令人詬病的習俗是強迫這片土地的每位女子，一生至少一次，坐在阿芙蘿黛蒂（Aphrodite）的神廟裡和某個陌生人交媾。許多富貴且自負的女子不屑與他人為伍，她們會乘坐有蓋的馬車前往神廟，在眾多僕人的陪同下站在那兒。但大部分的女子都還是坐在阿芙蘿黛蒂的聖地裡，並將繩子結成的王冠戴在頭上；神廟裡有大量的女子來來去去；穿過人群的每條走道都有畫線，男子一邊通過走道一邊挑選。女子一旦就定位，就必須等到某個陌生人把錢丟在她腿上，並與她在廟外交媾後才能回家；男

---

❸　質疑性工作有所謂「神聖」可言的歷史學家首推史蒂芬妮‧林恩‧布丹（Stephanie Lynn Budin），參見《古代神聖賣淫迷思》（*The Myth of Sacred Prostitution in Antiquity*，紐約：劍橋大學出版社，2010 年）。布丹重砲抨擊希羅多德（Herodotus）的各種翻譯，顯示性交易儘管在古代世界蓬勃發展，卻絕非神聖。

子丟錢時必須說：「我以米麗塔（Mylitta）之名邀請你」。錢多少不是重點；女子永遠都不會拒絕，拒絕才是罪過，錢也因為這個動作變得神聖。總之，女子跟隨第一位丟錢的男子，是誰都不能拒絕。他們交媾後，女子算是履行了對女神的聖職，然後離開神廟回家；此後，無論多少賄賂都無法再得到她。這樣的結果就是，美麗高䠡的女子很快就能自由離開，難看的女子就會因為無法履行法律責任而長久等待；有些得在那裡等上三到四年。在賽普勒斯的某些地方還有這樣的習俗。[15]

　　儘管希羅多德書寫歷史，但或許我們可以委婉的稱他為「不可靠的敘述者」（unreliable narrator），說他是歷史學家就如同說迪士尼是歷史學家一樣。還有，他很明顯是在抹黑巴比倫人的聲譽，把自己對性的負面觀點投射在他們身上——那麼，他的文章裡面有真話嗎？或許有。類似的習俗也在其他的文獻中有紀錄，但有可能只是重彈希羅多德的舊調。希羅多德之後的四百年，史學家史特拉波（Strabo，西元前 64 年至西元 21 年）描述了在亞美尼亞的阿系理辛（Acilisene）實踐的性儀式。這個地方的人會在女兒婚配前，帶她們去波斯女神安娜提絲（Anaitis）的神廟、將她們獻給女神並侍奉她，以表達敬意。[16]

　　希臘作家琉善（Lucian of Samosata，125–180）在《敘利亞女神》（*De Dea Syria*）中，描述在敘利亞進行的一種儀式，這種儀式中，女子必須在公共場合與陌生人性交，以此作為對女神阿芙蘿黛蒂的報償。[17] 奧古斯都歷史學家特洛古斯（Pompeius Trogus）寫道：「塞普勒斯人有一個習慣，就是在特定的日子裡，將婚前的處女送到海邊打工，目的是賺取嫁妝，也是向阿芙蘿黛蒂獻上初熟祭（first-fruit offering），以祈求美德永存」。[18] 希臘抒情詩人品達（Pindar，

一八九六年，詹姆斯·迪索（James Tissot）的〈耶利哥的妓女與兩個密探〉（*The Harlot of Jericho and the Two Spies*）。

西元前 518–438 年）也寫到，在奧林匹克運動會結束後，性工作者會被上貢到哥林斯的阿芙蘿黛蒂神廟：「哦！塞普勒斯的女主人，色諾芬（Xenophon）帶領百位牧女來到祢的樹林」。[19] 而因為品達本人稱此作品為 *skolion*（酒歌），所以這則軼聞不太可能只是有聲有色的故事而已。[20]

　　舊約也幾次提到 *qadeshes*，許多人會把這個字譯成「男、女廟妓」。《列王記》23:7 寫道：「他還拆毀在耶和華殿內男性廟妓的房屋，就是婦女為亞舍拉編織袍子的地方」。[21] 但是，魔鬼藏在細節裡，許多史學家都對這個翻譯很有意見。

　　神聖賣淫最明確的證據在印度，那裡有歷經八百年歷史的印度教傳統 devadasi（神廟舞姬）。Devadasi 的意思是「神的女僕役」，指的是那些獻給女神耶爾拉姆馬（Yellamma）的女性。而「在神廟跳舞的女子」被視為 devadasi 的最早紙本紀錄，可追溯到西元一二三〇年至一二四〇年，也就是馬哈拉施特拉邦（Maharashtra）的拉賈拉雅三世（Raja Raya III）時期。[22] 在坦賈武爾（Tanjor）的坦賈武爾神廟內刻鑿著距今一千年前的銘文，羅列出四百名神廟舞姬；在布里哈迪希瓦拉神廟（Brahideswara temple）也有四百五十名，而在索姆納特神廟（Sorti Somnath temple）更是有五百名的神廟舞姬。[23] 神廟舞姬照看寺廟、唱歌跳舞、奉獻於神。她們也是有錢人贊助的高級妓女，因為神廟舞姬是神聖的女子，這些有錢人找上她們、供養她們。神廟舞姬伴以詩歌、音樂以及對女神的虔誠奉獻，讓歷代朝堂為之目眩神迷。婆羅多舞（Bharatnatyam）、奧迪西舞（Odissi）、卡薩克舞（Kathak）等古典印度舞蹈都是神廟舞姬的歷史遺產。性成就了她們的部分世界，但性只是枝節：她們讚頌藝術、讚頌美、讚頌愛與神聖。當英國殖民印度時，他們僵化的世界觀也跟人一起進入印度，除了把神廟舞姬看作妓女外，他們無法看

兩名舞姬的照片，約一九一〇年，由巴特那（Patna）布拉吉巴西公司攝。

見任何東西。英國人對於所見所聞越來越覺得反感，於是他們開始
詆毀、拆除神廟舞姬的機構。

　　一八九二年，「印度教社會改革協會」（Hindu Social Reform
Association）向印度總督及馬德拉斯總督請願，要求禁止神廟舞
姬：「在印度群體中存在一類通常被稱為舞小姐（nautch-girls）的女
人。這些女人十之八九都是妓女」。[24] 英國傳教士教導印度什麼是
「妓女」，以及妓女為何如此可恥。對神廟舞姬的擁護消失了；她
們遭到社會的排擠與汙名化。沒了贊助者也沒了神廟的神廟舞姬，
試著藉由在私人活動中跳舞，以及販售性服務來賺錢。最終，在一
九八八年，印度全面禁止神廟舞姬。在印度南部，這項傳統仍在
繼續，但這樣的女性卻不再受到尊重。如今她們被汙名化、沒有保
護，許多受虐事件發生，但窮困的父母依然獻出年幼的女兒為女神
服務。

　　賣淫不是世界上最古老的職業，性卻有可能是最古老的貨幣。

我們總是有性關係、總是很享受性行為，因此，也總是會有性交易。人對性的態度不是固定的、而是不斷變化的。古代世界的性工作者常常受到國家認可、受法律保護，還有，就算不是一直受尊重，至少也被認可是日常生活的一部分。而且證據顯示，那些賣淫的人也曾經因其崇高神聖的地位而備受尊崇。

時至今日，賣淫在全世界都是重罪，不太可能像以前一樣被社會認可，更別提神聖了！命運如此變遷，說明了文化對性的態度轉變很戲劇化。不把性看成天生有罪的文化與壓抑性的文化，對性的態度明顯不同。西方發展出對性男尊女卑、清教徒式的態度，讓女人的性行為受到了特別的譴責，而賣淫的女人更是十惡不赦。與其一味譴責性交易傷風敗俗、充滿危險，也許我們應該要問的是：那些賣淫的人如果再次受到尊重、而非邊緣化的話，世界會是什麼樣？如果給她們的是權利、而非救援，又會怎麼樣？性工作者還會再一次被當作是女祭司嗎？我很懷疑，不過最起碼「從事世界上最古老的職業之一」的她們，應該受到如專業人士一般的尊重。

第 22 章
公共關係
色情小卡的歷史

　　性交易的歷史跟文明一樣悠久，只要人們消費與販售性服務，政府當局就會努力規範它——通常透過罪犯化與懲罰的措施。數百年以來，性工作者受到罰款、監禁、開除教籍、流放、致殘，甚至是死刑等責罰。大部分的懲罰包括公開羞辱，意圖使人感到羞愧之後改變行為。例如十四世紀奧格斯堡（Augsburg）的「妓女」（Cockatrices，1508）如果在聖日賣淫，會遭到割鼻懲罰。[1] 一七一三年，曼島上的凱絲・欽瑞德（Kath Kinred）是「一位惡名昭彰的蕩婦」，已「生了三名私生子」，被判「在皮爾鎮的海邊，由船拖行……在市集最繁忙的時候」作為「警惕他人的例子」。[2] 儘管有這樣的懲罰，卻沒有任何的措施能成功廢除性工作。罪犯化只成功讓性交易地下化，進而造成危險的工作環境。歷史上，在罪犯化下工作的每位「妓女」（wagtail，1553）都會面臨如何保持人身安全並吸引客人，而不會吸引執法人員目光的難題。最有效的方式之一是廣告宣傳，其中最知名、最能認出的性工作廣告形式，即是不起眼的「色情小卡」——曾經布滿英國各地電話亭的顏色鮮豔名片。

　　一九五三年，《郵政法案》（Post Office Act）使得在英國境內的電話亭張貼廣告，或「以任何方式毀壞」電話亭都是違法行為。[3] 當該法案在一九八四年遭到廢除時，有商業頭腦的「妓女」（flossies，

約一九九五年，倫敦色情小卡。

1990）見到宣傳廣告的機會。雖然世界各城市的電話亭仍可見到色情小卡，但在英國，這些卡片代表某種流行，直接與倫敦有關（在北倫敦稱之為「蕩婦標籤」）。[4] 一九九〇年代是色情小卡的鼎盛時期，從蘇活區到國王十字的電話亭裡充滿各種色情小卡裝飾結彩。從卡片上的文字措辭與材質來看，如何在降低製作成本的同時兼顧讓卡片凸出顯眼，確實造成一種獨特的藝術形式。

　　早期的卡片為長方型，顏色鮮豔（通常是霓虹燈色）的背景映襯出黑色文字與圖案，以廉價紙張印製。低俗的裸女、細高跟鞋、吊襪帶或性玩具的黑色剪影直接傳達提供的服務類型。科技進步影響了後來卡片的設計，出現了華麗排版、在亮光紙上印刷撩人的幻想人物嘟嘴、彎腰或誘人的盯著鏡頭的圖案。讓許多客人失望的是，這些照片很少來自服務提供者，這些人非常精明，不會輕易在電話亭的小卡上曝光自己，讓政府當局有跡可循。

　　從「嚴厲女士尋找人類俘虜」到「很會搓揉」的「調皮保母」，與「學校女孩」找尋一些「花招」，提供的服務型式多樣。雖

二〇〇四年，英國一座電話亭內的色情小卡。二〇〇四年之際，在電話亭貼廣告已是違法行為，但色情小卡仍十分普遍。

　　然男性也提供性服務，但大多數的色情小卡，都來自女性（順性別與跨性別）性服務供應者對男性客戶的招攬廣告。卡片提供了性工作者篩選客戶的基本方式。卡片上唯一提供的連絡資訊是一支電話號碼，客戶能打這個號碼，討論他們想要的服務，並且安排見面的時間與地點。一旦服務供應者確認這是他們想見的客戶，才會給對方見面地址。

　　到了二〇〇一年，色情小卡在英國變成非常惱人的東西，因此

《刑事司法暨警察法》（Criminal Justice and Police Act）宣布在電話亭放置色情小卡這項行為違法，將面臨六個月徒刑，或高達五千英鎊罰款。[5] 我們仍可在各處看到這種小卡，但隨著手機普及，電話亭幾乎已無用武之地，網際網路也為性工作者創造了一種能對客戶宣傳卻又非常安全的方式，因此色情小卡逐漸過時。

　　我們可能以為廣告是非常現代的現象，然而性工作者早已了解行銷的價值。十八世紀文學暢銷書《哈里斯的名單》（Harris's List，1757-1795），是一本倫敦性工作者的年鑑以及自我行銷的進階書籍。作為現代色情小卡與貓途鷹（TripAdvisor）的先驅，該名單詳

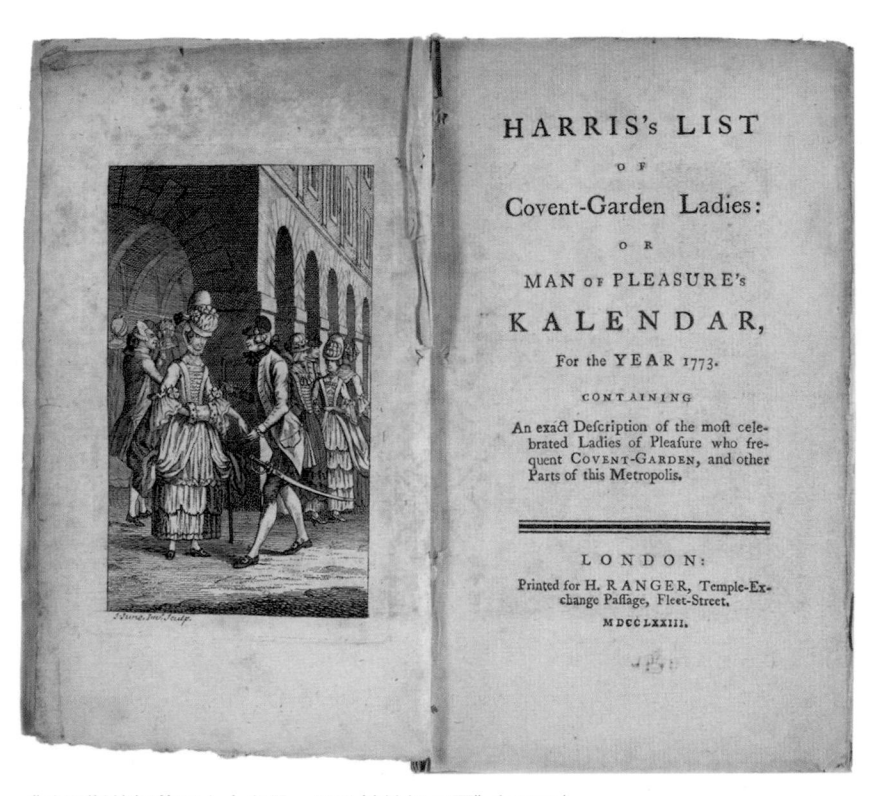

《哈里斯的柯芬園女士名單，暨男性愉悅日曆》（1773）

列了高達兩百位賣淫女性的外貌、技巧與價格。該名單由格拉勃街僱傭作者山姆·德瑞克（Sam Derrick）與倫敦皮條客傑克·哈里斯（Jack Harris）共同創作。該名單至今只留下九冊（1761、1764、1773、1774、1779、1788、1789、1790 與 1790），散落於世界各地的檔案庫中。該名單有少量再版，然而在二〇〇五年前，如果你想要看該名單，你需要向檔案庫預約以及準備一雙白手套。後來歷史學家哈利·魯本侯德（Hallie Rubenhold）在她的書中《柯芬園女士：皮條客將軍傑克與哈利斯名單的非凡故事》（*Covent Garden Ladies*：*Pimp General Jack and the extraordinary story of Harris's List*），對該名單進行艱巨的研究、編輯與整理，讓它再次在大眾面前亮相。

毫無意外的，《哈里斯的名單》是非常受歡迎的作品，不僅用於性產業的實用導覽手冊，也成為一種軟性情色書刊，給那些不敢真的安排買春的人觀賞。名單本身橫跨事實與虛構的界線，我們永遠無法驗證它的準確性。哈爾德太太的「樹叢」是不是真的「夠寬廣以容納所有的客人呢？」葛雷媽咪店裡的艾瑪是不是真的早餐喝威士忌，真的有「像眾人追尋的賢者之石一般的……神奇戒指」？希姆斯小姐的「陰道」（low countries）是否真的像「一隻做工良好的靴子」？[6] 這些我們永遠無法知道。

《哈里斯的名單》能讓倫敦的「性工作者」（horizontal workers，1870）發財或破產。如同各種職業，性工作過去是（而現在仍是）密集分層，而獲得讚許的評論會讓女孩獲得更多金錢、富有的客戶並嶄露頭角。負面評論，或是患有梅毒的指控（像是坎伯蘭苑的楊小姐，她被說「在城裡的娛樂場所」散布「她汙染的殘體」）則會讓生意消退的速度，比鋪在嘔吐物上的木屑還快。[7]

儘管傑克·哈里斯用放肆、調皮的方式講述城市娛樂場所，任

一七三二年，《一名妓女的演進》（*A Harlot's Progress*）為英國藝術家威廉‧賀加斯（William Hogarth）所創作一系列六幅版畫。該系列展示來自鄉村的莫爾‧哈克包特到了倫敦，變成性工作者的故事。雖然莫爾一開始是位有野心的交際花，這系列最後以她受到梅毒折磨，死於貧窮作為結局。此圖顯示莫爾受到惡名昭彰的老鴇媽媽尼達姆誘惑，踏入性交易世界。

意體驗城市的樂趣，但遴選過程非常競爭，也讓哈里斯知道名單的行銷價值。芬妮‧莫瑞（Fanny Murray）是十八世紀最著名交際花，她的回憶錄對名單遴選過程提供了相當珍貴的見解。哈里斯描述莫瑞是「一位清秀、膚色較深的女孩，下一季將屆十九歲⋯⋯適合受到猶太商人的悉心呵護」。[8] 受到讚許的評論讓芬妮能夠獲取更高的價格，以及獲得一群階級較高的顧客群。但她必須向哈里斯提出申請，將她的名字「登記在他的羊皮紙名單上」。接著她必須前

往面談，接受醫生檢查，同意將賺得的錢的五分之一給哈里斯，以
及簽署合約，約定如果檢查的過程中發現她謊報健康情況，就必須
付給哈里斯二十英鎊的罰金。[9]

　　這樣做可能得付出昂貴代價，但這會是一項值得的投資。《哈
里斯的名單》幫助像是露西·庫柏（Lucy Cooper）與夏洛特·海斯
（Charlotte Hayes）等幾位倫敦的頂尖交際花開創事業。一七六一年
版《哈里斯的名單》對夏洛特·海斯讚譽有加：

> 如果我們要確切描述這位著名的泰綺思（Thais）❶；即如果我
> 們僅描述四肢，或描繪一個部分，都不比整體看還美麗，我們得
> 承認她非常美；並且在我們眼裡（而沒有人能比我們更能分辨美
> 醜），她是非常令人渴望的。[10]

　　夏洛特從極度貧窮奮力爬到倫敦最成功的妓女之一，與國王街
妓院的主人。當她在一八一三年去世時，累積了超過兩萬英鎊的財
富、獲得名人地位，以及與皇室過從甚密——對於一個出身貧寒女
孩來說，算非常不錯。

　　在《夜間狂歡》（1779）裡，對露西·庫柏生活的詳細描述列在
夏洛特的文章旁，一七六一年版《哈里斯的名單》也可讀到對露西
的描述。[11] 兩位女子都獲得名聲與財富，但露西沒有夏洛特的商業
頭腦，也沒有未雨綢繆。露西過著放縱的生活，並看著年長、富有
的保護人陸續過世。她發現自己有了酒糟鼻，也厭倦了狂歡生活，
且年紀超過三十五歲的露西也無法重出江湖了。她沒在有餘裕之時

---

❶　編註：Thais，相傳是古希臘名動一時的絕世美女交際花，是亞歷山大大帝的將軍托
　　勒密一世的情婦。

預留儲蓄，無法支付欠債，很快就發現自己一貧如洗，落入債主的監牢。她於一七七二年過世時一貧如洗，離她被歌頌為「全人類」都想與之共枕的女子的那年，也不過才四年的光景而已。

> 難道露西‧庫柏一定要當第一名
> 還自己擺起架子？
> 難道這該死的婊子一定
> 受到騎士與鄉紳喜愛？
> 難道比起我的陰道，
> 她陰道的栗色陰毛更豐滿嗎？
> 所有人都想與她共枕
> 而我根本沒有半個伴？ [12]

　　最後一冊《哈里斯的名單》出版後的一百年，美國紐奧良市開始宣傳當地性工作者提供的性服務。一八九七年一月二十九日，通過一條限定全紐奧良市的「性工作者」（working girls，1928）只能在某一特定區域活動的法令。由於市政會委員席尼‧史多瑞（Sidney Story）籌備與支持該法令，該區域隨後被稱之為「史多瑞區」（Storyville）。這是美國史上第一個合法紅燈區，直到一九一七年美國加入第一次世界大戰，聯邦政府下令禁止在任何軍事基地方圓五英哩的範圍內進行賣淫活動，該區域才停止運作。[13] 史多瑞區有自己的報紙，發行該區的導覽手冊，稱為「藍色書刊」（Blue Books）；目前留下最早的版本為一九〇〇年發行。「藍色」指稱的是內容，並非書的顏色。如同《哈里斯的名單》，「藍色書刊」在城市各處販售。鐵路車站、酒吧、旅館和理髮店裡都有販售。每本書的前言都為讀者介紹該區，並解釋「藍色書刊」的必要性：

因為該區是美國唯一一個依法為妓女劃分出來的區域。

因為它讓外地人能踏上安全正確的路徑，往他可能想去之處，並
免於受到「搶劫」；以及其他外地人常遭遇的不法行為。

它規範妓女，使其群居於某一區域，而非散居於城市各處，讓城
市大街上滿是阻街女郎。

它也提供在舞廳與卡巴萊工作的女性表演員名單。[14]

　　《藍色書刊》包含最著名性工作者的資料，但更常宣傳這些女
子工作的公司老闆娘，像是伊伯維爾街的貝塔‧高登（Miss Bertha
Golden）小姐：

貝塔一直以管理一流的奧特儒恩（Octoroons）著名。她也是美
國南方唯一一位優秀的聲樂家與莎樂美舞蹈家。她一直有收到邀
約，邀請她離開現職，登上舞台，但她龐大的事業讓她留在朋友
身邊。任何想要與一群漂亮奧特儒恩玩樂的人，可在她那邊找
到。想要享受雷格泰姆音樂、巧妙舞蹈與樂子，貝塔是獨樹一幟
的選擇。[15]

　　「奧特儒恩」（Octoroons）指稱種族，意指具八分之一黑人血
統的人。在史多瑞區最知名的「奧特儒恩店」之一，就是露露‧懷
特（Lulu White，約 1868-1931 年）經營的瑪哈格尼廳（Mahogany
Hall）。露露賺進大筆的財富，據聞她穿戴成串的鑽石、每隻手指都
戴了戒指。瑪哈格尼廳駐有四十位「應召女郎」（call girls，1913）、
五個舞廳以及每個房間都附有浴室。它擁有裝設鏡子的房間、昂貴
的藝術品以及豪奢的室內裝潢。[16] E. J. 貝洛克（E. J. Bellocq）拍攝
許多紐奧良的「妓女」（wet hens，1886），據信許多主題都是在瑪

哈格尼廳裡拍攝的。[17]

當史多瑞區在一九一七年關閉時,《藍色書刊》也跟著消失,而「妓女們」(totties,1990)也移到法國區,在那裡只能進行非法交易。

大約在貝洛克替史多瑞區的女性留下不朽影像的同時,法國攝影師尚‧阿傑羅(Jean Agélou,1878-1921)正以裸體、情色作品贏得名聲。阿傑羅最喜愛的模特兒之一是名為佛南德小姐的性工作者,她也是世界上第一位海報女郎。有關佛南德小姐的資訊不多,甚至不知道她的全名。❷ 在一九一一年《學術研究》(L'Étude Académique)雜誌裡,阿傑羅刊登四張佛南德小姐的照片,說她芳齡十八歲,代表她出生於一八九三年。[18] 從她在自己的明信片上署名「佛南德小姐」,我們知道了她的名字,也提供一處客人能找到她的地址。[19] 佛南德小姐聰明的透過色情明信片行銷自己,進而獲得法國色情產業第一夫人的稱號。佛南德小姐的原版明信片現在深具收藏價值,轉手價格不是數千英鎊,就是數百英鎊之多。

原版的《哈里斯的名單》和《藍色書刊》現在也價值連城。當代情色小卡也被認為是一種「撞」藝術形式,近年來甚至還舉辦了幾場色情小卡展覽。[20] 雖然這些都是令人讚嘆的美麗歷史文物,但更重要的是,性工作者靠著這些藝術品以宣傳他們的服務。

與許多產業一樣,網際網路為性工作帶來革命性的改變,而線上服務則占英國性產業的最大部分。然而這不是壞事。「超越凝視」(Beyond the Gaze)是從二〇一五年到二〇一八年為期三年的

❷ 有些網路資料認為佛南德小姐的身分是佛南德‧巴雷(Fernande Barrey,1893-1960),但除了兩者年紀相同的巧合之外,並沒有其他證據支持這項說法。Christian Bourdon, *Jean Agélou: De L'Académisme À La Photographie De Charme* (Paris: Marval, 2006).

約一九一〇年，尚‧阿傑羅拍攝的佛南德小姐。

研究計畫，檢視網路對英國性產業的影響。研究發現英國性工作者
中，約有 89% 的人覺得線上平台讓他們能夠更獨立工作，85% 的人
表示會運用網路篩選和監視客戶，而 78% 的人說，線上廣告改善了
他們的生活品質。[21] 能使用網路宣傳廣告的性工作者，改善了自身
安全性與工作環境。

　　網路讓大部分的性交易離開了大街，當然也離開了電話亭。它
也讓選擇從事性工作的人在交易過程中更安全，大大減少對名片的
需求。但這一切卻受到威脅。二〇一八年，美國參議院通過《停止
助長性販運法案》（the Stop Enabling Sex Trafficking Act，SESTA）
和《對抗網路性販運法案》（the Fight Online Sex Trafficking Act，
FOSTA）。FOSTA 使得刊登或提供線上賣淫廣告，變成聯邦犯罪，

而 SESTA 則使得網站直接為第三方刊登的內容負責，不論網站在促成剝削行為中擔任何種角色，性剝削受害者都能對網站提起告訴。結果造成數個網路平台與網站服務供應商，開始禁止性工作者在上面刊登廣告。無法在網路上刊登廣告，性工作者被迫重回大街，以廉價名片宣傳。[22] 性工作者有安全工作與受到尊重的權利。色情小卡、名片與性工作者年鑑皆已是遺跡，必須留在過去。雖然這些歷史物件很美，但最適合安放它們的地方是博物館。

第 23 章
與黑豹盡情享樂
男性性工作歷史

　　一八九七年，王爾德（Oscar Wilde）從獄中寫信給情人阿爾弗雷德・道格拉斯勳爵（Lord Alfred Douglas），回想著導致他在瑞丁監獄艱困服刑兩年的「極其下流」的罪行。王爾德稱他在晚餐款待的年輕男性性工作者為「最聰明的鍍金蛇」。他回憶道，與這些「深具性吸引力又令人感到刺激」的男性進行性交的危險使他無比興奮，並將與他們相伴的時光比作「與黑豹盡情享樂」。[1]

　　有關性工作的假設具有非常武斷的異性戀本位傾向：女性賣淫，男性買春，就是這樣。但事實並非如此，甚至與事實相差甚遠。性工作涉及的範圍很廣，包括性別、性慾、提供服務者與客戶等。性工作是出名的難以研究的題目。罪犯化與汙名化意味著許多性工作者不願意與研究員談話。因此，收集與性工作人口的統計數據相關的可靠資料非常困難，導致預測可能天差地遠。例如，根據二〇一六年內政事務委員會（Home Office Affairs Committee）有關賣淫的報告，英國的性工作者中有 20% 是男性。[2] 然而，二〇一四年，由資料收集網站 Import.io 發布的統計資料顯示，英國的性工作者中有 42% 為男性。[3] 我們可能永遠不會有確切的數據，但我們知道有很多男性在性產業中，歷史上也確實是如此。[4]

　　儘管有相當多男性與男性的性交易證據，但女性的買春歷史卻

王爾德與他的情人阿爾弗雷德‧道格拉斯勳爵合照。王爾德輸掉與道格拉斯情愛關係的名譽訴訟，因身為同性戀而入獄。他在出獄不久後死亡。照片由太平洋行（Gillman & Co.）所拍攝。

更難以捉摸、非常不可靠。例如，羅馬詩人馬提雅爾（Martial）嘲笑一位「又老又醜的女人」想要「買春卻不付錢」。在其他地方，他開玩笑說「萊斯比亞發誓她從來沒有免費被幹過。這是真的。當想要被幹時，她都會付錢。」。但這可能是對老女人的揶揄，而不是女性付錢買春的證據。

　　同樣的，許多有權勢的女性統治者被敵人汙衊為無法滿足的性愛成癮者，這使得想從中取得事實變得更困難了。例如，安哥拉的恩東戈和馬塔姆巴王國女王安娜‧恩津加（Queen Ana Nzinga，1583-1663），據聞她的後宮裡有五十名男子，用來隨心所欲的取悅自己。「她也保留五十到六十名男妾，雖然他們是年輕男子，但她卻將他們打扮的像女性。」[5] 此描述的問題在於，這是由荷蘭地理學家歐弗特‧達波（Olfert Dapper）書寫，但他從未真的去過非洲。有

一八〇〇年，法蘭索瓦‧維蘭的〈馬塔姆巴王國女王安‧恩津加〉。

鑒於恩津加女王以頑強抗擊葡萄牙侵略者而聞名，以上描述可能是為了中傷她的謠言。

　　記錄迎合女客的全男性妓院的少數歷史文獻之一來自瑪莉‧威爾森（Mary Wilson），她是位十九世紀早期，在倫敦擁有一系列妓院的鴇母。一八二四年，瑪莉出版《縱慾儲藏櫃》（*The Voluptarian Cabinet*），她在書中描述其所創的「艾盧西斯機構」（Eleusinian Institution）。在那裡只要支付足夠的錢，女子可挑選合意的男子來服務取悅自己。

　　我已購得非常寬敞的店址，位於兩條大街之間，可由每條大街上

　　的商店進入，此處專門提供給女性的服務……在這些沙龍裡，根據每間的等級，可見到我能覓得的男性中最優秀的人，他們可進行自己喜愛的消遣娛樂，所有人都因良好的生活方式與空閒，而保持高度的興奮狀態。[6]

　　這個說法的問題在於，它是透過性學家伊萬‧布洛赫在《英國性道德的歷史》（*A History of English Sexual Morals*，1936）寫到瑪莉‧威爾森的妓院而來。我不是暗指布洛赫說謊，但驗證瑪莉‧威爾森的店面與其作品的證據卻相當難找到。

　　但缺乏證據並不代表沒有證據，而且幾乎可以確定的是，歷史上必定有女性付錢買春。甚至今日，女性買春是禁忌，而且是研究不足的題目。但是這狀況正在改變。二〇一六年，犯罪學家娜塔莉‧哈蒙德博士（Dr. Natalie Hammond）與莎拉‧金斯頓博士（Dr. Sarah Kingston）完成首次對英國女性買春的研究計畫。[7]金斯頓博士承認她的偏見受到「女性買春動機與男性買春動機有多麼相似」的挑戰。哈蒙德博士發現，女性付錢買春的原因很多是，「像是想要實驗或與性伴侶性慾不協調──想要性，但不想要關係。這與男性客戶有相似之處──她們來自各行各業，因為一些原因而付錢買春。」[8]幸好，研究能讓我們對付錢買春的女性有更多的了解，但這議題仍是不為人知的歷史。

　　古代世界廣泛接受男性的同性關係，但這些關係仍受到嚴格的社會性「規範」，規定何為得體與何為不得體。例如在古希臘，年紀較大的男子（*erastes*）能將青春期的男孩（*pais*）當作自己的愛人，但他也會成為男孩的導師，教導他人情世故。雖然現代可能認為此關係是兒童性侵害以及制度化戀童（paedophilia），但古希臘人不僅接受了它，男孩的父母也很樂意將孩子供給富有的老男人，

希望以此能提升他們的社會地位。年長的男子被視為主動、較有
男子氣概的，而年輕男子被期望扮演被動的角色——這延伸至性本
身，於此，年輕男子是被插入者（居下位），而年長男子則是插入
者（居上位）。成年男子居下位被認為相當不得體。類似的「少年
愛」在日本武士階級也被認為非常正常，其中年長的武士（念者，
nenja）會將青春期男孩（稚兒，*chigo*）當作他的性伴侶，並以教導
對方武術與社交禮儀作為交換。[9]

　　在一八九五年因猥褻罪受審時，王爾德描述自己對道格拉斯勳
爵的感情像是「不敢說出名字的愛」（the love that dare not speak its
name）。愛德華・克拉克爵士（Sir Edward Clarke）追問王爾德其所
言為何，王爾德提及古希臘的年長男性與青春期男孩的關係：

> 「不敢說出名字的愛」，在本世紀，是年長男性對年輕男性的偉
> 大的愛，如同大衛王與約拿單之間的情感，如同柏拉圖作為其哲
> 學的根基，如同你在米開朗基羅和莎士比亞的十四行詩中找到
> 的……正是在本世紀，這種愛受到誤解，甚至到了被描述為「不
> 敢說出名字的愛」，並因為這個誤解，我身陷於此。這愛是美麗
> 的，是美好的，是愛的最高貴形式，它沒有絲毫反常，它是智慧
> 的，並屢屢存於年長男性與年輕男性之間，只要年長者有智慧，
> 而年輕者擁有眼前生命的歡樂、希望以及魅力。這愛本該如此，
> 而這個世界卻不能理解。這個世界嘲笑它，有時竟然讓人因此成
> 為眾人笑柄。[10]

　　這可能顯得非常高貴，但對只是賣淫，而非以性換取指導的男
性來說，這可能的確帶著某種程度的羞恥感。例如，古希臘賣淫的
男性禁止進入神廟，禁止公開演講，禁止參與官方活動。在西元前

西元四八〇年前的古希臘陶器，顯示愛者（*erastes*）與被愛者（*eromenos*）親吻。

三四六年，雅典政治家埃斯基涅斯（Aeschines）指控提馬爾庫斯
（Timarchus）年輕時賣淫，因此不能在公民大會上演講：「賣掉
自我身體權的人，也隨時準備賣掉國家。」[11]類似的法律也存在於
雅典城之外。貝里亞城，即現今的韋里亞（Veria）發現來自西元
前二世紀的刻印文字禁止「奴隸、喝醉者、瘋子以及那些賣淫者
（hetaireukôtes）」進入體育館。[12]

　　可是，這樣的羞恥感卻不是舉世皆同。古印度性愛指南《印度

愛經》描述男妓「模仿女性穿著」為男客戶進行口交的方式，內容不帶羞恥感。「就是在這樣的情況下，受激情驅使，一半已含在口中，他冷酷的向內吸吮，然後再次吸吮，然後放鬆。這稱之為吸芒果。」[13]

在中世紀基督教的歐洲對於口交並不寬容，但當時口交其實很普遍。一三九四年十二月十一日晚上，約翰・萊克納（John Rykener）因為在倫敦齊普賽街（Cheapside）與約克夏郡男子約翰・布里特比（John Britby）從事性交易而被捕。倫敦供詞與備忘錄卷宗（London Plea and Memoranda Rolls）記錄了萊克納在市長法庭的審問與其證詞中聳人聽聞的細節。這個案子的重要性在於，萊克納那時承認扮女裝，化名為艾莉諾與布里特比、修士與神職人員進行性交易。萊克納也承認以男裝引誘平民女子與修女。

> 約翰・萊克納進一步坦承在米迦勒節前的禮拜五，〔他〕來到牛津郡的博福德，以調酒師的身分在天鵝酒館住了六個禮拜。於此期間，有兩位方濟各修士，名為麥克修士與約翰修士，給〔他〕一枚金戒指；一名加爾默羅會修士與六名外國男子，也犯下前述罪行……萊克納再坦承〔他〕前往比肯斯菲爾德鎮，在該地以男性身分與約翰・馬修的女兒瓊性交，也以女性身分與兩位外國方濟各修士性交。約翰・萊克納也坦承在〔他〕上一次回倫敦時，聖瑪格麗・帕滕斯教堂的某牧師約翰爵士以及其他兩位牧師，與他在倫敦塔旁的聖凱薩琳教堂後的巷子裡，犯下前述的罪行。萊克納更進一步說，他常常以男性身分與許多修女性交，也以男性身分與許多已婚或未婚的女子性交，〔他〕不記得人數。萊克納繼續坦承，許多教士將他當成女性進行那罪行，〔他〕不記得人數，並說比起其他人，〔他〕較願意與教士性交，因為比起其他

人，他們想要給〔他〕更多。[14]

　　初次閱讀時，會以為這份文件是中世紀罕見對跨性別女性的紀錄。如果是這樣，為什麼我會將它放入談論男性性工作的章節？因為這文件很可能是針對教會的嘲諷，而非真實案例。

　　當這份文件首次曝光時，歷史學家當然相當興奮，因為它能揭露十四世紀的性與性別情形。直到傑若米・戈德堡（Jeremy Goldberg）做了研究，我們才開始對此文件的可信度提出質疑。這案子不僅缺乏指控、判決與罰則，且市長法庭從未有審判通姦、雞姦（肛交）等紀錄。再者，約翰・萊克納和約翰・布里特比的名字也出現在其他地方。某約翰・布里特比是約克夏教區的教區牧師，而某約翰・萊克納則於一三九九年逃離倫敦主教監獄。[15] 這讓教會成為最可能的諷刺目標。有人甚至提出「萊克納」（Rykener）可能是影射「理查」（Richard），即理查二世國王，這意味著此文件嘲弄國王就像妓女一樣，為了錢將自己賣給教會。[16]

　　這可能是惡作劇，但它仍然為中世紀男性性交易提供了寶貴的見解。顯然，男性賣淫是眾所周知的，而我們能見到附於其上，各層次的汙名與羞辱。在古代世界，同性的關係不僅受到接納，甚至積極鼓勵，而在中世紀的英國，這樣的關係卻受到嘲笑與輕視。

　　在《獨立史》（*Anarchia Anglicana*，1649）裡，克萊門・沃克（Clement Walker）提到「在聖詹姆斯莫伯瑞花園新設立的雞姦（sodoms）和男妓院（spintries）」。[17]「spintry」來自拉丁文，意指男妓院，而在莫伯瑞花園的那間，就位於現今白金漢宮的所在地點。我們不認識在這裡工作的人，但他們都冒著巨大的風險工作。《一五三三年肛交法案》（The Buggery Act of 1533）通過，用來懲罰「與人類或野獸進行令人憎惡、可鄙的肛交罪行」，肛交罪

犯將被處以死刑。直到《一八六一年侵害人身罪法案》（Offences Against the Person Act of 1861）通過，肛交在英國與威爾斯才免於死罪。一五四〇年七月二十八日，華特・亨格福德勳爵（Lord Walter Hungerford）不幸成為該法案通過後，第一位因肛交被定罪並且處死的人。在英國最後兩位因肛交被處死的人，是三十二歲的詹姆斯・佩特（James Pratt）和三十四歲的約翰・史密斯（John Smith），兩人在一八三五年十一月二十八日星期六於新門監獄接受絞刑。

　　一七一〇年，約翰・鄧頓（John Dunton）發表〈男妓：諷刺雞姦俱樂部〉（The He-Strumpets: A Satyr on the Sodomite-Club），他在此稱「男妓」（he-whores，1638）搶走所有「妓女」（cracks）的「生意」（all the Trade）：

> 男妓！此名稱真矛盾；
> 但皇家交易所附近有個俱樂部，
> 於此男人將梅毒傳給男人。[18]

　　在十八世紀的倫敦，任何自重的「男妓」（he-whore）都會在市裡的「莫莉屋」（molly houses）裡招攬客人。莫莉屋不一定是妓院，而是酒吧，像是小酒館、咖啡廳或飲酒的場所，男同志能在這裡聚會。一七〇九年，記者奈德・沃德（Ned Ward）揭露在首都「莫莉屋」（molly houses，1726）裡的不當活動：

> 在城裡有一群雞姦無恥之徒，自稱為莫莉，他們已經完全喪失所有男性的舉止或男子氣概，退化到幻想自己是女性，模仿所有他們觀察到，與女性慣有的裝飾打扮，假裝女性說話、走路、閒

談、舉止、哭泣、罵人的樣子，並且模仿所有陰柔氣質；淫蕩女性的低俗行為也包含在內，他們引誘彼此，用不合禮教的自由，犯下那些可憎且應當永遠無名的獸行。[19]

　　最惡名昭彰的莫莉屋非「媽媽」瑪格麗特・克拉普（Margaret Clap）莫屬，她也提供客人住宿。一七二六年，瑪格麗特・克拉普的店遭到搜查，有四十名衣衫不整的男性在深夜被強拖至新門監獄。雖然大部份都因缺乏證據而被釋放，但引起當年度後期的審判造成三名男性遭到處決，兩名男性處以枷刑。媽媽克拉普本人被判枷刑，在行刑過程中死亡。[20]

　　這案子主要靠著兩位轉成線人的性工作者的證詞。三十二歲的湯瑪斯・紐頓（Thomas Newton）和十八歲的愛德華・柯特尼（Edward Courtney）因在倫敦莫莉屋賣淫而被逮，為了自保，兩人同意在媽媽克拉普搜查案的審判上出庭作證。在喬治・凱德格（George Kedger）的審判上，柯特尼作證，凱德格付錢給他，在湯瑪斯・歐姆的莫莉屋裡肛交。凱德格否認，並宣稱他已「建議他遠離這樣的邪惡生活方式；但他說，他要錢，他用盡所有方式都要拿到錢；而如果我沒有給他一些，他會詛咒我到死。」[21] 柯特尼幾乎真的要「詛咒他到死」，因為凱德格被判死刑，雖然後來改為緩刑。紐頓作證說，他經常在莫莉屋賣淫，曾跟四十三歲的威廉・葛萊芬（William Griffin）、四十三歲的蓋伯瑞爾・勞倫斯（Gabriel Lawrence）和三十二歲的湯瑪斯・萊特（Thomas Wright）進行肛交。三名男子皆獲判死刑，並於泰伯恩（Tyburn）接受絞刑。

　　雖然死刑的威脅並不足以威嚇男妓，但足以讓性交易地下化。隨後，留下歷史紀錄的男妓姓名主要來自法庭紀錄，是他們站在法官面前，感到羞恥、害怕，否認一切的樣貌。然而有一位名為傑

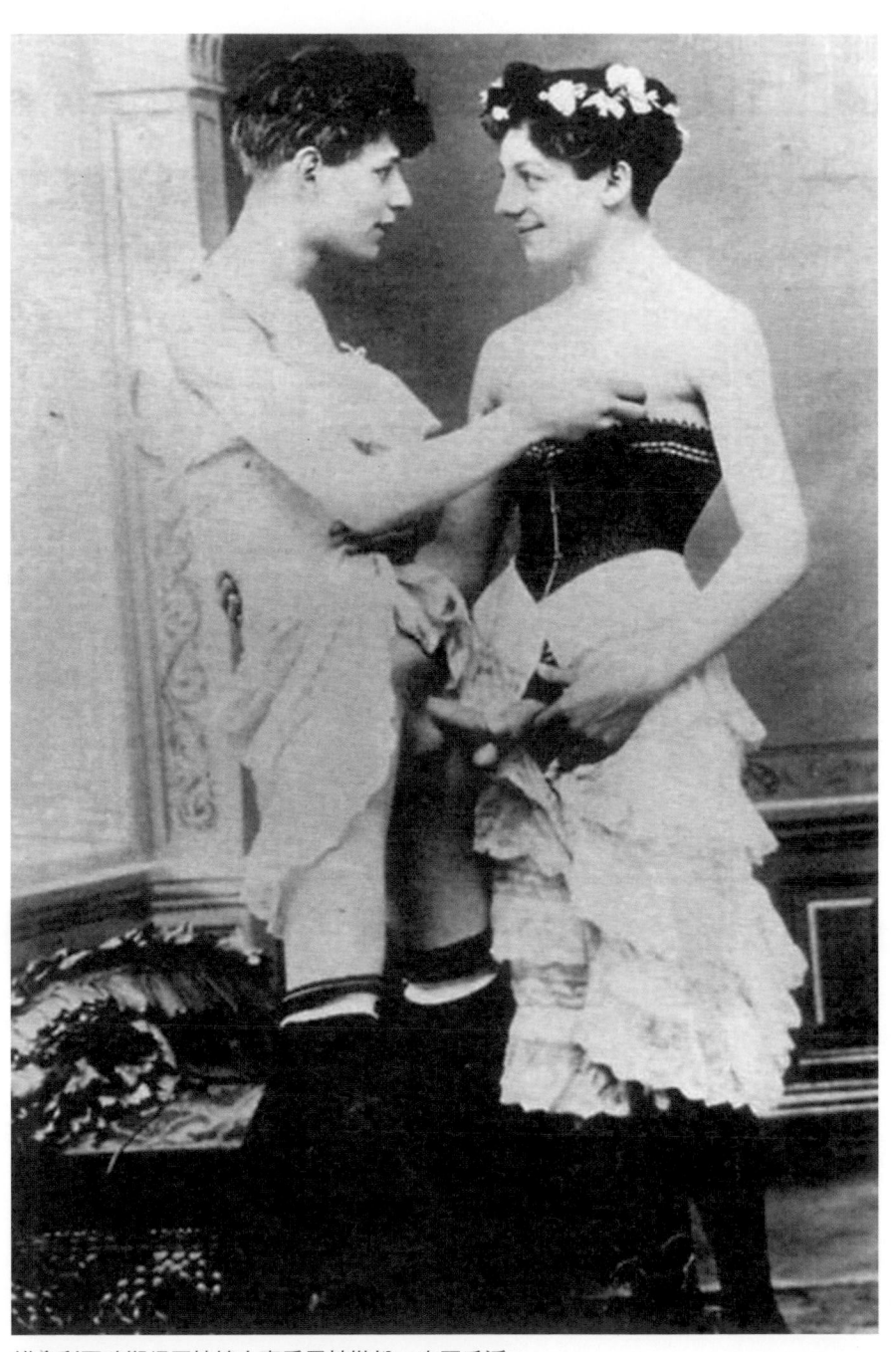

維多利亞時期得同性情人享受異性裝扮，交互手淫。

克‧紹爾（Jack Saul，1857-1904）的男性性工作者震撼英國，因
為他拒絕被羞辱，驕傲的稱自己為「職業瑪麗安」（a professional
Mary-Ann）。

傑克‧紹爾出生於都柏林公寓貧民區，本名為約翰‧紹爾
（John Saul）。他的名字出現在一八七八年的法庭紀錄中，當時
他受雇為克蘭尼的家僕，被控偷竊約翰‧喬瑟夫‧克蘭尼（John
Joseph Cranny）的東西。[22] 一八七九年，他搬去倫敦，成為性工
作者並賺進大把財富。兩年後，傑克‧紹爾的名字出現在情慾回
憶錄《上流肉販：倫敦男妓自白書》（*The Sins of the Cities of the
Plain or Recollections of a Mary-Ann, With Short Essays on Sodomy and
Tribadism*，1881）。我們不曉得此書內容有多少為事實，有多少為
虛構，但這本書描述了傑克‧紹爾在維多利亞時代的倫敦賣淫的驚
人過程。

> 我想看他射精，於是移開我的雙脣，我將巨大陽具朝外瞄準爐邊
> 地毯，邊快速撫弄他。幾乎瞬間它就射精了；一開始射出濃稠塊
> 狀物，像是從火山噴出的石頭，然後一陣精液噴射幾乎有一碼的
> 高度，直接射入火中，在火紅的煤炭上發出滋滋聲。[23]

一八八九年，紹爾因「克里夫蘭街醜聞」（Cleveland Street
Scandal）而被捕。警察總署盧克‧漢克斯（Luke Hanks）發現一
名十五歲的電報男孩的口袋裡有十八先令，這幾乎是男孩週薪的兩
倍，漢克斯要求知道錢從哪來。在質詢之下，男孩查爾斯‧斯文思
科（Charles Swinscow）承認他和其他電報男孩曾經收錢，與富有
男子在費滋羅維亞（Fitzrovia）克里夫蘭街十九號，一處由一位名
為查爾斯‧漢默德（Charles Hammond）擁有的男同性戀妓院裡進

取自一八八九年十二月四日《警察新聞畫報》，「西區醜聞，一些更進一步的速寫」。

行性交。警方監看克里夫蘭大街的一舉一動，但等到他們搜查房子時，漢默德早就收到密報，逃到法國去了。當拜訪此妓院的男子姓名被公開後，醜聞開始燃燒。亞瑟・薩默賽特勳爵（Lord Arthur Somerset）與休斯頓伯爵亨利・菲茨羅伊（Henry James Fitzroy the Earl of Euston）皆遭到指控，威爾斯親王的長子亞伯特・維克多王子（Prince Albert Victory）也是常客。亞瑟勳爵逃到歐洲大陸，亞伯特王子則低調待在印度，直到熱度散去，然而休斯頓伯爵在被報紙點名後，控告記者厄尼斯特・帕克（Ernest Parke）誹謗他。

　　在法庭上，亨利・菲茨羅伊宣稱他為了觀看「裸露女子」（*tableau plastique*），而拜訪克里夫蘭街十九號，但他一知道該店的狀況就立即離開了。紹爾被傳喚作證，他經常與菲茨羅伊在克里夫蘭街進行性交。對於英國媒體來說，最讓他們感到驚訝的不僅是紹爾十分開放的描述當「雞姦者」（sodomite）的謀生方式，而是他很享受這種謀生方式的態度。[24] 到了此時，英國媒體說克里夫蘭街的男孩是無辜的，他們是被道德墮落男子所欺騙，但紹爾形容他很享受「香檳與飲料」與他那「非常舒適的」住所。[25] 紹爾坦率直言的程度，讓主審法官為此責罵他好幾次。由於無法接受有人能開心的

345

一對維多利亞時期的情人,為天底下沒有新鮮事,提供充足證據。

當「職業雞姦者」，媒體開始惡意攻擊紹爾，說他是個「無庸置疑的骯髒、噁心、可憎的野獸」。[26] 法官指示陪審團成員忽視紹爾的證詞，稱之為「人能提出最糟糕的偽證」。[27] 後來記者厄尼斯特・帕克被判有罪，被罰服一年的苦勞。

儘管紹爾承認罪行，但檢察總長拒絕以猥褻罪起訴他。原因不明，據說是為了保護紹爾的富有客人。審判之後，紹爾回到都柏林，再度從事家庭僱傭，擔任男僕。一九〇四年，他死於肺結核，得年四十六歲。

綜觀歷史紀錄，男性會賣淫，不論是包養關係或直接了當的金錢交易關係。不論是「不敢說出名字的愛」或是「職業雞姦者」的謀生之道，男性性工作者都在我們身邊。對於性工作與男同志性愛的態度，因各個文化有所不同，然而汙名卻緊緊跟在兩者身邊。即便在今日，當媒體討論性工作時，男性性工作者幾乎被排除於外。遭受性剝削的「賣淫女性」論述主導了廢除性工作者的詞彙。沒有任何空間討論賣淫的男性以及買春的女性。為什麼？因為如同傑克・紹爾在一八八九年所發現的，廢除性交易者與想要「拯救」性工作者會忽視挑戰剝削受害者論述的看法。汙名與法律的威脅，讓男性性工作者數千年來都躲在暗處，然而他們值得更好的對待。所有的性工作者都是。

結論

　　我們一起到了旅程尾聲。此時我們翻身、點根菸，然後說：「你覺得如何？」我希望你很享受閱讀這本書。雖然就像是姿勢擺好的 Tinder 大頭照，我擔心內容可能不及書名所宣稱的。本書絕對不是詳盡完整的性歷史。我不確定誰能寫出這樣的書，因為性歷史不只一種版本——而有眾多版本。

　　性歷史是出了名難以研究的題目。性歷史學家一般「仰賴」警方與法庭紀錄、醫學文件與情色文學等資料，但這些資料總是充滿偏頗的立場。我們缺乏平民百姓公正的證詞，說明他們感受與體驗性的方式。以性工作的歷史來說。我們很容易找到醫生、衛道人士與媒體對於性交易看法的資料，然而要找到性工作者的自我發聲，幾乎是不可能的。性工作者的聲音無法觸及，或是透過男性的筆，有計畫性的過濾、渲染以刺激慾望，或是深受客觀環境的影響。

　　例如，一六八三年五月二十四日，伊莎貝爾・巴克（Isabel Barker）因為在倫敦莫克街經營妓院而受審，法庭紀錄顯示她鄭重聲明自己「誠實勤奮謀生」——儘管幾名婦女作證，她們逮到深夜正要偷溜出去的丈夫。[1]伊莎貝爾設法找到一些人當她的品格信譽見證人後，最後獲判無罪。鑒於在十七世紀的倫敦經營妓院的懲罰，是可觀的罰款、監禁與面臨枷刑，我們能理解伊莎貝爾說她絕對不認識「淫蕩之人」，也不知道「肉慾罪惡」，可能並非完全誠實。這樣的紀錄告訴我們非常多有關法律和性交易的資訊，然而它們無

法揭露伊莎貝爾的身份，以及她對於指控的真實看法，除了她否認犯行的事實。它也無法告訴我們，在伊莎貝爾的公寓裡被憤怒妻子逮住的男人，與「淫蕩女子」她們的背景，以及她們對於伊莎貝爾和法律的看法。令人氣餒的是，我們仍無法見到平民百姓的生活體驗。就像是隔著髒玻璃偷瞄一樣，我們看得到屋裡的形體、顏色和動作，但我們無法完全看清楚整體樣貌。

公正的個人證詞可能很罕見，我們的確大量擁有形塑人們性體驗結構的證據。在本書中，我追溯了宗教、媒體、法律、政治與經濟的各種線索，試著揭露豐富多彩的人類情慾。但是我最後想問大家，我們現在正編織著什麼樣的圖像，留給未來歷史學家拆解剖析呢？

全球各地對情慾的看法差異甚大。像是沙烏地阿拉伯、巴基斯坦和索馬利亞等國將立法禁止通姦。常見的懲罰包括罰款、監禁、鞭刑，甚至死刑。仍有七十個國家視同性戀為非法，而在茅利塔尼亞、蘇丹、北奈及利亞與南索馬利亞等國則可能處以死刑。雖然西方國家的態度相對進步，但並非全面一致。每一位性積極、多邊戀、泛性戀者，就有一位一夫一妻制的異性戀者，相信同性戀是錯誤的。每一位無悔改之意的性愛成癮者，就有一位無性戀者，想著這一切有什麼好大驚小怪的。每一位帶著「#MeToo」宣傳標語的女性主義者，就有一位困惑、憤怒的紈絝子弟，無法理解他為什麼無法再拍女實習生的臀部。如同曾在社交媒體上待超過兩分鐘的人會告訴你，現代繞著性慾和性別的爭論非常激烈，常常令人感到不愉快。

但至少人們正談論著，並且自由談論自己的性慾，而這自由是先前沒有的。當然，距離我們能舒服的將性當作一種文化，還有很長的路要走，但是與以前相比，現在我們更為包容、縱容和寬容。

我完全了解世界上還有許多國家沒有這項特權，但我們能自由談論與表達性慾的事實，卻是相當了不起的。與以前相比，我們更為願意談論、聆聽和尊重他人的觀點與體驗。雖然世界各地還有非常多的偏見、汙名和性無知，但聲音正被聽見，並找到了立足點。

我們這世代會被記住的是，我們對性合意的檢視。對於性合意的爭論沒什麼新鮮——歷史上幾乎每個文化都立法懲罰性暴力，並認為強暴犯了道德錯誤。但是強暴的定義為何，則隨各個文化有所不同。例如，在古羅馬，強暴是違法的，但條件是受害者為生而自由的羅馬公民。對羅馬人來說，奴隸不是公民，強暴奴隸是不成立的，因為奴隸沒有權利拒絕。[2]

相同的，盎格魯薩克遜人立法懲罰強暴，但其罪刑嚴重度則視受害者的地位而定，而非攻擊者的作為。現存一些最早涉及懲罰強暴的盎格魯薩克遜法律，來自肯特的艾塞爾伯特國王（King Æthelberht of Kent，560–616）立下的法律。艾賽爾伯特的法律涉及綁架、通姦、侵犯，以及性侵犯，特別是對生而自由的處女進行性侵犯。法條寫著：「如果有人強行帶走處女，〔他必須付出〕五十先令給擁有者，並在之後，購買擁有者〔對婚姻的〕同意」。[3] 對於盎格魯薩克遜的思維來說，這一切符合財務上的判斷。女性的貞操在婚姻市場上具有高價值，而失去貞操，實際上會降低她的價值。如果女性無法結婚，她的家人（擁有者）必須留著她，因此提出補償金。強迫受害者嫁給強暴她的人是相當殘忍的，但是對於盎格魯薩克遜人來說，強暴是刑事侵害，因此這符合財務上的判斷；如果你破壞它，你就得買下它。對於盎格魯薩克遜人來說，造成的傷害並非身體與情感方面，而是財務損失。

維多利亞時期的人們也激烈的爭論性合意，對於侵犯與「逗弄」的區別感到煩惱。其中，引發全國議論區別「逗弄」與侵犯的

Oh, fie upon you, Sergeant Jack,
　To go to tell the jury,
That ev'ry man his nose should lack
　Who tries to kiss a fury.
We know that woman-kind may *claw*,
　If due restraint man throws off;
But never dreamt that it was "law"
　That she might "bite his nose off."
By the queer mark across your *own*
　We *see* it has been mended,
And *hear* 'twas bitten to the bone
　By prudery offended.
You fished for maids, and *got a bite*;
　And since they treated *you* so,
You seem to think 'tis only right
　That they should *always* do so.
Your politics are bad enough,
　And so is your theology;
But all condemn, as wretched stuff,
　Your doctrine of nosology. — *Chronicle.*

取自一八三七年五月一日《領航員》上的「親吻法律」。

案子，是發生在一八三七年十二月二十六日倫敦霍本區的酒館，卡洛琳・紐頓咬掉湯瑪士・薩弗蘭（Thomas Saviland）的鼻子，因為薩弗蘭沒有先詢問紐頓的意願就想要親吻她。根據一些報導，她當時不是「直接吞下鼻肉」，就是「被看到直接將鼻肉吐到地上」。[4] 經過幾週的休養，湯瑪士對紐頓提出侵害告訴。

　　然而讓這個案子有名的不是侵害本身，而是主席法官（高階律師亞當斯）對案子的判決。亞當斯審閱過所有證據後，告訴湯瑪士・薩弗蘭，雖然他對於他失去鼻子一事感到遺憾，但「如果他想要跟貓玩，他就會被抓傷」。亞當斯對陪審團說：「各位，我的看法是如果一名男子想要違背女子意願親吻對方，只要她想要，她就有十足的權利咬掉他的鼻子。」[5] 這項判決被報紙廣泛報導，稱之為「親吻法律」（The Law of Kissing），為十九世紀的侵害案件立下法律先例。

　　「親吻法律」的判決的確擾亂了十九世紀的英國，而女性有「權利」咬掉攻擊者的鼻子的看法，受到同等的批評與嘲弄。有許

多挪揄嘲弄的詩出現，例如刊登在《領航員》（*The Pilot*）上的這首詩。

　　顯然的，親吻女性而受到懲罰的威脅，引起男性的焦慮，擔心兩性間到底能容許哪種行為。一九〇一年，克里斯多福・奈洛普（Kristoffer Nyrop）發表《親吻的歷史》（*The Kiss and Its History*），他在書中不僅追溯親吻的歷史，也探索其法律地位。奈洛普引用一八三七年的案子，闡述男性要了解何時不該親吻女性的極為困難之處與原因：「常識告訴我們，女性說『不』其實不該當真。拒絕可能只是假裝。」他繼續警告男性讀者，如果他們「認真看到女性假裝的『不』，她之後只會取笑你——這就是女性天性」。[6]

　　我們的時代與文化獨特之處，在於我們理解不真的就是不，無論在哪個時間點，無論在任何情況，每個人都有權說不，而這必須被尊重。於此，我們得了解一件重要的事情，性侵害在今日仍是重大議題，而仍有許多人不懂今日進行著的性合意議題。這實在非常重要。但當我們回頭看，才知道我們走了多遠。

　　我們正慢慢走向懂得談及性合意，其中沒有可以減緩罪刑的空間。不論受害者的穿著為何、喝了什麼，或他們曾跟誰性交過，這都不重要。不論攻擊者是很棒的游泳者、高等法院法官或是美國總統，這都不重要。不論攻擊者是不是認為這只是嘻笑打鬧的玩笑——侵害就是侵害。

　　但我們尚未抵達。我們仍生活在一個受害者的內衣在強暴案裡被拿來作為合意性交的證據的世界裡，如同發生在二〇一八年愛爾蘭的案子。在科克郡，一名二十七歲男子強暴十七歲女子被判無罪，因他的律師告訴陪審團：「你們看一下她的穿著。她穿了一件前面是蕾絲的丁字褲。」[7]這樣譴責、羞辱受害者，並宣稱性權利在歷史上隨處可見，但接下來發生的事情卻很新奇。這件

案子引發來自世界各地的憤慨。數百名群眾在科克、都柏林、利莫里克和貝爾法斯特遊行抗議這項判決，以及內衣能夠證明性合意這樣的荒謬想法。隨著全球各地女性刊登出自己內衣的照片，「#ThisIsNotConsent」的標籤迅速在社交媒體上傳開。[8] 在判決出來不久後，愛爾蘭議員露絲‧科平格（Ruth Coppinger）在愛爾蘭議會上拿出一條丁字褲並說：「在議會上展示一條丁字褲讓人覺得丟臉……希望你們能想想一名強暴受害者或任何女性，被迫在法庭上展示她的內褲，其感受會是如何？」她也告訴支持者，法官與陪審員必須接受性合意的培訓課程。[9] 雖然法庭的厭女判決和繞著性合意與衣著的煩人論述都不新奇，但是這些判決與論述現正面臨全球性的挑戰與批評。

因此，我們必須持續談論性。我們必須持續教育孩子關於性的知識，而不只是精子遇到卵子時發生的事情。我們必須談論性合意、性愉悅、自慰、情色文學、愛、關係與我們自己的身體。因為我們唯一能消去羞恥的方式，就是將性放到公開場域，好好的審視它。歷史讓我們看到，羞辱性行為的無數形式所產生的危害。我們必須學到教訓。

註解

前言

1　Philip Kaufman, *Quills* (Fox Searchlight, 2000).

2　*Anil Aggrawal, Forensic and Medico-legal Aspects of Sexual Crimes and Unusual Sexual Practices* (Boca Raton: CRC Press, 2008), p. 369.

3　Gerald S. Martin, *Gabriel Garcia Márquez: A Life* (London: Bloomsbury, 2009), p. 205.

4　2018 Review, '2018 Year in Review – Pornhub Insights', *Pornhub*, 2018 <https://www.pornhub.com/insights/2017-year-in-review> [Accessed 29 September 2018].

5　Jonas Roelens, 'Visible Women: Female Sodomy in the Late Medieval and Early Modern Southern Netherlands (1400–1550)', BMGN – *Low Countries Historical Review*, 130.3 (2015), 3 <https://doi.org/10.18352/bmgn-lchr.10101>.

6　同前。

7　William Acton, *The Functions and Disorders of the Reproductive Organs in Childhood, Youth, Adult Age, and Advanced Life* (London: John Churchill, 1857), p. 101.

8　James Douglas, 'A Book That Must be Suppressed' in *Palatable Poison: Critical Perspectives* on The Well of Loneliness, ed. by Laura L. Doan and Jay Prosser (New York: Columbia University Press, 2002), pp. 10–11.

第1章　真可惜了，她是個蕩婦──蕩婦的歷史

1　Daniel Chandler, *Semiotics: The Basics*, 2nd edn (London: Routledge, 2007), p. 25.

2   Georg Büchner, 'Danton's Death', in *Danton's Death; Leonce and Lena*; Woyzeck, trans. and ed. by Victor Price (Oxford: Oxford University Press, 2008), p. 65.

3   'Bernie Sanders Quickly Condemns Rally Speaker Who Called Hillary Clinton a "Corporate Democratic Whore" ', *RealClearPolitics*, 2016 <https://www.realclearpolitics.com/video/2016/04/14/speaker_at_sanders_rally_calls_hillary_clinton_a_corporate_democratic_whore.html> [Accessed 9 August 2018].

4   'Oxford English Dictionary', *Oed.Com*, 2018 <http://www.oed.com/view/Entry/228780?rskey=PMdb56&result=1#eid> [Accessed 9 August 2018].

5   Thomas De Chobham and F. Broomfield, *Thomae De Chobham Summa Confessorum* (Louvain: Nauwelaerts, 1968), pp. 346–7.

6   John Webster, *The White Devil*, in John Webster, *Three Plays*, ed. by David Charles Gunby (London: Penguin Books, 1995), pp. 84–5.

7   Rachael Jayne Thomas, ' "With Intent to Injure and Diffame" : Sexual Slander, Gender and the Church Courts of London and York, 1680–1700' (unpublished MA, University of York, 2015), pp. 134–5.

8   'Anne Knutsford c. Anne Blagge' (Chester, 1664), Cheshire Record Office, EDC5 1.

9   引述自 Bernard Capp, *When Gossips Meet: Women, Family, and Neighbourhood in Early Modern England* (*Oxford Studies in Social History*) (Oxford: Oxford University Press, 2003), p. 193.

10 'Susan Town c. Jane Adams' (London, 1695), London Metropolitan Archives, DL/C/244.

11 'Cause Papers' (York, 1699), Borthwick Institute for Archives, University of York, CP.H.4562., p. 3.

12 'Elizabeth Young c. Robert Heyward' (Chester, 1664), Cheshire Record Office, CRO EDC5 1663/64.

13 'Peter Leigh c. William Halliwell' (Chester, 1663), Cheshire Record Office, CRO EDC5 1663/63.

14 'Judith Glendering c. Thomas Ellerton' (London, 1685), London Metropolitan Archives, DL/C/241.

15 'Cicely Pedley c. Benedict and Elizabeth Brooks' (Chester, 1652), Cheshire

Record Office, PRO Ches. 29/442.

16 Dinah Winch, 'Sexual Slander and its Social Context in England c.1660–1700, with Special Reference to Cheshire and Sussex' (unpublished PhD thesis, The Queen's College, Oxford University, 1999), p. 52.

17 'Martha Winnell c. Abraham Beaver' (York, 1685), Borthwick Institute for Archives, University of York, CP.H.3641.

18 'Thomas Richardson c. Elizabeth Aborne' (London, 1690), London Metropolitan Archives, DL/C/243.

19 Thomas, 'With Intent to Injure and Diffame', p. 142.

20 'Thomas Hewetson c. Thomas Daniel' (London, 1699), London Metropolitan Archives, CP.H.4534.

21 William Selwyn, *An Abridgment of the Law of Nisi Prius* (London: Clarke, 1817), p. 1004.

22 'The word "whore" occurs in a total of 163 trials at the Old Bailey up to 1800: From the first occurrence in 1679 through 1739, 66 trials (just over

40 per cent); from 1730 through 1769, 61 (just over 37 per cent); from 1770 through 1799, 36 (22 per cent)'. ('History of the Term "Prostitute" ', *Essays by Rictor Norton*, 2018 <http://rictornorton.co.uk/though15.htm> [Accessed 10 August 2018].)

第 2 章　骯髒的名字給骯髒的東西──女陰的歷史

1 Walter Kirn, 'The Forbidden Word', GQ, 4 May 2005, p. 136.

2 Christina Caldwell, 'The C-Word: How One Four-Letter Word Holds So Much Power', *College Times*, 15 March 2011.

3 Pete Silverton, *Filthy English* (London: Portobello Books, 2009), p. 52; Matthew Hunt, 'Cunt', Matthewhunt.Com, 2017 <http://www.matthewhunt.com/cunt/> [Accessed 03 September 2018].

4 Mark Daniel, *See You Next Tuesday* (London: Timewell, 2008), Kindle edition, location 135.

5 Melissa Mohr, *Holy Sh*T: A Brief History of Swearing* (Oxford: Oxford University Press, 2013), p. 20.

6 Silverton, *Filthy English*, p. 52.

7 引述自 Mohr, *Holy Sh*T*, p. 149.

8   同前。

9   Lanfranco and John Hall, *Most Excellent and Learned Worke of Chirurgerie, Called Chirurgia Parua Lanfranci*, 1st edn (London: Marshe, 1565).

10 'Cunt', *Oed.com*, 2018 http://www.oed.com/view/Entry/45874?redirectedFrom=cunt#eid> [Accessed 7 September 2018].

11 'OE and ME Cunte in Place-Names', *Keith Briggs*, 2017 <http://keithbriggs.info/documents/cunte_04.pdf> [Accessed 5 April 2017].

12 'Oxford English Dictionary', *Oed.Com*, 2018.

13 Russell Ash, *Busty, Slag and Nob End* (London: Headline, 2009), Kindle edition, location 665.

14 'Oxford English Dictionary', *Oed.Com*, 2018.

15 Liz Herbert McAvoy and Diane Watt, *The History of British Women's Writing, 700–1500* (Basingstoke: Palgrave Macmillan, 2011), p. 68.

16 Geoffrey Chaucer, The Canterbury Tales, ed. Jill Mann (London: Penguin Books, 2005), p. 226.

17 Chaucer, *The Canterbury Tales*, p. 120.

18 John Florio and Hermann W. Haller, *A Worlde of Wordes* (Toronto: University of Toronto Press, 2013), p. 504.

19 Andrew Marvell, 'To His Coy Mistress', *Poetry Foundation*, 2018 <https://www.poetryfoundation.org/poems/44688/to-his-coy-mistress> [Accessed 7 September 2018].

20 William Shakespeare, *Hamlet, Shakespeare.Mit.Edu*, 2018 <http://shakespeare.mit.edu/hamlet/full.html> [Accessed 7 September 2018].

21 William Shakespeare, *Twelfth Night, Shakespeare.Mit.Edu*, 2018 <http://shakespeare.mit.edu/twelfth_night/full.html> [Accessed 7 September 2018].

22 Thomas Bowdler, T*he Family Shakespeare* (London: Hatchard, 1807).

23 重印於 Ian Frederick Moulton, *Before Pornography: Erotic Writing in Early Modern England* (Oxford: Oxford University Press, 2004), p. 127.

24 John Whiteford Mackenzie, *Philotus, A Comedy, Reprinted from the Edition of Robert Charteris* (Edinburgh: Ballantyne, 1835), p. 3.

25 Gordon Williams, *A Dictionary of Sexual Language and Imagery in Shakespearean and Stuart Literature*, vol. 1 (London: The Athlone Press, 1994), p. 350.

26 Geoffrey R. Stone, 'Origins of Obscenity', *New York University Review of Law*, 31 (2007), 711–31, p. 718.

27 James Thomas Law, *The Ecclesiastical Statutes at Large, Extracted from the Great Body of the Statute Law, and Arranged Under Separate Heads*, vol.4 (London: William Benning and Co., 1857), p. 273.

28 *The History of the C-Word* (BBC3: BBC, 2007).

29 Geoffrey Hughes, *Swearing: A Social History of Foul Language, Oaths and Profanity in English* (London: Penguin, 1998), p. 140.

30 John Wilmot, Earl of Rochester, *The Works of John Wilmot Earl of Rochester*, ed. by Harold Love (Oxford: Oxford University Press, 1999), p. 269.

31 同前 , p. 79.

32 同前 , p. 78.

33 Samuel Pepys and Robert Latham, *The Diary of Samuel Pepys*, vol. 4 (Berkeley: HarperCollins, 2000), p. 209; E. J. Burford, *Bawdy Verse: A Pleasant Collection* (Harmondsworth: Penguin, 1982), p. 170.

34 Francis Grose, *A Classical Dictionary of the Vulgar Tongue*, 3rd edn (London: Hooper & Co., 1796), p. 81.

35 Hallie Rubenhold, *Harris's List of Covent Garden Ladies* (London: Doubleday, 2012), p. 11.

36 Marquis de Sade, *Marquis de Sade Collection*, ed. by Anna Ruggieri, Kindle edition, location 8323.

37 Anonymous, *The Pearl* (London, Privately printed, 1879).

38 'Oxford English Dictionary', *Oed.Com*, 2018 <http://www.oed.com/view/Entry/45874?redirectedFrom=cunt#eid> [Accessed 7 September 2018]; 参見 Mark E. Neely, *The Abraham Lincoln Encyclopedia* (New York: McGraw-Hill, 1982), p. 154.

39 Gerald Gould, 'New Novels', *Observer*, 28 February 1932, p. 6.

40 D. H. Lawrence, *Lady Chatterley's Lover*, ed. by David Ellis (Ware: Wordsworth, 2007), p. 156.

41 James Joyce, *Ulysses* (Ware: Wordsworth, 2010), p. 54.

42 Allen Ginsberg, 'Howl', *Poetry Foundation*, 2018 <https://www.poetryfoundation.org/poems/49303/howl> [Accessed 7 September 2018].

43 Mike Nichols, *Carnal Knowledge* (Los Angeles: AVCO Embassy Pictures, 1971).

44 William Friedkin, *The Exorcist: Extended Director's Cut* (Warner Brothers, 2010).

45 'Oxford English Dictionary', *Oed.Com*, 2018 <http://www.oed.com/view/Entry/45874?redirectedFrom=cunt#eid> [Accessed 7 September 2018].

46 'Ofcom Explores Latest Attitudes to Offensive Language', *Ofcom*, 2016 <https://www.ofcom.org.uk/about-ofcom/latest/media/media-releases/2016/attitudes-to-offensive-language> [Accessed 7 September 2018].

47 Eve Ensler, Jacqueline Woodson and Monique Wilson, *The Vagina Monologues* (London: Virago, 2001), pp. 100–10.

第 3 章　找尋陰蒂──陰蒂的歷史

1 Viz, *Roger's Profanisaurus* (London: John Brown, 1998), pp. 7, 10, 17, 30, 81.

2 Graham Dury and others, *Hail Sweary* (London: Dennis Publishing, 2013), pp. 19, 40, 127.

3 H. C. T. Hamilton, *The Geography of Strabo* (London: Bell and Sons, 1903), 17.2.5.

4 Galen and Margaret Tallmadge May, *Galen on the Usefulness of the Parts of the Body* (New York: Classics of Medicine Library, 1996). 其他討論「陰蒂」（nymph）構造的古代世界的醫學作者包括塞利烏斯・奧雷利安努斯（Caelius Aurelianus）、阿爾布卡西斯（Albucasis）與阿維森納（Avicenna）。

5 Soranus and Owsei Temkin, *Soranus' Gynecology* (Baltimore: Johns Hopkins Univ. Press, 1994), p. 16.

6 Soranos d'Éphèse, *Sorani Gynaeciorum Libri IV. De Signis Fracturarum. De Fasciis. Vita Hippocratis Secundum Soranum*, ed. by Ioannes Ilberg (Lipsiae: Teubneri, 1927). (4.9), p. 370.

7 引用於 Mary Knight, 'Curing Cut or Ritual Mutilation? Some Remarks on the Practice of Female and Male Circumcision in Graeco-Roman Egypt', Isis, 92.2 (2001), pp. 327–8.

8 John G. Younger, *Sex in the Ancient World from A to Z* (London: Routledge,

2005), p. 36.

9   Aristophanes and Alan Herbert Sommerstein, *Knights* (Warminster: Aris & Phillips, 1990), pp. 1284–5.

10 Cicero and D. R. Shackleton Bailey, *Epistulae ad Familiares* (Cambridge: Cambridge University Press, 1977), p. 9.

11 引用於 Jacqueline Fabre-Serris and Alison Keith, *Women and War in Antiquity* (Baltimore: Johns Hopkins University Press, 2015), p. 264; Melissa Mohr, *Holy Sh*T: A Brief History of Swearing* (Corby: Oxford Academic Publishing Ltd, 2013), p. 26.

12 Martial, *Epigrams*, trans. by Gideon Nisbet (Oxford: Oxford University Press, 2015), 1.90., p. 27.

13 Mohr, *Holy Sh*T*, p. 28.

14 Samuel Arbesman, *The Half Life of Facts – Why Everything We Know Has An Expiration Date* (London: Penguin, 2004).

15 Geoffrey Chaucer, V. A. Kolve and Glending Olson, *The Canterbury Tales* (New York, N.Y.: Norton & Company, 2005), lines 430–35.

16 M. S. Spink and L. G. Lewis, *Albucasis on Surgery and Instruments. A Definitive Edition of the Arabic Text with English Translation and Commentary* (Berkeley: University of California Press, 1976), p. 456.

17 Avicenna, *Liber Canonis* (Hildesheim: Georg Olms Verlagsbuchhandlung, 1964), p. 377.

18 Danielle Jacquart and Claude Thomasset, *Sexuality and Medicine in the Middle Ages* (Cambridge: Polity, 1988).

19 參見 Karma Lochrie, *Heterosyncrasies: Female Sexuality When Normal Wasn't* (Minneapolis: University of Minnesota Press, 2005).

20 Thomas Wright and Richard Paul Wülker, *Anglo-Saxon and Old English Vocabularies* (London: Trubner & Co., 1883), p. 549.

21 同前。參見 Mohr, *Holy Sh*T*, p. 98.

22 Gabriele Falloppio, *Observationes Anatomicae* (Modena: STEM Mucchi, 1964), p. 193.

23 Realdo Colombo, *De re Anatomica*, trans. by Nicolae Beuilacquae (Venice: Bruxelles, 1969), Book XI, pp. 242–3, Book XV, pp. 262–9.

24 Falloppio, *Observationes Anatomicae*, p. 193.

25 Colombo, *De re Anatomica*, pp. 242–3.

26 Vincent Di Marino and Hubert Lepidi, *Anatomic Study of the Clitoris and the Bulbo-Clitoral Organ* (Cham: Springer International Publishing, 2014), p. 8.

27 Thomas Bartholin and Michael Lyser, *The Anatomical History of Thomas Bartholinus* (London: Printed by Francis Leach for Octavian Pulleyn,1653), p. 77. 對近代早期女同性戀與大陰蒂的討論，參見 Valerie Traub, *The Renaissance of Lesbianism in Early Modern England* (Cambridge: Cambridge University Press, 2002).

28 Nicolas Venette, *Conjugal Love; Or, The Pleasures of the Marriage Bed*, 20th edn (London, 1750), p. 71.

29 Charles Slackville, 'A Faithful Catalogue of Our Most Eminent Ninnies', in *Poems on Affairs of State: Augustan Satirical Verse*, 1660–1714 (New Haven: Yale University Press, 1963), iv, p. 195.

30 Jane Sharp, *The Midwives Book, Or, The Whole Art of Midwifry Discovered*, ed. by Elaine Hobby (Oxford: Oxford University Press, 1999), p. 39.

31 同前 , p. 40.

32 同前 , pp. 41–42.

33 參 見 如 Rosemary Guiley, T*he Encyclopaedia of Witches and Witchcraft* (New York: Facts on File, 1989); Lana Thompson, *The Wandering Womb* (Amherst, N.Y.: Prometheus Books, 1999); Jelto Drenth, *The Origin of the World* (London: Reaktion, 2008).

34 King James I, *Daemonologie in Forme of a Dialogie* (Robert Walde-graue, 1597), p. 70.

35 Diane Purkiss, *The Witch in History* (Hoboken: Routledge, 2012), p. 135.

36 Anon, *The Wonderful Discoverie of the Witchcrafts of Magaret and Phillip Flower, Daughters of Joan Flower Neere Beur Castle: Executed at Lincolne, March II. 1618* (London, 1619), pp. 22–4.

37 H. F., *A True and Exact Relation of the Several Informations, Examinations, and Confessions of the Late Witches, Arraigned and Executed in the County of Essex* (London, 1664), p. 24.

38 Matthew Hale, *A Tryal of Witches at Bury St Edmunds*, 1664, p. 16.

39 Nicolas Chorier, *A Dialogue between a Married Lady and a Maid* (London, 1740), p. 13.

40 de Sade, *The Marquis de Sade: The Complete Justine, Philosophy in the Bedroom, and Other Writings* (New York: Grove Press, 1990), p. 205.

41 *A New Description of Merryland* (London: E Curll, 1741), p. 15.

42 M. D. T. de Bienville and Edward Wilmot, *Nymphomania, Or, A Dissertation Concerning the Furor Uterinus* (London: J. Bew, 1775), p. 36.

43 Alexandre Parent Du Châtelet, *On Prostitution in The City of Paris* (London: T. Burgess, 1837), p. 108.

44 同前 , p. 109.

45 Robley Dunglison, *Medical Lexicon: A Dictionary of Medical Science* (Philadelphia: Blanchard & Lea, 1854), p. 214.

46 'Masturbation in the Female', *American Homeopathic Journal of Gynaecology and Obstetrics*, 1.1 (1885), pp. 338–340; p. 340.

47 Isaac Baker Brown, *On the Curability of Certain Forms of Insanity, Epilepsy, Catalepsy, and Hysteria in Females* (Robert Hardwicke: London, 1866), p. 84.

48 同前 , p. 17.

49 'Obstetrical Society's Charges and Mr Baker Brown's Replies', *The Lancet*, 1.92 (1867), pp. 427–41; p. 434.

50 Sigmund Freud, *The Question of Lay Analysis* (New York: Norton, 1989), p. 38.

51 Sigmund Freud, *Three Essays on the Theory of Sexuality* (Mansfield: Martino Publishing, 2011), p. 87.

52 A.E. Narjani, 'Considerations Sur Les Causes Anatomiques De La Frigidite Chez La Femme', *Bruxelles Medical*, 27.4 (1924), 768–78.

53 Eduard Hitschmann and Edmund Bergler, *Frigidity in Women: Its Characteristics and Treatment* (Washington: Nervous and Mental Disease, 1936), p. 20.

54 William S. Kroger, 'Psychosomatic Aspects of Frigidity', *Journal of the American Medical Association*, 143.6 (1950), 526–32, p. 526.

55 Alfred C. Kinsey, Individual Variation Lecture, lecture 8, spring 1940 (28 February, 1940), Alfred C. Kinsey Collection.

56 'Clitoral Hood: Size, Appearance, Effect on Orgasm, Reduction, and More', *Healthline*, 2018 <https://www.healthline.com/health/womenshealth/clitoral-

hood> [Accessed 24 September 2018].

57 Donna Mazloomdoost and Rachel N. Pauls, 'A Comprehensive Review of the Clitoris and Its Role in Female Sexual Function', *Sexual Medicine Reviews*, 3.4 (2015), pp. 245–63.

58 Pierre Foldes and Odile Buisson, 'The Clitoral Complex: A Dynamic Sonographic Study', *Journal of Sexual Medicine*, 2009, 1223–31.

59 Odile Buisson and others, 'Coitus as Revealed by Ultrasound in One Volunteer Couple', *The Journal of Sexual Medicine*, 7.8 (2010), 2750–4.

60 'Female Genital Mutilation', *World Health Organization*, 2018 <http:// www. who.int/news-room/fact-sheets/detail/female-genital-mutilation> [Accessed 17 June 2018].

第 4 章　殖民女陰──種族迷戀的歷史

1　Sir Mix-a-Lot, 'Baby Got Back' (Def American, 1992).

2　Darlene Abreu-Ferreira, *Women, Crime, And Forgiveness in Early Modern Portugal* (Florence: Taylor and Francis, 2016).

3　William Smith, *A New Voyage to Guinea*, 2nd edn (London: John Nourse, 1745), p. 221.

4　*Reports of the Lords of the Committee of Council Appointed for the Consideration of all Matters Relating to Trade and Foreign Plantations* (London, 1789), p. 119.

5　Clifton C. Crais and Pamela Scully, *Sara Baartman and the Hottentot Venus* (Princeton: Princeton University Press).

6　François Le Vaillant, *New Travels into the Interior Parts of Africa, by the Way of the Cape of Good Hope* (London: G. G. and J. Robinson, 1796), p. 351.

7　John Barrow, *Travels into the Interior of Southern Africa* (London: T. Cadell and W. Davies, 1801), p. 281.

8　The Times, 'The Hottentot Venus', 1810, p. 3.

9　'Baartman, Sara [Performing Name the Hottentot Venus] (1777X88–1815/16), Celebrity and Subject of Scientific Speculation | Oxford Dictionary Of National Biography', *Oxforddnb.com*, 2018 <http://www.oxforddnb.com/ view/10.1093/ref:odnb/9780198614128.001.0001/odnb-9780198614128-e-

73573;jsessionid=1ABB9A1E6F71D8D1704734C50D86E17D> [Accessed 7 August 2018].

10 *Bell's Weekly Messenger*, 'The Hottentot Venus', 1810, p. 7.

11 Georges Cuvier, 'Extrait D'Observations Faites Sur Le Cadavre D'Une Femme Connue À Paris Et À Londres Sous Le Nom De Vénus Hottentotte', in *Mémoires Du Musée Nationale D'Histoire Naturelle*, 1817, pp. 259–74.

12 Adrien Charpy, 'Des Organes Genitaux Externes Chez Les Prostituées', *Annales De Dermatologie*, 3 (1870), pp. 271–79.

13 Cesare Lombroso and Gugliemo Ferrero, *La Donna Delinquente* (Turin: Roux, 1893), pp. 38, 361–2.

14 William Lee Howard, 'The Negro as a Distinct Ethnic Factor in Civilization', *Medicine*, 60 (1904), pp. 423–26.

第 5 章　「像布丁一樣很容易製作」──貞操測試的歷史

1   Rose McKeon Olson and Claudia García-Moreno, 'Virginity Testing: A Systematic Review', *Reproductive Health*, 14.1 (2017) <https://doi.org/10.1186/s12978-017-0319-0>.

2   World Health Organization, 'Interagency Statement Calls For The Elimination Of "Virginity-Testing"', *World Health Organization*, 2018 <https://www.who.int/reproductivehealth/publications/eliminatingvirginity-testing-interagency-statement/en/> [Accessed 21 May 2019]

3   'FGM National Clinical Group – Historical & Cultural', *Fgmnationalgroup. org*, 2018 <http://www.fgmnationalgroup.org/historical_and_cultural.htm> [Accessed 11 September 2018].

4   'Female Genital Mutilation', *World Health Organization*, 2017 <http://www.who.int/mediacentre/factsheets/fs241/en/> [Accessed 10 August 2017].

5   'Virginity Testing "Sacred" But Not a Science', *Africa Check*, 2017 <https://africacheck.org/reports/virginity-testing-sacred-but-not-a-science/> [Accessed 21 August 2017].

6   Lucy Pasha-Robinson, 'Doctors Are Being Ordered to Perform "Virginity Tests" on Underage Girls in Russia', *The Independent*, 2018 <https://www.independent.co.uk/news/world/europe/russia-doctors-virginity-testsrussian-investigative-committee-underage-girls-a7783811.html> [Accessed 11

September 2018].

7 Kathleen Coyne Kelly, *Performing Virginity and Testing Chastity in the Middle Ages* (New York: Routledge, 2000).

8 Soranus and Owsei Temkin, *Soranus' Gynecology* (Baltimore: Johns Hopkins University Press, 1994).

9 Danielle Jacquart and Claude Thomasset, *Sexuality and Medicine in the Middle Ages* (Cambridge, UK: Polity Press, 1988), p. 44.

10 'Lacuscurtius Valerius Maximus – Liber VIII', *Penelope.Uchicago.Edu*, 2018 <http://penelope.uchicago.edu/Thayer/L/Roman/Texts/Valerius_Maximus/8*.html> [Accessed 11 September 2018].

11 Aelian, *On the Characteristics of Animals* (Cambridge: Harvard University Press, 1959), p. 358; Michael Rosenberg, *Signs of Virginity: Testing Virgins and Making Men in Late Antiquity* (Oxford: Oxford University Press, 2018), p. 26.

12 Albertus and Helen Rodnite Lemay, *Women's Secrets: A Translation of Pseudo-Albertus Magnus' De Secretis Mulierum with Commentaries* (Albany: University of New York Press, 1992), p. 128.

13 Rosenberg, *Signs of Virginity*, p. 24.

14 Kelly, *Performing Virginity and Testing Chastity in the Middle Ages*, pp. 28–31.

15 Navas, *Book of Women* (Hoboken: Taylor and Francis, 2014), p. 142.

16 Albertus, *Women's Secrets*, p. 128.

17 'Bloody Sheets: An Age-Old Tradition Still Held in Georgia's Regions', *Georgia Today*, 2017 <http://georgiatoday.ge/news/2879/Bloody-Sheets%3A-An-Age-old-Tradition-Still-Held-in-Georgia%E2%80%99s-Regions> [Accessed 20 August 2017].

18 Henry Ansgar Kelly and Alan M Dershowitz, *The Matrimonial Trials of Henry VIII* (London: Wipf and Stock, 2004), pp. 233–4.

19 *The Trotula*, trans. by Monica Helen Green (Philadelphia: University of Pennsylvania Press, 2002), pp. 103–4.

20 Navas, *Book of Women*, pp. 142–4.

21 Nicolas Venette, *The Mysteries of Conjugal Love Reveal'd*, 3rd edn (London, 1712), p. 78.

22 Francis Grose, *A Classical Dictionary of the Vulgar Tongue*, 3rd edn (London: Hooper & Co.,1796), p. 183.

23 *Nocturnal Revels: Or, the History of King's Place* (London: M. Goadby, 1779), p. 164.

24 John Cleland, *Fanny Hill, or, Memoirs of a Woman of Pleasure* (London: LBA, 2007), Kindle edition, p. 146.

25 Tassie Gwilliam, 'Female Fraud: Counterfeit Maidenheads in the Eighteenth Century', *Journal of the History of Sexuality*, 6 (1996), pp. 518–48.

26 'On the Signs of Defloration in Young Females', *London Medical Gazette: or, Journal of Practical Medicine*, 48 (1831), 304–6.

27 Edward B. Foote, *Medical Common Sense* (New York: printed by the author, 1867), p. 173.

28 Rose McKeon Olson and Claudia García-Moreno, 'Virginity Testing: A Systematic Review', *Reproductive Health*, 14.1 (2017) <https://doi.org/10.1186/s12978-017-0319-0>.

29 Independent Forensic Expert Group, 'Statement on Virginity Testing', *Journal of Forensic and Legal Medicine*, 33 (2015), pp. 121–24 <https://doi.org/10.1016/j.jflm.2015.02.012>.

30 Olson and García-Moreno, 'Virginity Testing: A Systematic Review', *Reproductive Health*, p. 14.

第 6 章　射精──高潮與手淫

1 Elisabeth A. Lloyd, *The Case of the Female Orgasm: Bias in the Science of Evolution* (Cambridge, MA: Harvard University Press, 2005), p. 44.

2 Anne A. Lawrence, 'Sexuality Before and After Male-to-Female Sex Reassignment Surgery', *Archives of Sexual Behaviour*, 34.2 (2005), 147–66 <https://doi.org/10.1007/s10508-005-1793-y>; Imbimbo, C., et al., 'Intersex and Gender Identity Disorders: A report from a single institute's 14-Year experience in treatment of male-to-female Transsexuals', *The Journal of Sexual Medicine*, 6.10 (2009), pp. 2736–45. doi: 10.1111/j.1743-6109.2009.01379.x; Jochen Hess et al., 'Satisfaction With Male-to-Female Gender Reassignment Surgery', *Deutsches Aerzteblatt Online*, 111.47 (2014) <https://doi.org/10.3238/arztebl.2014.0795>.

3   Lisa D. Wade, Emily C. Kremer and Jessica Brown, 'The Incidental Orgasm: The Presence of Clitoral Knowledge and the Absence of Orgasm for Women', *Women & Health*, 42.1 (2005), 117–38 <https://doi.org/10.1300/j013v42n01_07>.

4   John G. Avildsen, *Rocky* (Chartoff-Winkler Productions, 1976).

5   'The Myths of Sex Before Sport', *BBC* News, 2004 <http://news.bbc.co.uk/1/hi/magazine/3555734.stm> [Accessed 27 August 2018].

6   Dr Brooke Magnanti, 'Boxer Carl Froch Has Been Abstaining from Sex – But Is It Ever Worth It?', *Daily Telegraph*, 2014 <https://www.telegraph.co.uk/women/sex/10864506/Sex-ban-Carl-Froch-has-been-abstaining-from-sexbut-is-it-really-good-for-you.html> [Accessed 27 August 2018].

7   N. Maffulli, et al., 'Sexual Activity before Sports Competition: A Systematic Review', *Frontiers in Physiology*, 2016;7:246. doi:10.3389/fphys.2016.00246.

8   Alexandra Sifferlin, 'Can Sex Really Dampen Athletic Performance?', *Time*, 2014 <http://time.com/2911744/can-sex-re/> [Accessed 27 August 2018].

9   'The Classic of Su Nu', in Douglas Wile, *Art of the Bedchamber: the Chinese Sexual Yoga Classics* (Albany: University of New York Press, 1992), p. 93.

10 'Does Frequent Ejaculation Help Ward Off Prostate Cancer?', 2009 <http://www.harvardprostateknowledge.org/does-frequent-ejaculation-helpward-off-prostate-cancer> [Accessed 13 February 2017]; Jennifer R. Rider and others, 'Ejaculation Frequency and Risk of Prostate Cancer: Updated Results with an Additional Decade of Follow-Up', *European Urology*, 70.6 (2016), 974–82 <https://doi.org/10.1016/j.eururo.2016.03.027>.

11 G. G. Giles and others, 'Sexual Factors and Prostate Cancer', *BJU International*, 92.3 (2003), 211–16 <https://doi.org/10.1046/j.1464-410x.2003.04319.x>.

12 John G. Younger, *Sex in the Ancient World from A To Z* (London: Routledge, 2005), p. 2.

13 Albert the Great, 'Questions on Animals', 引用於 *Sexuality and Medicine in the Middle Ages*, trans. by M. Adamson (Oxford: Oxford University Press, 1998), pp. 55–6.

14 Gerald of Wales, The Jewel of the Church: A Translation of the Gemma

Ecclesiastica, trans. by J.J. Hagen (Leiden: Brill, 1979), p. 109.

15 'Summa Theologica Index', *Sacred-Texts.Com*, 2018 <http://www.sacredtexts.com/chr/aquinas/summa/index.htm> [Accessed 15 September 2018].

16 P. G. Maxwell-Stuart, *The Malleus Maleficarum* (Manchester: Manchester University Press, 2007), Kindle edition, location 1507.

17 同前 , location 1474.

18 同前 , location 1524.

19 William Masters and Virginia Johnson, *Human Sexual Response* (London: Churchill, 1966), pp. 7–8.

20 K. R. Turley and D. L. Rowland, 'Evolving ideas about the male refractory period', *BJU International*, 112 (2013), 442–52.

21 S. A. D. Tissot, *Onanism; Or, A Treatise upon the Disorders Produced by Masturbation; Or, The Dangerous Effects Of Secret and Excessive Venery... Translated from the Last Paris Edition, By A. Hume. The Fifth Edition, Corrected*, 5th edn (London: Richardson, 1781), p. 11.

22 Léopold Deslandes, *A Treatise on the Diseases Produced by Onanism, Masturbation, Self-Pollution, and Other Excesses*, 2nd edn (Boston: Otis, Broader and Company, 1839), p. 3.

23 J. H. Kellogg, *Plain Facts for Old and Young* (Burlington: Segner, 1887), p. 294.

24 同前 , p. 295.

25 同前 , p. 296.

26 Robert Baden-Powell, *Boy Scouts of America*, 1st edn (New York: Page and Company, 1911), p. 345.

27 Albert Moll, *Sexual Life of the Child* (Classic Reprint) (London: Forgotten Books, 2015), p. 56.

28 Wilhelm Reich, *The Bioelectrical Investigation of Sexuality and Anxiety* (New York: Farrar, Straus and Giroux, 1982), p. 9; Alfred C. Kinsey, Wardell B. Pomeroy and Clyde E. Martin, Sexual Behavior in the Human Male (Philadelphia: W. B. Saunders, 1948).

29 William H. Masters and Virginia E. Johnson, *Human Sexual Response* (London: Churchill, 1966), pp. 3–9.

30 Semir Zeki and Andreas Bartels, 'The Neural Correlates of Maternal and Romantic Love', *Neuroimage*, 21.3 (2004), 1155–66 <https://doi.org/10.1016/j.neuroimage.2003.11.003>.

31 B. Whipple, 'Functional Magnetic Resonance Imaging (FMRI) During Orgasm in Women', Sexologies, 17 (2008), S45 https://doi.org/10.1016/s1158-1360(08)72639-2; Ruth G. Kurtz, 'Hippocampal and Cortical Activity During Sexual Behavior in the Female Rat', *Journal of Comparative and Physiological Psychology*, 89.2 (1975), 158–69 https://doi.org/10.1037/h0076650; Mary S. Erskine, Joseph G. Oberlander and Jasmine J. Yang, 'Expression of FOS, EGR-1, and ARC in the Amygdala and Hippocampus of Female Rats During Formation of the Intromission Mnemonic of Pseudopregnancy', *Developmental Neurobiology*, 67.7 (2007), 895–908<https://doi.org/10.1002/dneu.20376>.

32 James G. Pfaus and others, 'The Role of Orgasm in the Development and Shaping of Partner Preferences', *Socioaffective Neuroscience & Psychology*, 6.1 (2016), 31815 <https://doi.org/10.3402/snp.v6.31815>.

33 Stuart Brody and Rui Miguel Costa, 'Satisfaction (Sexual, Life, Relationship, and Mental Health) is Associated Directly with Penile-Vaginal Intercourse, but Inversely with Other Sexual Behavior Frequencies', *The Journal of Sexual Medicine*, 6.7 (2009), 1947–54 <https://doi.org/10.1111/j.1743-6109.2009.01303.x>.

34 Beverly Whipple and Carol Rinkleib Ellison, *Women's Sexualities: Generations of Women Share Intimate Sexual Secrets of Sexual Self-Acceptance* (Oakland, CA: New Harbinger Publications, US, 2000).

35 Randolph W. Evans and R. Couch, 'Orgasm and Migraine', *Headache: The Journal of Head and Face Pain*, 41.5 (2001), 512–14 <https://doi.org/10.1046/j.1526-4610.2001.01091.x>.

36 Quentin Crisp, *The Naked Civil Servant* (London: Flamingo, 1996) p. 14.

第 7 章　盜取睪丸──二十世紀的睪丸移植

1 Glenn Matfin, 'The Rejuvenation of Testosterone: Philosopher's Stone or Brown-Séquard Elixir?', *Therapeutic Advances in Endocrinology and Metabolism*, 1.4 (2010), 151–54 <https://doi.

org/10.1177/2042018810385052>.

2   Charles Éduoard Brown-Séquard, *The Elixir of Life: Dr. Brown-Séquard's Own Account of His Famous Alleged Remedy for Debility and Old Age*, ed. by Newell Dunbar (Boston: J.G. Cupples, 1889), pp. 21–6.

3   同前 , p. 23.

4   同前 , p. 25.

5   Charles Éduoard Brown-Séquard, 'Note on the Effects Produced on Man by Subcutaneous Injections of a Liquid Obtained from the Testicles of Animals', *The Lancet*, 134.3438 (1889), pp. 105–7 <https://doi.org/10.1016/s0140-6736(00)64118–1>.

6   Le Petit Parisien, 'Jouvence', 8 October 1919. 參 見 Catherine Remy, ' "Men Seeking Monkey-Glands" : The Controversial Xenotransplantations of Doctor Voronoff, 1910–30', *French History*, 28.2 (2014), pp. 226–40 <https://doi.org/10.1093/fh/cru042>.

7   John B. Nanninga, *The Gland Illusion: Early Attempts at Rejuvenation Through Male Hormone Therapy* (London: McFarland, 2017), Kindle edition, location 1125.

8   Serge Voronoff, *Quarante-Trois Greffes Du Singe A L'homme* (Paris: G. Doin, 1924), p. 90.

9   *Aberdeen Press and Journal*, 'Monkey Gland Patient Dead', 1923, p. 7.

10 Serge Voronoff, *Rejuvenation by Grafting* (London: G. Allen & Unwin Ltd, 1925), pp. 118–119.

11 同前 , pp. 68–127.

12 Nanninga, *The Gland Illusion*, location 1232.

13 *The Times*, 'Dr Voronoff's Operations: A Meeting of Protest', 8 June 1928.

14 Nanninga, *The Gland Illusion*, location 1638.

15 R. Alton Lee, *The Bizarre Careers of John R. Brinkley* (Lexington: The University Press of Kentucky, 2015), p. 219.

16 引用於 Pope Brock, *Charlatan: America's Most Dangerous Huckster, the Man Who Pursued Him, and the Age of Flimflam* (New York: Crown Publishers, 2008), p. 264.

17 George Bernard Shaw, 'Letter to the Editor', in *The Saturday Review of Literature*, 1928, p. 1043.

18 David Hamilton, *The Monkey Gland Affair* (London: Chatto & Windus, 1986), p. 91.

19 Eugen Steinach and Josef Löbel, *Sex and Life: Forty Years of Biological and Medical Experiments* (New York: Viking, 1940), p. 176.

20 E. Steinach, 'Biological Methods Against the Process of Old Age', *Medical Journal and Record*, 25 (1927), p. 79.

21 'Current Comment, "Glandular Therapy"', *Journal of the American Medical Association*, 83 (1924), p. 1004.

22 Sharon Romm, *The Unwelcome Intruder: Freud's Struggle with Cancer* (New York, NY, USA: Praeger, 1983), pp. 17–23.

23 引用於 Nanninga, *The Gland Illusion, location* 1549.

24 S. Lock, "O That I Were Young Again": Yeats and the Steinach Operatio', *BMJ*, 287.6409 (1983), pp. 1964–68 <https://doi.org/10.1136/bmj.287.6409.1964>.

25 *Portsmouth Evening News*, 'Gland Rejuvenation', 22 April 1939, p. 8.

26 *Nottingham Evening Post*, 'Seven Methods Explained', 15 July 1924, p. 1.

27 *Dundee Evening Telegraph*, 'Youth Glands Stolen', 16 October 1922, p. 7.

28 同前。

第 8 章　艱困的愛——中世紀陽痿測試

1 John Tozzi and Jared Hopkins, 'The Little Blue Pill: an Oral History of Viagra', *Bloomberg*, 2018 https://www.bloomberg.com/news/features/2017-12-11/the-littleblue-pill-an-oral-history-of-viagra [Accessed 25 August 2018].

2 Dawn Connelly, 'Three Decades of Viagra', *The Pharmaceutical Journal*, 2017 <https://doi.org/10.1211/pj.2017.20202847>.

3 'Cover Page', Time, 1998.

4 Stanley E. Althof and others, 'Self-Esteem, Confidence, and Relationships in Men Treated with Sildenafil Citrate for Erectile Dysfunction', *Journal of General Internal Medicine*, 21.10 (2006), 1069–74 <https://doi.org/10.1111/j.1525-1497.2006.00554.x>.

5 Stephanie B. Hoffman, 'Behind Closed Doors: Impotence Trials and the Trans-Historical Right to Martial Policy', *Boston University Law Review*, 89

(2009), 1725–52, p. 1732.

6   Rider, Magic and Impotence in the Middle Ages, p. 61.

7   Jacqueline Murray, 'On the Origins and Role of "Wise Women" in Causes for Annulment on the Grounds of Male Impotence', *Journal of Medieval History*, 16.3 (1990), pp. 235–49, p. 243. <https://doi.org/10.1016/0304-4181(90)90004-k>.

8   引用於 Frederik Pedersen, *Marriage Disputes in Medieval England* (London: Hambledon, 2000), p. 117.

9   Frederick Pederson, 'Motives for Murder: The Role of Sir Ralph Paynel in the Murder of William Cantilupe', in Continuity, *Change and Pragmatism in the Law: Essays in Honour of Professor Angelo Forte* (Aberdeen: Aberdeen University Press, 2016), pp. 69–95, p. 83.

10 引用於 Henrietta Leyser, *Medieval Women: Social History of Women in England 450–1500* (London: Phoenix Press, 1995), p. 116.

11 引用於 Rider, Magic and Impotence in the Middle Ages, p. 44.

12 P. G. Maxwell-Stuart, *The Malleus Maleficarum* (Manchester: Manchester University Press, 2007), Kindle edition, locations 2844–45.

13 同前 , locations 2897–99.

14 同前 , locations 2931–3.

15 Hincmar of Rheims, *De Divortio Lotharii Regis Et Theutbergae Regina*, ed. by Letha Böhringer (Hanover: MGH, 1992), p. 217.

16 Hincmar of Rheims, *De Nuptiis Stephani Et Filiae Regimundi Comiti* (Berlin: MGH, 1939), p. 105.

17 參見 Rider, *Magic and Impotence in the Middle Ages*, pp. 72–4.

18 Hoffman, 'Behind Closed Doors', p. 1727.

第 9 章　生命之杖──性與麵包

1   參見 Johann F. Kinzl and others, 'Partnership, Sexuality, and Sexual Disorders in Morbidly Obese Women: Consequences of Weight Loss After Gastric Banding', *Obesity Surgery*, 11.4 (2001), 455–8 https://doi.org/10.1381/096089201321209323; Sarah R. Holzer and others, 'Mediational Significance of PTSD in the Relationship of Sexual Trauma and Eating Disorders', *Child Abuse & Neglect*, 32.5 (2008), 561–6 <https://doi.

org/10.1016/j.chiabu.2007.07.011>.

2 'Proverbs 9:17 Commentaries: "Stolen Water Is Sweet; And Bread Eaten In Secret Is Pleasant." ', *Biblehub.Com*, 2018 <https://biblehub.com/commentaries/proverbs/9-17.htm> [Accessed 18 August 2018].

3 Judith Harris, *Pompeii Awakened: A Story Of Rediscovery* (London: Tauris, 2007), p. 121.

4 'Exeter Book Riddles', *Anglo-Saxon Narrative Poetry Project*, 2018 <https://anglosaxonpoetry.camden.rutgers.edu/exeter-book-riddles/> [Accessed 18 August 2018].

5 Martial, 'Epigrams. Book 14'. *Tertullian.Org*, 2018 <http://www.tertullian.org/fathers/martial_epigrams_book14.htm> [Accessed 18 August 2018].

6 Athenaeus, *The Deipnosophists*, vol. VI, trans. by Charles Burton Gulick (London: Heinemann, 1927), p. 493.

7 Jacques-Antoine Dulaure, *Histoire Abrégée De Différens Cultes*, 2nd edn (Paris, 1825), p. 285.

8 Richard Payne Knight and Thomas Wright, *A Discourse on the Worship of Priapus, and its Connection with the Mystic* (London: Spilbury, 1865), p. 158.

9 引用於 John Raymond Shinners, *Medieval Popular Religion, 1000–1500: A Reader* (Toronto: UTP, 2009), pp. 451–53.

10 同前 , p. 455.

11 同前 , pp. 451–53.

12 Geoffrey Chaucer, 'The General Prologue', in *The Canterbury Tales*, ed. by Jill Mann (London: Penguin Books, 2005), p. 26.

13 Madeleine Pelner Cosman and Linda Gale Jones, *Handbook to Life in the Medieval World*, vol. 3 (New York: Facts on File, 2008), p. 134.

14 同前。坎特伯里大主教西奧多 (Theodore of Canterbury，ad 602–690) 在其懺悔書有些許不同的看法，他警告用丈夫精子烘焙麵包給丈夫吃，增進其性慾的女性。Jacqueline Murray, Love, Marriage, and Family in the Middle Ages: A Reader (Toronto: University of Toronto Press, 2001), p. 46.

15 George Peele, *The Old Wives' Tale*, ed. by Patricia Binnie (Manchester: Manchester University Press, 1980), p. 75.

16 Richard Brome, *A Jovial Crew*, ed. by Tiffany Stern (London: Bloomsbury,

2014), pp. 122–33, 30–1.

17 John Aubrey, *Remaines of Gentilisme and Judaisme* (London: Folklore Society, 1881), pp. 43–44.

18 Natasha Hinde, 'Blogger Bakes Sourdough Using Yeast from Vagina, Internet Explodes', *Huffpost UK*, 2018 <https://www.huffingtonpost.co.uk/2015/11/24/woman-makes-sourdough-using-yeast-fromvagina_n_8636372.html> [Accessed 19 August 2018].

第 10 章　愛之食糧──牡蠣的歷史

1　'Science Proves Oysters and Mussels are the Food of Love', *The Scotsman*, 2018 <https://www.scotsman.com/future-scotland/tech/science-provesoysters-and-mussels-are-the-food-of-love-1-740457> [Accessed 20 August 2018].

2　Antimo D'Aniello and others, 'Occurrence and Neuroendocrine Role of d-Aspartic Acid And n-Methyl-D-Aspartic Acid Inciona Intestinalis', *FEBS Letters*, 552.2–3 (2003), 193–8 <https://doi.org/10.1016/s0014-5793(03)00921-9>.

3　Raul A. Mirza and others, 'Do Marine Mollusks Possess Aphrodisiacal Properties?', paper presented at the Chemical Society National Conference in San Diego, March 13–17, 2005.

4　Adam Lusher, 'Raw Oysters Really Are Aphrodisiacs Say Scientists (And Now Is the Time to Eat Them)', *Daily Telegraph*, 2018 <http://www.telegraph.co.uk/news/uknews/4195596/Raw-oysters-really-areaphrodisiacs-say-scientists-and-now-is-the-time-to-eat-them.html>[Accessed 19 August 2018].

5　C. D. Hunt and others, 'Effects of Dietary Zinc Depletion on Seminal Volume and Zinc Loss, Serum Testosterone Concentrations, and Sperm Morphology in Young Men', *The American Journal of Clinical Nutrition*, 56.1 (1992), 148–57 https://doi.org/10.1093/ajcn/56.1.148; Radhika Purushottam Kothari, 'Zinc Levels in Seminal Fluid in Infertile Males and Its Relation with Serum Free Testosterone', Journal of Clinical and Diagnostic Research, 10 (2016), CC05-8 https://doi.org/10.7860/jcdr/2016/14393.7723.

6　Robert C. Walter and others, 'Early Human Occupation of the Red Sea

Coast of Eritrea During the Last Interglacial', *Nature*, 405.6782 (2000), 65–9 <https://doi.org/10.1038/35011048>.

7   Hesiod, *Theogony*, ed. by M. L. West (Oxford: Oxford University Press, 2008), p. 9.

8   Va⁻tsya⁻yana, *Kamasutra*, ed. and trans. by Wendy Doniger and Sudhir Kakar (Oxford: Oxford University Press, 2009), p. 165.

9   Nicolas Culpeper, *The Complete Herbal* (London: CreateSpace, 2018), p. 324.

10 *Historia Augusta* (Boston: Loeb Classical Library, 1921), p. 483.

11 Pliny the Elder, 'Pliny the Elder, Natural History | Loeb Classical Library', *Loeb Classical Library*, 2018 <https://www.loebclassics.com/view/pliny_elder-natural_history/1938/pb_LCL418.503.xml?readMode=recto> [Accessed 19 August 2018].

12 Alain Chartier, *Delectable Demaundes, and Pleasaunt Questions, with their Seuerall Aunswers, in Matters of Loue, Naturall Causes, with Morall and Politique Deuises. Newely Translated out of Frenche into Englishe, this Present Yere of our Lorde God. 1566* (London: John Cawood, 1566), p. 4.

13 Felix Platter, *Platerus Golden Practice of Physick* (London: Peter Cole, 1664), p. 170; Humphrey Mill, A Night's Search, Discovering the Nature and Condition of Nightwalkers and their Associates (London, 1646), p. 113.

14 John Marston, *The Scourge of Villanie*, Vol. 2 (London, 1598), p. 107.

15 Thomas Killigrew, *The Parson's Wedding* (London: Henry Herringman, 1641), p. 78.

16 John Wilmot Rochester, 'A Dream', in the *Poetical Works of the Earls of Rochester, Roscomon and Dorset; The Dukes of Devonshire, Buckinghamshire, &C. with Memoirs of their Lives in Two Volumes. Adorn'd with a New Set of Cuts* (London: Goodourl, 1735), p. 71.

17 Printed in Drew Smith, *Oyster: A Gastronomic History (with Recipes)* (New York: Abrams, 2015), Kindle edition, location 866.

18 Henry Randall Waite, *Carmina Collegensia: a Complete Collection of the Songs of the American Colleges, with Selections from the Student Songs of the English and German Universities* (Boston: Ditson, 1876), p. 73.

19 *Apollo's Medley* (Doncaster, 1790), p. 78.

20 John Whitaker, *Molly Malone* (London: Phipps, 1805), p. 1.

21 Charles Lever, *Charles O'Malley, The Irish Dragoon* (Leipzig: Tauchnitz, 1848), p. 108.

22 Giacomo Casanova, *The Complete Memoirs of Jacques Casanova de Seingalt*, trans. by Arthur Machen (SMK Book, 2014), Kindle edition, location 17545.

23 同前 , location 61336.

24 Charles Dickens, *The Pickwick Papers* (London: Createspace, 2017), p. 238.

25 Jonathan Swift, *A Complete Collection of Genteel and Ingenious Conversation* (London: Printed for B. Motte, and C. Bathurst, at the Middle Temple-Gate in Fleet-Street, 1738), p. 120.

26 Trebor Healey, *A Horse Named Sorrow* (Madison, WI: Terrace Books, 2012), p. 40.

第 11 章　轉小爐火──抑制情慾劑的歷史

1 Javed Ali, Shahid H. Ansari and Sabna Kotta, 'Exploring Scientifically Proven Herbal Aphrodisiacs', *Pharmacognosy Reviews*, 7.1 (2013), p. 1 <https://doi.org/10.4103/0973-7847.112832>.

2 Paola Sandroni, 'Aphrodisiacs Past and Present: a Historical Review', *Clinical Autonomic Research*, 11.5 (2001), 303–7 <https://doi.org/10.1007/bf02332975>.

3 J. Shah, 'Erectile Dysfunction Through the Ages', *BJU International*, 90.4 (2002), 433–41, p. 433 <https://doi.org/10.1046/j.1464-410x.2002.02911.x>.

4 Plato, *The Republic of Plato*, trans. by John Llewelyn Davies and David James Vaughan (Cambridge: Macmillan, 1852), p. 4.

5 Sharman Apt Russell, *Hunger: An Unnatural History* (New York: Basic Books, 2008).

6 R. A. Talib et al., 'The Effect of Fasting on Erectile Function and Sexual Desire on Men in the Month of Ramadan', *Urology Journal*, 12.2 (2015), 2099–102.

7 Henry Newell Guernsey, *The Application of the Principles and Practice of Homoeopathy to Obstetrics*, 2nd edition (London: Turner, 1878), p. 459.

8 Tierney A. Lorenz and Cindy M. Meston, 'Acute Exercise Improves Physical

Sexual Arousal in Women Taking Antidepressants', *Annals of Behavioral Medicine*, 43.3 (2012), 352–61 <https://doi.org/10.1007/s12160-011-9338-1>.

9   Aristotle, ed. by Jonathan Barnes, *Complete Works of Aristotle*, Volume 2 (Princeton: Princeton University Press, 2014), p. 1352.

10 Pliny the Elder, *Delphi Complete Works of Pliny the Elder*, trans. by John Bostock (Hastings: Delphi Classics, 2015), Kindle edition, location 38731.

11 Alexander Morison, *The Physiognomy of Mental Diseases* (London:Longman, 1843), 無頁碼 .

12 Athenaeus, *Delphi Complete Works of Athenaeus*, trans. by C. D. Yonge (Hastings: Delphi Classics, 2017), Kindle edition, location 2327.

13 François Rabelais, *Gargantua And Pantagruel* (New York: AMS Press, 1967), p. 162.

14 John Davenport and John Camden Hotten, *Aphrodisiacs and Anti-Aphrodisiacs* (London: Privately printed, 1869), p. 133.

15 Agnieszka Raubo, 'The Concept of Temperament and the Theory of Humours in the Renaissance', *Ruch Literacki*, 57.4 (2016), 408–25 <https://doi.org/10.1515/ruch-2017-0071>.

16 同前。

17 *The Women's Petition Against Coffee Representing to Publick Consideration the Grand Inconveniencies Accruing to their Sex from the Excessive Use of that Drying, Enfeebling Liquor* (London, 1674), p. 4.

18 同前 , p. 2.

19 同前 , p. 3.

20 Nicholas Culpeper, *A Physicall Directory; or, A Translation of The London Dispensatory Made by the Colledge of Physicians in London* (London: Peter Cole, 1649), p. 6.

21 Robert Burton, *The Anatomy of Melancholy* (Oxford: John Lichfield and James Short, for Henry Cripps, 1624), pp. 630–31.

22 Davenport and Hotten, *Aphrodisiacs and Anti-Aphrodisiacs*, p. 133.

23 Michael Ryan, *Prostitution in London, with a Comparative View of that of Paris and New York* (London: H. Bailliere, 1839), p. 385.

24 同前。

25 Grailey Hewitt, *The Diagnosis, Pathology and Treatment of Diseases of Women* (Philadelphia: Lindsay and Blackiston, 1868), p. 403.

26 John Harvey Kellogg, *Plain Facts for Old and Young: Embracing the Natural History and Hygiene of Organic Life* (Burlington: Segner, 1887), pp. 302–3.

27 Sylvester Graham, *A Lecture to Young Men on Chastity, Intended Also for the Serious Consideration of Parents and Guardians* (Boston: Cornhill, 1838), p. 47.

28 Brian C. Wilson, *Dr John Harvey Kellogg and the Religion of Biologic Living* (Indianapolis: Indiana University Press, 2014).

29 Thomas Douglas and others, 'Coercion, Incarceration, and Chemical Castration: an Argument from Autonomy', *Journal of Bioethical Inquiry*, 10.3 (2013), pp. 393–405 <https://doi.org/10.1007/s11673-013-9465-4>.

30 Jean-Jacques Rousseau, *Confessions of Jean-Jacques Rousseau* (London: Penguin, 1953), p. 303.

31 Davenport and Hotten, *Aphrodisiacs and Anti-aphrodisiacs*, p. 131.

第 12 章　震到爽──按摩器與維多利亞時代的人

1 Helen King, 'Galen and the Widow: Towards a History of Therapeutic Masturbation in Ancient Gynaecology', *Journal on Gender Studies in Antiquity*, 2011, 205–35; Hallie Lieberman and Eric Schatzberg, *Journal of positive sexuality.org*, 2018 <http://journalof positive sexuality.org/wp-content/uploads/2018/08/Failure-of-Academic-Quality-Control- Technology-of-Orgasm-Lieberman-Schatzberg.pdf> [Accessed 23 September 2018].

2 Rachel Maines, 'The Study that Set the World Abuzz – Video', *Big Think*, 2017 <http://bigthink.com/videos/the-study-that-set-the-world-abuzz> [Accessed 12 March 2017].

3 Cesare Lombroso and others, *La Donna Delinquente, La Prostituta E La Donna Normale*, 1st edn (Milano: Et.al, 2009).

4 Joseph Mortimer Granville, *Nerve-Vibration and Excitation as Agents in the Treatment of Functional Disorder and Organic Disease*, 1st edn (J. & A. Churchill: London, 1883), p. 57.

5 *The Pearl: Victorian Erotica* (2017), Kindle edition, locations 6118–19.

6　同前 , location 11360.

7　Samuel Ward and others, 'Reports on the Progress of Medicine', *New York Medical Journal*, 23 (1876), 207–10, p. 209.

8　Robert Ziegenspeck, *Massage Treatment (Thure Brandt) in Diseases of Women: For Practitioners* (Chicago: Westerschulte, 1898), p. 26.

9　同前 , pp. 30–32.

10　同前 , p. 47.

11　同前。

12　Rachel P. Maines, *The Technology of Orgasm* (Baltimore: Johns Hopkins University Press, 2001), p. 3.

13　William John Anderson, *Hysterical and Nervous Affections of Women. Read Before the Harveian Society*, 1st edn (London: Churchill, 1864), p. 26.

14　Andrew Whyte Barclay, *A Manual of Medical Diagnosis: Being an Analysis of the Signs and Symptoms* (Philadelphia: Blanchard, 1864), p. 138.

15　John Henry Walsh, *A Manual of Domestic Medicine and Surgery: Revised Edition* (London, Frederick Warne, 1878), p. 150.

16　William Potts Dewees, *A Treatise on the Diseases of Females* (Philadelphia: Lea and Blanchard, 1843), p. 470.

17　Walsh, *A Manual of Domestic Medicine and Surgery*, p. 150.

18　George B. Wood, *A Treatise on the Practice of Medicine*, 1st edn (Philadelphia: Lippincott, Grambo, 1852), p. 581; W. W. Bliss, Woman, and Her Thirty Years' Pilgrimage (Boston: B. B. Russell, 1870), p. 98.

19　'Aretaeus, De Causis Et Signis Acutorum Morborum (Lib. 1), Book II., Chapter XI. On Hysterical Suffocation', *Perseus.Tufts.Edu*, 2018 <http://www.perseus.tufts.edu/hopper/text?doc=Perseus%3Atext%3A1999.01.025 4%3Atext%3DSA%3Abook%3D2%3Achapter%3D11> [Accessed 22 July 2018].

20　'Sub-Umbra or Sport Among the She-Noodles', in *The Wordsworth Book of Classic Erotica* (Ware: Wordsworth Editions, 2007), p. 1091.

21　'The Romance of Lust', in *The Wordsworth Book of Classic Erotica* (Ware: Wordsworth Editions, 2007), p. 163.

22　Jack Saul, *The Sins of the Cities of the Plain, Or the Recollections of a Mary Ann* (London: Privately printed, 1881), p. 132.

23　Fern Riddell, 'No, No, No! Victorians Didn't Invent the Vibrator', *Guardian*, 2017 <https://www.theguardian.com/commentisfree/2014/nov/10/victorians-invent-vibrator-orgasms-women-doctors-fantasy> [Accessed 12 March 2017].

24　James George Beaney, *The Generative System and its Functions in Health and Disease* (Melbourne: F. F. Bailliere, 1872), p. 359.

25　Edward John Tilt, *A Handbook of Uterine Therapeutics and of Diseases of Women* (London: J. & A. Churchill, 1878), p. 119.

26　Samuel La'mert, *Self-Preservation: A Medical Treatise on the Secret Infirmities and Disorders of the Generative Organs* (London; 1852), pp. 105–6.

27　A. J. Block, 'Sexual Perversion in the Female', *New Orleans Medical Surgery Journal*, 22 (1894), pp. 1–7.

28　W. Tyler Smith, 'Principles and Practices of Obstetricy', *The Lancet*, 2 (1847), 669–71, p. 669.

29　John S. Parry, *Extra-Uterine Pregnancy; its Causes, Species, Pathological Anatomy, Clinical History, Diagnosis, Prognosis and Treatment* (Philadelphia: Henry Lea, 1876), p. 45.

30　同前。

第 13 章　在自行車上──性與騎自行車

1　Jaime Rojo and Steven Harrington, '"F**K Art" Opens Wide at Museum of Sex (NSFW)', *Huffpost*, 2018 <https://www.huffingtonpost.com/jaime-rojo-steven-harrington/new-opening-at-museum-of-sex_b_1261589.html> [Accessed 11 August 2018].

2　引用於 Julie Wosk, *Women and the Machine* (Baltimore: Johns Hopkins University Press, 2003), p. 114.

3　*South Wales Daily News*, 'A Cure for Bicycle Face', 1897, p. 3.

4　引用於 Katherine Murtha, 'Cycling in the 1890s: An Orgasmic Experience?', *Cahiers De La Femme*, 21.3 (2002), pp. 119–21, p. 120.

5　*St Louis Medical Review*, 32 (1895), p. 209.

6　*Iowa State Register*, 'Taking Chances', 1895.

7　*The Cincinnati Lancet-Clinic*, 74 (1895), p. 674.

8 'Female Cyclists', *The Dominion Medical Monthly*, 7.3 (1896), 235–7.

9 'Immorality in Canada', *The Canadian Practioner* 21, (1896), 848–9.

10 Robert Dickinson, 'Bicycling for Women', *The American Journal of Obstetrics and Diseases of Women and Children*, 31 (1895), 24–35, p. 33.

11 同前。

12 引用於 Ted Ferguson, *Kit Coleman: Queen of Hearts* (Markham: PaperJacks, 1979), p. 92.

13 Sue Macy and Meredith Orlow, *Wheels of Change* (Washington: National Geographic, 2012), p. 18.

14 *New Zealand Wheelman*, 18 August 1897, p. 7.

15 *New Zealand Graphic and Ladies' Journal*, 17 September, 1898, p. 372.

16 Arthur Shadwell, 'The Hidden Dangers of Cycling', *The National Review*, 1897, p. 796.

17 引用於 *South Wales Daily News*, 'Remedy for Bicycle Face', 1897, p. 3.

18 Clare Simpson, 'A Social History of Women and Cycling in Late-Nineteenth Century New Zealand' (unpublished PhD thesis, Lincoln University, 1998), p. 137.

19 *New Zealand Wheelman*, 30 April 1898, p. 9.

第 14 章　男孩的玩具——性玩偶的歷史

1 Chantal Cox-George and Susan Bewley, 'I, Sex Robot: The Health Implications of the Sex Robot Industry', *BMJ Sexual & Reproductive Health*, 44, 2018, 161–4. https://doi.org/10.1136/bmjsrh-2017-200012.

2 S. J. De Laet, *History of Humanity* (London: Routledge, 1994), p. 234.

3 Jonathan Amos, 'Ancient Phallus Unearthed in Cave', *BBC News*, 2005 <http://news.bbc.co.uk/1/hi/sci/tech/4713323.stm> [Accessed 24 June 2018].

4 Ovid, trans. by A. D. Melville and E. J. Kenney, *Metamorphoses* (New York: Oxford University Press, 2008), p. 233.

5 'Pliny the Elder, The Natural History, Book XXXVI. The Natural History Of Stones', *Perseus.Tufts.Edu*, 2018 <http://www.perseus.tufts.edu/hopper/text?doc=Perseus:abo:phi,0978,001:36:4> [Accessed 24 June 2018].

6 Sigmund Freud, 'The Uncanny', in *The Standard Edition of the Complete Psychological Works of Sigmund Freud*, ed. by James Strachey (London:

Vintage, 2001), p. 220.

7　Havelock Ellis, *Studies in the Psychology of Sex* (Honolulu: University Press of the Pacific, 2001), p. 188.

8　Iwan Bloch, *The Sexual Life of Our Time in Its Relations to Modern Civilization*, trans. by M. Eden Paul (London: Rebman, 1908), p. 648.

9　Louis Fiaux, *Les Maisons De Tolerance* (Paris: G. Carré, 1892), p. 176.

10　Bloch, *The Sexual Life of Our Time*, pp. 648–9.

11　同前。

12　Madame B, *La Femme Endormie* (Melbourne, 1899), pp. 11–12.

13　同前。

14　René Schwaeblé, 'Homunculus', *Les détraquées de Paris* (Paris: Daragon libraire-éditeur, 1910), pp. 247–53.

15　N. Döring and S. Pöschl, 'Sex Toys, Sex Dolls, Sex Robots: Our Under-Researched Bed-Fellows', *Sexologies*, 27, (2018), 133–8 <https://doi.org/10.1016/j.sexol.2018.05.009>.

16　參見 *Kate Devlin, Turned On: Science, Sex and Robots* (London: Bloomsbury, 2018).

17　Vic Grout, 'Robot Sex: Ethics And Morality', Lovotics, 03.01 (2015) <https://doi.org/10.4172/2090-9888.1000e104>; Cox-George and Bewley, 'I, Sex Robot: The Health Implications of the Sex Robot Industry', *BMJ Sexual & Reproductive Health*, (2018), 44, 161–4 bmjsrh-2017-200012 <https://doi.org/10.1136/bmjsrh-2017-200012>.; Veronica Cassidy, 'For the Love of Doll(s): A Patriarchal Nightmare of Cyborg Couplings', *ESC: English Studies In Canada*, 42.1-2 (2016), pp. 203–215 <https://doi.org/10.1353/esc.2016.0001>.

18　Sarah Valverde, 'The Modern Sex Doll-Owner: A Descriptive Analysis' (unpublished Masters thesis, California State Polytechnic University, 2012).

19　同前, p. 34.

20　Lucy Orne Bowditch and Charles Pickering Bowditch, *The Lives and Portraits of Curious and Odd Characters* (Worcester: Thomas Drew, 1853), pp. 11–17.

21　Janine Alexandre-Debray, La Païva, 1819–1884 (Paris: Perrin, 1986); Melissa Hope Ditmore, *Encyclopaedia of Prostitution and Sex Work* Vol I

(Westport, CT: Greenwood Press, 2006), p. 244.

22 引用於 Derek Sayer, *Prague, Capital of the Twentieth Century – A Surrealist History* (Princeton: Princeton University, 2013), p. 227.

23 Norbert Lenz, Borghild.de <http://www.borghild.de/indexe.htm> [Accessed 13 July 2018].

24 Robin Gerber, *Barbie and Ruth: The Story of the World's Most Famous Doll and the Woman Who Made Her* (New York: Harper, 2010).

25 Anthony Ferguson, *The Sex Doll* (Jefferson, N.C.: McFarland & Co., 2010), p. 31.

26 同前, p. 30.

27 Christopher Trout, 'There's a New Sex Robot in Town: Say Hello To Solana', *Engadget*, 2018 <https://www.engadget.com/2018/01/10/there-s-a-new-sex-robot-in-town-say-hello-to-solana/> [Accessed 18 July 2018].

第 15 章　不要暫時停止呼吸──中世紀的性與氣味

1 Megan Oaten, Richard J. Stevenson and Trevor I. Case, 'Disgust as a Disease-Avoidance Mechanism', *Psychological Bulletin*, 135.2 (2009), 303–21 <https://doi.org/10.1037/a0014823>.

2 Carmelo M. Vicario and others, 'Core, Social and Moral Disgust are Bounded: A Review on Behavioural and Neural Bases of Repugnance in Clinical Disorders', *Neuroscience & Biobehavioral Reviews*, 80 (2017), 185–200 <https://doi.org/10.1016/j.neubiorev.2017.05.008>.

3 Marco Tullio Liuzza and others, 'Body Odour Disgust Sensitivity Predicts Authoritarian Attitudes', *Royal Society Open Science*, 5.2 (2018), 171091 <https://doi.org/10.1098/rsos.171091>.

4 Michael N. Pham et al., 'Is Cunnilingus-Assisted Orgasm A Male Sperm-Retention Strategy?', *Evolutionary Psychology*, 11.2 (2013), 147470491301100 <https://doi.org/10.1177/147470491301100210>.

5 D. P. Strachan, 'Hay Fever, Hygiene, and Household Size', *BMJ*, 299.6710 (1989), 1259–60 <https://doi.org/10.1136/bmj.299.6710.1259>.

6 Alison Leigh Browne et al., 'Patterns of Practice: A Reflection on the Development of Quantitative/Mixed Methodologies Capturing Everyday Life Related to Water Consumption in the UK', *International Journal of Social*

Research Methodology, 17.1 (2013), pp. 27–43 <https://doi.org/10.1080/136 45579.2014.854012>.

7 *Calendar of Close Rolls preserved in the Public Record Office: Edward III*, vol. 2 (London: HMSO, 1898), p. 610.

8 Geoffrey Chaucer and Jill Mann, *The Canterbury Tales* (London: Penguin Books, 2005), pp. 821, 17.

9 同前 , p. 123.

10 Sir Thomas Malory, *Le Morte D 'Arthur*, ed. by Helen Cooper (Oxford: Oxford University Press, 2008), p. 129.

11 St Jerome, *The Sacred Writings of Saint Jerome* (London: Jazzybee Verlag, 2018), Kindle edition, location 7151.

12 C. H. Lawrence, *Medieval Monasticism: Forms of Religious Life in Western Europe in the Middle Ages* (London: Routledge, 1984), p. 108.

13 Abu¯ al-Qa¯sim Khalaf ibn 'Abba¯s al-Zahra¯w ¯, *Albucasis on Surgery and Instruments* (Berkeley: University of California Press, 1973).

14 Martin Levey, *Early Arabic Pharmacology* (Leiden: E.J. Brill, 1973), p. 9.

15 Edward H. Schafer, 'The Development of Bathing Customs in Ancient and Medieval China and the History of the Floriate Clear Palace', *Journal of The American Oriental Society*, 76.2 (1956), 57–82, 57. <https://doi. org/10.2307/595074>.

16 J. C. Mardrus and E. P. Mathers, *The Book of the Thousand and One Nights* (Hoboken: Taylor and Francis, 2013), p. 42.

17 Jonathan Reinarz, *Past Scents: Historical Perspectives on Smell* (Chicago: University of Illinois Press, 2014), p. 64.

18 Mandy Aftel, *Essence and Alchemy* (New York: North Point Press, 2001), p. 190.

19 Jacquelyn Hodson, 'The Smell of the Middle Ages', *Trivium Publishing LLC*, 2018 <http://www.triviumpublishing.com/articles/smellofthemiddleages. html> [Accessed 9 September 2017].

20 John Russell, Wynkyn de Worde and Frederick James Furnivall, *The Boke of Nurture* (Bungay: Printed for the Honourable R. Curzon by J. Childs, 1867), p. 68.

21 引用於 James A. Brundage, *Law, Sex, and Christian Society in Medieval*

Europe (Chicago: University of Chicago Press, 2009), p. 527.

22 Giovanni Boccaccio, Guido Waldman and Jonathan Usher, *The Decameron* (Oxford: Oxford University Press, 2008), p. 543.

23 Tania Bayard, *A Medieval Home Companion* (New York: Harper, 1992), p. 130.

24 William Langham, *The Garden of Health* (London: Christopher Barker, 1579), p. 147.

25 Ruth Mazo Karras, *Common Women: Prostitution and Sexuality in Medieval England* (New York: Oxford University Press, 1998), pp. 54–5.

26 Geoffrey Chaucer, 'The Legend of Good Women', in *The Complete Works of Geoffrey Chaucer*, ed. by Walter William Skeat (London: Cosimo Classics, 2013), p. 91.

27 引用於 Karras, *Common Women*, p. 54.

28 同前。

29 Terry Gilliam, *Monty Python and the Holy Grail* (EMI, 1975).

第 16 章　今日有毛明日沒毛──陰毛的歷史

1 Bukha⁻r⁻, Muh.ammad ibn Isma⁻'⁻l, and Muhammad Muhsin Khan, *S.ah. ı⁻h. Al-Bukha⁻rı⁻* (Riyadh-Saudi Arabia: Darussalam, 1997), 7.777.

2 Didem Muallaaziz and Eyüp Yayci, 'Pubic Hair Removal Practices in Muslim Women', *Basic and Clinical Sciences*, 3 (2014), pp. 39–44, p. 39.

3 Victoria Sherrow, Encyclopaedia of Hair (Westport: Greenwood Press, 2006), pp. 111–5.

4 'Aristophanes, Lysistrata, Line 130', *Perseus.Tufts.Edu*, 2018 <http:// www.perseus. tufts.edu/hopper/text?doc =Perseus %3Atext %3A1999.01.0242%3Acard%3D130> [Accessed 8 August 2018].

5 John G. *Younger, Sex in the Ancient World from A to Z* (London: Routledge, 2005), p. 75.

6 Kristina Milnor, *Graffiti and the Literary Landscape in Roman Pompeii* (Oxford: Oxford University Press, 2014), p. 179.

7 Kim M. Phillips, *Medieval Maidens: Young Women and Gender in England, c.1270–c.1540* (Manchester: Manchester University Press, 2003), p. 45.

8 Monica Helen Green, *The Trotula* (Philadelphia: University of Pennsylvania

Press, 2001), p. 175.

9 此引文源自一本手抄文獻稿，由十四世紀道明會佛萊伯的約翰（John of Freiberg）所說。P. J. P. Goldberg, *Women in Medieval English Society* (Gloucestershire: Sutton, 1997), p. 90.

10 Geoffrey Chaucer, *The Canterbury Tales* ed. by Jill Mann (London: Penguin Books, 2005), p. 137, lines 3722–49.

11 *Recettario Novo Probatissimo a Molte Infirmita, E Etiandio Di Molte Gentilezze Utile A Chi Le Vora Provare* (Venice, 1532).

12 Francisco Delicado and Bruno M. Damiani, *Portrait of Lozana* (Potomac: Scripta Humanistica, 1987), p. 72.

13 William Shakespeare, *Venus And Adonis, Shakespeare.Mit.Edu*, 2018 <http://shakespeare.mit.edu/Poetry/VenusAndAdonis.html> [Accessed 8 August 2018].

14 William Shakespeare, *Much Ado About Nothing, Shakespeare.Mit.Edu*, 2018 <http://shakespeare.mit.edu/much_ado/full.html> [Accessed 8 August 2018].

15 William Shakespeare, 'Sonnet 130: My Mistress' Eyes Are Nothing Like the Sun', *Shakespeare-Online.Com*, 2018 <http://www.shakespeare-online.com/sonnets/130.html> [Accessed 8 August 2018].

16 Richard Head, *The Rogue Discovered, Or A Congratulatory Verse upon a Book Newly Published (A Piece Much Desired, and Long Expected) Called the English Rogue, A Witty Extravagant* (London: Francis Kirkman, 1665), p. 67.

17 Megg Spenser, *A Strange and True Conference Between Two Bawds, Damarose Page and Priss Fotheringham, during their Imprisonment in Newgate* (London, 1660), p. 7.

18 John Wilmot, 'The Farce of Sodom', in *Book of Sodom*, ed. by Paul Hallam (London: Routledge, 1995), p. 230.

19 Thomas Middleton, 'A Trick to Catch the Old One', in *Thomas Middleton: The Collected Works*, ed. by Gary Taylor and John Lavagnino (Oxford: Oxford University Press, 2010), p. 407.

20 引用於 James T. Henke, *Gutter Life and Language in the Early 'Street' Literature of England* (West Cornwall: Locust Hill Press, 1988), p. 77.

21 Humphrey Mill, *A Night's Search, Discovering the Nature and Condition of*

Night-Walkers with their Associates (London: H. Shepard and W. Ley, 1640), p. 249.

22 Gordon Williams, *A Dictionary of Sexual Language and Imagery in Shakespearean and Stuart Literature: A–F* (London: Athlone Press, 1994), p. 877.

23 'Pubic Wigs', *Oxford Reference*, 2018 <http://www.oxfordreference.com/view/10.1093/acref/9780198524038.001.0001/acref-9780198524038-e-783> [Accessed 8 August 2018].

24 John Wilmot, 'The Farce of Sodom', p. 230.

25 Alexander Smith and Arthur Lawrence Hayward, *A Complete History of the Lives and Robberies of the Most Notorious Highwaymen, Footpads, Shoplifts & Cheats of Both Sexes* (London: Routledge, 2002), p. 217.

26 *Harris's List of Covent Garden Ladies or Man of Pleasure's Kalendar for the Year, 1788* (London: H. Ranger, 1788), pp. 39, 79, 130.

27 John Cleland, *Fanny Hill: Memoirs of a Woman of Pleasure* (London: LBA, 2007), Kindle edition, p. 125.

28 同前 , p. 11.

29 'Full Text Of "The Romance of Lust a Classic Victorian Erotic Novel" ', *Archive.Org*, 2017 <https://archive.org/stream/theromanceoflust30254gut/30254-8.txt> [Accessed 12 March 2017].

30 John Ruskin and others, *The Story of John Ruskin, Effie Gray and John Everett Millais Told for the First Time in their Unpublished Letters* (London: Murray, 1948), p. 220.

31 Tami S. Rowen and others, 'Pubic Hair Grooming Prevalence and Motivation Among Women in the United States', *JAMA Dermatology*, 152.10 (2016), 1106 <https://doi.org/10.1001/jamadermatol.2016.2154>.

第 17 章　污穢女陰——沖洗女陰的歷史

1 Technavio Research, *Global Vaginal Odor Control Product Market 2018–2022* (London: Regional Business News, 2018).

2 Jo's Cervical Cancer Trust, 'Body Shame Responsible for Young Women not Attending Smear Tests', *Jo's Cervical Cancer Trust*, 2018 <https://www.jostrust.org.uk/node/1073042> [Accessed 17 February 2019].

3   Louis Keith and others, 'The Odors of the Human Vagina', Archiv Für Gynäkologie, 220.1 (1975), pp. 1–10 <https://doi.org/10.1007/bf00673143>.

4   E. B. Keverne and R. P. Michael, 'Sex-Attractant Properties of Ether Extracts of Vaginal Secretions from Rhesus Monkeys', *Journal Of Endocrinology*, 51.2 (1971), pp. 313–22 <https://doi.org/10.1677/joe.0.0510313>; Foteos Macrides, Patricia A. Johnson and Stephen P. Schneider, 'Responses of the Male Golden Hamster to Vaginal Secretion and Dimethyl Disulfide: Attraction Versus Sexual Behavior', *Behavioral Biology*, 20.3 (1977), 377–86 <https://doi.org/10.1016/s0091-6773(77)90931-2>; Ana Lilia Cerda-Molina et al., 'Endocrine Changes in Male Stumptailed Macaques (Macaca Arctoides) As a Response to Odor Stimulation with Vaginal Secretions', *Hormones And Behavior*, 49.1 (2006), 81–7 <https://doi.org/10.1016/j.yhbeh.2005.04.014>.

5   Megan N. Williams and Amy Jacobson, 'Effect of Copulins on Rating of Female Attractiveness, Mate-Guarding, and Self-Perceived Sexual Desirability', *Evolutionary Psychology*, 14.2 (2016), 147470491664332 <https://doi.org/10.1177/1474704916643328>.

6   Didem Sunay, Erdal Kaya and Yusuf Ergun, 'Vaginal Douching Behavior of Women and Relationship Among Vaginal Douching and Vaginal Discharge and Demographic Factors', *Journal of Turkish Society of Obstetric and Gynecology*, 8.4 (2011), 264–71 https://doi.org/10.5505/tjod.2011.57805; 'Douching', *Womenshealth.Gov*, 2018 <https://www.womenshealth.gov/a-z-topics/douching> [Accessed 10 September 2018].

7   Charles Knowlton, *Fruits of Philosophy: A Treatise on the Population Question* (San Francisco: Readers Library, 1891), p. 74.

8   Dr Blundell, 'Incapability of Retaining the Urine', *The Lancet*, 1 (1829), 673–7.

9   Clifton E. Wing, 'The Proper Use of the Hot Vaginal Douche', *The Boston Medical and Surgical Journal*, 102 (1880), 583–4.

10   'Reports of Societies', *The Boston Medical and Surgical Journal*, 14 (1889), 443–5, 444.

11   John Ashurst, *The International Encyclopedia of Surgery: A Systematic Treatise on the Theory and Practice of Surgery* (W. Wood, 1895), p. 1002.

12 *Catalogue and Report of Obstetrical and other Instruments* (London: Obstetric Society of London, 1867).

13 James V. Ricci, *The Development of Gynaecological Surgery and Instruments* (Philadelphia: Blakiston, 1949), p. 526.

14 Knowlton, *Fruits of Philosophy*, p. 74.

15 'Vaginal Douching', *Monthly Retrospect of Medicine & Pharmacy*, 4 (1898), p. 555.

16 'Over a Century of Healthing', *Lysol.Com*, 2018 <http://www.lysol.com/about-us/our-history/> [Accessed 11 September 2018].

17 Andrea Tone, *Devices and Desire: A History of Contraceptives in America* (New York: Hill and Wang), pp. 151–83.

18 'Beauty Wonders: No Smell So Sweet', *Essence*, September 1971, p. 20.

第 18 章　法國信、英國雨衣與菲力普太太的商品——保險套的歷史

1 'Campaign To Protect Young People From STIs by Using Condoms', gov.uk, 2018 <https://www.gov.uk/government/news/campaign-to-protect-young-people-from-stis-by-using-condoms> [Accessed 14 August 2018].

2 'New Data Reveals 420,000 Cases of STIs Diagnosed In 2017', gov.uk, 2018 <https://www.gov.uk/government/news/new-data-reveals-420000-cases-of-stis-diagnosed-in-2017> [Accessed 14 August 2018].

3 Nicola Low and others, 'Molecular Diagnostics for Gonorrhoea: Implications for Antimicrobial Resistance and the Threat of Untreatable Gonorrhoea', *Plos Medicine*, 11.2 (2014), e1001598 https://doi.org/10.1371/journal.pmed.1001598; Kelsi M. Sandoz and Daniel D. Rockey, 'Antibiotic Resistance in Chlamydiae', *Future Microbiology*, 5.9 (2010), 1427–42 <https://doi.org/10.2217/fmb.10.96>.

4 Jean-Jacques Amy and Michel Thiery, 'The Condom: A Turbulent History', *The European Journal of Contraception & Reproductive Health Care*, 20.5 (2015), 387–402 <https://doi.org/10.3109/13625187.2015.1050716>.

5 Michael Leidig, 'Condom from Cromwell's Time Goes on Display in Austria', *BMJ*, 333.7557 (2006), 10.3 <https://doi.org/10.1136/bmj.333.7557.10-b>.

6 Lesley Smith, 'The History of Contraception', in *Contraception: A Casebook*

from Menarche to Menopause (Cambridge: Cambridge University Press, 2013), p. 18.

7   Lesley Smith, 'The Kahun Gynaecological Papyrus: Ancient Egyptian Medicine', *Journal of Family Planning and Reproductive Health Care*, 37.1 (2011), 54–5 <https://doi.org/10.1136/jfprhc.2010.0019>.

8   Gabriele Falloppi, *De Morbo Gallico* (Padua, 1563), chapter 89.

9   Guy de Chauliac, *La Grande Chirurgie* (Paris: F. Alcan, 1890).

10 引 用 於 Ralph Hermon Major, *Classic Descriptions of Disease*, 3rd edn (Springfield: Charles C. Thomas, 1978), p. 26.

11 Robley Dunglison, *A New Dictionary of Medical Science and Literature* (Boston: C. Bowen, 1833), p. 223.

12 John Wilmot and others, 'A Panegyric Upon Cundum', in *The Works of The Earls of Rochester, Roscomon and Dorset, the Dukes of Devonshire, Buckingham and Co.* (London, 1667), p. 208.

13 James Boswell, *Boswell's London Journal*, 1762–1763, ed. by Frederick Albert Pottle (New Haven: Yale University Press, 2004), p. 262.

14 Boswell, *Boswell's London Journal*, 1762–1763, p. 272.

15 Daniel Turner, Syphillis. A Practical Dissertation on the Venereal Disease (London: J. Walthoe, R. Wilkin, J. and J. Bonwicke, and T. Ward, 1727), p. 74; M. Tampa and others, 'Brief History of Syphilis', *Journal of Medicine and Life*, 7.1 (2014), 4–10.

16 Boswell, *Boswell's London Journal*, 1762–1763, p. 155.

17 Francis Grose, *Guide to Health, Beauty, Riches, and Honour* (London: S. Hooper, 1785), p. 13.

18 Robert Jütte, *Contraception* (Cambridge: Polity, 2008), p. 104.

19 Casanova, Giacomo, *The Complete Memoirs of Jacques Casanova de Seingalt*, trans. by Arthur Machen (SMK Books, 2014), Kindle edition, location 33819.

20 同前。

21 M. Tampa and others, 'Brief History of Syphilis'

22 Richard Carlile, 'Every Woman's Book Or What Is Love?', in *What Is Love?: Richard Carlile's Philosophy of Sex*, ed. by M. L. Bush (London: Verso, 1998).

23 引用於 Andrea Tone, *Controlling Reproduction: An American History* (Wilmington: SR Books, 1997), p. 141.

24 Amy and Thiery, 'The Condom: A Turbulent History', pp. 397–8.

25 Aine Collier, *The Humble Little Condom* (Amherst: Prometheus Books, 2007), p. 209.

26 A. Salem, 'A Condom Sense Approach to AIDS Prevention: A Historical Perspective', *South Dakota Journal of Medicine*, 45.10 (1992), pp. 294–6, p. 294.

27 Samuel Hallsor Booth, 'A Comparison of the Early Responses to AIDS in the UK and the US', *Res Medica*, 24.1 (2017), pp. 57–64 <https://doi.org/10.2218/resmedica.v24i1.1558>.

第 19 章　拿掉孩子──十八世紀英國的墮胎

1　Edmund Spenser, *The Faerie Queene*, 2.3.49.5–7

2　William Buchan, *Domestic Medicine: Or, a Treatise on the Prevention and Cure of Diseases by Regimen and Simple Remedies* (London: Balfour, Auld and Smellie, 1769), p. 3.

3　同前, p. 531.

4　William Cobbett, *The Parliamentary History of England, 1801–1803* (London: 1806), p. 36.「胎動」指稱胎兒在子宮裡進行首次移動。通常，女性開始在懷孕第十八至二十週之間感受到胎兒的移動。Levene, Malcolm et al., *Essentials of Neonatal Medicine* (London: Blackwell, 2000), p. 8.

5　John Astruc, *A treatise on all the Diseases Incident to Women* (London: Cooper, 1743), p. 363; Martin Madan, *Thelyphthora; or, A treatise on female ruin* (London, 1785), p. 285; A. Civillian, *Trials for Adultery; or, the History of Divorces, III vols*, (London: Blandon, 1779).

6　Casanova, *The Memoirs of Jacques Casanova de Seingalt*, Kindle Edition, location 33688.

7　Karen Harris, *The Medieval Vagina: A Historical and Hysterical Look At All Things Vaginal During the Middle Ages* (London: Snark, 2014).

8　L. Stone, *The Family, Sex and Marriage in England 1500–1800* (London: Penguin, 1990), pp. 266–7.

9　Old Bailey Proceedings Online, central criminal court (2003), <https://www.oldbaileyonline.org/browse.jsp?id=t18290409-83&div=t18290409-83&terms=Savin#highlight> [accessed 30 August 2016].

10　John M. Riddle, *Eve's Herbs: A History of Contraception and Abortion in the West* (Cambridge, MA: Harvard University Press, 1999).

11　'The Tryal of Eleanore Beare of Derby', *Gentleman's Magazine*, 1732, pp. 933–4.

12　Anon, 'The Tryal of Eleanor Beare of Derby, on Tuesday 15 August, 1732', *The Gentleman's Magazine, or, Monthly Intelligencer*, 2. XXIV (1732), pp. 931–3.

13　同前。

14　Thomas Brown, 'A Satire Upon a Quack', in *Works Serious and Comical in Prose and Verse* (London 1760), pp. 62–5.

15　同前。

16　Francis Grose, *Lexicon Balatronicum: A Dictionary of Buckish Slang, University Wit, and Pickpocket Eloquence* (London: S. Hooper, 1785), p. 204.

17　Old Bailey Proceedings Online, central criminal court (2003), <https://www.oldbaileyonline.org/browse.jsp?id=t18290409-83&div=t18290409-83&terms=Savin#highlight> [accessed 30 August 2016].

18　Old Bailey Proceedings Online, Ann Gardner, 15 January 1708 (t17080115-1).

19　Dan Cruickshank, *The Secret History of Georgian London: How the Wages of Sin Shaped the Capital* (London: Windmill Books, 2010), p. 249.

20　Foundling Museum, <http://foundlingmuseum.org.uk/about/the-museum/> [accessed 2 September 2016].

21　Jennifer Worth, 'A deadly trade', *Guardian*, 6 January 2005.

第 20 章　月經劇碼──月經史

1　Pliny, *Natural History*, trans. H. Rackham (Cambridge: Harvard University Press, 1961), book 7, p. 549.

2　Kate Hodal, 'Nepal's Bleeding Shame: Menstruating Women Banished to Cattle Sheds', *Guardian*, 2018 <https://www.theguardian.com/global-

development/2016/apr/01/nepal-bleeding-shame-menstruating-women-banished-cattle-sheds> [Accessed 13 September 2018].

3   Verity Bowman, 'Woman in Nepal Dies After Being Exiled to Outdoor Hut During Her Period', *Guardian*, 2018 <https://www.theguardian.com/global-development/2018/jan/12/woman-nepal-dies-exiled-outdoor-hut-period-menstruation> [Accessed 13 September 2018].

4   Rita E. Montgomery, 'A Cross-Cultural Study of Menstruation, Menstrual Taboos, and Related Social Variables', *Ethos*, 2.2 (1974), 137–70, p. 152 <https://doi.org/10.1525/eth.1974.2.2.02a00030>.

5   同前。

6   Janet Hoskins, 'The Menstrual Hut and the Witch's Lair in Two Eastern Indonesian Societies', *Ethnology*, 41.4 (2002), p. 317 <https://doi.org/10.2307/4153011>.

7   Montgomery, 'A Cross-Cultural Study of Menstruation', p. 143.

8   Kristin Hanssen, 'Ingesting Menstrual Blood: Notions of Health and Bodily Fluids in Bengal', *Ethnology*, 41.4 (2002), 365–79, p. 369 <https://doi.org/10.2307/4153014>.

9   J. F. Nunn, *Ancient Egyptian Medicine* (Norman: University of Oklahoma Press, 2002), p. 197.

10 Hildegard of Bingen, *Hildegard Von Bingen's Physica: The Complete English Translation of Her Classic Work on Health and Healing*, ed. by Priscilla Throop (Rochester: Healing Arts Press, 1998), p. 61.

11 Lily Xiao Hong Lee and Sue Wiles, *Biographical Dictionary of Chinese Women, Volume II: Tang Through Ming 618–44* (London: Routledge, 2014), pp. 59–60.

12 Aru Bhartiya, 'Menstruation, Religion and Society', *International Journal of Social Science and Humanity*, 2013, 523–7 <https://doi.org/10.7763/ijssh.2013.v3.296>.

13 'Bible Gateway Passage: Leviticus 20:18 – New International Version', *Bible Gateway*, 2018 <https://www.biblegateway.com/passage/?search=Leviticus+20%3A18&version=NIV> [Accessed 14 September 2018].

14 'Surah Al-Baqarah [2:222–232]', *Surah Al-Baqarah* [2:222–232], 2018 <https://quran.com/2/222-232> [Accessed 14 September 2018].

15　Joan Cadden, *Meanings of Sex Difference in the Middle Ages: Medicine, Science and Culture* (Cambridge: University Press, 1993), pp. 21–6; Nancy Tuana, 'The Weaker Seed: The Sexist Bias of Reproduction Theory', in *Feminism and Science, ed. by Nancy Tuana* (Bloomingdale: Indiana University Press, 1989), pp. 147–71.

16　Galen, 'Ancient Medicine/Medicina Antiqua: Galen: Commentary On: Hippocrates: On The Nature Of Man: De Natura Hominis', *Ucl.Ac.Uk*, 2018 <https://www.ucl.ac.uk/~ucgajpd/medicina%20antiqua/Medant/GNatHom1. htm> [Accessed 14 September 2018].

17　Simiao Sun and Sabine Wilms, *Bèi Jí Qiā⁻n Jī⁻n Yào Fa⁻ng* (Portland: The Chinese Medicine Database, 2008).

18　Yi-Li Wu, 'The Menstruating Womb: A Cross-Cultural Analysis of Body and Gender in H. Chun's Precious Mirror of Eastern Medicine (1613)', *Asian Medicine*, 11.1–2 (2016), 21–60 <https://doi.org/10.1163/15734218-12341377>.

19　Kaviraj Kunjalal Bhishagratna, *An English Translation of the Sushruta Samhita Based on Original Sanskrit Text* (Calcutta, 1911), p. 123.

20　同前。p. 127.

21　'Letters, Notes, and Answers to Correspondents', *British Medical Journal*, 1 (1878), p. 325.

22　William Rowley, *A Treatise on Female Nervous Diseases, Madness, Suicide, &c.* (London: T. Hookham, 1798), p. 54.

23　Charles Manfield Clarke, *Observations on the Diseases of Females which are Attended by Discharges* (Philadelphia: H. C. Carey, 1824), p. 25.

24　Julius Althanus, *On Epilepsy, Hysteria and Ataxy: Three Lectures* (London: Churchill & Sons, 1866), p. 48.

25　J. McGrigor Allan, 'On the Real Differences in the Minds of Men and Women', *The Anthropological Review* 7 (1869), pp. 196–219.

26　參見 Carla Bittel, *Mary Putnam Jacobi and the Politics of Medicine in Nineteenth-Century America* (Chapel Hill: University of North Carolina, 2009).

27　Lara Freidenfelds, *The Modern Period: Menstruation in Twentieth-Century America* (Baltimore: Johns Hopkins University Press, 2009).

28 *The Story of Menstruation* (Hollywood: Disney, 1946).

29 Crystal VanLeeuwen and Belen Torondel, 'Improving Menstrual Hygiene Management in Emergency Contexts: Literature Review of Current Perspectives', *International Journal Of Women's Health*, 10 (2018), pp. 169–86 <https://doi.org/10.2147/ijwh.s135587>.

30 'School Menstrual Hygiene Management In Malawi', *Assets.Publishing. Service.Gov.Uk*, 2018 <https://assets.publishing.service.gov.uk/media/57a08aa8e5274a27b20006d7/MenstrualHygieneManagement_Malawi.pdf> [Accessed 15 September 2018].

31 '1 In 10 Girls Have Been Unable to Afford Sanitary Wear', *Plan International UK*, 2018 <https://plan-uk.org/media-centre/1-in-10-girls-have-been-unable-to-afford-sanitary-wear-survey-finds> [Accessed 15 September 2018]; 'ALWAYS Donates Feminine Hygiene Products to Help UK Girls Stay in School. #Endperiodpoverty', *Always.Co.Uk*, 2018 <https://www.always.co.uk/en-gb/about-us/endperiodpoverty> [Accessed 15 September 2018].

第 21 章　最古老的職業——古代世界的性工作

1 George P. Murdock, 'Anthropology and its Contribution to Public Health', *American Journal of Public Health and the Nations Health*, 42.1 (1952), 7–11 <https://doi.org/10.2105/ajph.42.1.7>.

2 Mary Breckinridge, 'The Nurse-Midwife – A Pioneer', *American Journal of Public Health*, 17.11 (1927), 1147–51, p. 1147 <https://doi.org/10.2105/ajph.17.11.1147>.

3 Glyn Davies, *A History of Money* (Cardiff: University of Wales Press, 2002); Graeme Barker, *The Agricultural Revolution in Prehistory* (Oxford: Oxford University Press, 2009).

4 William W. Sanger, *The History of Prostitution* (New York: Harper & Brothers, 1858), p. 414.

5 Sally Engle Merry, *Colonizing Hawaii: The Cultural Power of Law* (Princeton: Princeton University Press, 2000), p. 249.

6 Gordon Morris Bakken and Brenda Farrington, *Encyclopedia of Women in the American West* (Thousand Oaks, CA: Sage, 2003), p. 236.

7 Rudyard Kipling, 'On the City Wall', in *Soldiers Three, and Other Stories* (London: Routledge, 1914), p. 137.

8 同前。

9 Ulises Chávez Jimenez, 'How Much for Your Love: Prostitution Among the Aztecs', *Academia.Edu*, 2004 <http://www.academia.edu/2631485/How_much_for_your_love_prostitution_among_the_Aztecs> [Accessed 7 August 2018].

10 Irving L. *Finkel and Markham Judah Geller, Sumerian Gods and their Representations* (Groningen: STYX Publications, 1997), p. 65.

11 Martha T. Roth, 'Marriage, Divorce and the Prostitute in Ancient Mesopotamia', in Christopher A. Faraone and Laura McClure, *Prostitutes and Courtesans in the Ancient World* (Madison: University of Wisconsin Press, 2006), Kindle edition, location 427.

12 Patrick Olivelle, King, *Governance, and Law in Ancient India* (Oxford: Oxford University Press, 2012), pp. 158–60.

13 Mary Beard and John Henderson, 'With This Body I Thee Worship: Sacred Prostitution in Antiquity', *Gender and History*, 9.3 (1997), 480–503, p. 486.

14 Andrew R. George, *The Epic of Gilgamesh* (London: Penguin, 2003), pp. 6–8.

15 Herodotus, *Delphi Complete Works of Herodotus*, trans. by A. D. Godley (Hastings: Delphi Classics, 2013), Kindle edition, location 1718.

16 Strabo of Amaseia, Delphi Complete Works of Strabo, trans. by H. C. Hamilton (Hastings: Delphi Classics, 2016), Kindle edition, location 20295.

17 Lucian, *The Syrian Goddess: Being a Translation of Lucian's De Dea Syria, with a Life of Lucian* (London: Dodo, 2010), pp. 40–2.

18 Pompeius Trogus, 'Justin, Epitome of Pompeius Trogus (1886) pp. 90–171 Books 11–20', *Tertullian.Org*, 2018 <http://www.tertullian.org/fathers/justinus_04_books11to20.htm> [Accessed 18 September 2018].

19 Leslie Kurke, 'Pindar and the Prostitutes, or Reading Ancient "Pornography"', *Arion*, 4, 1996, p. 52.

20 Stephanie Budin, 'Sacred Prostitution in the First Person', in Christopher A. Faraone and Laura McClure, *Prostitutes and Courtesans In the Ancient World* (Madison: University of Wisconsin Press, 2006), Kindle edition, location 1166.

21 'Bible Gateway Passage: 2 Kings 23:7 – New International Version', *Bible Gateway*, 2018 <https://www.biblegateway.com/passage/?search=2+Kings+ 23%3A7&version=NIV> [Accessed 19 September 2018].

22 E. B. Aryendra Sharma and E. V. Vira Raghavacharya, 'Gems from Sanskrit Literature. (Su¯ktima¯la¯)', *Journal of the American Oriental Society*, 81.4 (1961), 461 <https://doi.org/10.2307/595726>.

23 Samantha Chattora, 'The Devadasi System – Genesis & Growth', *Iml.Jou. Ufl.Edu*, 2002 <http://iml.jou.ufl.edu/projects/Spring02/Chattaraj/genesis. html> [Accessed 7 August 2018].

24 K. Jamanadas, *Devadasis* (Delhi: Kalpaz Publications, 2007), p. 300.

第 22 章　公共關係──色情小卡的歷史

1 Irina Metzler, *A Social History of Disability in the Middle Ages* (Hoboken: Taylor and Francis, 2013), p. 23.

2 John Keble, *The Life of the Right Reverend Father in God, Thomas Wilson* (Oxford: J. H. Parker, 1863), p. 296.

3 'Post Office Act 1953', *Legislation.Gov.Uk*, 2018 <http://www.legislation. gov.uk/ukpga/Eliz2/1-2/36/crossheading/general-offences/enacted> [Accessed 22 September 2018].

4 Caroline Archer, *Tart Cards* (New York: Mark Batty, 2003).

5 'Criminal Justice and Police Act 2001', *Legislation.Gov.Uk*, 2018 <http:// www.legislation.gov.uk/ukpga/2001/16/contents> [Accessed 22 September 2018].

6 Jack Harris, *Harris's List of Covent Garden Ladies or Man of Pleasure's Kalendar for the Year, 1788* (London: Ranger, 1788), pp. 72, 112, 36.

7 Hallie Rubenhold, *Harris's List of Covent Garden Ladies* (London: Doubleday, 2005), p. 144.

8 Hallie Rubenhold, *The Covent Garden Ladies: Pimp General Jack and the Extraordinary Story of Harris's List* (London: History Press, 2006), p. 71.

9 同前。

10 同前, p. 216.

11 *Nocturnal Revels: or, The History of King's Place and Other Modern Nunneries* (London: M. Goadby, 1779).

12 *The Gentleman's Bottle Companion*, 1st edn (Edinburgh: Harris, 1979), p. 55.

13 Pamela D. Arceneaux, 'Guidebooks to Sin: The Blue Books of Storyville, New Orleans', *Louisiana History: The Journal of the Louisiana Historical Association*, 28.4 (2018), 397–405, p. 397.

14 同前, p. 401.

15 同前, p. 403.

16 Al Rose, *Storyville, New Orleans* (Tuscaloosa: University of Alabama Press, 1979), p. 206.

17 E. J. Bellocq et al., E. J. *Bellocq: Storyville Portraits, Photographs from the New Orleans Red-Light District* (New York: Museum of Modern Art, 1970), p. 14.

18 *L'étude Académique*, 1 February, 1911.

19 參見 Ferruccio Farina, *Die Verbotene Venus: Erotische Postkarten 1895–1925* (Stuttgart: Deutscher Bücherbund, 1989).

20 'Tart Cards Exhibition' at Birmingham Institute of Art & Design, 2014, and Plymouth College of Art, 2012.

21 Teela Sanders and others, *Beyond the Gaze: Summary Briefing on Internet Sex Work*, 2018 <https://www.beyond-the-gaze.com/wp-content/uploads/2018/01/BtGbriefingsummaryoverview.pdf> [Accessed 22 September 2018].

22 '"This Bill Is Killing Us": 9 Sex Workers on Their Lives in the Wake of FOSTA', *Huffpost*, 2018 <https://www.huffingtonpost.com/entry/sex-workers-sesta-fosta_us_5ad0d7d0e4b0edca2cb964d9> [Accessed 22 September 2018].

第 23 章　與黑豹盡情享樂——男性性工作歷史

1 *The Letters of Oscar Wilde*, ed. by Rupert Hart-Davies (New York: Harcourt, Brace, and World, 1968), p. 492.

2 'The Home Affairs Committee: Prostitution', *Publications.Parliament. Uk*, 2016 <https://publications.parliament.uk/pa/cm201617/cmselect/cmhaff/26/26.pdf> [Accessed 23 September 2018].

3 'How Much Does Prostitution Contribute to the UK Economy?', *Import.Io*,

2014 <https://www.import.io/post/how-much-does-prostitution-contribute-to-the-uk-economy/> [Accessed 23 September 2018].

4   Mack Friedman, 'Male Sex Work from Ancient Times to the Near Present', in Victor Minichiello, John Scott and Victor Scott, *Male Sex Work and Society* (Golden: Columbia University Press, 2014), pp. 2–34.

5   引用於 Rudi C. Bleys, *The Geography of Perversion: Male-to-Male Sexual Behaviour Outside the West and the Ethnographic Imagination* (London: Cassell, 1996), p. 33.

6   Iwan Bloch, *A History of English Sexual Morals*, trans. by William H. Forstern (London: Francis Aldor, 1936), p. 135.

7   Sarah Kingston and Natalie Hammond, *Women Who Buy Sexual Services In The UK*, 2016 <http://eprints.lancs.ac.uk/130705/2/WWBS_End_Report_final_.pdf> [Accessed 12 February 2019].

8   Kate Lister, 'Women Do Pay for Sex, and This Is Why', *i News*, 2018 <https://inews.co.uk/inews-lifestyle/women/the-women-who-pay-for-sex/> [Accessed 25 September 2018].

9   Gary P. Leupp, *Male Colors: The Construction of Homosexuality in Tokugawa Japan* (Berkeley: University of California Press, 1995), p. 26.

10 Moisés Kaufman, *Gross Indecency: The Three Trials of Oscar Wilde* (New York: Dramatists Play Service, 1999), p. 70.

11 'Aeschines, Against Timarchus, Section 29', *Perseus.Tufts.Edu*, 2018 <http://www.perseus.tufts.edu/hopper/text?doc=Perseus%3Atext%3A1999.01.0002%3Aspeech%3D1%3Asection%3D29> [Accessed 23 September 2018].

12 John G. Younger, *Sex in the Ancient World from A to Z* (London: Routledge, 2005), Kindle edition, location 4155.

13 *Vātsyāyana, Kamasutra*, ed. and trans. by Wendy Doniger and Sudhir Kakar (Oxford: Oxford University Press, 2009), pp. 65–67.

14 同前。

15 Jeremy Goldberg, 'John Rykener, Richard II And The Governance Of London', *Leeds Studies In English*, 45 2014, pp. 49–70.

16 同前。

17 Clement Walker, *Relations and Observations Historical and Politick upon the Parliament Begun Anno Dom. 1640* (London: 1648), p. 221.

18 John Dunton, 'The He-Strumpets. A Satyr on the Sodomite-Club', in *Athenianism*, 2 vols. London, 1710, Vol. 2, pp. 93–9.

19 Ned Ward, 'Of the Mollies Club', in *Edward Ward's Satyrical Reflections on Clubs*, Vol. V. (London: J. Phillips, 1710).

20 Rictor Norton, 'Mother Clap's Molly House', *The Gay Subculture in Georgian England*, 5 February 2005 <http://rictornorton.co.uk/eighteen/mother.htm> [Accessed 20 September 2018].

21 Rictor Norton, 'The Trial of George Kedger, 1726', *Homosexuality in Eighteenth-Century England: A Sourcebook*, 1 December 1999 <http://rictornorton.co.uk/eighteen/1726kedg.htm> [Accessed 24 September 2018].

22 Glenn Chandler, *The Sins of Jack Saul*, 2nd edn (Claygate: Grosvenor House, 2016), p. 7.

23 Jack Saul, *The Sins of the Cities of the Plain or Recollections of a Mary-Ann, with Short Essays on Sodomy and Tribadism* (London: Privately printed, 1881), pp. 15–16.

24 Colin Simpson, T*he Cleveland Street Affair* (Boston: Little, Brown and Company, 1976), p. 81.

25 同前。

26 'The West End Scandal', *Reynolds's Newspaper*, 12 January 1890.

27 'Central Criminal Court', *The Standard*, 17 January 1890.

結論

1 *Old Bailey Proceedings Online* (www.oldbaileyonline.org, version 8.0, 01 December 2018), May 1683, trial of Isabel Barker (t16830524-7).

2 Nghiem L. Nguyen, 'Roman Rape: An Overview of Roman Rape Laws from the Republican Period to Justinian's Reign', *Michigan Journal of Gender And Law*, 13.1 (2006), pp. 75–112.

3 Dorothy Whitelock, ed., *English Historical Documents* (London: Eyre & Spottiswoode, 1955), p. 359.

4 *The Morning Chronicle*, 'Police Intelligence', 20 February 1847, p. 4; *Nottingham Review and General Advertiser for the Midland Counties*, 'Judicial Procedures', 5 May 1837, p. 4.

5 *Bury and Norwich Post*, 'Miscellaneous', 3 May 1837, p. 1.

6   Kristoffer Nyro, *The Kiss and Its History* (London: Sands & Co, 1901), pp. 67–8.

7   'Outcry over Teen's Underwear in Rape Trial', *BBC News*, 2018 <https://www.bbc.co.uk/news/world-europe-46207304> [Accessed 7 December 2018].

8   Siobhan Norton, ' "This Is Not Consent" : How a Thong Prompted Protests Across Ireland over the Handling of Rape Trials', *Inews.Co.Uk*, 2018 <https://inews.co.uk/news/long-reads/this-is-not-consent-thong-rape-case-ireland-protests/> [Accessed 7 December 2018].

9   同前。

參考書目

著作

Abbott, Elizabeth, *A History of Celibacy* (New York: Scribner, 2000).

Abreu-Ferreira, Darlene, *Women, Crime, and Forgiveness in Early Modern Portugal* (Florence: Taylor and Francis, 2016).

Abu ̄ al-Qa ̄sim Khalaf ibn ‘Abba ̄s al-Zahra ̄w ̄, *Albucasis on Surgery and Instruments* (Berkeley: University of California Press, 1973).

Acton, William, *The Functions and Disorders of the Reproductive Organs in Childhood, Youth, Adult Age, and Advanced Life* (London: John Churchill, 1857).

Aelian, *On Animals,* trans. by A. F. Scholfield, (Cambridge: Harvard University Press, 1959).

Aftel, Mandy, *Essence and Alchemy* (New York: North Point Press, 2001).

Aggrawal, Anil, *Forensic and Medico-Legal Aspects of Sexual Crimes and Unusual Sexual Practices* (Boca Raton: CRC Press, 2008).

Alberti, Fay Bound, *This Mortal Coil: The Human Body in History and Culture* (Oxford: University Press, 2016).

Albertus, and Helen Rodnite Lemay, *Women's Secrets: A Translation of Pseudo-Albertus Magnus' De Secretis Mulierum with Commentaries* (Albany: University of New York Press, 1992).

Alexandre-Debray, Janine, *La Païva, 1819–1884* (Paris: Perrin, 1986).

Allan, Keith, and Kate Burridge, *Forbidden Words: Taboo and the Censoring of Language* (Cambridge: Cambridge University Press, 2009).

Alloula, Malek, *The Colonial Harem*, translated by Myrna Godzich and Wlad

Godzich (Minneapolis: University of Minnesota Press, 1986).

Anderson, William John, *Hysterical and Nervous Affections of Women. Read before the Harveian Society* (Sherriff & Downing: Sydney, 1864).

Anonymous, *Proverbs of Hendyng* (Cambridge: Chadwyck-Healey, 1992).

Anonymous, *A New Description Of Merryland* (London: E Curll, 1741).

Anonymous, 'Sweet Molly Malone', in *Apollo's Medley* (Doncaster, 1790), p. 78.

Anonymous, *The Sins of the Cities of the Plain* (London: Privately printed, 1881).

Anonymous, *The Romance of Lust, or Early Experiences* (London: William Lazenby, 1873).

Appendix to the Journals of the Senate and Assembly of the Nineteenth Session of the Legislature of the State of California (Sacramento: T. A. Springer, 1872).

Arbesman, Samuel, *Half Life of Facts: Why everything we know has an Expiration Date* (London: Penguin, 2004).

Archer, Caroline, *Tart Cards: London's Illicit Advertising Art* (New York: Mark Batty, 2003).

Aretaeus, *The Extant Works Of Aretaeus, The Cappadocian*, 1st edn, trans. by Francis Adams (London: The Sydenham Society, 1856).

Aretino, Pietro, *The Ragionamenti, Or Dialogues of the Divine Pietro Aretino*, 1st edn, trans. by Alcide Bonneau (Paris: Éd. Allia, 1892).

Aristophanes, trans. by David Barrett and Alan H. Sommerstein, *The Knights, Peace, Wealth, The Birds, The Assemblywomen* (London: Penguin Books, 1990).

Aristotle, *Complete Works of Aristotle, Volume 2*, ed. by Jonathan Barnes (Princeton: Princeton University Press, 2014).

Aristotle, and John Gillies, *Aristotle's Ethics and Politics: Politics* (United States: Palala Press, 2016).

Ash, Russell, *Busty, Slag & Nob End* (London: Headline, 2009).

—, *Potty, Fartwell & Knob: Extraordinary but True Names of British People* (London: Headline, 2007).

Ashenburg, Katherine, *An Unsanitised History of Washing* (London: Profile, 2009).

Ashurst, John, *The International Encyclopedia of Surgery: A Systematic Treatise on the Theory and Practice of Surgery* (New York: W. Wood, 1895).

Athenaeus, *The Deipnosophists* (London: Heinemann, 1927).

Athenaeus, *Delphi Complete Works of Athenaeus*, trans. by C. D. Yonge (Hastings: Delphi Classics, 2017). Kindle edition.

Aubrey, John, *Remaines of Gentilisme and Judaisme* (London: Folklore Society, 1881).

Avicenne, *Liber Canonis* (Hildesheim: Georg Olms Verlagsbuchhandlung, 1964).

B, Madame, *La Femme Endormie* (Melbourne, 1899).

Baden-Powell, Robert, *Boy Scouts of America*, 1st edn (New York: Page and Company, 1911).

Bakken, Gordon Morris, and Brenda Farrington, *Encyclopedia of Women in the American West* (Thousand Oaks: Sage, 2003).

Barker, Graeme, *The Agricultural Revolution in Prehistory* (Oxford: Oxford University Press, 2009).

Barrow, John, *Travels into the Interior of Southern Africa* (London: T. Cadell and W. Davies, 1801).

Bartholin, Thomas, and Michael Lyser, *The Anatomical History of Thomas Bartholinus* (London: Francis Leach, 1653).

Bayard, Tania, *A Medieval Home Companion* (New York: Harper, 1992).

Beaney, James George, *The Generative System and Its Functions in Health and Disease*, 1st edn (Melbourne: F. F. Bailliere, 1872).

Beasley, Henry, *The Book of Prescriptions*, 9th edn (London: Churchill, 1907).

Bedford, Gunning S., *Clinical Lectures on the Diseases of Women and Children*, 1st edn (New York: William Wood, 1855).

Benson, Catherine, and Roger Matthews, *The National Vice Squad Survey* (Enfield: Middlesex University, 1995).

Betham, Matilda, 'Arthur and Albina', in *Poems* (London: Hatchard, 1808), pp. 3–13.

Bhishagratna, Kaviraj Kunjalal, An English Translation of the Sushruta Samhita Based on Original Sanskrit Text (Calcutta, 1911).

Bienville, D. T. de, and Edward Wilmot, *Nymphomania, Or, A Dissertation*

Concerning the Furor Uterinus (London: J. Bewer, 1775).

Blank, Hanne, *Virgin: The Untouched History* (London: Bloomsbury, 2007).

Bliss, W. W., *Woman, and Her Thirty Years' Pilgrimage* (Boston: B.B. Russell, 1870).

Bloch, Iwan, *The Sexual Life of our Time in its Relations to Modern Civilization*, trans. by M. Eden Paul (London: Rebman, 1908).

—, *Anthropological Studies on the Strange Sexual Practices of All Races and All Ages*, 1st edn (Honolulu: University Press of the Pacific, 2001).

Board of Trade, *Reports of the Lords of the Committee of Council Appointed For the Consideration of All Matters Relating To Trade and Foreign Plantations* (London, 1789).

Boccaccio, Giovanni, *The Decameron*, ed. by Guido Waldman and Jonathan Usher (Oxford: Oxford University Press, 2008).

Boswell, James, *Boswell's London Journal, 1762–1763*, ed. by Frederick Albert Pottle (New Haven: Yale University Press, 2004).

Bourguignon D'Anville, Hubert François, and John Cleland, *Memoirs of a Woman of Pleasure: From the Original Corrected Edition, with a Set of Elegant Engravings [Ascribed to Gravelot]. [By John Cleland.]* (London, 1766).

Bowditch, Lucy Orne, and Charles Pickering Bowditch, *The Lives and Portraits of Curious and Odd Characters* (Worcester: Thomas Drew, 1853).

Brock, Pope, *Charlatan: America's Most Dangerous Huckster, the Man Who Pursued Him, and the Age of Flimflam* (New York: Crown Publishers, 2008).

Brome, Richard, *A Jovial Crew*, ed. by Tiffany Stern (London: Bloomsbury, 2014).

Brown, Isaac Baker, *On the Curability of Certain Forms of Insanity, Epilepsy, Catalepsy, and Hysteria in Females* (Robert Hardwicke: London, 1866).

Brundage, James A., and Vern L. Bullough, *Handbook of Medieval Sexuality* (New York: Garland Publishing, 2000).

Brundage, James A., *Law, Sex, and Christian Society in Medieval Europe* (Chicago: University of Chicago Press, 2009).

Buchan, William, *Domestic Medicine: Or, a Treatise on the Prevention and Cure of Diseases by Regimen and Simple Remedies* (London: Balfour, Auld and

Smellie, 1769).

Büchner, Georg, *Danton's Death, Leonce and Lena, Woyzeck*, trans. and ed. by Victor Price (Oxford: Oxford University Press, 2008).

Budin, Stephanie Lynn, *The Myth of Sacred Prostitution in Antiquity* (New York: Cambridge University Press, 2010).

Bukha⁻r⁻, Muh.ammad ibn Isma⁻' ⁻l, and Muhammad Muhsin Khan, *S.ah. ⁻h. Al-Bukha⁻r⁻* (Riyadh, Saudi Arabia: Darussalam, 1997).

Burford, E. J., *Bawdy Verse*, 1st edn (Harmondsworth: Penguin Books, 1982).

Burge, Amy, ' "I Will Cut Myself and Smear Blood on the Sheet" : Testing Virginity in Medieval and Modern Orientalist Romance', in *Virgin Envy: The Cultural Insignificance of the Hymen* (London: Zed, 2016).

Burrows, Daron, *The Stereotype of the Priest in the Old French Fabliaux: Anti-clerical Satire and Lay Identity* (Oxford: Peter Lang Publishing, 2005).

Burton, Robert, The Anatomy of Melancholy: What it is. With all The Kindes, Causes, Symptomes, Prognosticks, and Seuerall Cures of it. In Three Maine Partitions, with their Seuerall Sections, Members and Subsections. Philosophically, Medicinally, Historically Opened and Cut up, 5th edn (Oxford: Henry Cripps, 1634).

Burton, Sir Richard, Leonard C. Smithers, Priapeia: Sportive Epigrams on Priapus (London: TGS Publishing, 2010).

Caballero-Navas, Carmen, *The Book of Women's Love and Jewish Medieval Medical Literature on Women* (London: Routledge, 2004).

Campbell, R. Joe, *A Morphological Dictionary of Classical Nahuatl* (Madison: Hispanic Seminary of Medieval Studies, 1985).

Capp, Bernard, *When Gossips Meet: Women, Family, and Neighborhood in Early Modern England* (Oxford: Oxford University Press, 2003).

Carlile, Richard, 'Every Woman's Book Or What Is Love?', in *What Is Love?: Richard Carlile's Philosophy of Sex* (London: Verso, 1998).

Casanova, Giacomo, *The Complete Memoirs of Jacques Casanova De Seingalt*, trans. by Arthur Machen (SMK Books, 2014).

Catalogue and Report of Obstetrical and Other Instruments (London: Obstetric Society of London, 1867).

Chandler, Daniel, *Semiotics: The Basics*, 2nd edn (London: Routledge, 2007).

Chartier, Alain, *Delectable Demaundes, and Pleasaunt Questions, With Their Seuerall Aunswers, In Matters of Loue, Naturall Causes, with Morall and Politique Deuises. Newely Translated out Of Frenche into Englishe, This Present Yere of our Lorde God. 1566* (London: John Cawood, 1566).

Chaucer, Geoffrey, *The Canterbury Tales*, ed. by Jill Mann (London: Penguin Books, 2005).

Chauliac, Guy de, La Grande Chirurgie (Paris: F. Alcan, 1890).

Chorier, Nicolas, *A Dialogue between a Married Lady and a Maid* (London, 1740).

Cicero, trans. and ed. by D. R. Shackleton Bailey, *Epistulae Ad Familiares* (Cambridge: Cambridge University Press, 1977).

Civillian, A, *Trials for Adultery; Or, the History of Divorces* (London: Blandon, 1779).

Cleland, John, *Memoirs of a Woman of Pleasure* (London: G. Fenton, 1749).

Cleland, John, *Fanny Hill: Memoirs of a Woman of Pleasure* (London: LBA, 2007), Kindle edition.

Coleridge, Samuel Taylor, 'To Matilda Betham, from a Stranger', in *The Collected Works of Samuel Taylor Coleridge, Volume 1* (Princeton: Princeton University Press, 2001), pp. 726–8.

Collier, Aine, *The Humble Little Condom: A History* (Amherst: Prometheus Books, 2007).

Colombo, Realdo, Gianluigi Baldo, and Tiziana Brolli, *De Re Anatomica Libri XV* (Paris: Les Belles lettres, 2014).

Copland, James, and Charles A. Lee, *A Dictionary of Practical Medicine*, 1st edn (New York: Harper, 1860).

Crais, Clifton C., and Pamela Scully, *Sara Baartman and the Hottentot Venus* (Princeton: Princeton University Press, 2009).

Cranach, Lucas, and Stephan Füssel, *The Luther Bible of 1534* (Cologne: Taschen, 2016).

Crisp, Quentin, *The Naked Civil Servant* (London: Flamingo, 1996).

Crooke, Helkiah, *Microcosmographia* (London: William Iaggard, 1615).

Cruickshank, Dan, *The Secret History of Georgian London: How the Wages of Sin Shaped the Capital* (London: Windmill Books, 2010).

Culpeper, Nicholas, *A Physicall Directory; Or, a Translation of the London Dispensatory Made By the Colledge of Physicians in London* (London: Peter Cole, 1649).

—, *The Complete Herbal* (London: CreateSpace, 2018)

Cuvier, Georges, 'Extrait D'Observations Faites Sur Le Cadavre D'Une Femme Connue À Paris Et À Londres Sous Le Nom De Vénus Hottentotte', in *Mémoires du Musée Nationale D'Histoire Naturelle*, 1817, pp. 259–74.

Daniel, Mark, *See You Next Tuesday* (London: Timewell, 2008).

Daniel, Samuel, *The Tragedy of Philotas* (Edinburgh: 1603).

Davenport, John, and John Camden Hotten, *Aphrodisiacs and Anti-Aphrodisiacs* (London: Privately printed, 1869).

Davies, Glyn, *A History Of Money* (Cardiff: University of Wales Press, 2002).

De Chobham, Thomas, *Thomae De Chobham Summa Confessorum*, ed. by F. Broomfield (Louvain: Nauwelaerts, 1968).

De Graaf, Regnier, *Regnier De Graaf on the Human Reproductive Organs*, trans. by Henry David Jocelyn and Brian Peter Setchell (Oxford: Blackwell scientific, 1972).

De Laet, S. J., *History of Humanity* (London: Routledge, 1994).

Delicado, Francisco, and Bruno M. Damiani, *Portrait of Lozana* (Potomac: Scripta Humanistica, 1987).

Deslandes, Léopold, *A Treatise on the Diseases Produced by Onanism, Masturbation, Self-Pollution, and Other Excesses*, 2nd edn (Boston: Otis, Broader and Company, 1839).

Devlin, Kate, *Turned On: Science, Sex and Robots* (London: Bloomsbury, 2018).

Di Marino, Vincent, and Hubert Lepidi, *Anatomic Study of the Clitoris and the Bulbo-Clitoral Organ* (Cham: Springer International Publishing, 2014).

Diagnostic and Statistical Manual of Mental Disorders, 5th edn (Washington: American Psychiatric Association, 2013).

Dickens, Charles, *The Pickwick Papers* (London: Createspace, 2017).

Ditmore, Melissa Hope, *Encyclopedia of Prostitution and Sex Work* (Westport: Greenwood Press, 2006).

Doan, Laura L., and Jay Prosser, *Palatable Poison: Critical Perspectives on* The Well of Loneliness (New York: Columbia University Press, 2002).

Drenth, Jelto, *The Origin of the World* (London: Reaktion, 2008).

Dulaure, Jacques-Antoine, *Histoire Abrégée De Différens Cultes*, 2nd edn (Paris, 1825).

Dunbar, Newell, *The Elixir of Life: Dr. Brown-Séguard's own Account of his Famous Alleged Remedy for Debility and Old Age* (Boston: J.G. Cupples, 1889).

Dunglison, Robley, *A New Dictionary of Medical Science and Literature* (Boston: C. Bowen, 1833).

—, *Medical Lexicon: A Dictionary of Medical Science* (Philadelphia: Blanchard & Lea, 1854).

Dury, Graham, Davey Jones, Simon Thorp and Charlie Brooker, *Roger's Profanisaurus* (London: Dennis Publishing, 2013).

Ellis, Havelock, *Studies in the Psychology of Sex* (Honolulu: University Press of the Pacific, 2001).

Elyot, Thomas, *The Dictionary of Syr Thomas Eliot Knyght*, 1st edn (London: 1538).

Fabre-Serris, Jacqueline, and Alison Keith, *Women and War in Antiquity* (Baltimore: Johns Hopkins University Press, 2015).

Falloppio, Gabriele, *De Morbo Gallico* (Padua, 1563).

—, *Observationes Anatomicae* (Modena: Mucchi, 1964).

Faraone, Christopher A., and Laura McClure, *Prostitutes and Courtesans in the Ancient World* (Madison: University of Wisconsin Press, 2006).

Female Genital Mutilation/Cutting: A Global Concern (New York: UNICEF, 2016).

Ferguson, Anthony, *The Sex Doll: A History* (Jefferson: McFarland, 2010).

Ferguson, Ted, *Kit Coleman* (Markham: PaperJacks, 1979).

Fiaux, Louis, *Les Maisons De Tolerance* (Paris: G. Carré, 1892).

Finkel, Irving L., and Markham Judah Geller, *Sumerian Gods and their Representations* (Groningen: STYX Publications, 1997).

Florio, John, Arnold Hatfield, Edward Blount and John Evelyn, *A Worlde Of Wordes, Or, Most Copious, And Exact Dictionarie In Italian And English*, 1st edn (London: Arnold Hatfield, 1598).

Foote, Edward B., *Medical Common Sense* (New York: the author, 1863).

Freidenfelds, Lara, *The Modern Period: Menstruation in Twentieth-Century America* (Baltimore: Johns Hopkins University Press, 2009).

Freud, Sigmund, trans. by James Strachey, *Three Essays on the Theory of Sexuality* (Mansfield: Martino Publishing, 2011).

—, illustrated by Peter Gay, *The Question Of Lay Analysis* (New York: Norton, 1989)

—, trans. by David McLintock, *The Standard Edition of the Complete Psychological Works of Sigmund Freud*, ed. by James Strachey, Anna Freud, Alix Strachey, and Alan Tyson (London: Vintage, 2001).

Freud, Sigmund, trans. by James Strachey, *The Uncanny* (London: Penguin, 2003).

Friedman, and David M. Friedman, *A Mind of its Own: A Cultural History of the Penis* (New York: Thc Free Press, 2001).

Galen, *Galen on the Usefulness of the Parts of the Body*, ed. by Margaret Tallmadge May (New York: Classics of Medicine Library, 1996).

George, Andrew R., *The Epic Of Gilgamesh* (London: Penguin, 2003).

Gerald of Wales, *The Jewel Of The Church: A Translation Of The Gemma Ecclesiastica* (Leiden: Brill, 1979).

Gerber, Robin, *Barbie and Ruth: The Story of the World's Most Famous Doll and the Woman Who Made Her* (New York: Harper, 2010).

Gernot, Wilhelm, Diana Stein and Jennifer Barnes, *The Hurrians* (Warminster: Aris and Phillips, 1994).

Gersh, Carolyn J., 'Naming the Body: A Translation with Commentary and Interpretive Essays of Three Anatomical Works Attributed to Rufus of Ephesus' (unpublished PhD, University of Michigan, 2012).

Goldberg, P.J.P., *Women In Medieval English Society* (Gloucestershire: Sutton, 1997).

Graham, Sylvester, *A Lecture to Young Men on Chastity, Intended Also for the Serious Consideration of Parents and Guardians* (Boston: Cornhill, 1838).

Granville, Joseph Mortimer, *Nerve-Vibration and Excitation as Agents in the Treatment of Functional Disorder and Organic Disease*, 1st edn (London: Churchill, 1883).

Green, Jonathon, *Green's Dictionary of Slang* (London: Chambers, 2010).

Green, Monica Helen, ed., *The Trotula,* (Philadelphia: University of Pennsylvania Press, 2001).

Grose, Francis, *A Classical Dictionary of the Vulgar Tongue*, 3rd edn (London: Hooper & Co., 1796).

—, *Guide to Health, Beauty, Riches, and Honour* (London: S. Hooper, 1785).

Guernsey, Henry Newell, *The Application of the Principles and Practice of Homoeopathy to Obstetrics*, 2nd edn (London: Turner, 1878).

Guiley, Rosemary, *The Encyclopedia of Witches and Witchcraft* (New York: Facts on File, 1989).

Gurney, Anna, *A Literal Translation of the Saxon Chronicle* (London: Stevenson, 1819).

Gwerful Mechain, *Gwaith Gwerful Mechain Ac Eraill*, 1st edn, trans. by Nerys Ann Howells (Aberystwyth: University Press, 2001).

H. F., *A True and Exact Relation of the Several Informations, Examinations, and Confessions of the Late Witches, Arraigned and Executed in the County Of Essex* (London: Henry Overton, 1645).

Hakim, Catherine, *Erotic Capital: The Power of Attraction in the Boardroom and the Bedroom* (New York: Basic Books, 2011).

Hale, Matthew, *A Tryal of Witches, at the Assizes Held at Bury St. Edmonds for the County of Suffolk, on the Tenth Day of March, 1664: Before Sir Matthew Hale Kt. then Lord Chief Baron of his Majesties Court of Exchequer* (London: William Shrewsbery, 1682).

Hallam, Paul, *Book Of Sodom* (London: Routledge, 1995).

Hamermesh, Daniel S., *Beauty Pays: Why Attractive People are More Successful* (Princeton: Princeton University Press, 2013).

Hamilton, David, *The Monkey Gland Affair* (London: Catto, 1986).

Hamilton, H.C.T., *The Geography of Strabo* (London: Bell and Sons, 1903).

Hannig, Rainer, *Grosses Handwörterbuch Ägyptisch–Deutsch* (Mainz: Philipp von Zabern, 1995).

Harlan, Michael, *Roman Republican Moneyers and their Coins* (London: Seaby, 1995).

Harris, Judith, *Pompeii Awakened: A Story of Rediscovery* (London: Tauris, 2007).

Harris, Karen, *The Medieval Vagina: a Historical and Hysterical Look at all Things Vaginal During the Middle Ages* (London: Snark, 2014).

Harris's List of Covent Garden Ladies or Man of Pleasure's Kalendar for the Year, 1788 (London: H. Ranger, 1788).

Head, Richard, *The Rogue Discovered, Or A Congratulatory Verse Upon A Book Newly Published (A Piece Much Desired, And Long Expected) Called The English Rogue, A Witty Extravagant* (London: Francis Kirkman, 1665).

Healey, Trebor, *A Horse Named Sorrow* (Madison: Terrace Books, 2012).

Heimerl, Christian, and Guilelmus de Saliceto, *The Middle English Version of William of Saliceto's 'Anatomia'* (Heidelberg: Winter, 2008).

Henke, James T., *Gutter Life and Language in the Early "Street" Literature of England* (West Cornwall: Locust Hill Press, 1988).

Henley, Virginia, *A Woman of Passion* (London: Random House, 2009).

Herbert McAvoy, Liz, and Diane Watt, *The History of British Women's Writing, 700–1500* (Basingstoke: Palgrave Macmillan, 2011).

Herodotus, *Delphi Complete Works of Herodotus*, trans. by A. D. Godley (Hastings: Delphi Classics, 2013), Kindle edition.

Hesiod, *Theogony*, ed. by M. L. West (Oxford: Oxford University Press, 2008).

Hewitt, Grailey, *The Diagnosis, Pathology and Treatment of Diseases of Women* (Philadelphia: Lindsay and Blackiston, 1868).

Hildegard of Bingen, *Hildegard Von Bingen's Physica: The Complete English Translation of her Classic Work on Health and Healing*, trans. by Priscilla Throop (Rochester: Healing Arts Press, 1998).

Hincmar of Rheims, *De Divortio Lotharii Regis Et Theutbergae Regina* (Hanover: MGH, 1992).

—, *De Nuptiis Stephani Et Filiae Regimundi Comiti* (Berlin: MGH, 1939).

Historia Augusta (Boston: Loeb Classical Library, 1921).

Hitschmann, Eduard, and Edmund Bergler, *Frigidity in Women: its Characteristics and Treatment* (Washington: Nervous and Mental Disease Publishing Company, 1936).

Hornung, Erik, Das Buch Der Anbetung des Re im Westen, Sonnenlitanei. Nach Den Versionen Des Neuen Reiches Herausgegeben von Erik Hornung (Geneva: Université de Genève, 1975).

Hughes, Geoffrey, *Swearing: A Social History of Foul Language, Oaths and Profanity in English* (London: Penguin, 1998).

Jacquart, Danielle, and Claude Thomasset, Sexuality and Medicine in the Middle Ages (Princeton: Princeton University Press, 1988).

Jamanadas, K., *Devadasis: Ancient and Modern* (Delhi: Kalpaz Publications, 2007).

—, *Tirupati Balaji was a Buddhist Shrine* (Chandrapur: Sanjivan Publications, 2009).

James VI and I, *Daemonologie, In Forme of a Dialogue, Divided into Three Books: By the High and Mighty Prince, James &C.* (Edinburgh: Robert Walde-graue, 1597).

James, William, *The Story of John Ruskin, Effie Gray and John Everett Millais told for the First Time in their Unpublished Letters*, ed. by William James (London: Murray, 1948).

Jentzer, A., and Maurice Bourcat, *The Physiotherapy in Gynecology and the Mechanical Treatment of Diseases of the Uterus and its Appendages by Thure Brandt* (Leipzig: Barth, 1895).

Jerome, Saint, *The Sacred Writings of Saint Jerome*, trans. by William Henry Fremantle and Philip Schaff (London: Jazzybee, 2018).

Jones, Terry, and Roger Mellie, *The New Roger's Profanisaurus* (London: Boxtree, 2002).

Jönsjö, Jan, *Studies on Middle English Nicknames*, 1st edn (Lund: LiberLäromedel/Gleerup, 1979).

Joyce, James, *Ulysses* (Ware: Wordsworth, 2010).

Jütte, Robert, *Contraception: A History* (Cambridge: Polity, 2008).

Kammerer, C., R. Manneeprassert, and P. Symonds, 'Vulnerability to HIV Infection among Three Hill Tribes in Northern Thailand', in *Culture and Sexual Risk: Anthropological Perspectives on AIDS* (London: Routledge, 1995), pp. 53–79.

Karras, Ruth Mazo, *Common Women: Prostitution and Sexuality in Medieval England* (London: Oxford University Press, 1996).

Keble, John, *The Life of the Right Reverend Father in God, Thomas Wilson* (Oxford: J.H. Parker, 1863).

Kellogg, John Harvey, *Plain Facts for Old and Young: Embracing the Natural History and Hygiene of Organic Life* (Burlington: Segner, 1887).

Kelly, Henry Ansgar, and Alan M. Dershowitz, *The Matrimonial Trials of Henry VIII* (London: Wipf and Stock, 2004).

Kelly, Kathleen Coyne, *Performing Virginity and Testing Chastity in the Middle Ages* (New York: Routledge, 2000).

Killigrew, Thomas, *The Parson's Wedding* (London: Henry Herringman, 1641).

Kinsey, Alfred C., Wardell B. Pomeroy, and Clyde E. Martin, *Sexual Behavior in the Human Male* (Philadelphia: W.B. Saunders, 1948).

Kinsey, Alfred C., *Sexual Behavior in the Human Female* (Philadelphia: Saunders, 1953).

Kipling, Rudyard, *Soldiers Three, and Other Stories* (London: Routledge, 1914).

Knight, Richard Payne, and Thomas Wright, *A Discourse on the Worship of Priapus, and its Connection with the Mystic* (London: Spilbury, 1865).

—, *Sexual Symbolism: A History of Phallic Worship* (New York: Julian Press, 1957).

Knowlton, Charles, *Fruits of Philosophy: A Treatise on the Population Question* (San Francisco: Readers Library, 1891).

Krafft-Ebing, R. von, *Psychopathia Sexualis*, trans. by Victor Robinson (New York: Pioneer Publications, 1939).

Kramer, Heinrich and Jakob Sprenger, *Malleus Maleficarum*, trans. by P. G. Maxwell-Stuart (Manchester: Manchester University Press, 2007).

La'mert, Samuel, *Self-Preservation: A Medical Treatise on the Secret Infirmities and Disorders of the Generative Organs*, 1st edn (London: James Gilbert, 1852).

Lanfranco, and John Hall, *Most Excellent and Learned Woorke of Chirurgerie, Called Chirurgia Parua Lanfranci* (London: Thomas Marshe, 1565).

Langham, William, *The Garden of Health* (London: Christopher Barker, 1579).

Law, James Thomas, *The Ecclesiastical Statutes at Large, Extracted from the Great Body of the Statute Law, and Arranged Under Separate Heads* (London: William Benning and Co., 1857).

Lawrence, C. H., *Medieval Monasticism: Forms of Religious Life in Western Europe in the Middle Ages* (London: Routledge, 1984).

Lawrence, D. H., *Lady Chatterley's Lover*, ed. by David Ellis (Ware: Wordsworth, 2007).

Le Vaillant, François, *New Travels into the Interior Parts of Africa, By the Way of the Cape of Good Hope* (London: G.G. and J. Robinson, 1796).

Lee, Lily Xiao Hong, and Sue Wiles, *Biographical Dictionary of Chinese Women, Volume II: Tang through Ming 618–44* (London: Routledge, 2014).

Lee, R. Alton, *The Bizarre Careers of John R. Brinkley* (Lexington: University Press of Kentucky, 2015).

Lemay, Helen Rodnite, *Women's Secrets: A Translation of Pseudo-Albertus Magnus's* De Secretis Mulierum *with Commentaries* (New York: Suny Press, 1992).

Lever, Charles, *Charles O'Malley, the Irish Dragoon* (Leipzig: Tauchnitz, 1848).

Levey, Martin, *Early Arabic Pharmacology* (Leiden: E.J. Brill, 1973).

Leyser, Henrietta, *Medieval Women: Social History of Women in England 450–1500* (London: Phoenix Press, 1995).

Lieberman, Hallie, *Buzz: A Stimulating History of the Sex Toy* (New York: Pegasus Books, 2017).

Lloyd, Elisabeth A., *The Case of the Female Orgasm: Bias in the Science of Evolution* (Cambridge: Harvard University Press, 2005).

Lochrie, Karma, *Heterosyncrasies: Female Sexuality when Normal Wasn't* (Minneapolis: University of Minnesota Press, 2005).

Logan, William, *An Exposure, from Personal Observations, of Female Prostitution in London, Leeds, and Rochdale, and Especially in the City of Glasgow* (Glasgow: Gallie, 1843).

Lombroso, Cesare, and Gugliemo Ferrero, *La Donna Delinquente* (Turin: Roux, 1893).

López Austin, Alfredo, *Cuerpo Humano E Ideologia* (Mexico City: National Autonomous University of Mexico, 1984).

Lucas, E.V., *Works Of Charles and Mary Lamb* (London: Methuen and Co., 1904).

Lucian, *The Syrian Goddess: Being a Translation of Lucian's De Dea Syria, with a Life of Lucian* (London: Dodo, 2010).

Mackenzie, John Whiteford, *Philotus, A Comedy, Reprinted from the Edition of*

Robert Charteris (Edinburgh: Ballantyne, 1835).

Macy, Sue, and Meredith Orlow, *Wheels of Change* (Washington: National Geographic, 2012).

Maines, Rachel P., *The Technology of Orgasm* (Baltimore: Johns Hopkins University Press, 2001).

Major, Ralph Hermon, *Classic Descriptions of Disease*, 3rd edn (Springfield: Charles C. Thomas, 1978).

Malory, Sir Thomas, *Le Morte d'Arthur*, ed. by Helen Cooper (Oxford: Oxford University Press, 2008).

Mardrus, J. C., and E. P. Mathers, *The Book of the Thousand and One Nights* (Hoboken: Taylor and Francis, 2013).

Marston, John, *The Scourge Of Villanie* (London, 1598).

Martial, *Epigrams*, ed. by Gideon Nisbet (Oxford: Oxford University Press, 2015).

Martin, Gerald S, *Gabriel Garcia Marquez: A Life* (London: Bloomsbury, 2009).

Marvell, Andrew, 'To his Coy Mistress', in *Miscellaneous Poems* (London: Robert Boulter, 1681), pp. 19–20.

Masters, William H., and Virginia E. Johnson, *Human Sexual Response* (London: Churchill, 1966).

Mathes, Bettina, 'The Significance of the Enlarged Clitoris for Early Modern Anatomy', in *Sensible Flesh: on Touch in Early Modern Culture* (Philadelphia: University Press, 2002), pp. 103–25.

Meeks, Dimitri, *Année Lexicographique* (Paris: Cybèle, 1998).

Merry, Sally Engle, *Colonizing Hawaii: The Cultural Power of Law* (Princeton: Princeton University Press, 2000).

Metzler, Irina, *A Social History of Disability in the Middle Ages* (Hoboken: Taylor and Francis, 2013).

Middleton, Thomas, *Thomas Middleton: The Collected Works*, ed. by Gary Taylor and John Lavagnino (Oxford: Oxford University Press, 2010).

Mill, Humphrey, *A Night's Search, Discovering the Nature and Condition of Night-Walkers with their Associates* (London: H. Shepard and W. Ley, 1640).

Milnor, Kristina, *Graffiti and the Literary Landscape in Roman Pompeii* (Oxford: Oxford University Press, 2014).

Milton, John Laws, *On the Pathology and Treatment of Gonorrhoea and Spermatorrhoea* (New York: Wood, 1887).

Mohr, Melissa, *Holy Sh*T: A Brief History of Swearing* (Oxford: Oxford University Press, 2013).

Moll, Albert, *Sexual Life of the Child* (Classic Reprint) (London: Forgotten Books, 2015).

Morison, Alexander, *The Physiognomy of Mental Diseases* (London: Longman, 1843).

Moulton, Ian Frederick, *Before Pornography: Erotic Writing in Early Modern England* (Oxford: Oxford University Press, 2004).

Morton, Mark, Lover's Tongue: A Merry Romp through the Language of Love & Sex, 1st edn (London: Insomniac Press, 2003).

Murray, Jacqueline, *Love, Marriage, and Family in the Middle Ages* (Toronto: University of Toronto Press, 2001).

Nanninga, John B., *The Gland Illusion: Early Attempts at Rejuvenation through Male Hormone Therapy* (London: McFarland, 2017).

Neely, Mark E., *The Abraham Lincoln Encyclopedia* (New York: McGraw-Hill, 1982).

Nocturnal Revels: Or, the History of King's Place (London: M. Goadby, 1779).

Nunn, J. F., *Ancient Egyptian Medicine* (Norman: University of Oklahoma Press, 2002).

Nyro, Kristoffer, *The Kiss and its History* (London: Sands & Co, 1901).

Olivelle, Patrick, *King, Governance, and Law in Ancient India* (Oxford: Oxford University Press, 2012).

Ovid, *Metamorphoses,* ed. by A. D. Melville, and E. J. Kenney (Oxford: Oxford University Press, 2008).

Pancoast, S., *The Ladies' Medical Guide* (Philadelphia: S.I. Bell & Co., 1886).

Parent Du Châtelet, Alexandre, *On Prostitution in the City of Paris. From the French of M. Parent Duchatelet. Second Edition* (London: T. Burgess, 1837).

Parry, John S., *Extra-Uterine Pregnancy; its Causes, Species, Pathological Anatomy, Clinical History, Diagnosis, Prognosis and Treatment* (Philadelphia: Henry Lea, 1876).

Peakman, Julie, Alexander Pettit, and Patrick Spedding, *Whore Biographies,*

1700–1825 (London: Pickering & Chatto, 2006).

Peakman, Julie, Mark Golden, Peter Toohey, Ruth Evans, Bette Talvacchia, and Chiara Beccalossi and others, *A Cultural History Of Sexuality* (Oxford: Berg, 2011).

Peakman, Julie, *Mighty Lewd Books: The Development of Pornography in Eighteenth-Century England* (London: Palgrave Macmillan, 2003).

Pedersen, Frederik, *Marriage Disputes in Medieval England* (London: Hambledon, 2000).

—, 'Privates on Parade: Impotence Cases as Evidence for Medieval Gender, in *Law and Private Life in the Middle Ages: Proceedings of the Sixth Carlberg Academy Conference on Medieval Legal History 2009* (Copenhagen: DJØF, 2011), pp. 81–103.

—, 'Motives For Murder: The Role of Sir Ralph Paynel in the Murder of William Cantilupe', in *Continuity, Change and Pragmatism in the Law: Essays in Honour of Professor Angelo Forte* (Aberdeen: Aberdeen University Press, 2016), pp. 69–95.

Peele, George, and Patricia Binnie, *The Old Wives' Tale* (Manchester: Manchester University Press, 1980).

Pelner Cosman, Madeleine, and Linda Gale Jones, *Handbook to Life in the Medieval World, Volumes 1–3* (New York: Facts on File, 2008).

Pepys, *The Diary of Samuel Pepys*, ed. by Samuel, Robert Latham and William Matthews (London: HarperCollins, 2000).

Phillips, Kim M., *Medieval Maidens: Young Women and Gender in England, c.1270–c.1540* (Manchester: Manchester University Press, 2003).

Plato, *The Republic of Plato* (Cambridge: Macmillan, 1852).

Platter, Felix, *Platerus Golden Practice of Physick* (London: Peter Cole, 1664).

Pliny the Elder, *Delphi Complete Works of Pliny the Eld*er, trans. by John Bostock (Hastings: Delphi Classics, 2015), Kindle edition.

Potts Dewees, William, *A Treatise on the Diseases of Females* (Philadelphia: Lea and Blanchard, 1843).

Purkiss, Diane, *The Witch in History* (Hoboken: Routledge, 2012).

Rabelais, François, trans. by Thomas Urquhart, Peter Anthony Motteux and Charles Whibley, *Gargantua and Pantagruel* (New York: AMS Press, 1967)

Rawson, Hugh, *A Dictionary Of Invective* (London: Hale, 1991).

Reaney, P. H., *The Origin of English Surnames* (London: Routledge & Kegan Paul, 1984).

Recettario Novo Probatissimo A Molte Infirmita, E Etiandio Di Molte Gentilezze Utile A Chi Le Vora Provare (Venice: Zuan Maria Lirico, 1532).

Rees, Emma L. E., *The Vagina: A Literary and Cultural History* (London: Bloomsbury, 2013).

Reich, Wilhelm, *The Function of the Orgasm: Sex-Economic Problems of Biological Energy*, trans. by Vincent Carfagno (New York: Farrar, Straus and Giroux, 1973).

—, *The Bioelectrical Investigation of Sexuality and Anxiety* (New York: Farrar, Straus and Giroux, 1982).

Reinarz, Jonathan, *Past Scents: Historical Perspectives on Smell* (Chicago: University of Illinois Press, 2014).

Ricci, James V., *The Development of Gynecological Surgery and Instruments* (Philadelphia: Blakiston, 1949).

Riddle, John M., *Eve's Herbs: A History of Contraception and Abortion in the West* (Cambridge: Harvard University Press, 1999).

—, *Contraception and Abortion from the Ancient World to the Renaissance* (New York: ACLS History, 2005).

Rider, Catherine, *Magic and Impotence in the Middle Ages* (Oxford: Oxford University Press, 2008).

Ritchie, Andrew, *Early Bicycles and the Quest For Speed* (Jefferson: McFarland, 2018).

Rochester, John Wilmot, *Sodom*, (Paris: H. Welter, 1904).

—, *The Poetical Works Of The Earls Of Rochester, Roscomon And Dorset ; The Dukes Of Devonshire, Buckinghamshire, &C. With Memoirs of Their Lives. In Two Volumes. Adorn'd with a New Set of Cuts* (London: Goodourl, 1735).

Rodriguez, Sarah B., *Female Circumcision and Clitoridectomy in the United States* (New York: University of Rochester Press, 2014).

Romm, Sharon, *The Unwelcome Intruder: Freud's Struggle With Cancer* (New York: Praeger, 1983).

Rosenberg, Michael, *Signs Of Virginity: Testing Virgins and Making Men in Late*

Antiquity (Oxford: Oxford University Press, 2018).

Rousseau, Jean-Jacques, *Confessions of Jean-Jacques Rousseau* (London: Penguin, 1953).

Rubenhold, Hallie, *Harris's List of Covent Garden Ladies* (London: Doubleday, 2012).

—, *The Covent Garden Ladies* (London: History Press, 2006).

Russell, John, Wynkyn de Worde, and Frederick James Furnivall, *The Boke of Nurture* (Bungay: J. Childs, 1867).

Russell, Sharman Apt, *Hunger: an Unnatural History* (New York: Basic Books, 2008).

Ryan, Michael, *Prostitution in London, With a Comparative View of That of Paris and New York* (London: H. Bailliere, 1839).

Sachdew, Rachana, 'Sycorax in Algiers: Cultural Politics and Gynaecology in Early Modern England', in *A Feminist Companion to Shakespeare* (Chichester: John Wiley and Sons, 2016), pp. 226-44.

Sade, *The Complete Marquis De Sade*, trans. by Paul J. Gillette (Los Angeles: Holloway House, 2006).

—, *The Marquis de Sade: The Complete Justine, Philosophy in the Bedroom, and Other Writings*, trans. by Richard Seaver (New York: Grove Press, 1990).

Sanger, William W., *The History of Prostitution* (New York: Harper & Brothers, 1858).

Saul, Jack, *The Sins of the Cities of the Plain, or The Recollections of a Mary Ann* (London: Privately printed, 1881).

Savonarola, Michael, *Practica Maior* (Venice, 1498).

Sayer, Derek, *Prague, Capital of the Twentieth Century: A Surrealist History* (Princeton: Princeton University, 2013).

Selwyn, William, *An Abridgment of the Law of Nisi Prius* (London: Clarke, 1817).

Schwaeblé, René, 'Homunculus', *Les détraquées de Paris* (Paris: Daragon libraire-éditeur, 1910).

Shakespeare, William, Thomas Bowdler, H. M. Bowdler and Richard Cruttwell, *The Family Shakespeare* (London: Hatchard, 1807).

Sharp, Jane, *The Midwives Book* (London: Simon Miller, 1671).

Sherrow, Victoria, *Encyclopedia of Hair* (Westport: Greenwood Press, 2006).

Shinners, John Raymond, *Medieval Popular Religion, 1000–1500* (Toronto: University of Toronto Press, 2009).

Silverton, Pete, *Filthy English: The How, Why, When and What of Everyday Swearing* (London: Portobello Books, 2009).

Simpson, Clare, 'A Social History of Women and Cycling in Late Nineteenth Century New Zealand' (unpublished PhD, Lincoln University, 1998).

Slackville, Charles, 'A Faithful Catalogue of our Most Eminent Ninnies', in *Poems on Affairs of State: Augustan Satirical Verse, 1660–1714* (New Haven: Yale University Press, 1963).

Smith, Alexander, and Arthur Lawrence Hayward, *A Complete History of the Lives and Robberies of the Most Notorious Highwaymen, Footpads, Shoplifts & Cheats of Both Sexes* (London: Routledge, 1926).

Smith, Drew, *Oyster: A Gastronomic History* (New York: Abrams, 2015).

Smith, Lesley, 'The History of Contraception', in *Contraception: A Casebook from Menarche to Menopause* (Cambridge: Cambridge University Press, 2013).

Smith, William, *A New Voyage to Guinea*, 2nd edn (London: John Nourse, 1745).

Soranos d'Éphèse, *Sorani Gynaeciorum Libri IV. De Signis Fracturarum. De Fasciis. Vita Hippocratis Secundum Soranum*, ed. by Ioannes Ilberg (Lipsiae: Teubneri, 1927).

Soranus, and Owsei Temkin, *Soranus' Gynecology* (Baltimore: Johns Hopkins University Press, 1994).

Spenser, Megg, *A Strange and True Conference Between two Bawds, Damarose Page and Priss Fotheringham, During their Imprisonment in Newgate* (London, 1660).

Spink, M. S., and L. G. Lewis, *Albucasis on Surgery and Instruments. A Definitive Edition of the Arabic Text with English Translation and Commentary* (Berkeley: University of California Press, 1976).

Steinach, Eugen, and Josef Löbel, *Sex and Life: Forty Years of Biological and Medical Experiments* (New York: Viking, 1940).

Steintrager, James A., *The Autonomy of Pleasure: Libertines, License, and Sexual Revolution* (New York: University of Columbia, 2015).

Strabo of Amaseia, *Delphi Complete Works of Strabo*, trans. by H. C. Hamilton (Hastings: Delphi Classics, 2016), Kindle edition.

'Sub-Umbra, or Sport Among the She-Noodles', in *The Wordsworth Book of Classic Erotica* (Ware: Wordsworth Editions, 2007).

Sun, Simiao, and Sabine Wilms, *Bèi Jí Qiaˉn Jiˉn Yào Faˉng* (Portland: The Chinese Medicine Database, 2008).

Swift, Jonathan, *A Complete Collection Of Genteel And Ingenious Conversation* (London: B. Motte, 1738).

Sykes, Audrey, *Moon Amsterdam* (Manchester: Moon Travel, 2018).

Tait, Lawson, *Diseases of Women and Abdominal Surgery* (Philadelphia: Lea Brothers, 1889).

Taylor, Gordon Rattray, *Sex in History* (New York: Vanguard Press, 1954).

Technavio Research, *Global Vaginal Odor Control Product Market 2018–2022* (London: Regional Business News, 2018).

The New Art and Mystery of Gossiping: Being a Genuine Account of all The Women's Club's in and About the City and Suburbs of London, with the Manner of their Club Orders (Cirencester: Samuel Rudder, 1770).

The School of Venus, Or the Ladies Delight (London, 1680).

The Women's Petition Against Coffee Representing to Publick Consideration the Grand Inconveniencies Accruing to Their Sex from the Excessive use of that Drying, Enfeebling Liquor (London, 1674).

The Wonderful Discoverie of the Witchcrafts of Magaret and Phillip Flower, Daughters of Joan Flower Neere Beur Castle: Executed at Lincolne, March II. 1618 (London, G. Eld, 1619).

The Wordsworth Book of Classic Erotica (Ware: Wordsworth Editions, 2007).

Thomas, Rachael Jayne, ' "With Intent to Injure and Diffame" : Sexual Slander, Gender and the Church Courts of London and York, 1680–1700' (unpublished MA, University of York, 2015).

Thompson, Lana, *The Wandering Womb* (Amherst: Prometheus Books, 1999).

Thompson, Roger, *Unfit for Modest Ears: A Study of Pornographic, Obscene, and Bawdy Works Written or Published in England in the Second Half of the Seventeenth Century* (Totowa: Rowman and Littlefield, 1979).

Tilt, Edward John, *A Handbook of Uterine Therapeutics and of Diseases of*

Women (London: J. & A. Churchill, 1878).

Tissot, S. A. D, *Onanism; Or, A Treatise Upon the Disorders Produced by Masturbation; Or, the Dangerous Effects of Secret and Excessive Venery,* 5th edn, trans. by A. Hulme (London: Richardson, 1781).

Tone, Andrea, *Controlling Reproduction: An American History* (Wilmington: SR Books, 1997).

Traub, Valerie, *The Renaissance of Lesbianism in Early Modern England* (Cambridge: Cambridge University Press, 2002).

Turner, Daniel, *Syphillis. A Practical Dissertation on the Venereal Disease* (London: J. Walthoe, R. Wilkin, J. and J. Bonwicke, and T. Ward, 1727).

Valerius Maximus, and D. Wardle, *Valerius Maximus: Memorable Deeds and Sayings* (Oxford: Clarendon, 1997).

Valverde, Sarah, 'The Modern Sex Doll-Owner: A Descriptive Analysis', (unpublished MA, California State Polytechnic University, 2012).

Varone, Antonio, *Erotica Pompeiana: Love Inscriptions on the Walls of Pompeii,* trans. by R. Berg (Rome: L'Erma Di Bretschneider, 2002).

Va̅tsya̅yana, Mallanaga, Kamasutra, trans. and ed. by Wendy Doniger, and Sudhir Kakar (Oxford: Oxford University Press, 2009).

Venette, Nicolas, *The Mysteries of Conjugal Love Reveal'd,* 3rd edn (London, 1712).

Viz, *Roger's Profanisaurus* (London: John Brown, 1998).

Voronoff, Serge, *Quarante-Trois Greffes Du Singe À L'homme* (Paris: G. Doin, 1924).

—, *Rejuvenation by Grafting* (London: G. Allen & Unwin Ltd, 1925).

Waite, Henry Randall, *Carmina Collegensia: A Complete Collection of the Songs of the American Colleges, with Selections from the Student Songs of the English and German Universities* (Boston: Ditson, 1876).

Wajnryb, Ruth, *Expletive Deleted* (London: Free Press, 2014).

Walker, James H., *Studies in Ancient Egyptian Anatomical Terminology* (Wiltshire: Aris and Phillips, 1997).

Walsh, John Henry, *A Manual of Domestic Medicine and Surgery* (London: Routledge, 1858).

Webster, John, and David Charles Gunby, *Three Plays* (London: Penguin Books,

1995).

Weiss, John, *A Catalogue of Surgical Instruments, Apparatus, Appliances, Etc.* (London: Obstetric Society, 1863).

Whipple, Beverly, and Carol Rinkleib Ellison, *Women's Sexualities: Generations of Women Share Intimate Sexual Secrets of Sexual Self-Acceptance* (Oakland, CA: New Harbinger Publications, 2000).

Whitaker, John, *Molly Malone* (London: Phipps, 1805).

Whitelock, Dorothy, *English Historical Documents* (London: Eyre & Spottiswoode, 1955).

Whyte Barclay, Andrew, *A Manual of Medical Diagnosis: Being an Analysis of the Signs and Symptoms* (Philadelphia: Blanchard, 1864).

Wile, Douglas, *Art of the Bedchamber: The Chinese Sexual Yoga Classics* (Albany: University of New York Press, 1992).

Williams, Gordon, *A Dictionary of Sexual Language and Imagery in Shakespearean and Stuart Literature* (London: Athlone Press, 1994).

Williams, Gordon, *Shakespeare's Sexual Language* (London: Continuum, 2006).

Wilmot, John, 'A Panegyric Upon Cundum', in *The Works of The Earls of Rochester, Roscomon and Dorset, The Dukes of Devonshire, Buckingham and Co.* (London, 1667).

—, *The Complete Poems of John Wilmot*, ed. by David Vieth (Yale: Yale University Press, 2002).

Wilson, Brian C., *Dr. John Harvey Kellogg and the Religion of Biologic Living* (Indianapolis: Indiana University Press, 2014).

Winch, Dinah, 'Sexual Slander and its Social Context in England c.1660–1700, with Special Reference to Cheshire and Sussex' (unpublished PhD, The Queen's College, Oxford University, 1999).

Wolf, Naomi, *Vagina: A New Biography* (London: Virago, 2012).

Wood, George B., *A Treatise on the Practice of Medicine* (Philadelphia: Lippincott, Grambo, 1852).

Worde, Wynkyn de, *Ortus Vocabulorum 1500. A Scolar Press Facsimile*, 1st edn (Menston: Scolar Press, 1968).

Wosk, Julie, *Women and the Machine* (Baltimore: Johns Hopkins University Press, 2003).

Wright, Thomas, and Richard Paul Wülker, *Anglo-Saxon and Old English Vocabularies* (London: Trubner & Co., 1883).

Younger, John G, *Sex in the Ancient World from A to Z* (London: Routledge, 2005).

Ziegenspeck, Robert, *Massage Treatment (Thure Brandt) In Diseases of Women: For Practitioners* (Chicago: Westerschulte, 1898).

網路資料

'1 In 10 Girls Have Been Unable to Afford Sanitary Wear', Plan International UK, 2017 <https://plan-uk.org/media-centre/1-in-10-girls-have-been-unable-to-afford-sanitary-wear-survey-finds> [Accessed 15 September 2018].

'2018 Year in Review – Pornhub Insights', Pornhub.com, 2018 <https://www.pornhub.com/insights/2018-year-in-review> [Accessed 29 January 2019].

'ALWAYS Donates Feminine Hygiene Products To Help UK Girls Stay In School. #Endperiodpoverty', Always.co.uk, 2018 <https://www.always.co.uk/en-gb/about-us/endperiodpoverty> [Accessed 15 September 2018].

Amos, Jonathan, 'Ancient Phallus Unearthed in Cave', News.bbc.co.uk, 2005 <http://news.bbc.co.uk/1/hi/sci/tech/4713323.stm> [Accessed 24 June 2018].

Anonymous, 'The Romance of Lust: a Classic Victorian Erotic Novel', Archive.org, 2017 <https://archive.org/stream/theromanceoflust30254gut/30254-8.txt> [Accessed 12 March 2017].

Aquinas, Thomas, 'Summa Theologica', Sacred-texts.com, 2018 <http://www.sacred-texts.com/chr/aquinas/summa/index.htm> [Accessed 15 September 2018].

Aretaeus, 'De Causis et Signis Acutorum Morborum (Lib. 1), Book II. Chapter XI. On Hysterical Suffocation', perseus.tufts.edu, 2018<http://www.perseus.tufts.edu/hopper/text?doc=Perseus% 3Atext% 3A1999.01.0254% 3Atext% 3DSA% 3Abook% 3D2% 3Achapter% 3D11> [Accessed 22 July 2018].

Aristophanes, 'Lysistrata', perseus.tufts.edu, 2018 <http://www.perseus.tufts.edu/hopper/text?doc=Perseus%3Atext%3A1999.01.0242%3Acard%3D130> [Accessed 8 August 2018].

'Baartman, Sara', Oxford Dictionary of National Biography, <http://www.

oxforddnb.com/view/10.1093/ref:odnb/9780198614128.001.0001/odnb-9780198614128-e-73573;jsessionid=1ABB9A1E6F71D8D1704734C50D86E17D> [Accessed 7 August 2018].

Barford, Vanessa, 'The Prevailing Myth of Sex before Sport', 2004 <http://news.bbc.co.uk/1/hi/magazine/3555734.stm> [Accessed 27 August 2018].

Bowman, Verity, 'Woman in Nepal Dies after being Exiled to Outdoor Hut during her Period', Guardian, 2018 <https://www.theguardian.com/global-development/2018/jan/12/woman-nepal-dies-exiled-outdoor-hut-period-menstruation> [Accessed 13 September 2018].

Briggs, Keith, 'OE and ME Cunte in Place-Names', 2012 <http://keithbriggs.info/documents/cunte_04.pdf> [Accessed 5 April 2017].

'Campaign to Protect Young People from STIs by using Condoms', GOV.UK, 2017 <https://www.gov.uk/government/news/campaign-to-protect-young-people-from-stis-by-using-condoms> [Accessed 14 August 2018].

Cannon, J.A., 'Gerald of Wales', Encyclopedia.Com, 2002 <http://www.encyclopedia.com/people/history/historians-british-biographies/gerald-wales> [Accessed 13 February 2017].

'Charles II, 1662: An Act for Preventing the Frequent Abuses in Printing Seditious Treasonable and Unlicensed Bookes and Pamphlets and for Regulating of Printing and Printing Presses', British-History.ac.uk, 2017 <http://www.british-history.ac.uk/statutes-realm/vol5/pp428-435> [Accessed 10 April 2017].

'Charles II: Statutes', Constitution.org, 2017 <http://www.constitution.org/sech/sech_114.txt> [Accessed 10 April 2017].

Chattora, Samantha, 'The Devadasi System – Genesis & Growth', iml.jou.ufledu, 2002 <http://iml.jou.ufl.edu/projects/Spring02/Chattaraj/genesis.html> [Accessed 7 August 2018].

'Douching', Womenshealth.gov, 2018 <https://www.womenshealth.gov/a-z-topics/douching> [Accessed 10 September 2018].

'Female Genital Mutilation', World Health Organization, 2018 <http://www.who.int/news-room/fact-sheets/detail/female-genital-mutilation> [Accessed 17 June 2018].

'FGM National Clinical Group – Historical & Cultural', Fgmnationalgroup.

Org, 2015 <http://www.fgmnationalgroup.org/historical_and_cultural.htm> [Accessed 10 August 2017].

'Foundling Museum', 2016 <http://foundlingmuseum.org.uk/about/the-museum/> [Accessed 2 September 2016].

Galen, 'On Hippocrates: On the Nature of Man Part One', ucl.ac.uk, 2018 <https://www.ucl.ac.uk/~ucgajpd/medicina%20antiqua/Medant/GNatHom1.htm> [Accessed 14 September 2018].

Gambone, Phillip, 'Shanghai's Museum of Sex', 2003 <https://www.thefreelibrary.com/Shanghai's+Museum+of+Sex.+(Essay).-a0100727471> [Accessed 14 February 2017].

Garnick, Marc B., 'Does Frequent Ejaculation help Ward off Prostate Cancer?', 2009 <http://www.harvardprostateknowledge.org/does-frequent-ejaculation-help-ward-off-prostate-cancer> [Accessed 13 February 2017].

Ginsberg, Allen, 'Howl', Poetry Foundation, 2018 <https://www.poetryfoundation.org/poems/49303/howl> [Accessed 7 September 2018].

Hains, Tim, 'Bernie Sanders Quickly Condemns Rally Speaker Who Called Hillary Clinton a "Corporate Democratic Whore"', Realclearpolitics.com, 2016 <https://www.realclearpolitics.com/video/2016/04/14/speaker_at_sanders_rally_calls_hillary_clinton_a_corporate_democratic_whore.html> [Accessed 9 August 2018].

Hall, Lesley, 'Victorian Sex Factoids', lesleyahall.net, 2017 <http://www.lesleyahall.net/factoids.htm#hysteria> [Accessed 12 March 2017].

Hinde, Natasha, 'Blogger Bakes Sourdough Using Yeast from Vagina, Internet Explodes', Huffpost UK, 2015 <https://www.huffingtonpost.co.uk/2015/11/24/woman-makes-sourdough-using-yeast-from-vagina_n_8636372.html> [Accessed 19 August 2018].

Hodal, Kate, 'Nepal's Bleeding Shame: Menstruating Women Banished to Cattle Sheds', Guardian, 2018 <https://www.theguardian.com/global-development/2016/apr/01/nepal-bleeding-shame-menstruating-women-banished-cattle-sheds> [Accessed 13 September 2018].

Hodson, Jacquelyn, 'The Smell of the Middle Ages', Triviumpublishing.com, 2002 <http://www.triviumpublishing.com/articles/smellofthemiddleages.html> [Accessed 9 September 2017].

Hostetter, Aaron K., 'Exeter Book Riddles', Anglosaxonpoetry.camden.rutgers. edu, 2017 <https://anglosaxonpoetry.camden.rutgers.edu/exeter-book-riddles/> [Accessed 18 August 2018].

'Humours', Science Museum, 2019 <http://www.sciencemuseum.org.uk/ broughttolife/techniques/humours> [Accessed 14 February 2017].

Hunt, Matthew, 'Cunt: a Cultural History of the C-Word', Matthewhunt.com, 2000 <http://www.matthewhunt.com/cunt/> [Accessed 29 September 2017].

Jimenez, Ulises, 'How Much for your Love: Prostitution among the Aztecs', academia.edu, 2004 <http://www.academia.edu/2631485/How_much_for_ your_love_prostitution_among_the_Aztecs> [Accessed 7 August 2018].

Jo's Cervical Cancer Trust, 'Body Shame Responsible for Young Women not Attending Smear Tests', Jo's Cervical Cancer Trust, 2018 <https://www. jostrust.org.uk/node/1073042> [Accessed 17 February 2019].

Kale, Sirin, 'Why is Virginity Testing Still a Thing in so Many Parts of the World?', Grazia, 2016 <https://graziadaily.co.uk/life/real-life/virginity-testing-around-world/> [Accessed 11 September 2018].

Kelly, Kathleen Coyne, 'How to Cheat on a Virginity Test', medievalists.net, 2017 <http://www.medievalists.net/2016/06/how-to-cheat-on-a-virginity-test/> [Accessed 20 August 2017].

'Kings 23:7', Bible Gateway, 2018 <https://www.biblegateway.com/ passage/?search=2+Kings+23%3A7&version=NIV> [Accessed 19 September 2018].

Kingston, Sarah, and Natalie Hammond, Women Who Buy Sexual Services in the UK, 2016 <http://eprints.lancs.ac.uk/130705/2/WWBS_End_Report_ final_.pdf> [Accessed 12 February 2019].

'Kinsey Institute Faqs and Statistics', 2017 <https://www.kinseyinstitute.org/ research/publications/faq.php> [Accessed 14 February 2017].

Lenz, Norbert, Borghild.De <http://www.borghild.de/indexe.htm> [Accessed 13 July 2018].

'Leviticus 20:18', Bible Gateway, 2018 <https://www.biblegateway.com/ passage/?search=Leviticus+20%3A18&version=NIV> [Accessed 14 September 2018].

Lusher, Adam, 'Raw Oysters really are Aphrodisiacs say Scientists', Telegraph.

co.uk, 2005 <http://www.telegraph.co.uk/news/uknews/4195596/Raw-oysters-really-are-aphrodisiacs-say-scientists-and-now-is-the-time-to-eat-them.html> [Accessed 19 August 2018].

Magnanti, Brooke, 'Boxer Carl Froch has been Abstaining from Sex – But is it Ever Worth it?', Telegraph.co.uk, 2014 <https://www.telegraph.co.uk/women/sex/10864506/Sex-ban-Carl-Froch-has-been-abstaining-from-sex-but-is-it-really-good-for-you.html> [Accessed 27 August 2018].

Maines, Rachel, The Study that Set the World Abuzz', Big Think, 2009 <http://bigthink.com/videos/the-study-that-set-the-world-abuzz> [Accessed 12 March 2017].

'Mapping Anti-Gay Laws in Africa', Amnesty.org.uk, 2018 <https://www.amnesty.org.uk/lgbti-lgbt-gay-human-rights-law-africa-uganda-kenya-nigeria-cameroon> [Accessed 5 December 2018].

Martial, 'Epigrams. Book 14', tertullian.org, 2018 <http://www.tertullian.org/fathers/martial_epigrams_book14.htm> [Accessed 18 August 2018].

Maximus, Valerius, 'Factorum et Dictorum Memorabilium, Liber VIII', penelope.uchicago.edu, 2018 <http://penelope.uchicago.edu/Thayer/L/Roman/Texts/Valerius_Maximus/8*.html> [Accessed 11 September 2018].

'Mercurius Fumigosus or the Smoking Nocturnal Archives', Newspaperarchive.com, 2017 <https://newspaperarchive.com/uk/middlesex/london/mercurius-fumigosus-or-the-smoking-nocturnall/> [Accessed 9 April 2017].

Mojapelo, Lebohang, 'Virginity Testing "Sacred" but not a Science', Africa Check, 2016 <https://africacheck.org/reports/virginity-testing-sacred-but-not-a-science/> [Accessed 21 August 2017].

Movlud, Gunel, 'Bloody Sheets: An Age-Old Tradition Still Held in Georgia's Regions', Georgia Today on the Web, 2016 <http://georgiatoday.ge/news/2879/Bloody-Sheets%3A-An-Age-old-Tradition-Still-Held-in-Georgia%E2%80%99s-Regions> [Accessed 20 August 2017].

'New Data Reveals 420,000 Cases of STIs Diagnosed In 2017', gov.uk, 2018 <https://www.gov.uk/government/news/new-data-reveals-420000-cases-of-stis-diagnosed-in-2017> [Accessed 14 August 2018].

Norton, Rictor, 'History of the Term "Prostitute" ', Rictornorton.co.uk, 2006 <http://rictornorton.co.uk/though15.htm> [Accessed 10 August 2018].

Norton, Siobhan, '"This is not Consent": How a Thong Prompted Protests across Ireland over the Handling of Rape Trials', Inews.co.uk, 2018 <https://inews.co.uk/news/long-reads/this-is-not-consent-thong-rape-case-ireland-protests/> [Accessed 7 December 2018].

'Ofcom Explores Latest Attitudes to Offensive Language', Ofcom, 2016 <https://www.ofcom.org.uk/about-ofcom/latest/media/media-releases/2016/attitudes-to-offensive-language> [Accessed 7 September 2018].

Old Bailey Proceedings, 'Central Criminal Court', 2003 <https://www.oldbaileyonline.org/browse.jsp?id=t18340515-47&div=t18340515-47&terms=savine#highlight> [Accessed 30 August 2016].

Old Bailey Proceedings, 'May 1683, Trial of Isabel Barker', Oldbaileyonline.org, 2018 <https://www.oldbaileyonline.org/browse.jsp?id=t16830524-7-off26&div=t16830524-7#highlight> [Accessed 1 December 2018].

'Outcry over Teen's Underwear in Rape Trial', BBC News, 2018 <https://www.bbc.co.uk/news/world-europe-46207304> [Accessed 7 December 2018].

'Over a Century of Healing', Lysol.com, 2018 <http://www.lysol.com/about-us/our-history/> [Accessed 11 September 2018].

'Oxford English Dictionary', Oed.com, 2018 <http://www.oed.com/view/Entry/45874?redirectedFrom=cunt#eid> [Accessed 7 September 2018].

Pasha-Robinson, Lucy, 'Doctors are being Ordered to Perform "Virginity Tests" on Underage Girls in Russia', The Independent, 2017 <https://www.independent.co.uk/news/world/europe/russia-doctors-virginity-tests-russian-investigative-committee-underage-girls-a7783811.html> [Accessed 11 September 2018].

'Pick up a Penguin', News.bbc.co.uk, 1998 <http://news.bbc.co.uk/1/hi/world/asia-pacific/60302.stm> [Accessed 17 September 2018].

Pillitteri, Sally Piper, 'School Menstrual Hygiene Management in Malawi', Assets.publishing.service.gov.uk, 2012 <https://assets.publishing.service.gov.uk/media/57a08aa8e5274a27b20006d7/MenstrualHygieneManagement_Malawi.pdf> [Accessed 15 September 2018].

Pliny the Elder, 'Natural History', Loeb Classical Library, 2018 <https://www.loebclassics.com/view/pliny_elder-natural_history/1938/pb_LCL418.503.xml?readMode=recto> [Accessed 19 August 2018].

Pliny the Elder, 'The Natural History, Book XXXVI. The Natural History Of Stones', perseus.tufts.edu, 2018 <http://www.perseus.tufts.edu/hopper/text?doc=Perseus:abo:phi,0978,001:36:4> [Accessed 24 June 2018].

'Post Office Act 1953', Legislation.gov.uk, 2018 <http://www.legislation.gov.uk/ukpga/Eliz2/1-2/36/crossheading/general-offences/enacted> [Accessed 22 September 2018].

'Proverbs 9:17', Biblehub.com, 2018 <https://biblehub.com/commentaries/proverbs/9-17.htm> [Accessed 18 August 2018].

'Pubic Wigs – Oxford Reference', Oxfordreference.com, 2018 <http://www.oxfordreference.com/view/10.1093/acref/9780198524038.001.0001/acref-9780198524038-e-783> [Accessed 8 August 2018].

Quran, 'Surah Al-Baqarah 2:222-232', quran.com, 2018 <https://quran.com/2/222-232> [Accessed 14 September 2018].

Riddell, Fern, 'No, No, No! Victorians didn't Invent the Vibrator', Guardian, 2014 <https://www.theguardian.com/commentisfree/2014/nov/10/victorians-invent-vibrator-orgasms-women-doctors-fantasy> [Accessed 12 March 2017].

Rojo, Jaime, and Steven Harrington, ' "F**K Art" Opens Wide at Museum of Sex (NSFW)', Huffpost, 2012 <https://www.huffingtonpost.com/jaime-rojo-steven-harrington/new-opening-at-museum-of-sex_b_1261589.html> [Accessed 11 August 2018].

'Science Proves Oysters and Mussels are the Food of Love', Scotsman.com, 2005 <https://www.scotsman.com/future-scotland/tech/science-proves-oysters-and-mussels-are-the-food-of-love-1-740457> [Accessed 20 August 2018].

Shakespeare, William, Hamlet, shakespeare.mit.edu, 2018 <http://shakespeare.mit.edu/hamlet/full.html> [Accessed 7 September 2018].

Shakespeare, William, Much Ado About Nothing, shakespeare.mit.edu, 2018 <http://shakespeare.mit.edu/much_ado/full.html> [Accessed 8 August 2018].

Shakespeare, William, 'Shakespeare Sonnet 130', shakespeare-online.com, 2018 <http://www.shakespeare-online.com/sonnets/130.html> [Accessed 8 August 2018].

Shakespeare, William, Twelfth Night, shakespeare.mit.edu, 2018 <http://shakespeare.mit.edu/twelfth_night/full.html> [Accessed 7 September 2018].

Shakespeare, William, Venus and Adonis, shakespeare.mit.edu, 2018

<http://shakespeare.mit.edu/Poetry/VenusAndAdonis.html> [Accessed 8 August 2018].

Siebert, Eve, 'Chaucer's Cunt', Skeptical Humanities, 2011 <https://skepticalhumanities.com/2011/01/18/chaucers-cunt/> [Accessed 8 April 2017].

Sifferlin, Alexandra, 'Can Sex Really Dampen Athletic Performance?' Time, 2014 <http://time.com/2911744/can-sex-re/> [Accessed 27 August 2018].

Smith, David Livingstone, 'Dehumanization, Genocide, and the Psychology of Indifference', Psychology Today, 2011 <https://www.psychologytoday.com/blog/philosophy-dispatches/201112/dehumanization-genocide-and-the-psychology-indifference-0> [Accessed 1 April 2017].

Smith, Lizzie, 'Dehumanising Sex Workers: what's "Prostitute" got to do with it?', The Conversation, 2013 <http://theconversation.com/dehumanising-sex-workers-whats-prostitute-got-to-do-with-it-16444> [Accessed 23 June 2017].

Sprenger, James, and Kramer, Heinrich, The Malleus Maleficarum, 2002 <http://www.malleusmaleficarum.org/downloads/MalleusAcrobat.pdf> [Accessed 13 February 2017].

'The Medieval Canon Law Virtual Library', web.colby.edu, 2018 <http://web.colby.edu/canonlaw/category/canon-law/> [Accessed 26 August 2018].

Tozzi, John, and Jared Hopkins, 'The Little Blue Pill: an Oral History of Viagra', Bloomberg.com, 2017 <https://www.bloomberg.com/news/features/2017-12-11/the-little-blue-pill-an-oral-history-of-viagra> [Accessed 25 August 2018].

Trogus, Pompeius, 'Justin, Epitome of Pompeius Trogus', tertullian.org, 2018 <http://www.tertullian.org/fathers/justinus_04_books11to20.htm> [Accessed 18 September 2018].

Trout, Christopher, 'There's a New Sex Robot in Town: Say Hello to Solana', Engadget, 2018 <https://www.engadget.com/2018/01/10/there-s-a-new-sex-robot-in-town-say-hello-to-solana/> [Accessed 18 July 2018].

期刊

Althof, Stanley E. et al, 'Self-Esteem, Confidence, And Relationships in Men Treated with Sildenafil Citrate for Erectile Dysfunction', *Journal of General*

Internal Medicine, 21 (2006), 1069–74 https://doi.org/10.1111/j.1525-1497.2006.00554.x.

Amy, Jean-Jacques, and Michel Thiery, 'The Condom: A Turbulent History', *The European Journal of Contraception & Reproductive Health Care*, 20 (2015), 387–402 https://doi.org/10.3109/13625187.2015.1050716.

Aryendra Sharma, E.B., and E. V. Vira Raghavacharya, 'Gems From Sanskrit Literature. (Su¯ktima¯la¯)', *Journal of the American Oriental Society*, 81 (1961), 461 (one page) https://doi.org/10.2307/595726.

Beard, Mary, and John Henderson, 'With This Body I Thee Worship: Sacred Prostitution in Antiquity', *Gender and History*, 9 (1997), 480–503.

Beaulieu, Kiara, 'Stephanie Budin, The Myth of Sacred Prostitution in Antiquity', *Past Imperfect*, 15 (2009), 476–84 https://doi.org/10.21971/p79p4h.

Berliner, Brett A., 'Mephistopheles and Monkeys: Rejuvenation, Race, And Sexuality in Popular Culture in Interwar France', *Journal of the History of Sexuality*, 13 (2004), 306–25 https://doi.org/10.1353/sex.2005.0003.

Bhartiya, Aru, 'Menstruation, Religion and Society', *International Journal of Social Science and Humanity*, 2013, 523–7 https://doi.org/10.7763/ijssh.2013.v3.296.

Block, A.J., 'Sexual Perversion in Female', *New Orleans Medical Surgery Journal*, 22 (1894), 1–7.

Blundell, Dr, 'Incapability of Retaining the Urine', *The Lancet*, 1 (1829), 673–7.

Booth, Samuel Hallsor, 'A Comparison of the Early Responses to AIDS in the UK and the US', *Res Medica*, 24 (2017), 57–64 https://doi.org/10.2218/resmedica.v24i1.1558.

Breckinridge, Mary, 'The Nurse-Midwife—a Pioneer', *American Journal of Public Health*, 17 (1927), 1147–51 https://doi.org/10.2105/ajph.17.11.1147.

Brewer, Catherine, 'The Status of the Jews in Roman Legislation: The Reign of Justinian 527–565 CE', *European Judaism*, 38 (2005), 75–112 https://doi.org/10.3167/001430005781203826.

Brody, Stuart, and Rui Miguel Costa, 'Satisfaction (Sexual, Life, Relationship, and Mental Health) is Associated Directly with Penile-Vaginal Intercourse, but Inversely with Other Sexual Behavior Frequencies', *The Journal of Sexual Medicine*, 6 (2009), 1947–54 https://doi.org/10.1111/j.1743-6109.2009.01303.x.

Brody, Stuart, 'Vaginal Orgasm is Associated with Better Psychological Function', *Sexual and Relationship Therapy*, 22 (2007), 173–91 https://doi.org/10.1080/14681990601059669.

Brown-Séquard, Charles´Éduoard, 'Note on the Effects Produced on Man by Subcutaneous Injections of a Liquid Obtained from the Testicles of Animals', *The Lancet*, 134 (1889), 105–7 https://doi.org/10.1016/s0140-6736(00)64118-1.

Browne, Alison Leigh, et al., 'Patterns of Practice: A Reflection on the Development of Quantitative/Mixed Methodologies Capturing Everyday Life Related to Water Consumption in the UK', *International Journal of Social Research Methodology*, 17 (2013), 27–43 https://doi.org/10.1080/13645579.2014.854012.

Buisson, Odile, et al., 'Coitus as Revealed by Ultrasound in One Volunteer Couple', *The Journal of Sexual Medicine*, 7 (2010), 2750–4 https://doi.org/10.1111/j.1743-6109.2010.01892.x.

Buttenheim, Alison M., 'The Sanitation Environment in Urban Slums: Implications for Child Health', *Population and Environment*, 30 (2008), 26–47 https://doi.org/10.1007/s11111-008-0074-9.

Capitan, Louis, and Henri Breuil, 'Figures Préhistoriques De La Grotte Des Combarelles (Dordogne)', *Comptes-Rendus Des Séances De L Année: Académie Des Inscriptions Et Belles-Lettres*, 46 (1902), 51–6 https://doi.org/10.3406/crai.1902.17072.

Cassidy, Veronica, 'For the Love of Dolls: A Patriarchal Nightmare of Cyborg Couplings', *ESC: English Studies in Canada*, 42 (2016), 203–15 https://doi.org/10.1353/esc.2016.0001.

Cerda-Molina, et al., 'Endocrine Changes in Male Stumptailed Macaques (Macaca Arctoides) as a Response to Odor Stimulation with Vaginal Secretions', *Hormones And Behavior*, 49 (2006), 81–7 https://doi.org/10.1016/j.yhbeh.2005.04.014.

Charpy, Adrien, 'Des Organes Genitaux Externes Chez Les Prostituees', *Annales Des Dermatologie*, 3 (1870), 271–9.

Chen, M. Keith, Venkat Lakshminarayanan, and Laurie R. Santos, 'How Basic Are Behavioral Biases? Evidence from Capuchin Monkey Trading Behavior', *Journal of Political Economy*, 114 (2006), 517–37 https://doi.org/10.1086/503550.

Cicurel, Inbal, and Rachel Sharaby, 'Women in the Menstruation Huts: Variations in Preserving Purification Customs among Ethiopian Immigrants', *Journal of Feminist Studies in Religion*, 23 (2007), 69–84 https://doi.org/10.2979/fsr.2007.23.2.69.

Conard, Nicholas J., 'A Female Figurine from the Basal Aurignacian of Hohle Fels Cave in Southwestern Germany', *Nature*, 459 (2009), 248–52 https://doi.org/10.1038/nature07995.

Connelly, Dawn, 'Three Decades of Viagra', *The Pharmaceutical Journal*, 2017 https://doi.org/10.1211/pj.2017.20202847.

Cox-George, Chantal, and Susan Bewley, 'I, Sex Robot: The Health Implications of the Sex Robot Industry', *BMJ Sexual & Reproductive Health*, 44 (2018), 161–4. https://doi.org/10.1136/bmjsrh-2017-200012.

'Current Comment, "Glandular Therapy"', *Journal of the American Medical Association*, 83 (1924).

D'Aniello, Antimo, et al., 'Occurrence and Neuroendocrine Role Of d-Aspartic Acid And n-Methyl-D-Aspartic Acid Inciona Intestinalis', *FEBS Letters*, 552 (2003), 193–8 https://doi.org/10.1016/s0014-5793(03)00921-9.

Dickinson, Robert, 'Bicycling For Women', *The American Journal of Obstetrics and Diseases of Women and Children*, 31 (1895), 24–35.

Döring, N., and S. Pöschl, 'Sex Toys, Sex Dolls, Sex Robots: Our Under-Researched Bed-Fellows', *Sexologies*, 27, (2018), 133–8 https://doi.org/10.1016/j.sexol.2018.05.009.

Douglas, Thomas, et al., 'Coercion, Incarceration, and Chemical Castration: an Argument from Autonomy', *Journal of Bioethical Inquiry*, 10 (2013), 393–405 https://doi.org/10.1007/s11673-013-9465-4.

El-Damanhoury, I., 'The Jewish and Christian View on Female Genital Mutilation', *African Journal of Urology*, 19 (2013), 127–9 https://doi.org/10.1016/j.afju.2013.01.004.

Emans, S. J., E. R. Woods, E. N. Allred, and E. Grace, 'Hymenal Findings in Adolescent Women: Impact of Tampon Use and Consensual Sexual Activity', *Journal of Clinical Forensic Medicine*, 2 (1995), 167 https://doi.org/10.1016/1353-1131(95)90087-x.

Erskine, Mary S., Joseph G. Oberlander, and Jasmine J. Yang, 'Expression Of FOS, EGR-1, And ARC in the Amygdala and Hippocampus of Female Rats During Formation of the Intromission Mnemonic of Pseudopregnancy', *Developmental Neurobiology*, 67 (2007), 895–908 https://doi.org/10.1002/dneu.20376.

Evans, Randolph W., and R. Couch, 'Orgasm and Migraine', *Headache: The Journal of Head and Face Pain*, 41 (2001), 512–14 https://doi.org/10.1046/j.1526-4610.2001.01091.x.

Fahs, Breanne, and Elena Frank, 'Notes from the Back Room: Gender, Power, and (In)Visibility in Women's Experiences of Masturbation', *The Journal Of Sex Research*, 51 (2014), 241–52 https://doi.org/10.1080/00224499.2012.745474.

'Female Cyclists', *The Dominion Medical Monthly*, 7 (1896), 235-7.

Foldes, Pierre, and Odile Boussain, 'The Clitoral Complex: A Dynamic Sonographic Study', *Journal Of Sexual Medicine*, 2009, 1223–31.

Francis, A. G. 'On a Romano-British Castration Clamp used in the Rites of Cybele', *Proceedings of the Royal Society of Medicine*, 19, 1926, 95–110.

Frank, Lily, and Sven Nyholm, 'Robot Sex and Consent: Is Consent to Sex Between a Robot and a Human Conceivable, Possible, and Desirable?', *Artificial Intelligence And Law*, 25 (2017), 305–23 https://doi.org/10.1007/s10506-017-9212-y.

Frese, Achim, et al., 'The Impact of Sexual Activity on Idiopathic Headaches: An Observational Study', *Cephalalgia*, 33 (2013), 384–9 https://doi.org/10.1177/0333102413476374.

Frith, John, 'Syphilis: Its Early History and Treatment until Penicillin and the Debate on Its Origins', *Journal of Military and Veterans' Health*, 20 (2012) <https://jmvh.org/article/syphilis-its-early-history-and-treatment-until-penicillin-and-the-debate-on-its-origins/> [Accessed 15 August 2018].

Gaither, Thomas W., et al., 'Cycling and Female Sexual and Urinary Function: Results from a Large, Multinational, Cross-Sectional Study', *The*

Journal of Sexual Medicine, 15 (2018), 510–18 https://doi.org/10.1016/j.jsxm.2018.02.004.

Gamson, Joshua, 'Rubber Wars: Struggles Over Condoms in the United States', *Journal of the History of Sexuality*, 1 (1990), 262–82.

Gesselman, Amanda N., Gregory D. Webster, and Justin R. Garcia, 'Has Virginity Lost its Virtue? Relationship Stigma Associated with Being a Sexually Inexperienced Adult', *The Journal of Sex Research*, 54 (2016), 202–13 https://doi.org/10.1080/00224499.2016.1144042.

Giles, G.G., et al., 'Sexual Factors and Prostate Cancer', *BJU International*, 92 (2003), 211–16 https://doi.org/10.1046/j.1464-410x.2003.04319.x.

Gottner-Abendroth, H., 'The Structure of Matriarchal Societies', *Revision*, 21 (1999).

Graham, John R., Campbell R. Harvey, and Manju Puri, 'A Corporate Beauty Contest', *Management Science*, 2016 https://doi.org/10.1287/mnsc.2016.2484.

Grout, Vic, 'Robot Sex: Ethics and Morality', *Lovotics*, 03 (2015) https://doi.org/10.4172/2090-9888.1000e104.

Gwilliam, Tassie, 'Female Fraud: Counterfeit Maidenheads in the Eighteenth Century', *Journal of the History of Sexuality*, 6 (1996), 518–48.

Hanssen, Kristin, 'Ingesting Menstrual Blood: Notions of Health and Bodily Fluids in Bengal', *Ethnology*, 41 (2002), 365 https://doi.org/10.2307/4153014.

Hess, Jochen, Roberto Rossi Neto, Leo Panic, Herbert Rübben, and Wolfgang Senf, 'Satisfaction with Male-To-Female Gender Reassignment Surgery', *Deutsches Aerzteblatt Online*, 111 (2014) https://doi.org/10.3238/arztebl.2014.0795.

Hobday, A.J., L. Haury, and P.K. Dayton, 'Function of the Human Hymen', *Medical Hypotheses*, 49 (1997), 171–3 https://doi.org/10.1016/s0306-9877(97)90223-1.

Hoffman, Stephanie B., 'Behind Closed Doors: Impotence Trials and the Trans-Historical Right to Martial Policy', *Boston University Law Review*, 89 (2009), 1725–52.

Holzer, Sarah R., et al., 'Mediational Significance of PTSD in the Relationship of Sexual Trauma and Eating Disorders', *Child Abuse & Neglect*, 32 (2008), 561–6 https://doi.org/10.1016/j.chiabu.2007.07.011.

Horváth, Aleksandra Djajic´, 'Of Female Chastity and Male Arms: The Balkan "Man-Woman" In the Age of the World Picture', *Journal of the History of Sexuality*, 20 (2011), 358–81 https://doi.org/10.1353/sex.2011.0034.

Hoskins, Janet, 'The Menstrual Hut and the Witch's Lair in Two Eastern Indonesian Societies', *Ethnology*, 41 (2002), 317 https://doi.org/10.2307/4153011.

Howard, William Lee, 'The Negro as A Distinct Ethnic Factor in Civilization', *Medicine*, 60 (1904), 423–6.

Hunt, C. D., P. E. Johnson, J. Herbel, and L. K. Mullen, 'Effects of Dietary Zinc Depletion on Seminal Volume and Zinc Loss, Serum Testosterone Concentrations, and Sperm Morphology in Young Men', *The American Journal Of Clinical Nutrition*, 56 (1992), 148–57 https://doi.org/10.1093/ajcn/56.1.148.

Imbimbo, Ciro, et al., 'Intersex and Gender Identity Disorders: A Report from a Single Institute's 14-Year Experience in Treatment of Male-To-Female Transsexuals', *The Journal of Sexual Medicine*, 6 (2009), 2736–45 https://doi.org/10.1111/j.1743-6109.2009.01379.x.

'Immorality in Canada', *The Canadian Practioner,* 21, (1896), 848–9.

Independent Forensic Expert Group, 'Statement on Virginity Testing', *Journal of Forensic and Legal Medicine*, 33 (2015), 121–4 https://doi.org/10.1016/j.jflm.2015.02.012.

Jannini, Emmanuele A., Odile Buisson, and Alberto Rubio-Casillas, 'Beyond the G-Spot: Clitourethrovaginal Complex Anatomy in Female Orgasm', *Nature Reviews Urology*, 11 (2014), 531–8 https://doi.org/10.1038/nrurol.2014.193.

Jones, Kelley A., and Elizabeth Miller, 'Associations between Condom Attitudes, STI Diagnosis and Treatment, Condom use, and Non-Condom Contraceptive Use', *Journal of Pediatric and Adolescent Gynecology*, 29 (2016), 204 https://doi.org/10.1016/j.jpag.2016.01.105.

Keith, Louis, et al., 'The Odors of the Human Vagina', *Archiv Für Gynäkologie*, 220 (1975), 1–10 https://doi.org/10.1007/bf00673143.

Keverne, E. B., and R. P. Michael, 'Sex-Attractant Properties of Ether Extracts of Vaginal Secretions from Rhesus Monkeys', *Journal of Endocrinology*, 51 (1971), 313–22 https://doi.org/10.1677/joe.0.0510313.

Khan, Fahd, Saheel Mukhtar, Seshadri Sriprasad, and Ian K. Dickinson, 'The Story of the Condom', *Indian Journal of Urology*, 29 (2013), 12 https://doi.org/10.4103/0970-1591.109976.

King, Helen, 'Galen and the Widow: Towards A History of Therapeutic Masturbation in Ancient Gynecology', *Journal on Gender Studies In Antiquity*, (2011), 205–35.

Kinzl, Johann F., et al., 'Partnership, Sexuality, and Sexual Disorders in Morbidly Obese Women: Consequences of Weight Loss after Gastric Banding', *Obesity Surgery*, 11 (2001), 455–8 https://doi.org/10.1381/096089201321209323.

Knight, Mary, 'Curing Cut or Ritual Mutilation: Some Remarks on the Practice of Female and Male Circumcision in Graeco-Roman Egypt', *Isis*, 92 (2001), 317–38 https://doi.org/10.1086/385184.

Kothari, Radhika Purushottam, 'Zinc Levels in Seminal Fluid in Infertile Males and Its Relation with Serum Free Testosterone', *Journal of Clinical and Diagnostic Research*, 10 (2016), CC05-8 https://doi.org/10.7860/jcdr/2016/14393.7723.

Kotta, Sabna, et al., 'Exploring Scientifically Proven Herbal Aphrodisiacs', *Pharmacognosy Reviews*, 7 (2013), 1 https://doi.org/10.4103/0973-7847.112832.

Kroger, William S., 'Psychosomatic Aspects of Frigidity', *Journal of the American Medical Association*, 143 (1950), 526–32 https://doi.org/10.1001/jama.1950.02910410012003.

Kurtz, Ruth G., 'Hippocampal and Cortical Activity during Sexual Behavior in the Female Rat', *Journal of Comparative and Physiological Psychology*, 89 (1975), 158–69 https://doi.org/10.1037/h0076650.

Lawrence, Anne A., 'Sexuality before and after Male-To-Female Sex Reassignment Surgery', *Archives of Sexual Behavior*, 34 (2005), 147–66 https://doi.org/10.1007/s10508-005-1793-y.

Leidig, Michael, 'Condom from Cromwell's Time Goes on Display in Austria', *BMJ*, 333 (2006), 10.3 https://doi.org/10.1136/bmj.333.7557.10-b.

Lerner, Gerda, 'The Origin of Prostitution in Ancient Mesopotamia', *Signs: Journal of Women in Culture and Society*, 11 (1986), 236–54 https://doi.org/10.1086/494218.

'Letters, Notes, and Answers to Correspondents', *British Medical Journal*, 1 (1878), 918–20.

Liuzza, Marco Tullio, et al., 'Body Odor Disgust Sensitivity Predicts Authoritarian Attitudes', *Royal Society Open Science*, 5 (2018), 171091 https://doi.org/10.1098/rsos.171091.

Lock, S., '"O That I Were Young Again" : Yeats and the Steinach Operation', *BMJ*, 287 (1983), 1964–68 https://doi.org/10.1136/bmj.287.6409.1964.

Lorenz, Tierney A., and Cindy M. Meston, 'Acute Exercise Improves Physical Sexual Arousal in Women Taking Antidepressants', *Annals of Behavioral Medicine*, 43 (2012), 352–61 https://doi.org/10.1007/s12160-011-9338-1.

Lorenzo, Genevieve L., Jeremy C. Biesanz, and Lauren J. Human, 'What is Beautiful is Good and More Accurately Understood', *Psychological Science*, 21 (2010), 1777–82 https://doi.org/10.1177/0956797610388048.

'Louise De Keralio-Robert; The History of Elizabeth Queen of England', *The Monthly Review, or, Literary Journal*, 77 (1787), 561–7.

Low, Nicola, et al., 'Molecular Diagnostics for Gonorrhoea: Implications for Antimicrobial Resistance and the Threat of Untreatable Gonorrhoea', *Plos Medicine*, 11 (2014), e1001598 https://doi.org/10.1371/journal.pmed.1001598.

Maclachlan, Bonnie, 'Sacred Prostitution and Aphrodite', *Studies in Religion/Sciences Religieuses*, 21 (1992), 145–62 https://doi.org/10.1177/000842989202100202.

Macrides, Foteos, Patricia A. Johnson, and Stephen P. Schneider, 'Responses of the Male Golden Hamster to Vaginal Secretion and Dimethyl Disulfide: Attraction Versus Sexual Behavior', *Behavioral Biology*, 20 (1977), 377–86 https://doi.org/10.1016/s0091-6773(77)90931-2.

Maffulli, Nicola, et al., 'Sexual Activity before Sports Competition: A Systematic Review', *Frontiers in Physiology*, 7 (2016) https://doi.org/10.3389/fphys.2016.00246.

'Masturbation in the Female', *American Homeopathic Journal of Gynaecology and Obstetrics*, 1 (1885), 338–40.

Matfin, Glenn, 'The Rejuvenation of Testosterone: Philosopher's Stone or Brown-Séquard Elixir?' *Therapeutic Advances in Endocrinology and*

Metabolism, 1 (2010), 151–4 https://doi.org/10.1177/2042018810385052.

Mazloomdoost, Donna, and Rachel N. Pauls, 'A Comprehensive Review of the Clitoris and Its Role in Female Sexual Function', *Sexual Medicine Reviews*, 3 (2015), 245–63 https://doi.org/10.1002/smrj.61.

Melo, Fernando Lucas, et al., 'Syphilis At The Crossroad of Phylogenetics and Paleopathology', Plos Neglected Tropical Diseases, 4 (2010), e575 https://doi.org/10.1371/journal.pntd.0000575.

Michael, Richard P., and E. B. Keverne, 'Primate Sex Pheromones of Vaginal Origin', *Nature*, 225 (1970), 84–5 https://doi.org/10.1038/225084a0.

Mirza, Raul A., et al., 'Do Marine Mollusks Possess Aphrodisiacal Properties?', presented at the Chemical Society National Conference in San Diego, March 13–17, 2005.

Montgomery, Rita E., 'A Cross-Cultural Study of Menstruation, Menstrual Taboos, and Related Social Variables', *Ethos*, 2 (1974), 137–70 https://doi.org/10.1525/eth.1974.2.2.02a00030.

Mostafa, Taymour, Ghada El Khouly, and Ashraf Hassan, 'Pheromones in Sex and Reproduction: Do they have a Role in Humans?', *Journal of Advanced Research*, 3 (2012), 1–9 https://doi.org/10.1016/j.jare.2011.03.003.

Muallaaziz, Didem, and Eyüp Yayci, 'Pubic Hair Removal Practices in Muslim Women', *Basic and Clinical Sciences*, 3 (2014), 39–44.

Murdock, George P., 'Anthropology and Its Contribution to Public Health', *American Journal of Public Health and the Nation's Health*, 42 (1952), 7–11 https://doi.org/10.2105/ajph.42.1.7.

Murray, Jacqueline, 'On the Origins and Role of "Wise Women" in Causes for Annulment on the Grounds of Male Impotence', *Journal of Medieval History*, 16 (1990), 235–49 https://doi.org/10.1016/0304-4181(90)90004-k.

Murtha, Katherine, 'Cycling in the 1890s: An Orgasmic Experience?', *Cahiers De La Femme*, 21 (2002), 119–21.

Mustafa, Asim Zaki, 'Female Circumcision and Infibulation in the Sudan', *BJOG: An International Journal of Obstetrics and Gynaecology*, 73 (1966), 302–6 https://doi.org/10.1111/j.1471-0528.1966.tb05163.x.

Narjani, A. E., 'Considerations Sur Les Causes Anatomiques De La Frigidité Chez La Femme', *Bruxelles Medical*, 27 (1924), 768–78.

Nguyen, Nghiem, 'Roman Rape: An Overview of Roman Rape Laws From the Republican Period to Justinian's Reign', *Michigan Journal of Gender and Law*, 13 (2006), 75–112.

Oaten, Megan, Richard J. Stevenson, and Trevor I. Case, 'Disgust as a Disease-Avoidance Mechanism', *Psychological Bulletin*, 135 (2009), 303–21 https://doi.org/10.1037/a0014823.

'Obstetrical Society's Charges and Mr Baker Brown's Replies', *The Lancet*, 1 (1867), 427–41.

Olson, Rose McKeon, and Claudia García-Moreno, 'Virginity Testing: A Systematic Review', *Reproductive Health*, 14 (2017) https://doi.org/10.1186/s12978-017-0319-0.

'On Prostitution in the City of Paris', *The Lancet*, 28 (1837), 755–60 https://doi.org/10.1016/s0140-6736(02)79496-8.

'On the Signs of Defloration in Young Females', *London Medical Gazette: Or, Journal of Practical Medicine*, 48 (1831), 304–6.

Pan, Shu, et al., 'Clinical Anatomy of the G-Spot', *Clinical Anatomy*, 28 (2015), 363–7 https://doi.org/10.1002/ca.22523.

Pfaus, James G., et al., 'The Whole Versus the Sum of Some of the Parts: Toward Resolving the Apparent Controversy of Clitoral Versus Vaginal Orgasms', *Socioaffective Neuroscience & Psychology*, 6 (2016), 32578 https://doi.org/10.3402/snp.v6.32578.

—, 'The Role of Orgasm in the Development and Shaping of Partner Preferences', *Socioaffective Neuroscience & Psychology*, 6 (2016), 31815 https://doi.org/10.3402/snp.v6.31815.

Pham, Michael N., et al., 'Is Cunnilingus-Assisted Orgasm a Male Sperm-Retention Strategy?', *Evolutionary Psychology*, 11 (2013), 147470491301100 https://doi.org/10.1177/147470491301100210.

Pungent, Pierce, 'Men and Manners', *Fraser's Magazine*, 10 (1834), 161–74.

Puppo, Vincenzo, 'Anatomy of the Clitoris: Revision and Clarifications about the Anatomical Terms for the Clitoris Proposed (Without Scientific Bases) By Helen O'connell, Emmanuele Jannini, And Odile Buisson', *ISRN Obstetrics and Gynecology*, 2011 (2011), 1–5 https://doi.org/10.5402/2011/261464.

Raubo, Agnieszka, 'The Concept of Temperament and the Theory of Humours in the Renaissance', *Ruch Literacki*, 57 (2016), 408–25 https://doi.org/10.1515/ruch-2017-0071.

Remy, Catherine, ' "Men Seeking Monkey-Glands" : The Controversial Xenotransplantations of Doctor Voronoff, 1910–30', *French History*, 28 (2014), 226–40 https://doi.org/10.1093/fh/cru042.

Rengachary, Setti S., Chaim Colen, and Murali Guthikonda, 'Charles-Édouard Brown-Sequard: An Eccentric Genius', *Neurosurgery*, 62 (2008), 954–64 https://doi.org/10.1227/01.neu.0000318182.87664.1f.

'Reports of Societies', *The Boston Medical and Surgical Journal*, 14 (1889), 443–5.

'Review of a Literal Translation of the Saxon Chronicle', *The European Magazine, and London Review*, 78 (1820), 248.

Rider, Jennifer R., et al., 'Ejaculation Frequency and Risk of Prostate Cancer: Updated Results with an Additional Decade of Follow-Up', *European Urology*, 70 (2016), 974–82 https://doi.org/10.1016/j.eururo.2016.03.027.

Roelens, Jonas, 'Visible Women: Female Sodomy in the Late Medieval and Early Modern Southern Netherlands (1400–1550)', *BMGN – Low Countries Historical Review*, 130 (2015), 3 https://doi.org/10.18352/bmgn-lchr.10101.

Rowen, Tami S., et al., 'Pubic Hair Grooming Prevalence and Motivation among Women in the United States', *JAMA Dermatology*, 152 (2016), 1106 https://doi.org/10.1001/jamadermatol.2016.2154.

Rowland, David L., and Kenneth R. Turley, 'Evolving Ideas about the Male Refractory Period', *BJU International*, 112 (2013), 442–52 https://doi.org/10.1111/bju.12011.

Ruuskanen, Deborah, 'There Is No Word for "Adultery" In Hawaiian: The Translation of Non-Existent Concepts', *Afinla Yearbook*, 1993, 235–44.

Salem, A., 'A Condom Sense Approach to AIDS Prevention: A Historical Perspective', *South Dakota Journal of Medicine*, 45 (1992), 294–6.

Sandoz, Kelsi M., and Daniel D. Rockey, 'Antibiotic Resistance in Chlamydia', *Future Microbiology*, 5 (2010), 1427–42 https://doi.org/10.2217/fmb.10.96.

Sandroni, Paola, 'Aphrodisiacs Past and Present: A Historical Review', *Clinical Autonomic Research*, 11 (2001), 303–7 https://doi.org/10.1007/bf02332975.

Schafer, Edward H., 'The Development of Bathing Customs in Ancient and

Medieval China and the History of the Floriate Clear Palace', *Journal of the American Oriental Society*, 76 (1956), 57 https://doi.org/10.2307/595074.

Schips, Luigi, et al., 'The Influence of Ejaculation and Abstinence on Urinary Flow Rates', *Neurourology and Urodynamics*, 30 (2011), 1571–5 https://doi.org/10.1002/nau.21157.

Schultheiss, D., J.J. Mattelaer, and F.M. Hodges, 'Preputial Infibulation: From Ancient Medicine to Modern Genital Piercing', *BJU International*, 92 (2003), 758–63 https://doi.org/10.1046/j.1464-410x.2003.04490.x.

Senf, Wolfgang, et al., 'Satisfaction with Male-To-Female Gender Reassignment Surgery', 111 (2014) <https://www.ncbi.nlm.nih.gov/pmc/articles/PMC4261554/> [Accessed 15 February 2017].

Shah, J., 'Erectile Dysfunction through the Ages', *BJU International*, 90 (2002), 433–41 https://doi.org/10.1046/j.1464-410x.2002.02911.x.

Smith, Lesley, 'The Kahun Gynaecological Papyrus: Ancient Egyptian Medicine', *Journal of Family Planning and Reproductive Health Care*, 37 (2011), 54–5 https://doi.org/10.1136/jfprhc.2010.0019.

Smith, W. Tyler, 'Principles and Practices of Obstetricy', *The Lancet*, 2 (1847), 669-671.

Sommer, Marni, et al., 'Pilot Testing and Evaluation of a Toolkit for Menstrual Hygiene Management in Emergencies in Three Refugee Camps in Northwest Tanzania', *Journal of International Humanitarian Action*, 3 (2018) https://doi.org/10.1186/s41018-018-0034-7.

Stanger-Hall, Kathrin F., and David W. Hall, 'Abstinence-Only Education and Teen Pregnancy Rates: Why We Need Comprehensive Sex Education in the US', *Plos ONE*, 6 (2011), e24658 https://doi.org/10.1371/journal.pone.0024658.

Steinach, E., 'Biological Methods against the Process of Old Age', *Medical Journal and Record*, 25 (1927).

Stone, Geoffrey R., 'Origins of Obscenity', *New York University Review of Law*, 31 (2007), 711–31.

Strachan, D. P., 'Hay Fever, Hygiene, and Household Size', *BMJ*, 299 (1989), 1259–60 https://doi.org/10.1136/bmj.299.6710.1259.

Stringer, Mark D., and Ines Becker, 'Colombo and the Clitoris', *European*

Journal of Obstetrics & Gynecology and Reproductive Biology, 151 (2010), 130–3 https://doi.org/10.1016/j.ejogrb.2010.04.007.

Sunay, Didem, Erdal Kaya, and Yusuf Ergun, 'Vaginal Douching Behavior of Women and Relationship among Vaginal Douching and Vaginal Discharge and Demographic Factors', *Journal of Turkish Society of Obstetrics and Gynecology*, 8 (2011), 264–71 https://doi.org/10.5505/tjod.2011.57805.

Talib, R. A., et al., 'The Effect of Fasting on Erectile Function and Sexual Desire on Men in the Month of Ramadan', *Urology Journal*, 12 (2015), 2099–102.

Tampa, M., et al., 'Brief History of Syphilis', *Journal of Medicine and Life*, 7 (2014), 4–10.

'The Bicycle: its Judicious and Injudicious Use, *St. Louis Medical Review*, 32 (1895), 208–10.

'The Progress of Romance', *Town and Country Magazine*, 1785, 427–8.

T.M.T. 'Parisian Medical Chit Chat', *The Cincinnati Lancet-Clinic*, 74 (1895), 647–50.

Tolman, Deborah L., 'In a Different Position: Conceptualizing Female Adolescent Sexuality Development within Compulsory Heterosexuality', *New Directions for Child and Adolescent Development*, 2006 (2006), 71–89 https://doi.org/10.1002/cd.163.

Tyson, Diana B., 'Des Grantz Geanz – A New Text Fragment', *Nottingham Medieval Studies*, 50 (2006), 115–28 https://doi.org/10.1484/j.nms.3.395.

'Vaginal Douching', *Monthly Retrospect Of Medicine & Pharmacy*, 4 (1898), 555.

VanLeeuwen, Crystal, and Belen Torondel, 'Improving Menstrual Hygiene Management in Emergency Contexts: Literature Review of Current Perspectives', *International Journal of Women's Health*, Volume 10 (2018), 169–86 https://doi.org/10.2147/ijwh.s135587.

Vicario, Carmelo M., et al., 'Core, Social and Moral Disgust are Bounded: A Review on Behavioral and Neural Bases of Repugnance in Clinical Disorders', *Neuroscience & Biobehavioral Reviews*, 80 (2017), 185–200 https://doi.org/10.1016/j.neubiorev.2017.05.008.

Wade, Lisa D., Emily C. Kremer, and Jessica Brown, 'The Incidental Orgasm: The Presence of Clitoral Knowledge and the Absence of Orgasm for Women',

Women & Health, 42 (2005), 117–38 https://doi.org/10.1300/j013v42n01_07.

Walter, Robert C., et al., 'Early Human Occupation of the Red Sea Coast of Eritrea During The Last Interglacial', *Nature*, 405 (2000), 65–9 https://doi.org/10.1038/35011048.

Ward, Samuel, George Cutter, Edward Frankel, and W.T. Bull, 'Reports On the Progress of Medicine', *New York Medical Journal*, 23 (1876), 207–10.

Ward, Samuel, 'Reports on the Diseases of Women', *International Record of Medicine and General Practice Clinics*, 23 (2017), 209.

Westenholz, Joan Goodnick, 'Tamar, Qe de¯ša¯, Qadištu, and Sacred Prostitution in Mesopotamia', *Harvard Theological Review*, 82 (1989), 245–66 https://doi.org/10.1017/s0017816000016199.

Whipple, B., 'Functional Magnetic Resonance Imaging (FMRI) During Orgasm in Women', *Sexologies*, 17 (2008), S45 https://doi.org/10.1016/s1158-1360(08)72639-2.

Williams, Megan N., and Amy Jacobson, 'Effect of Copulins on Rating of Female Attractiveness, Mate-Guarding, and Self-Perceived Sexual Desirability', *Evolutionary Psychology*, 14 (2016), 147470491664332 https://doi.org/10.1177/1474704916643328.

Wing, Clifton E., 'The Proper Use of the Hot Vaginal Douche', *The Boston Medical and Surgical Journal*, 102 (1880), 583–4.

Wu, Yi-Li, 'The Menstruating Womb: A Cross-Cultural Analysis of Body and Gender in Ho Chun's Precious Mirror of Eastern Medicine (1613)', *Asian Medicine*, 11 (2016), 21–60 https://doi.org/10.1163/15734218-12341377.

Zeki, Semir, and Andreas Bartels, 'The Neural Correlates of Maternal and Romantic Love', *Neuroimage*, 21 (2004), 1155–66 https://doi.org/10.1016/j.neuroimage.2003.11.003.

報紙與雜誌

Aberdeen Press and Journal, 'Monkey Gland Patient Dead', 6 September 1923, p. 7.

Bell's Weekly Messenger, 'The Hottentot Venus', 2 December 1810, p. 7.

Belfast Commercial Chronicle, 15 January 1816.

Bury and Norwich Post, 'Miscellaneous', 3 May 1837, p. 1.

Chicago Tribune, 'Gland larceny', 15 October 1922.

College Times, Christina Caldwell, 'The C-Word: How One Four-Letter Word Holds So Much Power', 15 March 2011.

Dundee Evening Telegraph, 'Youth Glands Stolen', 16 October 1922, p. 7.

Evening Chronicle, 'Bow Street', 2 February 1837, p. 4.

Gentleman's Magazine, 'The Tryal of Eleanore Beare of Derby', 1732, pp. 933–4.

GQ, Walter Kirn, 'The Forbidden Word', 4 May 2005, p. 136.

Guardian, Jennifer Worth, 'A Deadly Trade', 6 January, 2005 <https://www.theguardian.com/film/2005/jan/06/health.healthandwellbeing> [Accessed 2 September 2016].

Iowa State Register, 'Taking Chances', 28 August 1895.

Le Petit Parisien, 'Jouvence', 8 October 1919, p. 2.

Morning Chronicle, 'Police Intelligence', 20 February 1847, p. 4.

National Review, Arthur Shadwell, 'The Hidden Dangers of Cycling', 1897, pp. 787-96

New Zealand Graphic and Ladies' Journal, 17 September 1898, p. 372.

New Zealand Wheelman, Edna Taylor, 18 August 1897, p. 7.

New Zealand Wheelman, 30 April 1898.

Nottingham Evening Post, 'Seven Methods Explained', 15 July 1924, p. 1.

Nottingham Review and General Advertiser for the Midland Counties, 'Judicial Procedures', 5 May 1837, p. 4.

Observer, Gerald Gould, 'New Novels', 28 February 1932, p. 6.

Pilot, 'Sargent Adams and the Law of Kissing', 1837, p. 3.

Portsmouth Evening News, 'Gland Rejuvenation', 22 April 1939, p. 8.

Saturday Review of Literature, George Bernard Shaw, 'Letter to the Editor', 14 July 1928, p. 1,043.

South Wales Daily News, 'Remedy for Bicycle Face', 4 September 1897, p. 3.

Time Magazine, 'The Potency Pill', 4 May 1998, cover.

The Times, 'The Hottentot Venus', 26 November 1810, p. 3.

檔案

'Anne Knutsford c. Anne Blagge' (Chester, 1664), Cheshire Record Office, EDC5 1.

'Cause Papers' (York, 1699), Borthwick Institute for Archives, University of York, CP.H.4562.

'Cicely Pedley c. Benedict And Elizabeth Brooks' (Chester, 1652), Cheshire Record Office, PRO Ches. 29/442.

'Elizabeth Young c. Robert Heyward' (Chester, 1664), Cheshire Record Office, CRO EDC5 1663/64.

Fane, Francis, 'Iter Occidentale, or the Wonders of Warm Water' (London, 1674), British Library, Harley.

'Judith Glendering c. Thomas Ellerton' (London, 1685), London Metropolitan Archives, DL/C/241.

'Martha Winnell c. Abraham Beaver' (York, 1685), Borthwick Institute for Archives, University of York, CP.H.3641.

'Peter Leigh c. William Halliwell' (Chester, 1663), Cheshire Record Office, CRO EDC5 1663/63.

'Susan Town c. Jane Adams' (London, 1695), London Metropolitan Archives, DL/C/244.

'Thomas Hewetson c. Thomas Daniel' (London, 1699), London Metropolitan Archives, CP.H.4534.

'Thomas Richardson c. Elizabeth Aborne' (London, 1690), London Metropolitan Archives, DL/C/243.

影視資料

Avildsen, John G., *Rocky* (Chartoff-Winkler Productions, 1976).

Friedkin, William, *The Exorcist: Extended Director's Cut* (Warner Brothers, 2010).

Gilliam, Terry, *Monty Python and the Holy Grail* (EMI, 1975).

Kinney, Jack, *The Story of Menstruation* (Hollywood: Disney, 1946).

Mercury, Freddie, *Bicycle Race* (London: EMI, 1978).

Mix-a-Lot, Sir, *Baby Got Back* (Def American, 1992).

Nichols, Mike, *Carnal Knowledge* (Los Angeles: AVCO Embassy Pictures, 1971).

Smith, Will, *The C Word: How We Came to Swear by it* (BBC, 2007).

圖片來源

All images of Victorian erotica are from the author's own collection, or from the archives of Delta of Venus.

PAGE

Pleasure: From the Original Corrected Edition, with a Set of Elegant Engravings [Ascribed To Gravelot]. (London, 1766).

70 Kobelt, Georg Ludwig, 'Dissected Clitoris' in The Male and Female Organs of Sexual Arousal in Man and Some Other Mammals (Strasbourg: Berger-Levrault et fils, 1844).

71 'Marie Bonaparte Princess Giorgios of Greece' (the lost gallery, Wikicommons, CC BY 2.0, https://www.flickr.com/photos/59159563 @N04/14901259040).

73 Anatomy of the clitoris (Wikicommons).

80 'The Hottentot Venus', Belfast Commercial Chronicle, 15 January 1816. Newspaper image © The British Library Board. All rights reserved. With thanks to The British Newspaper Archive (www.britishnewspaperarchive. co.uk).

82 Lombroso, Cesare, 'Cuscinetto Posteriore in Africane', in La Donna Delinquente La Prostituta e la Donna Normale (Turin, L. Roux, 1893).

83 Oosterhoff, Inge, 'Greetings from the Colonies: Postcards of a Shameful Past', Messy Nessy Chic, 2015 <https://www.messynessychic. com/2015/06/11/greetings-from-the-colonies-postcards-of-a-shameful-past/> [Accessed 12 November 2018].

83 Malek Alloula, The Colonial Harem, trans. by Myrna Godzich and Wlad Godzich (Minneapolis: University of Minnesota Press, 1986).

86 O'Neil, Henry, Jephthah's Daughter Contemplating her Virginity and her Imminent Death, Surrounded by Woeful Attendants with Musical Instruments (London: Wellcome Collection, 1846, CC BY).

88 1960s advert for Pursette tampons (Woman's Day, May 1962).

92 Dou, Gerrit, A Physician Examining a Urine Flask (London: Wellcome Collection, seventeenth century, CC BY).

95 Painting on a cowrie shell, 'A man unlocking a chastity belt of a reclining woman' (London: Wellcome Collection, CC BY).

97 Monk of the Order of St Francis, Nocturnal Revels: Or, the History of King's-Place, and Other Modern Nunneries (London: M. Goadby, 1779).

99 Goya, Francisco, A Young Woman Casting Aside her Virginity to Become a Prostitute (London: Wellcome Collection, 1798, CC BY).

106 Seminal Emission Moxibustion Point Chart. Caption: Jinggong (Palace of Essence/Semen), C19 Chinese MS moxibustion chart: Seminal emission point by Zhang Youheng (London: Wellcome Collection, CC BY).

107 Chinese woodcut: Jiang niu zhuo yue (Dismounting from the ox to catch the moon), Qigong exercise to treat involuntary seminal emission (London: Wellcome Collection, 1513, CC BY).

109 A giant penis copulating with a female devil. Gouache painting. c.1900 (London: Wellcome Collection, CC BY).

111 Milton, John Laws, 'Four Pointed Urethral Ring', in On the Pathology and Treatment of Gonorrhoea and Spermatorrhoea, originally published in New York: Wood 1887 (London: Wellcome Collection, CC BY).

112 Brodie, R.J., The Secret Companion: A Medical Work on Onanism or Self-Pollution (London, 1845).

115 Milton, John Laws, 'Toothed Urethral Ring', in On the Pathology and Treatment of Gonorrhoea and Spermatorrhoea originally published in New York: Wood 1887 (London: Wellcome Collection, CC BY).

116 'The Electric Alarum', On the Pathology and Treatment of Gonorrhoea and Spermatorrhoea originally published in New York: Wood 1887 (London: Wellcome Collection, CC BY).

120 Portrait of Charles-Édouard Brown-Séquard (Bethesda: National Library of Medicine, Science Source).

121 Portrait of Dr Serge Abrahamovitch Voronoff (Washington: Library of Congress collections).

125 Eugen Steinach. Photograph by J. Scherb after a painting (London: Wellcome Collection, CC BY).

128 Reports of the case of testicular theft, Dundee Evening Telegraph, 16 October 1922). Newspaper image © Successor copyright holder unknown. With thanks to The British Newspaper Archive (www.britishnewspaperarchive.co.uk).

130 'Anti-ageing face cream made from glands', Britannia and Eve, 1 December 1938. © Illustrated London News/Mary Evans Picture Library.

132 Beuckelaer, Joachim, Brothel (Baltimore: Walters Art Museum, 1537).

144 One man makes dough as another stokes the fire for the oven, there is bread

on the tables and trays and baskets are piled in stacks. Sixteenth-century coloured etching (London: Wellcome Collection, CC BY).

146 'A baker is loading uncooked dough into an oven, as baked loaves are carried away by a woman', by J. Amman, Der Beck from Jost Amman's Stände und Handwerker, (London: Wellcome Collection, CC BY).

149 'Sixteenth-century woodcarving of two people making bread'. Two people are making bread in a great brick-built oven. Process print (London: Wellcome Collection, CC BY).

154 'Illustrations of six types of shellfish' by Shizhen, Li, in Compendium of Materia Medica, Bencao Gangmu – c.16 Chinese materia medica, Shellfish (London: Wellcome Collection, 1596).

156 'Oyster' (Tzomqe/imgur.com).

159 'A young girl is selling oysters to a customer in the street', nineteenth-century coloured lithograph, J. Brydone & Sons (London: Wellcome Collection, CC BY).

161 A woman, with light shining on her face from a lamp, standing in front of a barrel of oysters, opening one with a knife. Wood engraving by H. Linton after H. Morland (London: Wellcome Collection, CC BY).

164 Nakhshabi, Ziya' al-Din, Lizzat Al-Nisa (Pleasures of Women) (London: Wellcome Collection, 1824, CC BY).

166 Reynolds, John, et al., A Discourse upon Prodigious Abstinence (London: R.W., 1669).

169 Title page for Women's Petition Against Coffee (Houghton Library, Harvard University, 1674).

171 Portrait of John Harvey Kellogg (Washington: George Grantham Bain Collection at the Library of Congress).

177 Granville, Joseph Mortimer, 'Granville Hammer', in Nerve-Vibration and Excitation as Agents in the Treatment of Functional Disorder and Organic Disease (London: Churchill, 1883).

178 'VeeDee' Mechanical vibrator, London, England, 1900–1915 (London: Science Museum CC BY).

183–5 Pelvic massage illustrations from Dr A. Jentzer, Die Heilgymnastik in der Gynaekologie: und die mechanische Behandlung von Erkrankungen des

Uterus und seiner Adnexe, nach Thure Brandt (Leipzig: Verlag Von Johann, 1895).

196 Illustration of a 'Draisine' (Wikimedia Commons, 1817).

197 'Rover Ladies Safety Bicycles', designed by John Kemp Starley (Wikimedia Commons, c.1889).

205 'Bicycle face', from Derry Journal, 23 September, 1895. Newspaper image © The British Library Board. All rights reserved. With thanks to The British Newspaper Archive

206 Ferris Good Sense Corset Waist advert, 1901.

207 'A "lady cyclist" is attacked by a mob for wearing socks', Illustrated Police News, 9 October 1897. Newspaper image © The British Library Board. All rights reserved. With thanks to The British Newspaper Archive (www.britishnewspaperarchive.co.uk).

207 Opper, F., 'The "New Woman" and Her Bicycle, There will be Several Varieties of Her', in Puck (New York: Published by Keppler & Schwarzmann, 1895 June 19. Library of Congress Prints and Photographs Division Washington, D.C. 20540).

209 Aberdeen Press and Journal, 14 April, 1888. Newspaper image © The British Library Board. All rights reserved. With thanks to The British Newspaper Archive.

213 'Early twentieth-century image of a man copulating with a model of a woman and models of penises mounted on a board' (London: Wellcome Collection, 1900, CC BY).

215 Cnidus Aphrodite, Roman copy of fourth-century Greek original, Ludovisi Collection (National Museum, Palazzo Altemps, Rome).

222 Inflatable vinyl sex doll (Wikicommons).

231 Filippuccio, Memmo di, Erotic scenes fresco (Musei Civici di San Gimignano, c.1300).

233 Prior, T.A. after Thomas Allom, 'Outer cooling room of a Turkish bathhouse', in Constantinople and the Scenery of the Seven Churches of Asia Minor originally published by Fisher and Sons, 1838 (London: Wellcome CC BY).

234 Japanese Men and Women Washing in a Traditional Bath House, Utagawa,

Yoshitora (London: Wellcome Collection, 1860 CC BY).

236 Benham, Sebald, Fountain (London: Wellcome Collection, sixteenth century CC BY).

254 Ashes depilatory cream advert that ran in Harper's Bazaar, 1922.

257 Miniature: Clyster with Pear-Shaped Douche in Use (London: Wellcome Collection, fifteenth century CC BY).

259 'Vaginal Douche', Handbook of Obstetric Nursing, 1902, by Francis W. N. Haultain and James Haig Ferguson (London: Young J Pentland, 1898).

260 'Lysol douche advertisement', in McCall's Magazine, July 1928.

262 'Zonite douche liquid advertisement', in McCall's Magazine, 1928.

263 'Dr Pierre's Boro-Pheno-Form Feminine Hygiene Suppositories advertisement', 1950. Published in Secrets magazine, July 1950, Vol. 28 No. 2.

270 D'Alton, C., 'A watercolour of a man suffering from psoriasis and possibly syphilis' (London: Wellcome Collection, 1866 CC BY).

271 'Re-usable condom in original' (London: Science Museum / Science & Society Picture Library).

274 Grose, Francis, Guide to Health, Beauty, Riches, and Honour (London: S. Hooper, 1785).

276 She May Look Clean (Bethesda: National Library of Medicine, 1940).

281 Late Nineteenth-Century Japanese Ukiyo-e Woodblock Print (London: Wellcome Collection CC BY).

282 'French periodical pills', Boston Daily Times, 6 January 1845 (Washington: Library of Congress).

283 'Savin Juniper', botanical illustration, W. M. Woodville, Medical Botany, vol. 2 (London: Wellcome Collection CC BY).

285 'Female Abortionist', in National Police Gazette, 13 March 1847, p. 1.

288 'Hooked instrument once used for removing an aborted foetus' (London: Wellcome Collection CC BY).

290 'Foundling hospital tokens' © The Foundling Museum (London: Foundling Museum).

291 'This is a token' © The Foundling Museum (London: Foundling Museum).

294 'Farr's Patent Ladies' Menstrual Receptacle', American Druggist, January,

1884.

295 Páez Houses and Bridge, image showing menstrual hut (Washington: Smithsonian, 1946).

298 Berengario da Carpi, Jacopo, Isagoge Breves Prelucide Ac Uberime In Anatomiam Humani Corporis. A Communi Medicorum Academia Usitatam originally published by Benedictus Hector, 1522 (Wellcome Collection CC BY).

299 'Gynaecological acu-moxa locations for treating irregular menstruation' (London: Wellcome Collection, 1591, CC BY).

302 Sears Catalogue, 1936 (Harry Finley, Museum of Menstruation).

303 Maygrier, J.P., 'Vaginal examination in vertical position', in Nouvelles Démonstrations D'accouchemens/Avec Des Planches En Taille-Douce, Accompagnées D'un Texte Raisonné Propre À En Faciliter L'explication (Paris: Béchet, 1822), plate XXIX. (London: Wellcome Collection CC BY).

305 Kotex advert, 1920 (Wikicommons).

310 Montano, A.A., 'Image of a large native missionary family' (Wikicommons, 1878).

316 Tissot, James, The Harlot of Jericho and the Two Spies (New York: The Jewish Museum, 1896).

318 'Two dancing girls' (photograph by K.L. Brajbasi & Co., Patna, India, 1910).

322 'Tart cards' (London: Wellcome Collection, c.1995).

323 'Tart cards in telephone box' (Wikicommons).

324 Harris's List of Covent-Garden Ladies: or, Man of pleasure's kalendar (London: British Museum, 1733).

326 Hogarth, William, A Harlot's Progress, Norton Simon Art Foundation, 1732 (London: Wellcome Collection CC BY).

331 Miss Fernande, Jean Agélou (c.1910) (Wikicommons).

334 Gillman & Co., Oscar Wilde and Lord Alfred Douglas (photograph, date unknown, 1882–1910, Wikicommons).

335 Villain, François, Ann Zingha, Queen of Matamba (New York: New York Public Library, 1800).

338 Greek ceramic (Paris: Louvre Museum, 480 bc).

345 'The West End Scandals, some Further Sketches', Illustrated Police News, 4 December 1889. Newspaper image © The British Library Board. All rights reserved. With thanks to The British Newspaper Archive (www. britishnewspaperarchive.co.uk).

352 'Sargent Adams and the Law of Kissing', The Pilot, 1837.

國家圖書館出版品預行編目(CIP)資料

性的奇妙歷史：聖妓、英國雨衣與閃亮的尿液，連性學大
師都（可能）要跪著讀的情慾讀本 / 凱特 . 李斯特 (Kate Liste)
著；林楸燕譯 .-- 初版 .-- 臺北市：日出出版：大雁文化事業股
份有限公司發行, 2022.05

464 面；17*23 公分

譯自：A curious history of sex.

ISBN 978-626-7044-46-9(平裝)

1.CST: 性學 2.CST: 歷史

544.709   111005741

性的奇妙歷史

聖妓、英國雨衣與閃亮的尿液，連性學大師都（可能）要跪著讀的情慾讀本
A CURIOUS HISTORY OF SEX

By Kate Lister
© Kate Lister, 2020
This edition arranged with UNITED AUTHORS PUBLISHING LIMITED through Peony
Literary Agency
Traditional Chinese edition copyright:
2022 Sunrise Press, a division of AND Publishing Ltd.
All rights reserved.

作　　　者　凱特・李斯特（Dr. Kate Liste）
譯　　　者　林楸燕
責任編輯　李明瑾
協力編輯　鄭倖伃
封面設計　張　巖
內頁排版　陳佩君
發 行 人　蘇拾平
總 編 輯　蘇拾平
副總編輯　王辰元
資深主編　夏于翔
主　　　編　李明瑾
業　　　務　王綬晨、邱紹溢、劉文雅
行　　　銷　廖倚萱
出　　　版　日出出版
發　　　行　大雁文化事業股份有限公司
　　　　　　地址：新北市新店區北新路三段 207-3 號 5 樓
　　　　　　電話：（02）8913-1005　傳真：（02）8913-1056
　　　　　　讀者服務信箱 E-mail:andbooks@andbooks.com.tw
　　　　　　劃撥帳號：19983379 戶名：大雁文化事業股份有限公司
初版二刷　2024 年 4 月
定　　　價　800 元
版權所有・翻印必究
ISBN 978-626-7044-46-9